# Brasileiros e cidadãos

# Brasileiros e cidadãos

## modernidade política 1822-1930

Gladys Sabina Ribeiro (org.)

alameda

Edição: Joana Monteleone
Editora Assistente: Marília Chaves
Projeto gráfico: Christopher Franquelin
Diagramação e Capa: Christopher Franquelin
Imagem da Capa: Detalhe da fotografia "Largo do Passo. Canal. Ilha das Cobras (do Castelo)", de George Leuzinger (c. 1860 - 1870).

CIP-BRASIL. CATALOGAÇÃO-NA-FONTE
SINDICATO NACIONAL DOS EDITORES DE LIVROS, RJ

[2008]

ALAMEDA CASA EDITORIAL
Rua Iperoig, 351 - Perdizes
CEP 05016-000 - São Paulo - SP
Tel. (11) 3862-0850
www.alamedaeditorial.com.br

# Sumário

# Apresentação

O objetivo primordial deste livro é discutir a formação da nação, dos direitos e da cidadania na passagem à modernidade. Dois momentos básicos são prioritariamente enfocados: o Primeiro Reinado, os últimos anos do Império e a Primeira República

No que diz respeito ao Primeiro Reinado, os trabalhos inserem-se no contexto das reflexões levadas a cabo pelos colegas pesquisadores do Centro de Estudos do Oitocentos (CEO)/PRONEX, aqui representados pelos professores Lúcia Bastos Pereira das Neves, Marcello Basile, Silvana Mota Barbosa e Adriana Pereira Campos. O CEO foi fundado em 2002 com a intenção de ser um espaço de trabalho coletivo e interinstitucional, direcionado para o que convencionamos denominar de longo século XIX, período que se estende desde o que conhecemos como crise do Antigo Sistema Colonial, em fins do século XVIII, até o final da Primeira República. Em dezembro de 2004, esse centro foi chancelado como núcleo de excelência dentro do Programa PRONEX da FAPERJ – CNPq, com projeto intitulado "Nação e cidadania no Império: novos horizontes". Em dezembro de 2006, o CEO/PRONEX teve sua chancela renovada para o triênio 2007-2009 com o projeto "Dimensões da cidadania no século XIX". Ambos os projetos foram propostos e coordenados academicamente pelo professor José Murilo de Carvalho (UFRJ) e coordenados executivamente por mim.

A partir de temáticas e de enfoques diferentes, mas com eixo nas concepções de cidadania produzidas pela tradição ocidental (que a vê exatamente como identidade coletiva), dar-se-á ênfase às concepções de direito, às relações dos cidadãos com o governo e com as instituições do Estado. Nesse sentido, as análises priorizam os chamados direitos políticos e civis, levando-se em consideração os valores e as práticas sociais definidoras do que se convencionou chamar de esfera pública.[1]

A primeira parte deste trabalho enfoca a nação e a cidadania no contexto do constitucionalismo. Os dois primeiros artigos discutem o *locus* do poder e reportam-se às concepções sobre a legitimidade e a soberania, tanto entre as nações, o que daria ao reconhecimento da Independência um caráter de urgência, como entre os poderes constituídos a partir da necessidade de uma Constituição no momento de contrução da identidade nacional.

1 Esta é a perspectiva adotada nos dois projetos de Pronex mencionados.

Essa discussão desdobra-se nos capítulos seguintes. Aline Pinto Pereira tem como objetivo discutir a Guerra da Cisplatina e sua ingerência sobre a formação do Estado Imperial brasileiro. Demonstra a importância do conflito como recurso extremado para a afirmação da soberania do novo Estado e da autoridade de D. Pedro I. Na seqüência, Lúcia Maria Pereira das Neves analisa os principais argumentos da imprensa de matiz lusitana, que revelam opiniões e preconceitos aos quais se recorria para pensar a identidade e a alteridade, filtradas pelas categorias intelectuais de cada observador. Vantuil Pereira discorre sobre o constitucionalismo e as possibilidades de novas práticas políticas especialmente ligadas às tradições sobre a noção de direitos do cidadão. Debate a fundação do sistema parlamentar no Império do Brasil e a tensão permanente da Câmara com o Imperador, ao mostrar o que foram as petições dirigidas a essa instituição e ao Senado e ao notar que contribuiram para a configuração do Estado.

Os textos escritos por Silvana Mota Barbosa, Christian Cyril Lynch e Andrea Slemian dialogam entre si ao tratar da representação, da legislação e da codificação nos anos iniciais do Brasil independente. Silvana Mota Barbosa destaca a centralidade do problema da responsabilidade ministerial na Constituição do Império de 1824, nos textos do teórico Benjamin Constant e nos debates políticos durante a Regência, ao discutir a recepção às obras de Constant no Brasil e ao apontar algumas transformações pelas quais o tema da responsabilidade passou ao longo da primeira metade do século XIX. Christian Cyril Lynch recupera os debates de teoria política e constitucional travados nos momentos de fundação do sistema representativo, tanto na Europa como na América, com a intenção de analisar as reflexões do Marquês de Caravelas. Dessa forma, contribui para uma abordagem mais ampla do debate político travado no momento da Independência, da Constituinte de 1823 e da Constituição Imperial. Ainda sob a ótica do ordenamento político, seus significados e concepções, Andrea Slemian aborda o ordenamento jurídico do novo Estado, ao priorizar os Códigos Criminal (1830) e de Processo Civil (1832) como sínteses da positivação do Direito vivida na modernidade a partir de valores constitucionais mais caros àqueles *novos tempos*.

Essa primeira parte termina com a análise que Marcello Basile faz sobre as linguagens políticas e sua pedagogia, que visavam difundir entre a população fluminense noções acerca de seus direitos, deveres e garantias constitucionais. Toma por base os chamados "dicionários cívico-doutrinários" e a criação de um curso de Direito Público Constitucional, sob os auspícios da Sociedade Defensora da Liberdade e Independência Nacional.

Adriana Pereira Campos e Viviani Dal Piero Betzel abrem a segunda parte desse livro, que enfatiza questões relativas ao Direito, às leis e à cidadania na passagem à modernidade republicana. Discutem a composição e o papel do Júri na construção de um consenso a respeito dos comportamentos que deveriam ser objeto de criminalização e punição por parte do Estado. Circunscrevem-se à atuação do Tribunal do Júri na Província do Espírito Santo, na segunda metade do Oitocentos, e discutem a assertiva historiográfica freqüente sobre a absolvição dos réus pelos tribunais.

Paulo Terra analisa a relação entre cidadania e trabalhadores na Primeira República a partir de uma perspectiva histórica mais ampla, que retrocede ao século XIX e mostra como as greves podem ser compreendidas como um espaço privilegiado para a análise da cidadania, pois revelam de forma contundente a relação entre as instituições do Estado e a sociedade.

Nesse novo contexto de gestação de idéias republicanas e de configuração gradual do Direito positivado, Edson Alvisi Neves reflete sobre os direitos civis na formação da legislação brasileira. Parte da apreciação da publicação e da efetivação do Código Comercial, e de suas conseqüências, para a constituição desses mesmos direitos civis na mudança do paradigma legislativo na passagem à modernidade. Já Eneida Quadros Queiroz e Bárbara Lisboa Pinto apreciam o papel do Judiciário, dos Tribunais e dos seus agentes ao analisarem, respectivamente, a Justiça Sanitária e a tradição jurídica brasileira no tratamento dispensado aos menores. A Justiça Sanitária teve papel importante no Rio de Janeiro entre os anos de 1904 a 1914. Os cidadãos atingidos pelas reformas ou medidas sanitárias recorriam a ela para defenderem-se do que consideravam arbítrio e recorriam ao Judiciário como forma de exercício da cidadania. Bárbara Lisboa Pinto trata o Direito como regra de conduta na ação do Poder Judiciário, principalmente depois do estabelecimento do liberalismo e do surgimento das sociedades capitalistas. Por esse motivo, na organização judiciária e na prática burocrática da Justiça da cidade do Rio de Janeiro observa os procedimentos utilizados na condução das ações penais com relação aos chamados "menores".

Essa segunda parte do livro é fechada com um artigo sobre um grande jurista, Evaristo de Moraes, e a sua contribuição para a discussão da cidadania ao escrever sobre os pobres e suas condições de vida, e com uma análise sobre o *habeas corpus* como intrumento que garantia as liberdades no primeiro período republicano.

Rômulo Matos analisa escritos de Evaristo de Moraes sobre o *déficit* de habitações populares na cidade do Rio de Janeiro, entre 1909 e 1911, publicados no jornal *Correio da Manhã*. Dá atenção especial ao que esse jurista pensava sobre a proteção legal aos trabalhadores e sobre como tratava os pobres e as favelas, ao revelar a dinâmica de aproximação e distanciamento desse autor em relação à grande imprensa de sua época.

José Ribas traça uma interpretação sobre a etapa de transição no processo de judicialização no Brasil. Destaca o período de 1926 a 1931, quando analisa alguns *habeas corpus* encontrados no acervo da Justiça Federal. Afirma que essa etapa se iniciou a partir dos anos 20 do século XX, período no qual constata a aplicação pela última vez de forma alargada do instrumento do *habeas corpus* para limitar o alistamento militar obrigatório. Ressalta, então, a partir da reforma da Constituição de 1926, uma maior presença do Estado brasileiro. Afirma que esse processo se acentuou com a Constituição Federal de 1934, que instituiu o mandado de segurança. Para tal, analisa setores e instituições do Estado brasileiro que atuam nesse novo quadro de judicialização, via "administratização" da cidadania em nosso país.

A última parte do livro respeita a mesma temporalidade e reune análises de alunos de graduação no âmbito de iniciação à pesquisa científica. São alunos, muitos deles atuais mestrandos em diversas instituições fluminenses, que tiveram bolsas de agências de fomento ou bolsas de extensão, sob minha supervisão. Na sua maioria, foram meus orientandos de bacharelado no Departamento de História da Universidade Federal Fluminense. Aqueles que tratam do início do século XIX participaram dos projetos que apresentei ao CNPq para obtenção de bolsas de produtividade em pesquisa e inserem-se no CEO/PRONEX ou no NEMIC (Núcleo de Estudos de Migrações, Identidades e Cidadania)-UFF. Já os que abordam a Primeira República foram egressos do projeto de extensão "Organização do acervo arquivístico da Justiça Federal - 2ª Região", levado a cabo pela UFF- FEC e pelo Tribunal Regional Federal do Rio de Janeiro.

Virgínia Rodrigues da Silva, Carolina Paes Barreto, Fernanda Crespo e Talita Nunes pesquisaram jornais no contexto do constitucionalismo. O momento a Independência foi tratado por Virgínia Rodrigues da Silva ao mostrar, a partir do *Revérbero Constitucional Fluminense*, a modernidade da imprensa de opinião, que era espaço privilegiado de debates que revelavam divergências políticas e nos quais se erigiam inéditos espaços públicos de crítica e de reflexão. Os dois outros artigos que contemplam essa mesma temporalidade tratam do final do Primeiro Reinado. Contribuem para a compreensão dos motivos de degaste do Imperador, no momento em que se discutia a divisão política dos poderes e o que era ser cidadadão do novo país. Dessa forma, Carolina Paes Barreto da Silva discute como o jornal *O Repúblico*, no período de 1830 a 1832, compreendeu e divulgou pedagogicamente o que eram direitos e em que consistia a liberdade e a cidadania. Mostra como o seu redator, Antônio Borges da Fonseca, teve um papel significativo na divulgação de projetos políticos em voga. Fernanda Crespo e Talita Nunes analisam o jornal *Aurora Fluminense* no período de 1827 a 1832. Detalham como e quais as reformas da Constituição que pregavam ao longo desses anos e como se opuseram aos grupos rivais, erigidos em caramurús e em exaltados ou farroupilhas.

O sonho da Primeira República como espaço de cidadania democrática e republicana, bem como as atitudes dos indivíduos que recorriam à Justiça para fazer valer direitos, foram contemplados nos diferentes temas analisados pelos alunos que se debruçaram sobre os processos existentes no arquivo do Tribunal Regional Federal do Rio de Janeiro.

Marina Maria de Lira Rocha e Carlus Augustus trabalham a visão das autoridades policiais e da Justiça sobre as meretrizes nos processos, sobretudo nos de *habeas corpus*, naqueles classificados contra a fé pública e nos sumários crimes. Leonardo Sasada Sato utiliza processos de desapropriação ou de manutenção de posse para estudar a propriedade imobiliária e seus conflitos: observa as disputas pela propriedade de terrenos localizados em Copacabana e em Ipanema. O seu objetivo é identificar os argumentos jurídicos utilizados pelos suplicantes e suplicados. Ao defenderem os seus direitos sobre esses terrenos e ao revelarem as suas próprias idéias de justiça, faziam constante recurso às referências legais antigas.

Priscilla Petereit de Paola Gonçalves e Anna Clara Sampaio Ribeiro tratam com olhar historiográfico temas caros aos profissionais do campo jurídico. A primeira observou a jurisprudência e a doutrina sobre a responsabilidade civil do Estado justamente nos anos em que aconteceram as primeiras discussões sobre o tema, tanto no âmbito da Justiça Federal quanto no espaço do Supremo Tribubal Federal. A segunda apresenta o uso do *habeas corpus* como prática adotada a favor de estrangeiros ameaçados de expulsão do país sob acusação de serem perturbadores da ordem pública e portadores de idéias consideradas subversivas. Essas ações configuraram-se como fontes relevantes para o estudo da consciência que se tinha de direitos. Apontam para uma busca constante pelas garantias constitucionais por parte da população. Ambos os tipos de ação mostram que a sociedade buscava o Judiciário como um atalho para o reconhecimento de direitos e para a afirmação de uma cidadania que tomava por base o que se entendia ser direito e justiça.

O último ensaio é o de Daniel José Eduardo, que busca "olhar por cima dos ombros das autoridades policiais" e perceber as visões e as práticas dos envolvidos nas fraudes eleitorais, durante o processo de alistamento. Visita tema caro à ciência política, mas inova pela fonte usada e por analisar as declarações prestadas por todos os envolvidos, confrontando-as com as leis eleitorais.

Cabe, então, dizer que esse livro situa-se no âmbito de uma nova história política, que se cruza com a história social e cultural. Revisita igualmente a história da justiça administrativa com um novo enfoque sobre as fontes e sobre o papel das instituições. Aqui as instituições governamentais são apreciadas nos seus contextos políticos e a configuração de direitos procura enfatizar o diálogo entre as autoridades jurídicas e policiais, o governo e a sociedade. Pretende-se também fornecer subsídios para a discussão sobre a formação da sociedade civil nessa temporalidade, equilibrando o papel do Estado e o da sociedade (estrutura econômico-social e agentes do processo).

Por fim, cabe ressaltar que os resultados apresentados nesse livro contaram com o apoio do Projeto Cientista do Nosso Estado intitulado "Nação e cidadania em dois momentos: Primeiro Reinado e República Velha", financiado pela FAPERJ (biênio 2007–2008). Alguns desses textos foram apresentados e debatidos em um seminário ocorrido nos dias 18 e 19 de outubro de 2007, no Departamento de História da UFF.

# Parte I

## Construindo a nação e a cidadania no contexto do constitucionalismo

# Capítulo 1 Legalidade, legitimidade e soberania no reconhecimento da Independência

*Gladys Sabina Ribeiro*[1]

A historiografia brasileira tem dado pouca importância a temas considerados de natureza política, tais com a Indepedência do Brasil, a Abdicação, a "experiência republicana" da Regência, a Maioridade, a importância do Poder Moderador, a ação do Conselho de Estado e outros. Somente recentemente tais assuntos têm preocupado alguns historiadores brasileiros, que têm tentado renovar a abordagem dada à política na primeira metade do século XIX[2]. Tais estudos, a grosso modo, tomaram dois caminhos principais. Primeiramente, passaram a encarar a política como esfera de gestão, retomando o papel do Estado, das instituições governamentais, dos grupos/facções e partidos – possuidores ou não de projetos mais elaborados de nação e de cidadania, capazes de engendrar identidades coletivas ou individuais[3]. Por outro lado, apontaram para a necessidade de entendermos as experiências levadas a cabo por individuos e/ou o surgimento de movimentos

---

1 Professora Associada do Departamento de História da Universidade Federal Fluminense, coordenadora e pesquisadora principal do Centro de Estudos do Oitocentos (CEO) / PRONEX : "Dimensões da cidadania no século XIX" FAPERJ/ CNPq.

2 Para uma análise da História Política renovada, conferir: René Remond, *Por uma história política*. Rio de Janeiro: Editora UFRJ/Editora FGV, 1996.

3 Entre outros estudos, ver: Carvalho, José Murilo. *A construção da ordem. A elite política imperial.* Rio de Janeiro: Editora Campus,1980; *Teatro de Sombras*. São Paulo: Vértice, 1988; Neves, Lúcia Maria Bastos Pereira das. *Corcundas e constitucionais: a cultura política da Independência, 1820–1822.* Rio de Janeiro: Revan/Faperj, 2003; Guimarães, Lúcia. *Em nome da ordem e da moderação: a trajetória da Sociedade Defensora da Liberdade e da Independência Nacional do Rio de Janeiro (1831-1835*), Dissertação de Mestrado defendida na UFRJ, em 1990 ; Guimarães, Lúcia. *Debaixo da proteção de Sua Majestade Imperial: o Instituto Histórico e Geográfico Brasileiro (1838-1889),* Rio de Janeiro: *Revista do Instituto Histórico e Geográfico Brasileiro,* 1995, nº 388; Basile, Marcelo Otávio Neri de Campos. *Anarquistas, rusguentos e demagogos: os liberais exaltados e a formação da esfera pública na Corte Imperial (1829-1834).* Rio de Janeiro, Dissertação de Mestrado defendida na UFRJ, 2000; Olivera, Cecília Helena Salles. *Astúcia Liberal. Relações de mercado e projetos políticos no Rio de Janeiro (1820-18249*). Bragança Paulista: EDUSF e Ícone, 1999; Berbel, Márcia Regina. *A Nação como artefato. Deputados do Brasil nas Cortes Portuguesas 1821 – 1822.* São Paulo: Hucitec, 1999; Donhnikoff, Miriam. *Construindo o Brasil: unidade nacional e pacto federativo nos projetos das elites (1820-1842).* Tese de doutorado apresentada ao departamento de História da FFLCH/USP, 2000.

coletivos, privilegiando a politização do cotidiano através da análise de movimentos sociais espontâneos ou organizados, ações de contestação em diferentes níveis, envolvendo ou não medidas violentas e examinando o papel desempenhado pelos populares em sua relação com o Estado e com a classe dominante[4].

Dentro destes novos enfoques dos estudos sobre a política, nos últimos anos tenho dedicado-me a analisar o processo de Independência do Brasil levando em consideração a sua gestação, o seu reconhecimento e a formação de uma determinada visão do que era ser nacional e das nacionalidades brasileira e portuguesa, assim designadas no Brasil. Tenho tomado por base extensa documentação relativa à Comissão Mista Brasil – Portugal, formada de acordo com o artigo 8º do Tratado de Paz e Aliança de 29 de agosto de 1825 e que foi criada para examinar questões relativas aos artigos 6º e 7º do mesmo diploma legal.

Apenas mencionados por alguns historiadores, o tratado e a comissão não mereceram análises mais aprofundadas, seja porque as cláusulas do reconhecimento não raro levaram consigo avaliações relativas a quem teria saído perdendo ou lucrando com base em valores afetivos ou efetivos – se Brasil, Portugal ou Inglaterra; seja porque alguns historiadores, incorporando discussão de época levada a cabo no Parlamento brasileiro, passaram a considerar que teria sido desnecessário fazer-se um tratado anos depois, quando a Independência já estava consolidada. Na primeira hipótese, a discussão privilegia as quantias indenizatórias estipuladas para ressacirmento da ex-Metrópole e que foram consideradas abusivas, não se verificando sequer se foram integralmente pagas ou em quais circunstâncias foram saldadas. Na segunda, afirma-se o caráter apenas formal do

---

4 Ribeiro, Gladys S. *A liberdade em construção.* Rio de Janeiro: Relume-Dumará/FAPERJ, 2002; Souza, Iara Lis *Carvalho Pátria coroada: o Brasil como corpo político autônomo (1780-1831).* São Paulo: Unesp, 1999; Abreu, Martha Abreu, *O Império do Divino, Festas Religiosas e Cultura Popular no Rio de Janeiro, 1830-1900.* Rio de Janeiro, Nova Fronteira, 1998; REIS, João José. *A Morte é uma festa: ritos fúnebres e revolta popular no Brasil do século XIX.* São Paulo, Companhia das Letras, 1991; Mattos; Hebe Maria. *Das Cores do Silêncio: os significados da liberdade no sudeste escravista - Brasil séc. XIX.* Rio de Janeiro: Nova Fronteira, 1998; Chalhoub, Sidney. *Visões da Liberdade: uma história das últimas décadas da escravidão na Corte.* São Paulo: Companhia das Letras, 1990; Grinberg, Keila. *O Fiador dos Brasileiros: cidadania, escravidão e direitos civil no tempo de Antonio Pereira Rebouças.* Rio de Janeiro: Civilização Brasileira, 2003; Pena, Eduardo Spiller. *Pajens da Casa Imperial: jurisconsultos e escravidão no Brasil do século XIX.* Campinas: Editora da Unicamp, 2001; Azevedo, Elciene. *Orfeu de Carapinha: a trajetória de Luiz Gama na Imperial Cidade de São Paulo.* Campinas: Editora da Unicamp, 1999; Soares, Carlos Eugênio L. *A capoeira escrava e outras tradições rebeldes no Rio de Janeiro (1808-1850).* Campinas: Editora da Unicamp, 2001.

reconhecimento, destituindo este ato e suas tratativas de qualquer importância e eivando de críticas o governo e aqueles que levaram a cabo as negociações diplomáticas.

Dentre os historiadores que avaliaram o reconhecimento a partir do cálculo de perdas e danos, encontramos Valentim Alexandre, Maria de Lourdes Vianna Lyra e Maria Cândida Proença[5]. Valentim Alexandre analisou em detalhe as conferências realizadas na Grã-Bretanha e, posteriormente, no Brasil. Descreveu os planos secretos dos governos, as manobras de parte a parte e deu ênfase a importante participação de Charles Stuart, plenipotenciário inglês que foi revestido de poderes para negociar o tratado por parte de Portugal. Concluiu, então, que o Brasil e a Grã-Bretanha haviam saído vencedores, sobretudo esta última, que havia conseguido vantagens comerciais expressivas.

Na sua perspectiva, Portugal havia cedido ao projeto brasileiro, que era a "afirmação nacional baseada na soberania popular" e tinha conseguido ir "contra a [lógica] do acordo feito com Stuart em Lisboa", parte da "ficção" legitimista na qual se baseava um dos pontos mais cruciais para o governo português: este considerava ilegal o título de Imperador concedido pelo povo brasileiro a D. Pedro I e desejava, no início das negociações do tratado, através das cartas-patentes trazidas por Stuart, que este título constasse como cessão de D. João a seu filho, abdicando da parte americana do Império ao mesmo tempo que conservava honorificamente o título de Imperador do Brasil[6].

Julgou, então, que o Brasil e a Grã-Bretanha tinham, cada um a seu modo, obtido benefícios. O primeiro por ter tido a Independência reconhecida relegando a um segundo plano a questão da legitimidade – da sucessão portuguesa e das negociações para se conseguir taxas comerciais que beneficiassem o comércio lusitano (pensava-se concretamente no exclusivo no mercado brasileiro para o sal e para o vinho). A segunda potência, por ter salvaguardado o reconhecimento, preocupada que estava em garanti-lo face às possibilidades de a França efetuar previamente o reconhecimento e para evitar que o Brasil se unisse a outras colônias portuguesas da África – o que revela uma preocupação com o o tráfico e com o poder que Brasil alcançaria no Atlântico Sul, caso isto ocorresse. Não é à toa que o poder sobre as colônias africanas ficou sacramentada no texto do tratado. Foi desta forma que Vatentim Alexandre considerou que os efeitos da assinatura do tratado

---

5 Alexandre, Valentim. "A desagregação do Império: Portugal e o reconhecimento da Independência do Estado Brasileiro (1824-1826)". In: *Análise Social*, volume XXVIII (121), 1993; Lyra, Maria de Lourdes Viana. *O Império em construção: Primeiro Reinado e Regências*. São Paulo: Editora Atual, 2000 e Proença, Maria Cândida. *A Independência do Brasil*. Lisboa: Edições Colibri, 1999.

6 Alexandre, Valentim. *Op. Cit.* p. 324

para Portugal foram "decepcionantes" porque não o teria levado a relações preferenciais com o Brasil, nem no campo político nem no âmbito econômico, tratanto-se, segundo interpretaram os contemporâneos, de mera convenção de paz.

De forma diferente, Maria Cândida também tornou o seu livro – *A Independência do Brasil* – uma espécie de lamento pela perda da colônia americana. Em alguns trechos esta autora refere-se ao Brasil como "nossa antiga Colônia", colocando ênfase nos prejuízos advindos da separação para a antiga Metópole e no estreitamento de laços de dependência com a velha aliada Grã-Bretanha. Já Maria de Lourdes Vianna atribuiu ao mediador inglês a responsabilidade pelo tratado ter se distanciado "dos princípios mais avançados do Estado constitucional",[7] devendo ser considerado uma derrota para o Brasil.

Na vertente daqueles que consideraram o reconhecimento da Independência apenas um ato formal, podemos citar Amado Cervo e José Calvet de Magalhães. Para eles, todo o esforço diplomático do Brasil teria sido inútil, pois a Emancipação havia sido consolidada com a guerra[8] e teria apresentado três dimensões distintas: a primeira seria o rempimento através da "guerra dos decretos, travada entre janeiro de 1822 e abril de 1823"[9]; a segunda seria a dimensão militar, que abarcaria a guerra propriamente dita, entre junho de 1822 e agosto de 1823 e, finalmente, a terceira seria a diplomática, englobando as negociações entabuladas entre 1822 e 1825[10]. Além de considerar o tratado desnecessário, afirmaram que era confuso e ambíguo. "Confuso em sua filosofia política" porque no preâmbulo afirmava que havia sido consumado pela carta régia firmada por D. João, em 13 de maio de 1825, contudo, no artigo I havia o reconhecimento formal da separação[11]. Assim, por um lado D. João VI cederia à concessão do reconhecimento da Independência, tomando o título de Imperador, por outro, no artigo II, D. Pedro I daria

---

7 Lyra, Maria de Lourdes Viana. *Op. Cit.* 2000, p. 46.

8 Cervo, Amado e Magalhães, José Calvet. *Depois das caravelas; as relações entre Portugal e Brasil (1808-2000).* Brasília: UNB, 2000;

9 Cervo, Amado e Magalhães, José Calvet. *Op. Cit.* p. 104.

10 Idem.

11 Valentim Alexandre afirma que a publicação da carta-patente de 13 de maio de 1825 junto com o tratado, em Portugal, apenas tinha sido feita para refundar a negociação sobre a legitimidade, que o tratado contrariava. Neste sentido, também buscava minimizar a derrota sofrida quanto à esta questão e quanto àquela que se referia à soberania de D. João. Contudo, chama atenção para o valor "ilusório" deste procedimento, pois havia servido apenas para "fins de política interna, publicada como for a por acto unilateral, sem consentimento das autoridades do Rio de Janeiro". Alexandre, Valentim. *Op. Cit.* p. 334.

sua anuência a este ato de D. João tornar-se honorificamente Imperador do Brasil. Desta forma, além desta proposital confusão, a ambiguidade disfarçaria o fito de enquadrar

> por regulação explícita, o jovem país independente a seus interesses estratégicos [dos negociadores europeus], políticos e econômicos em uma situação de indisfarçada dependência e subordinação, recompensando-o, por essas concessões sem reciprocidade, com uma referência qualquer ao reconhecimento da Independência.[12]

Para corroborar esta interpretação, lembram ainda que o Brasil estava em melhor situação política e econômica que Portugal, havendo que se levar em conta os interesses da Grã-Bretanha, desenhados em dois sentidos: o primeiro, de firmar benefícios comerciais conseguidos com a separação do Brasil; o segundo, a obtenção de uma aproximação dentro do âmbito da Lei, já que aquele era o momento da Doutrina Monroe proposta por Roosevelt para os Estados Unidos, em 1823, e que explicitava o desejo de não intervenção européia no continente americano.

Deste modo, é interessante constatar que as posições dos historiadores citados acima reportam-se àquelas de alguns estudiosos do Direito Internacional. Dentro desta disciplina, há duas correntes que regulam a questão: a declaratória e a constitutiva. A primeira entendia que o reconhecimento era um "mero ato de constatação de uma existência precedente do Estado reconhecido", tendo posição semelhante àquela defendida por Amado Cervo e José Calvet Magalhães; já a segunda, que admitia que somente após o ato formal do reconhecimento oficial é que "o Estado passaria a ter existência"[13], tem pensamento assemelhado às posturas de Pandiá Calógeras e de José Honório Rodrigues, historiadores que deram importância ao tratado e não julgaram-no supérfluo.

É preciso, portanto, sem nos atermo às perdas e aos danos de uns e de outros, examinarmos com vagar o que estava em jogo, quais as necessidades prementes dos Estados envolvidos e quais os riscos existentes que levaram ao ato do reconhecimento através de um tratado. É o prórprio Amado Cervo que, analisando as relações internacionais entabuladas pelo Brasil no século XIX, chegou à conclusão que este teria usado mais

---

12 Cervo, Amado e Magalhães, José Calvet. *Op. Cit.* p. 117.

13 A análise destes dois tipos de correntes pode ser encontrada em Andrade, Carolina Naciff de. *O Tratado de Paz e Amizade como fonte de Direito, A Comissão Mista Brasil - Portugal, os direitos das gentes e as relações internacionais na época da Independência.* Monografia de final de bacharelado em História, apresentada ao Departamento de História da UFF, em Julho de 2003. Orientadora: Profa. Dra. Gladys Sabina Ribeiro.

frequentemente o Direito que a força para firmar-se diante das outras nações: "As vias de força e da concorrência, que comandavam a política externa das potências dominantes eram-lhe inacessíveis"[14]. Chamava atenção, então, para a dificuldade enorme de um país abrir espaço por tratar-se de momento de vínculos cada vez mais estreitos entre as Nações e com poucos agentes internacionais.[15]

Temos aí uma primeira grande necessidade do reconhecimento: ver-se em pé de igualdade com outras nações, abrindo espaço para relações políticas e comerciais. Este quesito incluía não somente a importância de um tratado para o reconhecimento pelo Direito Internacional Público, em época na qual se creditava às leis o poder de estabelecerem a "ordem" nas sociedades e o seu futuro grandioso, mas também dava ao Brasil a credibilidade tão necessária diante da Europa do pós Santa Aliança, onde a questão da legitimidade do poder era fundamental. Neste caso, a atitude do Brasil em buscar um reconhecimento formal apontava para uma postura não radical nem ameaçadora; legitimava o seu governo porque este passava a existir e a ter sua autoridade respeitada porque tinha sido reconhecido por iguais. Isto equivalia também a dizer que a origem e a legalidade da sua soberania estava fundada no reconhecimento, que as nações concediam-lhe o direito de existência e que o Brasil deixava de ser uma nação que existia *de fato* para exisitir *de direito.* Lembremos que se os velhos regimes haviam saído vitoriosos das guerras napoleônicas, muito mais vitoriosa havia saído a diplomacia em singrar mares revoltosos. Neste contexto, embora os reis tivessem conseguido restabelecer a soberania com base no poder enfeixado nas suas mãos e na centralização, estavam assustados e fizeram concessões ao redor da necessidade das leis magnas reguladoras da sociedade e dos seus própios poderes. Nenhuma grande potência queria outra guerra, que poderia desembocar em novas revoluções.[16] Seria, então, prudente conter as reivindicações sociais contidas na concepção de

---

14 Cervo, Amado Luiz. *O Parlamento e as relações exteriores.* Brasília: UNB, 1981 citado por Andrade, Carolina Naciff, *A Comissão Mista Brasil - Portugal, os direitos das gentes e as relações internacionais na época da Independência.* Monografia de final de bacharelado em História, apresentada ao Departamento de História da UFF, em Julho de 2003. Orientadora: Profa. Dra. Gladys Sabina Ribeiro.

15 Carolina Naciff de Andrade, *Op. Cit.* para análise da posição de Amado Cervo (*O Parlamento e as relações exteriores.* Brasília: UNB, 1981), que afirma ter sido este tratado uma legítima fonte de direito externo e de direito interno.

16 Para o contexto entre os anos que se seguiram à derrota de Napoleão e 1830, ver Hobsbawm, E. *A Era das Revoluções. Europa 1789-1848.* Rio de Janeiro: Paz e Terra, p. 117-126.

que o poder legimimava-se pela soberania popular, e fazia-se esta operação pela adoção de leis e de Constituições

Aliás, nesse contexto o Brasil fazia questão de marcar a sua posição diferente em relação a outros países da América do Sul. No plano interno, enfatizava ser uma monarquia, apesar de se regular por uma Constituição; no plano externo, frisava ter buscado desde o início o seu reconhecimento através do envio de diplomatas, reconhecendo que a sua existência dependia da sua aprovação no que passou a se chamar na época o "concerto das nações".

Carolina Naciff de Andrade mostra que o governo do Rio de Janeiro fazia este jogo antes mesmo da separação definitiva acontecer, ainda quando o cerne das demandas junto às Cortes lisboetas eram o respeito à autonomia e à liberdade brasileiras, devendo Portugal tratar-nos em pé de igualdade. Por que esta atitude se a Emancipação ainda não era fato e a meu ver nem era cogitada efetivamente? Certamente porque se sabia a época que para uma nação ser considerada autônoma e ter direito a um governo próprio (e esta era uma reivindicação crucial daqueles dias) deveria provar ser madura tanto do ponto de vista político quanto do econômico; deveria atestar que seria viável, capaz de se sustentar e de ter indivíduos que aderissem às suas propostas. Não era exatamente esta a argumentação da adesão à Causa do Brasil nos idos do vintismo, quando se via a Emancipação exclusivamente enquanto autonomia e não como separação definitiva? [17]

Para esta espécie de propaganda diplomática o governo brasileiro enviou representante ao Rio da Prata, em 5 de maio de 1822, para garantir o apoio desta região conflagrada e em briga constante com a monarquia bragantina. Em agosto do mesmo ano fez Felisberto Caldeira de Brant Pontes rumar para Londres e, logo depois, enviou representantes para Paris, Washington e Viena, rementendo instruções que destacavam atrativos diferentes para que cada interlocutor apoiasse a Causa do Brasil.

Assim, depois da Independência proclamada como separação definitiva, para os Estados Unidos falava na simpatia do Brasil por uma política americana e sublinhava que achava importante que se resguardasse o continente de intervenções européias, chegando o encarregado brasileiro a afirmar que "S. M. Imperador é o primeiro Republicano do

17 Ribeiro, Gladys Sabina. *A liberdade em construção*. Rio de Janeiro: Relume-Dumará/FAPERJ, 2002, capítulo 1.

Brasil e aqui para nós, talvez o único que la há"[18]. Com a Áustria, dava ênfase ao oposto, à importância desta reconhecer um regime monárquico forte em meio a uma América republicana, resguardando a legitimidade e fazendo uma barreira aos indesejosos princípios da temerosa "democracia". Colocava em segundo plano a Constituição – mesmo que outorgada –, a aclamação de D. Pedro I e não a cessão do trono por D. João VI, tendo em mente que a Áustria defendia os princípios legitimistas da Santa Aliança[19] e apoiaria o Brasil pelo laço de parentesco com D. Leopoldina.

Com relação à Grã-Bretanha, a situação foi um pouco diferente. Esta havia emergido das guerras napoleônicas cautelosa e tentanto manter-se neutra em conflitos que envolvessem as potências européias.[20] Por mais que Portugal lhe pressionasse enquanto antiga aliada com quem tinha acordo de obrigação de proteção com relação a ataques de países inimigos, esta fugia de uma tomada de posição alegando que o seu compromisso com o governo lusitano referia-se a conflitos externos, não a lutas internas, como considerava a Independência brasileira. Entretanto, a medida que o tempo passava e que em Portugal o Ministro Subserra, influenciado por Hyde de Neuville, começava a fazer planos com o apoio francês – que incluía envio de tropas ao Brasil –, a Grã-Bretanha viu-se pressionada a tomar posição para não perder a supremacia no Atlântico Sul.[21]

Desde 1823, Palmela e o Ministro assistente Subserra tinham perspectivas políticas diferentes, mas que visavam à reconciliação entre Brasil e Portugal. Palmela havia aceito suspender negociações com as portências continentais, sobretudo com a França e com a Áustria, em prol de uma saída negociada pela Grã-Bretanha. Pretendia barrar o que se considerava inevitável na época: que mais cedo ou mais tarde a Rainha dos mares

18 Correspondência de Silvestre Rebello ao Governo Brasileiro, em 26 de maio de 1824, *apud* Pandiá Calógeras. *A política exterior do Império. O Primeiro Reinado.* Ed. Fac-similar. Brasília: Senado Federal, 1998, citado por Andrade, Carolina Naciff de . *Op. Cit.* p. 12.

19 Andrade, Carolina Naciff de . *Op. Cit.* p. 13.

20 Maria Cândida Proença afirma que, após as gueraras napoleônicas, Canning tentou opor-se ao "sistema Metternich" que regulava as relações internacionais mantendo-se neutra com relação aos assuntos que referiam-.se a outras potências e às suas colônias. Segundo ela, a Grã-Bretanha havia sido derrotada nos Congressos de Troppau e Laybach, onde havia proposto a não intervenção em países liberais. Proença, Maria Cândida. *Op.Cit* p. 68-

21 Embora critiquemos acima os enfoques dados por Valentim Alexandre e por Maria Cândida Proença ao exame do tratado, pesando perdas e danos, sem dúvida as suas obras analisam detalhadamente as negociações por parte do governo português. Por este motivo, tomaremos-lhe por base para compor a narrativa sobre as atitudes diplomáticas portuguesas com relação às potências européias e ao Brasil.

reconhecesse o Brasil como Estado independente. Esperava, entrementes, notícias positivas da missão do Conde de Rio Maior e de Luis Paulino Pinto da França[22]. Já o Ministro assistente Subserra apostava na intervenção imediata no Brasil, atacando tanto o norte quanto o Rio de Janeiro.[23]

A Missão Rio Maior tinha vindo ao Brasil para tentar solucionar o conflito entre os chamados brasileiros e portugueses no Norte e para tentar reverter o quadro da Independência. Contudo, ao aportar em Salvador, no dia 18 de agosto de 1823, os emissários lusitanos encontraram as tropas de Madeira derrotadas.[24] Chegando ao Rio de Janeiro, somente José Paulino foi autorizado a desembarcar por motivo de doença, logo dirigindo-se à casa de seu cunhado, o desembargador Antônio Garcez. No mesmo dia 19 de setembro, a corveta *Voador* foi aprisionada pelo governo brasileiro, que mandou uma nota do Secretário de Estado José Carneiro de Campos solicitando que todos os comissários portugueses se retirassem do Brasil. Receberiam permissão para desembarcar apenas se reconhecessem *in limine* a Independência[25] Como tal fato não ocorreu porque não tinham esta autorização do governo de Lisboa, passou a haver disputa ao redor do motivo justo ou não do apresamento da dita corveta, alegando o governo brasileiro que esta havia entrado no porto com bandeira portuguesa, além de ter vindo "artilhada e apetrechada", somente hasteando a "bandeira parlamentaria" depois de advertida com tiros de canhão. Nas suas considerações, diz que D. Pedro não recebeu os emissários portugueses nem as cartas familiares porque SMI agia de acordo com a Assembléia Constituinte Legislativa e com a opinião pública, acrescentando

22 Os documentos desta Missão podem ser encontrados em *D. João VI e o Império no Brasil. A Independência e a missão Rio Maior. Rio de Janeiro: Biblioteca Reprográfica Xerox, 1984.*

23 Alexandre, Valentim. "A desagregação do império: Portugal e o reconhecimento do Estado brasileiro (1824-1826)". *Análise Social*, vol. XXVIII (121), 1993 (2ª), p. 313. Para os planos de recolonização do Brasil no pós-Independência, ver também: Ribeiro, Gladys Sabina. Op. Cit, capítulo 1.

24 Ver documento nº 20, no qual Luis Paulino de Oliveira Pinto da França – que diga-se de passagem era brasileiro – relata sua chegada a Bahia ao Conde de Rio Maior, falando que encontrara a cidade sob "domínio brazilico" desde o dia 2 de julho e que tal notícia foi-lhe transmitida por alguns oficiais ingleses que subiram à sua embarcação. Relata também que as forças de Cochrane perseguiram os portugueses expulsos tomando-lhes transportes de tropas e efeitos. Ver: *D. João VI e o Império no Brasil.* A Independência e a missão Rio Maior. Rio de Janeiro; Biblioteca Reprográfica Xerox, 1984, p. 50.

25 Ver notas nº 7, 8 e 9 da documentação referenciada acima, p. 50 a 58.

> que a independência política do Brasil é o voto geral de todos os seus habitantes, que a proclamação dela fora efeito do estado de virilidade em que se achavam estes povos, únicos do novo mundo que ainda jaziam dependentes do antigo, que a propria consciência das suas faculdades, progresso e recursos motivara a sua Emancipação, sem que jamais deva presumir que a revolução de Portugal, as injustiças das suas cortes, ou quaisquer eventos de condição precária pudessem ser mais que causas ocasionais da aceleração deste natural acontecimento, que um grande povo, depois de figurar na lista de nações independentes, jamais retrograda de sua representação política, que seja qual for a sorte de Portugal, esta não tem outra influência mais que aquela naturalmente derivada do sistema geral das diversas sociedades políticas entre si, que todos os esforços que Portugal fizer para arredar este Império dos fins que tem solenemente proclamado, serão, portanto, infrutuosos (...)[26]

É claro que Carneiro de Campos exagerava na maturidade dos "povos" do Brasil ao dizer que queriam a Emancipação por serem viris, descolando-a dos acontecimentos portugueses da década de 1820 e, após 1822, da necessidade do reconhecimento tácito do Brasil por parte de outras potências, como mostramos acima. Ao enfatizar estes aspectos, estava cumprindo o seu papel como homem de Estado. Primeiramente, traçava uma história da Emancipação como realidade inquestionável na mente de todos, fazendo tábula rasa o que reconhecia em sua nota, linhas abaixo, ou seja, a guerra no norte, a menção àqueles que queriam o retorno à antiga situação e a dificuldade dos designados politicamente como portugueses em se posicionarem a favor ou contra o governo do Rio de Janeiro. Segundo, considerava a Independência como fato consumado, sem nada pendente e como se a existência do Brasil naqueles anos fosse ponto pacífico, não necessitando reconhecimento prévio, como se este já fosse aceito no concerto das nações – o que vimos que não era fato naquele anos imediatos à Emancipação. Desta forma, terminava dizendo que sua majestade levaria o caso da corveta *Voador* ao "competente tribunal" para que "se julgue este assunto conforme o direito das gentes, que neste império se respeita como em qualquer nação culta".

Tendo, então, a Missão Rio Maior fracassado e seus emissários retornado humilhados a Portugal no bergantim *Treze de Maio*, os acontecimentos revelaram o grave equívoco de Subsserra, que tributava à Independência uma transitoriedade provocada apenas ao desentendimento com as Cortes de Lisboa. Contudo, estes atropelos não fizeram com que as orientações divergentes de Subsserra e de Palmela se estancassem.

---

26 Nota nº 6 de José Joaquim Carneiro de Campos para o Conde de Rio Maior: *D. João VI e o Império no Brasil. A Independência e a missão Rio Maior. Rio de Janeiro: Biblioteca Reprográfica Xerox, 1984, p. 49a*

Assim, apesar de tudo, em 1824 estes ministros acabaram caminhando no mesmo sentido: Subserra enviou Soares Leal como agente secreto para oferecer a D. Pedro uma tropa de 10.000 homens, enquanto Palmella, alentado pela dissolução da Constituinte de 1823, pensava ser o final deste ano um bom momento para a intervenção militar que apoiaria uma negociação anglo-brasileira no Rio de Janeiro, apoiada por forças navais em diversos pontos do Brasil.

Mas, o máximo que se conseguiu de Canning foi um manifesto formal da sua posição, em 23/12/1823, anunciando que não se deveria efetivamente pensar "na reunião dos dois reinos debaixo de um mesmo cetro" e que o governo britânico estava pronto a mediar as negociações, que passaram a acontecer em Londres[27]. Devemos lembrar que a Grã-Bretanha estava pressionada por vários interesses. No mesmo mês do manifesto de Cannning sobre o futuro da autonomia brasileira, os Estados Unidos definiu a sua política de não intervenção. Desta forma, se Canning visava neutralizar a influência dos países continentais, também estava premido pelo crescimento dos Estados Unidos, tendo assinado com este, em 1823, um manifesto conjunto onde repudiava a intervenção na América da Espanha, França ou qualquer país da Santa Aliança.

Assim, em fevereiro de 1824 os brasileiros iniciaram negociações diretas com Portugal em Londres, mas esta tentativa fracassou[28]. Entre julho e novembro de 1824 as conversas foram retomadas pelos representantes brasileiros Caldeira Brandt e Gameiro Pessoa, pelo representante português Conde de Vila Real, pelo Barão de Neuman - enviado austríaco - e por Canning. Contudo, estas não poderiam ter qualquer perspectiva de sucesso, pois já a 19 de julho de 1824 o projeto britânico previa que Portugal reconhecesse a Independência e que D. Pedro renunciasse aos seus direitos à Coroa de Portugal. Como era de se esperar, esta proposta foi mal recebida em Portugal, que reapresentou os termos da fracassada Missão Rio Maior, ou seja, D. João manteria a soberania no Brasil e concederia a D. Pedro uma regência com alto grau de autonomia. Mas, o fracasso de Soares Leal e a recusa de Canning ao novo projeto lusitano suspenderam sumariamente as negociações londrinas, levando a um impasse no final de 1824[29]. Em fevereiro de 1825, Caldeira Brandt comunicou a Portugal que as tratativas para o reconhecimento estavam

---

27 Proença, Maria Cândida. *Op. Cit.* p. 61-62.

28 Alexandre, Valentim. "A desagregação do império: Portugal e o reconhecimento do Estado brasileiro (1824-1826)". *Op. Cit.* p. 317.

29 Alexandre, Valentim. *Op. Cit.* p. 314-315.

suspensas, deixando entretanto aberta a possibilidade de negociações diretas entre Portugal e o Brasil, que nunca aconteceram pelas pressões e interesses britânicos[30].

Como bem argumentou Alan K. Manchester[31], o reconhecimento da Independência do Brasil foi sendo cada vez mais vital para a Inglaterra. Em finais de 1824, esta apressou-se a negociar tratados de comércio com os estados americanos que haviam sido colônias espanholas e anunciou a partida de Charles Stuart para o Rio de Janeiro, passando por Portugal, pois os Tratados de Comércio de 1810 estavam prestes a expirar em 1825[32] e a regulamentação do comércio de escravos era fundamental para a paz no mundo e para a economia inglesa.

Ao chegar a Portugal em março de 1825, Stuart não contaria mais com a oposição de Subserra aos planos de Cannning. Este havia caído pressionado pelo embaixador inglês em Lisboa, que ameaçara retirar a esquadra naval inglesa do Tejo que protegia o governo português de rebeliões internas. Esta medida tinha sido tomada visando diminuir a influência da França em Portugal, representada pelas simpatias com este país e sua política eram vistas por Subserra e Hyde de Neuville, e porque isto aplainaria caminho para as propostas inglesas[33].

Desta forma, entre fins de março e meados de maio de 1825 aconteceram nove conferências entre Charles Stuart e o Conde de Porto Santo. A situação havia mudado, pois Portugal encontrava-se isolado na Europa. A França havia continuado a ter relações comerciais com o Brasil, permitindo que navios brasileiros entrassem com suas bandeiras em seus portos, uma vez que Chateaubriand reconhecia serem importantes o comércio e a manutenção da monarquia no Brasil. Como vimos, por questões familiares a Áustria havia igualmente assumido o compromisso de manter a família real no trono, não intervindo e aprovando previamente a missão de Stuart. O único apoio que lhe sobrava era o da Rússia, que não tinha condições de opor-se às determinações inglesas.

Nestas condições, a mediação inglesa foi aceita, contanto que Stuart primeiramente tratasse dos interesses portugueses, para, depois, cuidar dos negócios da Grã-Bretanha[34]. Segundo circular de Porto Santo, as razões que se tinha na ocasião eram:

---

30 Proença, Maria Cândida. *Op. Cit.* p. 75.

31 Manchester; Alan K. *Preeminência inglesa no Brasil.* São Paulo: Brasiliense, 1973.

32 Ver Alexandre, Valentim. *Op. Cit.* p. 316.

33 Ver Alexandre, Valentim. *Op. Cit.* p. 317.

34 As atas das sessões de negociação do tratado revelam que durante todo o tempo Charles Stuart foi tratado como "plenipotenciário britânico", mostrando a serviço de quem efetivamente estava. Para uma discussão

> 1º. Conservar os direitos de legitimidade, 2º. Reforçar o esprírito monárquico em o Brasil; 3º. Conservar o Império Português na legítima sucessão da augusta Casa de Bragança.

Assim, se para o Brasil e para a Grã-Bretanha o reconhecimento foi se tornando premente, também para Portugal a necessidade de resolver a situação brasileira foi sendo cada vez mais crucial. Valentim Alexandre afirma que o período liberal caiu após a Vilafrancada por não se ter resolvido o problema brasileiro[35]. Não encarar esta questão era não resolver a sucessão portuguesa. Isto poderia levar, no futuro, o que era impensável para os portugueses naquele momento: uma vez que se o objetivo do vintismo de restabelecimento da hegemonia lusitana no Império havia ido por água abaixo, tanto pior seria se Portugal ficasse submetido de vez ao Brasil depois de tê-lo perdido como colônia e deste ter virado país emancipado e legitimamente constituído.

Duas questões, então, colocavam-se tanto para o Brasil quanto para Portugal: a da soberania dos governantes e da legitimidade dos governos. E estes foram os eixos fulcrais da negociação do Tratado. Já mencionamos como Portugal não aceitava a legitimidade do governo brasileiro a partir do ato da proclamação de D. Pedro I Imperador e da sua coroação como tendo sido frutos da praça pública e legitimados pelos juramentos efetuados nas Câmaras. Por que tais atos desagradavam tanto ao governo português? Porque este via legitimidade apenas na soberania que era derivada do poder real. Tanto é assim que logo após a Vilafrancada, com a restauração dos direitos de D. João VI e a queda da Constituição portuguesa de 1822, o ministro dos Negócios Estrangeiros Palmela apressou-se a enviar uma nota aos ministros portugueses nas Cortes européias comunicando-lhes o acontecido, renovando relações de amizade e afirmando que o rei português estava disposto a

> Recompensar a fidelidade portuguesa com o mais nobre, e o mais permanente prêmio que lhe pode conceder. Vai der-lhe uma carta de lei fundamental, que concilie no mais alto grau possível o império da lei e a felicidade dos povos com a dignidade e a firmeza do trono[36].

---

mais cabal desta dupla função deste emissário, conferir também Arquivo do Itamaraty. Missões Especiais Estrangeiras no Brasil. Sir Charles Stuart 81825-1829). Estante 273, prateleira 1, maço /volume 7. ver Andrade, Carolina Naciff de. *Op. Cit.* p. 18.

35 Alexandre, Valentim. *Op. Cit.* p. 310.

36 Ver Soriano, Simão da Luz. *História da guerra Civil e do Estabelecimento do Governo Parlamentar em Portugal,* 3ª época, tomo 6, Lisboa: imprensa Nacinal, 1887, p 499 citado por Proença, Maria Cândida. *Op. Cit.*, p. 56.

O Ministro deslocava, de forma hábil, o que tinha sido conquistado como um direito pelos revolucionários vintistas. A Lei seria outorgada por quem detinha de fato e de direito a soberania, pelo rei que legitimamente detinha o poder. Desta forma, estes anos foram marcados pela disputa entre a legitimidade e o constitucionalismo: a visão de que a soberania somente poderia ser transmitida por quem a detinha colocava-se em oposição à visão de que a soberania seria fruto do pacto celebrado pelo rei e seu povo, via de regra pela aclamação em praça pública.

Mas, antes que prossigamos é preciso que coloquemos as bases desta discussão sobre a soberania e a legitimidade em sua própria época. Não é possível vermos de forma ligeira e pouco aprofundada, tomando como absolustistas ou corcundas, as posturas de D. João VI ou de seu ministro Palmela ao redor dos acontecimentos que antecederam o reconhecimento da Independência; ou, deslocando a nossa análise para o Brasil, vermos como gradativamente cedendo ao absolutismo o governo de D. Pedro I nos anos de 1820. Nas atitudes dos governantes discutia-se a origem do pacto, pois haviam bebido suas teorias de bem governar nas idéias da Ilustração e a partir delas tentavam renovar suas políticas tornando-as esclarecidas. Assim, concordamos com Hespanha quando ele afirma que a teoria do contrato social não teria levado apenas às teorias democráticas, que desembocaram na Revolução Francesa, mas também ao "despotismo iluminado". Então, a Lei teria passado a depender da vontade arbitrária dos governantes. Deste modo, seguindo Hobbes, o Príncipe zelaria pelo bem comum ou pela felicidade individual.

Portanto, do ponto de vista político o jusracionalismo desdobrar-se-ía em duas grandes orientações: a primeira seria a demo-liberal, inaugurada por J. Locke e desenvolvida pelos jus-racionalistas franceses, como Rousseau; a segunda, a absolutista, com origem em Hobbes e tendo como representante Samuel Pufendorf[37].

Foi assim, a partir de visões distintas e instrumentalizadas sobre a soberania, que desde as negociações de Londres os brasileiros queriam o reconhecimento da Independência e do poder de D. Pedro I *in limine*, porque defendiam-no aclamado pela praça pública, enquanto os portugueses lutavam pela cessão da soberania por D. João VI e por definir quem era legítimo no governo, questão que se refletia diretamente na sucessão portuguesa. Na proposta e nas instruções trazidas por Stuart ao Brasil, vimos como a posição portuguesa procurava defender a ficção da cessão da soberania por parte de D. João, que cederia a D. Pedro poderes e a soberania sobre o Brasil. Esta fórmula partia

---

37 Hespanha, Manuel. *Panorama histórico da cultura jurídica européia*. Lisboa: Publicações Europa-A,mérica, 1997, p. 152.

do pressuposto que o pacto tinha a sua expressão mais efetiva no rei, que representava a nação centralizada, assegurando a "transferência voluntária de direitos". Segundo recorda Valentim Alexandre[38], abria também o caminho para uma futura reunião das coroas, reconstituindo-se o Império. Junto com esta carta, mais dois diplomas legais vinham como opção, caso a oposição fosse invencível no Rio de Janeiro.

> por um deles, a denominação de império abrangia Portugal, Brasil e Algarves, cabendo a D. João VI o respectivo título de imperador e a D. Pedro o de "Imperador do Brasil e Príncipe Imperial de Portugal e Algarves"; pelo outro, o monarca português mantinha a designação de rei de Portugal, dos Algarves e do Brasil, cedendo a seu filho a soberania sobre o território americano, com o título de rei do Brasil e Príncipe Real de Portugal e dos Algarves[39].

Frente a posições tão diferentes, é compreensível que as treze conferências que se deram de 25 de julho a 29 de agosto de 1825 começassem com a recusa dos plenipotenciários brasileiros em aceitar as cartas-patentes. Nesta mesma primeria sessão, Stuart encaminhou uma proposta de dez pontos para que se pudesse resolver de forma rápida o reconhecimento. O seu intuito era passar o mais rápido possível para o que lhe interessava: os tratados que deveriam ser renovados entre o Brasil e a Grã-Bretanha. Colocou então em pauta os seguintes itens.

> 1. Cessação das hostilidades; 2. Paz e aliança; 3. Esquecimento do passado; 4. Restituição de presas e propriedades com levantamento de seqüestros; 5. Segurança dos bens de raiz; 6. Indenização aos particulares; 7. Indenização de ofícios vitalícios dados anteriormente à ida de S. M. F.; 8. Ajuste das contas públicas, lembrando de dar as contas do Brasil contra Portugal; 9. Não aceitar proposições das colônias portuguesas para se unirem ao Império; 10. Liberdade e entrada do Comércio Português nos portos do Brasil, pagando previamente 15% de direitos[40].

E foram estas cláusulas que acabaram sendo a matriz do tratado datado de 29 de agosto de 1825. Como lembra Carolina Naciff de Andrade, a cessação das hostilidades e o armistício haviam sido previstos em Londres e não eram problema, contanto que se

38 Alexandre, Valentim *Op. Cit.* p. 321.

39 Alexandre, Valentim *Op. Cit.* p. 321.

40 Arquivo do Itamaraty. *Missões especiais estrangeiras no Brasil. Sir Charles Stuart 81825.1829).* Estante 273, prateleira 1, maço/volume 7.

reconhecesse a Independência. O Brasil também não colocou obstáculos às indenizações e restituições de bens de particulares, que foram delegadas para a Comissão Mista Brasil - Portugal (os artigos 6º, 7º e 8º do Tratado), deixando-se as contas públicas para convenção especial, chamada de convenção Pecuniária formalizada em texto adicional ao Tratado de Paz e Amizade. O percentual de 15% dado a Portugal no comércio, com o tratamento de nação favorecida, não foi objeto de regulamentação, tendo sido este item amplamente discutido e debatido até a década de 1860, pois a Câmara brasileira havia assumido uma posição antitratadista[41]. A pedra de toque foi mesmo o título que D. João e D. Pedro assumiriam e quem concederia tais títulos poderes.

Na segunda conferência, os plenipotenciários brasileiros apresentaram um texto do tratado que extraía das três cartas patentes trazidas de Lisboa uma versão que trazia incoerências nos artigos I e II do tratado, mas que foi aceita por Stuart. Assim, Valentim Alexandre descreve em detalhes as pretensões inconciliáveis do Brasil e de Portugal, que Carolina Naciff de Andrade aponta como uma verdadeira manobra que começa nas negociações no Rio de Janeiro e passam pela forma como Stuart se conduz autorizando a publicação do tratado no Brasil, antes da sua ratificação por Lisboa.

> (...) inicialmente, Portugal reconhecia a Independência, o que é diferente da transferência da Independência pretendida na Carta patente de 13 de maio. Ficava, então, atendida a reivindicação antiga por parte dos negociadores brasileiros, aquela que pretendia o reconhecimento prévio da Independência para qualquer negociação a ser levada a cabo entre os dois governos. Em um segundo passo, D. João cederia a soberania de sua livre vontade a seu filho D. Pedro e a seus sucessores. Aqui foi a vez de tentar salvaguardar o princípio legitimista, tão caro aos absolutistas europeus. Mas esses princípios acabaram por violentar a Carta Constitucional de 1824, que declarava "D. Pedro, por graça de Deus e unânime aclamação dos povos, Imperador Constitucional e Defensor Perpétuo do Império do Brasil". Era difícil compreender como uma soberania que já pertencia à Nação Brasileria poderia ser novamente cedida por D. João. Em uma última reviravolta jurídica, o artigo II estabelece que "Sua Magestade Imperial, em reconhecimento de Respeito, e Amor a Seu Augusto Pai o Senhor D. João VI, anui a que Sua Majestade Fidelíssima tome para Sua Pessoa o título de Imperador", numa tentativa de novamene elevar a honra brasileira, rebaixada na segunda manobra, pois agora era o Imperador do Brasil que autorizava su Pai a utilizar um título que lhe pertencia.[42] (grifos da autora)

---

41 Andrade, Carolina Naciff de . *Op. Cit.* p. 18-20.

42 Idem. P. 22-23-

Portanto, embora o tratado não contentasse os desejos portugueses, acabou sendo ratificado em Lisboa em quinze de novembro de 1825 por ter sido negociado por um aliado. Além disso, a sua publicação ilegal no dia 7 de setembro no Rio de Janeiro forçava o reconhecimento lusitano, pois os ingleses já o tinham feito e a França também propunha-se a fazê-lo.

Vimos como para Valentim Alexandre a versão final do tratado acabou servindo ao propósito brasileiro da soberania popular derrotando o projeto português de soberania pela ficção legitimista[43]; como os portugueses teriam saído sentindo-se derrotados pelos montantes pedidos e pelo que ficou acordados ao final; como teriam se sentido prejudicados pelo fracasso em torno da obtenção de um acordo de exclusivo para o sal e vinho portugueses, além de taxas mais preferenciais que a de outros países; como o rei e ministros ficaram tão acabrunhados que fizeram a sua ratificação a 15 de novembro acompanhada pela publicação da Carta Patente de 13 de maio, tentando refundar a discussão na base legitimista; como o tratado não teria agradado nem àqueles que pregavam a ficção legitimista nem a liberais como Mouzinho da Silveira e a imprensa exilada na Grã-Bretanha.

Mas, tampouco o tratado agradou aos brasileiros. Seria o Brasil independente sem ser soberano? Seria correto deixar que o rei de um outro país usasse o título de Imperador do Brasil? Seria legal o tratado sem ouvir o Parlamento? Em outras palavras, teria D. Pedro poder/soberania para ratificá-lo sem o Parlamento? Quais eram os pressupostos que legitimavam o seu poder? Portanto, voltamos ao ponto inicial. Outros caminhos de análise da história brasileira e e da história portuguesa no período abrem-se quando mapeamos as conversações e os planos que levaram ao tratado bem como as críticas que este sofreu em ambos os lados do Atlântico. Portanto, é preciso uma análise mais ampla para compreender o que estava realmente em jogo.

Consultando a documentação consular e das legações; a correspondência e os ofícios entre os altos dignatários do Brasil, de Portugal e da Grã-Bretanha; as Atas da Comissão Mista Brasil Portugal e os processos gerados pelo artigo 8º e pela convenção do artigo 3º, bem como confrontando-os com os jornais de época, podemos compreender que o tratado foi uma fonte legítima de direito que não somente reconheceu a existência de novo país, mas também acabou atendendo às demandas e necessidades de outros países. Além disso, provocou a intromissão do Brasil em novas disputas externas e internamente acabou colocando novos problemas na ordem do dia.

43 Alexandre, Valentim *Op. Cit.* p. 326.

Externamente, a não definição da sucessão portuguesa no texto final do tratado levou D. Pedro I a ter que se envolver diretamente na política européia. Neste sentido, passou a ter que discutir a liberação ou não de divisas indenizatórias para os exilados liberais portugueses que foram alocados em depósitos na Grã-Bretanha; mais adiante teve que abdicar do trono luso a favor de D. Maria da Glória, e, em 1831, que abdicar do trono brasileiro premido pelas disputas sobre a legitimidade do seu governo e pela guerra civil em Portugal.

No Brasil, voltava à baila a discussão da tirania como elemento a ser repudiado dentro do pacto social, acabando por ser vencedora a corrente que advogava a soberania do povo *versus* a soberania da nação, tendo o Imperador como centro de governo. Foi o momento no qual a Causa do Brasil passou a ser tida por Causa Nacional, tentando-se definir através da adesão política a uma determinada forma de conduzir e entender o Estado, o caráter da cidadania e da nacionalidade.

Em Portugal, na luta contra D. Miguel, D. Pedro solicitou e passou a contar com auxílio financeiro da Regência instalada no Rio de Janeiro, que em nome do seu liberalismo adiantava-lhe quantias devidas pelo tratado. Diga-se de passagem, depois da guerra civil finda e do restabelecimento da Comissão Mista no Rio de Janeiro, o governo vencedor de D. Maria I passou a discutir se tais somas pagas pelo governo brasileiro deveriam ou não ser abatidas do montante da dívida brasileira, devendo ou não ser consideradas adiantamentos, o que fazia novamente a discussão girar ao redor da legalidade de tal procedimento. Ainda do ponto de vista das relações internacionais, uma segunda questão colocou-se: a da soberania/autonomia pretendida pela Cisplatina, o que teria levado a um período de guerra no Prata, de 1825 a 1828.

Internamente, o tratado para além de legitimar a existência do governo no concerto geral das nações, abriu caminho para atender a interesses comerciais variados, que contemplavam negociantes estabelecidos no Centro-Sul do Brasil e ingleses. O governo inglês conseguira renovar o tratado de 1810 e teria celebrado a convenção de 1826, que colocava o ano de 1831 como limite para a abolição do tráfico. O tratado teria também conseguido delimitar melhor e apaziguar as relações entre os que passaram a chamar-se brasileiros e os que passaram a denominar-se portugueses, preservando a propriedade e a riqueza - ao menos, levou a cabo a necessidade de os dois países discutirem esta questão identitária através das cartas, ofícios e leis variadas, cujos reflexos estão concretizados nas reclamações que geraram os processos de seqüestros. Além disso, tendo circunscrito em um diploma legal o reconhecimento da Independência como autonomia, concretizada em termos de paz e de amizade entre dois países, teria minimizado leituras que enfatizavam a liberdade como atributo principal das nações (e porque não dizer dos indivíduos) em prol de sublinhar a necessidade de se salvaguardar os expedientes legais garantidores da capacidade dos pares darem legitimidade e legalidade a governos instituídos.

E foi justamente a discussão a respeito das leituras sobre o caráter da liberdade e da soberania que esta engendraria que deram lugar a acérrimas críticas do Parlamento ao tratado, sendo esta uma das causas de 1831[44] (a quem caberia o poder e as decisões; qual era o caráter do governo brasileiro e o que era a verdadeira Causa Nacional) e do recrudescimento dos movimentos populares que passaram novamente a discutir a liberdade (enquanto autonomia) e as suas conseqüências.

44 As noções a respeito do caráter da liberdade e da autonomia em 1831 foram discutidas por Mattos, Ilmar H. *O Tempo Saquarema*. São Paulo: Hucitec/ Instituto Nacional do Livro, 1987; já uma primeira discussão sobre os movimentos populares e suas interpretações da liberdade podem ser encontradas em Ribeiro, Gladys S. *Op. Cit.* capítulo 3.

# Capítulo 2 Nação e cidadania no jornal *O Tamoio*. Algumas considerações sobre José Bonifácio, sobre a Independência e a Constituinte de 1823

*Gladys Sabina Ribeiro*[1]

Escrever sobre o jornal *O Tamoio* significa necessariamente fazermos três movimentos. O primeiro deles é identificarmos as tendências políticas que se faziam representar por indivíduos e grupos para alguns autores que escreveram sobre o contexto imediato da Independência. A partir dessa historiografia, o segundo consiste em mapearmos o papel desempenhado por José Bonifácio de Andrada e Silva naqueles acontecimentos. Por último, acreditamos poder analisar o significado atribuído pelo jornal em tela aos conceitos de nação e de cidadania. O nosso intuito é percebermos como essas concepções se ligavam a outros projetos existentes naqueles anos e nos anos subseqüentes.

José Bonifácio foi representado com azedume por Varnhagen e Tobias Monteiro[2]. Varnhagen tentou de todas as maneiras diminuir o seu papel nos episódios anteriores à Independência. Os irmãos Andradas eram tidos por ele como egoístas, contraditórios, homens a quem só interessava o poder individual. Em um primeiro momento, enquanto estavam no Ministério, logo após o Sete de Setembro, foram despóticos e absolutistas, defensores do Imperador. Depois, diz que se tornaram propugnadores do poder do Legislativo, conduzindo a uma espécie de ditadura desse poder, de modo que não deixaram a D. Pedro outra solução, em 1823, a não ser a dissolução da Assembléia Constituinte - aliás, conselho dos próprios irmãos na fase que comandavam a política e enxergavam em todos os opositores "anarquistas" e "demagogos". Por fim, Varnhagen diz que mais tarde os

---

1 Professora Associada do Departamento de História da UFF. Coordenadora e Pesquisadora Principal do CEO (Centro de Estudos do Oitocentos) UFF/ PRONEX "Dimensões da cidadana no século XIX"- FAPERJ/CNPq. Consultora do Projeto Organização do Acervo Arquivístico da Justiça Federal – 2ª Região, Rio de Janeiro"

2 Varnhagen, Francisco Adolfo de. *História da Independência do Brasil até o reconhecimento pela antiga Metrópole, compreendendo, separadamente, a dos sucessos ocorridos em algumas províncias até essa data.* 3ª ed. São Paulo: Edições Melhoramentos, 1957. p. 123-126, p. 131, p. 157 e seguintes, quando começa a descrever a vingança dos Andradas contra o grupo de Ledo. Também p. 192, p. 205 e p. 231, entre outras. Monteiro, Tobias do Rego. *História do Império: a elaboração da Independência.* Belo Horizonte / São Paulo: Editora Itatiaia / Editora da Universidade de São Paulo, 1981, p. 686 e ss.

Andradas teriam voltado a ser fiéis ao Imperador, o que revelaria posições monarquistas. Nos seus primeiros capítulos, esse autor também não faz uma descrição muito lisonjeira do Príncipe D. Pedro, a quem só reabilita depois da viagem a Minas Gerais, quando, segundo suas palavras, o regente teria começado a tornar-se "brasileiro".

Tobias Monteiro fez um capítulo exclusivo sobre o caráter dos irmãos Andradas. Atribuíu a eles a "culpa" da Assembléia de 1823 ter se metido em assuntos que não lhe diziam respeito. Foram eles que teriam trazido para as discussões travadas a votação de leis ordinárias e fatos relacionados à oposição que faziam ao Imperador, como foi o caso das pancadas recebidas por David Pamplona. Com estas atitudes, teriam instigado as rivalidades entre portugueses e brasileiros.

Entretanto, nenhum deles deixou de reconhecer em José Bonifácio qualidades facilitadoras da condução da cena pública em circunstância tão crucial, quando do início do processo de formação do Estado Nacional. Ao contrário desses, ao longo de sua obra, Oliveira Lima elogiou as atitudes de José Bonifácio e dos outros irmãos Andradas. Fez questão de reabilitá-los dos ataques de Varnhagen ao argumentar que esse era desafeto da família dos Andradas.

Anos mais tarde, Caio Prado Júnior, ao escrever artigo intitulado *O Tamoio e a política dos Andradas na Independência do Brasil*, fez questão de situá-los no contexto da Independência. Ressaltou que Emancipação foi "um conflito intenso e prolongado de classes e grupos sociais"[3]. As divergências existiam muito antes dos rumos tomados em 1822, que teriam se constituído ao mesmo tempo em marco de união e momento indicador de nova ruptura, que não se faria tardar. Assim, não se poderia compreender os acontecimentos daqueles anos sem se traçar um quadro dessas classes e de suas tendências.

Para ele, havia três grandes grupos naqueles anos iniciais da década de 1820. O primeiro deles era o grupo "revolucionário, democrático e liberal", representado pelo que chamou de "classes médias e baixas" e que excetuava os escravos. Eles sustentavam o movimento constitucionalista no Brasil. O segundo era formado por indivíduos que faziam a "reação" à revolução e que se dividiam em outras tantas tendências; aí haveria desde os oportunistas até os que queriam reformas dentro do absolutismo, como o Conde de Palmela, além daqueles que não queriam nenhum tipo de mudança nas prerrogativas

---

3 Junior, Caio Prado. "O Tamoio e a política dos Andradas na Independência do Brasil". In: *Evolução política do Brasil e outros estudos*. Sao Paulo: Brasiliense, 1977, p. 181.

reais, como Vilanova Portugal. O último partido seria o "brasileiro", que tomaria o lado da reação e seria hesitante em suas atitudes[4].

O "partido brasileiro" teria se reunido a partir dos interesses mercantis e financeiros construídos pela permanência da Corte no Rio de Janeiro, e englobaria também cortesãos e burocratas. Seria formado por uma maioria de brasileiros, embora houvesse muitos portugueses, e não via com bons olhos a revolução constitucionalista. Queria apenas que se consolidasse as reformas feitas. Por esse motivo, teria se unido ao que Caio Prado chamou de reação. Depois da partida do rei e de um grupo majoritário de reacionários, teriam ficado sozinhos no Brasil, inclinando-se à Independência para impedir o avanço revolucionário e dos democratas. Passaram, então, a ser reunir ao redor do Clube da Resistência, enquanto os democratas se faziam ouvir pelo *Revérbero Constitucional Fluminense*. Diante da atitude hostil das Cortes, a idéia de separação foi ganhando terreno e unindo forças políticas que tinham propósitos diferentes.

Na visão de Caio Prado, José Bonifácio seria a liderança que tinha condição de "desempenhar a tarefa" por sua posição social, pelo seu passado e por dar garantias ao grupo que chamou de reacionário, além do prestígio que gozava em São Paulo[5]. Ele também teria condição de formar um bloco no Sul pró-autonomia, que se oporia ao Norte, mais apegado às Cortes de Lisboa. Mas, logo depois da Independência as divergências entre democratas e conservadores teriam novamente reaparecido. Ele teria tido que se dividir entre consolidar a autonomia e tornar-se um representante de sua classe e partido. Para os seus, a Independência tinha sido aceita para "lutar contra as Cortes democráticas de Lisboa e a situação revolucionária do reino europeu", fazendo com que começassem a se desinteressar pela Independência [6]

Afirma que a guerra se dava cada vez mais contra os nativos europeus, que eram mais abastados e a classe mais representativa. Por esse motivo, ao ter que consolidar a Emancipação, colocar-se-ía contra o grupo ao qual pertencia. Depois da sua queda, o jornal O *Tamoio* teria como bandeira a luta contra o "português", que passara a ser ódio pessoal. Na avaliação de Caio Prado, politicamente isso era uma motivação estéril, que tentara fazer substituir à oposição conseqüente dos democratas ao elemento português, e que se baseava nos privilégios que tinham. Terminava

4 Idem p. 182-183.

5 Idem p. 184-185.

6 Idem p. 189.

dizendo que a oposição de José Bonifácio através de *O Tamoio* servira apenas para barrar a aproximação perigosa que se desenhava com Portugal, mas lamentava o ódio que o Andrada tinha à democracia e ao liberalismo[7].

Sem dúvida a análise de Caio Prado é inovadora para o momento que escreveu. Contudo, faltam-lhe elementos para melhor definir aqueles que chama de democratas, de reacionários e os participantes do partido brasileiro.

Embora mencione que muitos elementos do partido brasileiro eram portugueses, não dá ênfase a essa questão nem analisa os interesses econômicos em jogo, o que na historiografia somente pode ser aquilatado a partir das contribuições dos trabalhos de Alcir Lenharo[8], Riva Gorentein[9], João Fragoso[10] e Cecília Sales de Oliveira[11].

Os trabalhos acima citados renovaram a historiografia sobre o período. A partir das suas conclusões, podemos afirmar que as razões em prol da Emancipação dos que chamou reacionários pode ser encontrado nos interesses pela manutenção da autonomia comercial e política conseguida pela transposição da Corte, e, antes mesmo, pelos interesses mercantis aqui já enraizados. Essa mesma razão pode ter feito o grupo de Ledo, ligado aos interesses do mercado abastecedor, a se unir aos projetos constitucionais e a lutar pela hegemonia a partir do projeto de uma nova nação que se constituiria com o fato da consolidação da separação total.

Entretanto, pensamos que não havia, em um primeiro momento, interesses concretos que levassem ambos os grupos ao projeto de Emancipação. Os negociantes de grosso trato perderiam com a separação das rotas comerciais, o que poderia dificultar ou inviabilizar o

---

7 Idem p. 189.

8 Lenharo, Alcir. *As Tropas da Moderação: o Abastecimento da Corte na Formação Política do Brasil, 1808-1842.* 1ª ed. São Paulo: Editora Símbolo, 1978.

9 Gorenstein, Riva. *Comércio de Política: o enraizamento de interesses mercantis portugueses no Rio de Janeiro (1808-1830).* In: *Negociantes e Caixeiros na Sociedade da Independência.* Prefácio de Maria Odila Leite da Silva Dias Rio de Janeiro: Secretaria Municipal de Cultura, Turismo e Esportes, Departamento Geral de Documentação e Informação Cultural, Divisão de Editoração, 1993;

10 Fragoso, João Luís Ribeiro. *Homens de Grossa Aventura: acumulação e hierarquia na Praça Mercantil do Rio de Janeiro. (1790-1830).* Rio de Janeiro: Arquivo Nacional, 1992; Fragoso, João Luís Ribeiro e Manolo Florentino. *O Arcaísmo como Projeto: Mercado Atlântico, Sociedade Agrária e Elite Mercantil no Rio de Janeiro, c. 1790- 1840.* Rio de Janeiro: Diadorim, 1993..

11 Oliveira, Cecília Helena Lorenzini de Salles. *A Astúcia Liberal. Relações de Mercado e Projetos Políticos no Rio de Janeiro (1820-1824).* São Paulo, 1986. 2 vol. Tese de Doutorado. Departamento de História - Universidade de São Paulo..

comércio com a África. Os indivíduos ligados ao comércio interno viam com bons olhos o apoio às Cortes lisboetas, o que contrabalançaria o predomínio do grupo de comerciantes já estabelecidos no Centro-Sul e renderer-lhes-ía cargos dentro da nova situação.

E julgando as razões de todos, não podemos considerar nem uns nem outros absolutistas. Sem dúvida, todos os grupos que pugnaram pela Emancipação eram liberais, embora os negociantes pudessem praticar um liberalismo com conotação mais econômica que política[12] e os grupos vinculados ao abastecimento pudessem defender um liberalismo com viés mais político porque desejavam espaços de poder.

É Emília Viotti quem nos brinda com um artigo onde melhor matiza a posição dos Andradas, sobretudo ao mostrar a construção do mito a partir da visão que ele próprio tinha e de como os contemporâneos o enxergaram, sendo esses amigos ou inimigos. Analisa-o ainda dentro da tradição romântico-nacionalista e da historiografia erudita[13]. Enumera uma lista de grupos que eram favoráveis à Emancipação: os comerciantes estrangeiros beneficiados pelos tratados, os fazendeiros de algodão e açúcar, os comerciantes que aspiravam o auto-governo descontentes com o que sobrava do sistema colonial, os contribuintes que se queixavam do fisco metropolitano, os intelectuais contra a censura, os velhos ódios raciais da população mestiça contra os portugueses do Reino, os que condenavam os privilégios dos portugueses, sobretudo na administração e no exército, os funcionários portugueses, os escravos que desejavam se emancipar, os pobres e desvalidos que desejavam sociedade de iguais, entre outros[14].

Para ela, o príncipe representava aspirações contraditórias:

> (...) para os portugueses, ele representava ainda a possibilidade de manter o Brasil unido a Portugal, por via monárquica; para os brasileiros, que queriam a autonomia sem a separação definitiva, ele significava a possibilidade de monarquia dual; e para os que almejavam a Independência total, mas temiam as agitações do povo, a possibilidade de realizar a Independência sem alteração da ordem, adotando-se a monarquia constitucional[15].

---

12 Para essa distinção, conferir Lyra, Maria de Lourdes Viana.. *A utopia do poderoso Império*. Rio de Janeiro: Sette Letras, 1994, em especial, 134 ss.

13 Costa, Emília Viotti da. José Bonifácio: mito e histórias. In: *Da monarquia à república. Momentos decisivos*. São Paulo: Livraria Editora Ciências Humanas, 1979.

14 Idem p. 57.

15 Idem p. 58.

A união entre o grupo mais radical e José Bonifácio se romperia a partir da convocação do Conselho de Procuradores e se aprofundaria a partir da discussão sobre aclamação do Imperador com o compromisso prévio com a Constituição. O choque com o grupo de Ledo levou a sua demissão a 27 de outubro de 1822 e readmissão três dias depois, quando passou a perseguir seus opositores como inimigos da Causa brasileira[16]. Julgava que o Imperador tinha o direito de não aceitar a Constituição que seria feita pelos "povos", desejava um

> governo apoiado nas camadas conservadoras, nem democrático, nem absolutista, controlado por um dispositivo constitucional e parlamentar: uma monarquia constitucional representativa com exclusão do voto popular. Abominava os "extremos" da República não desejando tão pouco um governo absolutista[17].

Desta forma, Emília Viotti enxergou em José Bonifácio um projeto que limitava a soberania do povo, onde a Constituição deveria dar a liberdade e a felicidade do Estado, sem anarquia nem desordens. Com uma fina análise, afirmava:

> Não se deve, entretanto, superestimar a divergência que o separa dos elementos tidos como liberais, nem muito menos ver, nestes últimos, democratas, os representantes do povo. Analisando-se o diálogo dos Constituintes pode-se perceber que o tom geral é substancialmente o mesmo no que diz respeito à idéia de uma possível revolução que alterasse profundamente a ordem social e econômica existente. Divergiam a propósito da delimitação do Poder Executivo e da definição do alcance das medidas liberais, tais como a liberdade de imprensa, a anistia a presos politicvos, liberdade de culto[18].

Ainda segundo Viotti, radicais e conservadores tinham medo do povo e da revolução. Em José Bonifácio, o que podia salvar o Brasil das revoluções era a Causa da Monarquia, que era a Causa do Brasil. Afirma que passou a defender pensamento próprio que estabelecia uma

16 Idem p. 66. O termo Causa do Brasil, Causa da Nação e Causa Nacional aparecerão sempre grafados por maiúsculas, por serem de época.

17 Idem. p. 66

18 Idem. p. 68.

distinção entre povo (os súditos) e a nação (o soberano e os súditos) pretendendo que ao invés da expressão "soberania do povo" que lhe pareceia dar margem à confusão e equívocos, se utilizasse a expressão "soberania da nação".[19]

Continuando a tradição de se pensar os grupos políticos no contexto dos anos de 1820, Cecília Oliveira estudou a atuação política dos liberais do norte fluminense relacionando-a com a disputa de mercados, nos anos de 1820 a 1824, seguindo o trabalho de Alcir Lenharo que atribuiu grande importância aos tropeiros e aos comerciantes do sul de Minas Gerais em todos os acontecimentos da Abdicação e da Regência – esses estariam organizados ao redor dos "moderados".

Em conjunto, essas pesquisas são instigantes e sugerem a importância de revisitarmos a primeira metade do XIX: é preciso pensarmos meticulosamente as bases econômicas e a filosofia política dos grupos que realizaram a Independência e foram responsáveis pela Abdicação.

É muito comum, por exemplo, esses autores terem visões díspares sobre os dois grupos básicos constituintes do "partido brasileiro": o de Gonçalves Ledo e o de José Bonifácio. Alguns, como Roderick Barman e Lúcia Neves[20], apostaram em uma "elite Coimbrã" (ou "elite luso-brasileira") e em uma "elite brasiliense". Os primeiros, por sua formação, seriam partidários da união com Portugal, seguindo os princípios do Império Luso-Brasileiro, sem qualquer retrocesso com relação ao período vivido na condição de Reino Unido. Capitaneados por José Bonifácio, militariam em suas fileiras, entre outros, Pedro de Araújo Lima, José Joaquim Azeredo Coutinho, Campos Vergueiro, Estevão Ribeiro de Resende, José Mariano de Azeredo Coutinho, Joaquim Xavier Curado, Antonio Rodrigues Veloso de Oliveira, Hipólito José da Costa, José da Silva Lisboa, Luis Gonçalves dos Santos, Frei Francisco Sampaio. Teriam sido eles os responsáveis pelo sentimento posterior de nacionalidade. Já a "elite brasiliense" seria o grupo de Ledo, que contava também com a participação de Bernardo José da Gama, Domingos Alves Moniz Barreto, Januário da Cunha Barbosa, Montezuma, João Soares Lisboa, Frei Caneca, Luis Augusto May, Luis Pereira da Nóbrega, Silva Porto, Cipriano Barata, José Martiniano de Alencar,

19 Idem p. 69.

20 Neves, Lúcia Maria Bastos Pereira das. *Corcundas, Constitucionais e Pés-de-Chumbo: a Cultura Política da Independência, 1820 1822*. São Paulo, 1992. 2 vol. 730 p. Doutorado. História, Universidade de São Paulo, p. 52, 99-100 e Barman, Roderick J. *Brazil. The Forging of a Nation. 1798-1852*. California: Stanford University Press, 1988, p. 72-80.

Pedro José da Costa Barros e Feijó, entre outros. Mantinham os ideais da geração de 1790, mas não excluíam a possibilidade de um Império Brasileiro, caso fossem ameaçados os princípios de liberdade e igualdade. Teriam idéias "radicais" e até republicanas, idealizando a Independência.

Cecília Oliveira[21] tem visão oposta em relação aos ideais dos dois grupos identificados; para ela as disputas fundamentais eram no e pelo mercado interno. O grupo de Ledo representava interesses do norte fluminense, articulando-se com negociantes do sul de Minas, do Recôncavo baiano e de São Paulo (negociantes portugueses como Francisco Inácio de Souza Queirós)[22]. Querendo alargar as fronteiras do seu domínio comercial, posicionavam-se contra os grupos mercantis incrustrados na administração do governo português e buscavam aliança com a burguesia portuguesa, apoiada, tal como eles, por pequenos proprietários, empregados públicos e varejistas artesãos, entre outros.

A princípio, não queriam a Independência[23]. Criticavam a legislação tradicional dos monopólios, que descontentavam os pequenos proprietários e os homens pobres, e diziam não saber o governo colocar ordem no mercado, gerando revoltas e descontentamentos. Entretanto, passaram a apoiá-la porque perceberam terem perdido espaço político, uma vez que Soares Lisboa sofrera processo por abuso da liberdade de imprensa. Assim, passaram também a sustentar a Monarquia Constitucional. Depois de 1823, teriam abandonado as suas propostas republicanas com medo

> de manifestações violentas por parte da multidão miserável e o agravamento das visíveis agressões contra portugueses, vistos pelos homens livres como os diretos responsáveis pelas especulações com gêneros alimentícios, pela elevação dos preços e pela perda de espaço no mercado. A aliança com o grupo de Nogueira da Gama era um recurso estratégico [...][24].

Desta forma, teriam se aliado aos adversários da véspera e não mais pretendiam a derrocada "das leis tradicionais e das práticas mercantilistas que regulamentavam o mercado". Juntaram-se aos grupos que desde o período joanino arrematavam os contratos e distribuíam os gêneros no mercado interno. Apoiando o Imperador, pensavam em abrir caminho para participarem no comércio de cabotagem, no tráfico negreiro e na ocupação

21 Oliveira, Cecília Helena Lorenzini de Salles. *Op. Cit.*

22 Ibid. p. 295 e 336.

23 Ibid. p. 266, 269 e. 381.

24 Ibid. p. 370.

de cargos administrativos[25]. Contudo, foram derrotados no processo movido contra eles por José Bonifácio e foram acusados de "conspiradores" e "anarquistas"[26].

O grupo opositor, o de José Bonifácio, pregava a Independência. Queriam atingir dois objetivos básicos: a concentração de poderes na Corte, abortando os projetos dos liberais fluminenses, e "um aprofundamento da liberação do comércio externo das províncias do Brasil, expresso na abolição das práticas mercantilistas e protecionistas que ainda permeavam o mercado internacional"[27].

Dessa forma, eram contra os atacadistas e desejavam eliminar da atuação no mercado interno as antigas companhias de comércio que atuaram em várias províncias no século XVIII. Representavam também os ricos negociantes fluminenses que propunham a incorporação aos seus negócios de estancos, tais como os de sal e da madeira, monopolizados por grupos mercantis de Portugal, que aqui agiam através de parentes, correspondentes e arrematantes. Enfim, queriam a "nacionalização" das relações comerciais entre Portugal e Brasil, preservando, entretanto, as práticas monopolistas brasileiras referentes ao mercado interno, que controlavam. Invertendo os discursos do grupo de Ledo, diziam-se igualmente protetores do "povo", uma vez que a supressão das práticas mercantis "tradicionais" levaria à desordem porque conduziria o "povo" à miséria. Nessa concepção, o rei protegeria os pobres e desvalidos, regulando o mercado, e a opressão seria a ingerência da burguesia portuguesa no mercado brasileiro[28].

Podemos constatar, então, que a estes grupos são atribuídos diferentes projetos políticos relacionados à Independência e à formação do Estado e da nação. Dando-lhes fluidez e imputando-lhes a representação de interesses econômicos e políticos, os mesmos objetivos podem ser atribuidos a grupos opositores. Fala-se muito também nas suas idéias "liberais" ou "conservadoras", ou, nas posturas mais "radicais" (tanto em 1822 como em 1831) daqueles que pregavam o "republicanismo", a "federação" e a "democracia".

Contudo, é preciso realmente conferir o que estas posturas políticas significavam naquela época. Será que os ditos "democratas" realmente representavam os interesses dos mais pobres ou colocavam-se ao seu lado, insuflando-os? Tudo isso precisa ser melhor estudado. Portanto, não basta apenas identificar os grupos por sua formação intelectual,

25 Ibid. p. 370-371.

26 Ibid. p. 350, 357 e 373.

27 Ibid. p. 289.

28 Ibid. p. 289- 293.

pesquisando a sua origem social, como fizeram Lúcia Bastos Pereira das Neves e R. Barman. Tampouco basta colá-los a uma base geográfica, como fizeram Lenharo e Oliveira, deduzindo daí interesses econômicos nem sempre comprovados, ou rotulá-los politicamente de acordo com o que eles próprios ou outros diziam, como fez Oliveira ao atribuir ao grupo de Ledo uma postura mais "democrática", e, depois, "astuta".

É necessário, pois, reconstruir as biografias dos líderes dos anos de 1820 e refazer as trajetórias desses grupos políticos cruzando os interesses sócio-econômicos aos políticos. Deste ponto de vista, não se deve igualmente perder do horizonte as suas matrizes ideológicas. Evidentemente, para isso se deve considerar as diferentes concepções ilustradas que vingaram na Colônia – não ao modo de uma imitação mal feita, mas como idéias articuladas e recriadas a partir da realidade brasileira a época e da influência dos movimentos populares. Estes estudos além de ajudarem a precisar como a liberdade era entendida, poderiam dar um novo enfoque à questão da semelhança ou diferença entre liberais e conservadores no Império. Nesse último sentido, as pesquisas de João Fragoso e de Valentim Alexandre[29] abriram novas perspectivas para a conjugação das ações políticas e dos interesses econômicos das diferentes regiões e classes sociais, possibilitando novas análises sobre a Independência, seus grupos políticos e líderes.

Relacionando o tipo e a origem da formação dos políticos com a sua atuação e com os projetos de seus grupos, mas com matrizes teóricas e pressupostos diferenciados, vale ainda analisarmos as conclusões de Raymundo Faoro, José Murilo de Carvalho e Ilmar Rohloff Mattos[30].

Raymundo Faoro e José Honório Rodrigues ao mesmo tempo que possuem pontos em comum com vários historiadores acima citados – sobretudo no que concerne à periodização dos eventos no processo da Independência, à importância da vinda da Família

---

29 Fragoso, João Luís Ribeiro. *Op. Cit.,* 1992 ; Fragoso, João Luís Ribeiro e outro. Op. Cit., 1993; Alexandre, Valentim. *Os Sentidos do Império. Questão Nacional e Colonial na Crise do Antigo Regime Português.* Porto: Edições Afrontamento, 1993. Este último autor, utilizando as balanças comerciais de Portugal e outras fontes chegou a conclusões semelhantes às de João Fragoso, ou seja, da prosperidade da Colônia no período inicial do XIX. Fez, inclusive, séria crítica à forma como Fernando A. Novais interpretou dados ali anotados. (Novais, Fernando Antônio. *Portugal e Brasil na Crise do Antigo Sistema Colonial (1777-1808).* São Paulo: Hucitec, 1979.)

30 Faoro, Raymundo. *Os Donos do Poder. Formação do Patronato Político Brasileiro.* 4ª ed. Porto Alegre: Editora Globo, 1977. 2 v; Carvalho, José Murilo de. *A Contrução da Ordem. A Elite Política Imperial.* Rio de Janeiro: Editora Campus Ltda., 1980 e Mattos, Ilmar Rohloff de. *O Tempo Saquarema.* São Paulo: Editora Hucitec / Instituto Nacional do Livro, 1987.

Real e à existência de uma "revolução", apesar da continuidade da sociedade colonial-, partem também de algumas premissas teóricas e preocupações bastante originais.

Raymundo Faoro[31] finaliza a sua análise sobre a Independência utilizando o termo "revolução" para caracterizar a obra social e política iniciada em 1808. Como outros autores, igualmente viu uma continuidade entre o antes e o depois do Sete de Setembro, que diz ter sido uma "transação" para não se chegar a soluções extremadas, "entre o exagero jacobino e liberal e o absolutismo"[32].

Para ele, desde finais do século XVIII houve uma maturação da economia colonial ocasionada por fatores externos. Este processo foi acentuado com a vinda da Corte, que transplantou para o Brasil a administração segundo o Almanaque de Lisboa, mas, modernizou-se "numa obra quase nacionalista capaz de convertê-la numa nação independente"[33]. O comércio desde então começou a progredir. Todavia, diante da crise no setor mercantil – "crise do pacto colonial" –, as divergências entre o "colonizador" e o "colonizado" começaram a se manifestar, além da penetração inglesa que se fez sentir.

Retraída a classe mercantil, começaram a ganhar força os grandes proprietários rurais de São Paulo, de Minas Gerais e do interior fluminense , a "gentry". Foram eles que fizeram a Independência. Abriram caminho afastando o luso e o comerciante e aliando-se à "burocracia colonial" e a alguns comerciantes, que se viam duplamente ameaçados com a perda os seus cargos e com a cisão da Monarquia, podendo virar uma República.

Com o encontro da nação com D. Pedro, este tornou-se o "Defensor Perpétuo do Brasil" e a burocracia de D. João foi "nacionalizada nos propósitos, mas não nos sentimentos". Sendo a sociedade colonial estamentária e não amalgamada, a Independência foi costura provisória, feita por José Bonifácio, entre "liberais" e "realistas", que se cindiu tão logo interesses divergentes manifestaram-se[34]. Duas correntes de pensamento afloraram, esmagando o ímpeto popular: os liberais democratas e os de tendência temperada. Contudo, José Bonifácio foi derrotado em 1823, mesmo havendo assegurado a soberania nacional e tentado construir a unidade provincial. A partir daí, D. Pedro governou compondo o "tradicionalismo" e o "verniz carismático", sujeitando-se às oscilações de popularidade.

31 Faoro, Raymundo. *Op. Cit.*

32 Faoro, Raymundo. *Op. Cit.*, p. 272.

33 Faoro, Raymundo._*Op. Cit.*, p. 254.

34 Ibid. p. 279.

> O grupo de domínio concentra-se na corte, com o restabelecimento da aristocracia, incapaz de irradiar-se a autoridade às províncias, precariamente assimiladas no Rio de Janeiro, sem que desapareçam as velhas desconfianças, oriundas do vice-rei e da transmigração de D. João[35].

Ao redor de D. Pedro congregar-se-íam "pessoas dotadas de poder econômico e social" a quem daria títulos, contribuindo para o esfacelamento do seu poder[36]. Portanto, o autor repetiu para o período logo após a Independência o clássico esquema que atribui a este momento o predomínio dos "portugueses", colocando igualmente a questão em termos do divórcio entre o Estado e a nação (Metópole-Colônia).

> O regime colonial não se extingue, moderniza-se; os remanescentes bragantinos se atualizam, com a permanência do divórcio entre o Estado, monumental, aparatoso, pesado e a nação, informe, indefinida, inquieta. Uma ordem metropolitana, reorganizada no estamento de aristocratas improvisados, se suporia a um mundo desconhecido, calado, distante[37].

O trono equilibrava-se entre o "partido português" – "impropriamente chamado pelos seus vínculos ao comércio, ainda ultramarino na essência e nas atividades" – e o "brasileiro", "nativista" e "xenófobo"–, que tinha no jornal andradino *O Tamoio* um dos seus representantes. O Imperador teria "cortejado" os "portugueses", enganando-se com o "falso carisma de sua popularidade"[38].

Repetindo John Armitage, diz que o problema de D. Pedro foi nunca ter se tornado "brasileiro", porque atribuiu à opinião pública grande força em momento de "espírito nascente da nacionalidade"[39]. O entusiasmo pelo Imperador foi diminuindo devido às medidas que excluíam os "brasileiros natos". Para o autor, o povo foi desconfiando que o "monarca ainda era português de coração", enquanto os "brasileiros natos julgavam-se considerados como suspeitos" porque o governo procurava apoio em "estrangeiros"[40]. O "nativismo" acabou renascendo,

---

35 Ibid. p. 286.

36 Ibid. p. 286-287.

37 Ibid. p. 288-289.

38 Ibid. p. 293-294; p. 296; p. 297-298.

39 Ibid. p. 298.

40 Idem.

> unindo as facções e construindo o alvo comum de seus ódios, o português. O 7 de abril completa, aperfeiçoa o 7 de setembro: com a queda do reinado, em causa comum os exaltados e os moderados, renasce a tarefa adiada por nove anos, entregue a outras mãos, saídas diretamente da nação, sem a tutela transacional de um rei.[41]

Assim, a direção da nação não coube ao povo, que havia deflagrado o movimento juntamente com os liberais exaltados, mas "aos representantes da nação". Eles não eram

> nem a aristocracia do primeiro reinado, nem os promotores da pura democracia. Os instrumentos de governo se articulam no próprio governo, destilados e apurados com o banho ritual do sufrágio elitista.[42]

Finalizando, com base em uma tipologia patrimonialista Faoro mostrou como os diversos estamentos se organizaram para participar do Estado e do poder.

Já José Honório Rodrigues escreveu uma obra completamente diferente daquelas analisadas até o momento. Não se preocupou em relacionar economia, sociedade e política. Tratou, separadamente, nos cinco volumes de *Independência: revolução e contra-revolução*[43], a evolução política, a economia e a sociedade, a liderança nacional, as forças armadas e a política internacional. Para os nossos objetivos, interessam em especial os volumes I e o II.

Ao longo do extenso texto, caracterizou o Sete de Setembro como "uma revolução, contida por D. Pedro, no meio do caminho, com a demissão e o banimento de José Bonifácio" e uma guerra mais cruenta do que a de muitas independências da América. A revolução teria sido nacionalista e feita entre abril de 1821 e julho de 1823, quando se pacificou o país; entretanto, já se havia começado a construir a consciência nacional a partir de 1808. A política recolonizadora das Cortes só havia acelerado os acontecimentos e provocado o desejo de separação total: a data de 1822 teria tido, pois, pouca importância.

---

41 Ibid. p. 298-299.

42 Ibid. p. 300.

43 Rodrigues, José Honório. *Independência: Revolução e Contra-revolução*. Rio de Janeiro: Editora Francisco Alves, 1975. 5 v.

Até então o que havia era "a máscara da autonomia dentro da união, que a Independência caminharia para a vitória"[44]. A partir de setembro de 1821, é que começou a agitação; os "partidos" definiram-se pró e contra a separação total, incentivados pelo pasquins e folhetos.

> A revolta era coletiva e logo começaram reunir-se e ativar-se os clubes de resistência, as sociedades maçônicas, e a política passou a considerar não a autonomia com a união, mas a separação total, ainda que disfarçada pela fingida união[45].

Desse modo, José Honório colocou em dúvida que se quisesse realmente a autonomia dentro da união. Disse que os políticos da época e os panfletos faziam uma espécie de jogo, tal qual D. Pedro, que fingia ao escrever cartas a seu pai[46].

O "patriotismo" crescia e começou a haver uma

> solda ideológica entre os brasileiros partidários da Independência, de todos os partidos, e os portugueses, cujos interesses ou sentimentos os uniam à nova pátria que ia surgir[47].

Esta concepção explica-se pelo significado que José Honório deu à Emancipação. Não se pode dizer que percebesse o processo dentro de um quadro de "crise do sistema colonial", de luta propiamente dita entre a entre a Colônia e a Metrópole; reconhecia sim interesses divergentes que acabaram prestando um "desserviço" à economia nacional, enquadrando-na em uma "dependência informal do imperialismo britânico"[48], fazendo com que a estrutura econômica do país fosse a mesma da época colonial.

O "colonialismo português" também teria sido substituído por um "colonialismo interno"[49] e a separação alavancada por aqueles que queriam a liberdade de comércio total, abaixando o preço das mercadorias importadas, aumentando a abundância de suprimentos e as facilidades do crédito. A "gente do povo" participou, mas não impôs a direção ao movimento nem pode modificar a "estrutura da economia colonial, latifundi-

44 Ibid. vol. 1, p. 191.

45 Idem.

46 Ibid. vol. 1, p. 188-201.

47 Ibid. vol. 1, p. 196.

48 Ibid. vol. 2, p. 44.

49 Ibid. vol. 2, p. 173-182.

ária e escravista". O Brasil havia passado do colonialismo português às esferas de domínio da Grã-Bretanha, e nada havia mudado do ponto de vista econômico nem social... Os mesmos homens continuavam a mandar... [50]

A identidade nacional vinha se formando antes da Independência[51]. Entre o "Fico" e a "Aclamação" fortificou-se a unidade e debelou-se a dispersão graças a atuação de José Bonifácio[52]. Ele teria tido um lugar importante na organização da Monarquia, na consolidação da separação, na luta contra a recolonização e contra os portugueses. Teria feito uma verdadeira política "nacionalista", que não interessaria principalmente aos lusitanos. Portanto, teria sido momentânea a união de interesses no "partido brasileiro". Logo os portugueses obteriam força junto a D. Pedro e dominariam a cena política.

> A gente portuguesa, fidalgos ou não, que tinha seus bons empregos, em geral vitalícios e alguns hereditários, aqui ficou, como os soldados e oficiais que deram baixa do serviço português e aderiram às forças brasileiras. Esta gente, ao lado da burguesia comercial que favorecia a Independência por motivos econômicos, formaria com os fazendeiros o grupo de oposição à política de José Bonifácio, auxiliados mais tarde por Domitila de Castro Canto e Melo, futura Marquesa de Santos, a amante de D. Pedro, sempre a serviço de interesses escusos.[53]

A grande questão teria sido, então, a preservação da unidade, a formação do Estado Nacional e a integração do território. Aliás, a ênfase no papel da Monarquia para a manutenção da unidade e da centralização, construindo um verdadeiro país sem abalos sociais nem econômicos, está igualmente presente nas obras de Varnhagen, Oliveira Lima,[54] Tobias Monteiro, Otávio Tarquínio de Souza[55].

---

50 Ibid. vol. 2, p. 43-58.

51 Ibid. vol. 1, p. 321-326.

52 Ibid. vol. 1, p. 323.

53 Ibid. vol. 1, p. 228. Esta explicação encontra-se repetida várias vezes, como nas p. 261, p. 276-277, p. 279, p. 283-284.

54 Lima, Manuel de Oliveira. *O Movimento da Independência: 1821-1822.* Belo Horizonte / São Paulo: Itatiaia / Editora da Universidade de São Paulo, 1989.

55 Souza, Octávio Tarquínio de. *História dos Fundadores do Império no Brasil.* Rio de Janeiro: Editora José Olympio, 1957. 10 v.

A saída de José Bonifácio teria ocasionado o início da contra-revolução, quando os portugueses –"absolutistas"– tomaram o poder. Diga-se de passagem, o ano de 1823, com a dissolução da Constituinte, e não exatamente a queda dos Andradas, foi assumido pela historiografia como o início do "portuguesismo". O autor em questão, embora não seja tido por lusófilo nem por lusófobo[56], reproduziu a visão corrente dos portugueses -"absolutistas"- terem dominado a política até 1831. Com o Sete de Abril foi derrubado o absolutismo dos ministérios influenciados pelos portugueses, "antinacionais" e "recolonizadores", e houve a reafirmação das conquistas do Parlamento, "nacionalista" e "protetor das liberdades"[57].

Assim, tanto Raymundo Faoro quanto José Honório preocuparam-se em explicar como os grupos presentes em 1822 rearticularam-se depois da Emancipação e do Sete de Abril, permanecendo no poder e participando dele. Faoro centrou sua análise na explicação das bases patrimonialistas do Estado e José Honório quis demonstrar como os "conservadores" venceram com a contra-revolução, aliás uma de suas teses mais fulcrais é a da permanente vitória da contra-revolução no país ...

Esta mesma linha de análise se faz imprescindível ao mergulharmos nas idéias presentes em *O Tamoio*. Não basta identificar ser o jornal o porta voz de José Bonifácio e dos Andradas, ou mencionar que tinha por redatores Vasconcelos Drumond e França Miranda, dois grandes amigos de José Bonifácio. Para além dos dados tipográficos[58], é preciso ressaltar que *O Tamoio* tinha um caráter doutrinário. Nas suas quatro páginas, comentava acontecimentos políticos, publicava cartas assinadas por indivíduos que tinham

---

56 Iglésias, Francisco. José Honório Rodrigues e a Historiografia Brasileira. *Estudos Históricos. Caminhos da Historiografia I.* Rio de Janeiro, vol. 1, 1988, p. 66.

57 Rodrigues, José Honório. *O Parlamento e a Independência Nacional. Introdução Histórica. 1826-1840.* Obra comemorativa do sesquicentenário da Indepedência. Brasília: Senado Federal, 1972, p. 75-98. José Honório comenta que tanto na visão dos conservadores como na liberal, a Independência foi fruto da liberdade e da atuação de D. Pedro; contudo, na conservadora há elogios a D. Pedro, que tirou-lhe o caráter revolucionário e aplacou as a ameaça de desordem e de República. Para os liberais, os grandes males que advieram eram resultado "do antagonismo entre a soberania nacional e a prerrogativa real". *Cf.* Rodrigues, José Honório. *Independência: Revolução e Contra-revolução.* [...] p. 36 e 38; p. 45-46.

58 O primeiro número é datado de 12/08/1823. A princípio, saía uma vez por semana. Passou a ser publicado posteriormente duas vezes; por último, três vezes por semana. Ao todo somou 35 números. O último foi publicado no dia 11 de novembro de 1823, data da dissolução da Assembléia Constituinte, e foi acrescido de um suplemento que apareceu no mesmo dia. Os quatro primeiros números foram impressos na Oficina de Silva Porto & Cia. Os números restantes foram impressos na imprensa Nacional.

sugestivos nomes e debatia com jornais opositores, entre eles destacavam-se *Correio do Rio de Janeiro, Sylpho, Malagueta e o Sentinela da Liberdade.*

No seu primeiro número dizia querer "combater as opiniões ou procedimentos que se não compadeçam com a justa liberdade". Traçava para si os seguintes objetivos:

> 1. Uma justa, e comedida censura de todos os atos anticonstitucionais, que emanarem de qualquer dos Poderes estabelecidos, bem como o louvor daqueles que o merecem. 2. As notícias políticas da Europa, e dos Estados do nosso Continente... 3. As Cartas, reflexões, ou escritos de qualquer outra natureza, que nossos concidadãos se dignarem de comunicar-nos, uma vez que venham assinados e reconhecidos

Nele deixava clara a intenção de reinterpretar acontecimentos da história do Brasil, tanto no que dizia respeito ao papel dos portugueses como daqueles que pugnavam ou não pela Causa da Independência e da liberdade. Surgiu menos de um mês após a derrocada do ministério comandado pelos Andradas e expressava o pensamento político andradista. Fazia uma ferrenha defesa dos ex-ministros a quem atribuía o processo de Independência, as conquistas alcançadas, com toda montagem do aparelho do Estado recém-fundado. Criticava o governo, sobretudo os ministros, mas poupava o Imperador de seus ataques.

Os Andradas atribuíam sua queda àquele mesmo grupo que haviam pertencido, e que na sua maioria era formado por portugueses de nascimento e ligados a atividades comerciais. Assim, o forte antilusitanismo que defendiam soava mais como uma vingança, como uma forma de ver esses individuos excluídos dos cargos públicos e do poder. Passaram a fazer coro com aqueles que queriam criar uma identidade para a "Nação brasileira", apagando-se da "memória" a união, a fraternidade entre irmãos da mesma "Mãe", a "Nação portuguesa".

Em dois documentos, entre fins de 1822 e 1823, José Bonifácio definia o "caráter geral" do português e do brasileiro. Afirmava serem duas as causas a que se devia o "quase nenhum melhoramento de Portugal": a falta de probidade e zelo da maioria dos empregados públicos e a ignorância não confessada de quase todos os lusitanos. Para ele, esses tinham um caráter marcado pela malícia, pelo pedantismo, pela falta de humildade e pela incompetência.[59] Ao seu avesso, os brasileiros eram "amigos da sua liberdade, e mal sofrem perder as regalias que uma vez adquiriram". Inimigos do "arbítrio", não supor-

59 *Caráter Geral dos Portugueses, por José Bonifácio.* Coleção José Bonifácio, 1822 (?), documento nº 89, lata 192, I.H.G.B.

tavam o "vilipêndio". "Apaixonados do sexo por clima, vida e educação. Empreendem muito, acabam pouco. Sendo os atenienses da América, se não forem comprimidos e [direcionados] pelo Despotismo"[60]. Forjava um distanciamento da nação portuguesa, ao mesmo tempo que tentava submetê-la e subjugá-la, aniquilando a sua imagem e impondo a todos um modelo de cidadania brasileira[61], pautada no amor à Causa da Liberdade, transformada em Causa da Independência, e esta em Causa do Brasil: fidelidade ao Príncipe, centralizador do poder a partir do Sudeste, e à Monarquia Representativa, com sua Constituição a ser elaborada, ou, tempos mais tarde, outorgada.

Paralelamente a esta valorização do "brasileiro", criava o sentimento de pertencimento ao passado, reescrevendo a história do Brasil como de luta contra os monopólios e contra o sistema colonial, tidos como elementos opressores do absolutismo. Parece que esse sentimento identitário que se forjava esteve presente em toda discussão da Constituinte, onde se debatia o que era ser cidadão brasileiro. Na sala de sessões da Constituinte, a 19 de junho de 1823, o Deputado Alencar denunciava o "apagamento" da participação dos portugueses natos no processo de separação total e a formação de uma imagem negativa desses lusitanos. Contra-argumentava à defesa que Muniz Tavares tinha feito do projeto de naturalização de sua autoria. Este, aliás, daria panos para as mangas em fins desse ano, sendo uma das questões polêmicas que teriam dado ensejo à atuação autoritária do Príncipe, dissolvendo a Assembléia, segundo costuma argumentar a historiografia sobre o episódio.

> Remonta-se [Alencar] à época da Independência para dizer que, ainda no ano anterior, o Brasil era uma Nação portuguesa onde todos gozavam os direitos de cidadão português. Eram todos "membros de uma mesma família". Porém o Brasil, ao chegar ao "estado de virilidade" utilizou seus direitos imprescindíveis e inalienáveis para se declarar, independente. Foi o agravamento nesta decisão pelas Cortes de Portugal que só queriam escravizá-

---

60 *Caráter Geral dos Brasileiros, por José Bonifácio.* Coleção José Bonifácio, 1822 (?), documento nº 22, lata 192, I.H.G.B.

61 Uma reflexão muito boa sobre a alteridade pode ser encontrada em: Todorov, Tzvetan. *A Conquista da América: a Questão do Outro.* 1ª ed. 1983, 3º ed. São Paulo: Martins Fontes, 1993. A última parte, intitulada "Conhecer", começa com uma "tipologia das relações com outrem" que nos foi útil para pensar a questão dos portugueses na Corte, no pós-Independência. Ver, em especial, p. 183-198. Deste mesmo autor, sobre este assunto vale igualmente ler: Todorov, Tzvetan. "Etnocentrismo". In: *Nós e os Outros: a reflexão francesa sobre a diversidade humana.* 1ª ed. 1989 ed. trad. Sérgio Goes de Paula. Rio de Janeiro: Jorge Zahar Editora, 1993. 2 vol., p. 21-31.

> lo. No entanto, não foram somente os nascidos no Brasil que tomaram tal atitude, "foram também os habitantes do Brasil, nascidos em Portugal; logo todos eles ficaram gozando na nova sociedade dos mesmos direitos, assim como gozavam na velha [...] porque todos de comum acordo fizeram o novo pacto, e separaram-se de Portugal; nem um só instante estiveram desligados dos laços sociais uns para com os outros; pelo contrário, estes se conservaram sempre, e só o que fizeram foi romperem os laços que ligavam a Portugal, e constituírem-se em Nação independente. Por isso, era desnecessária uma lei para declarar [que] alguns cidadãos são membros da "família brasileira" e outros não, já que todos eles "o são de direito por graça da grande ação que praticaram, isto é, pela declaração de sua independência [...]".[62]

O que podemos chamar hoje de identidade do "ser brasileiro" era traçada contra o "ser português", o "outro" em diferentes planos. E é nas páginas de *O Tamoio* onde claramente vislumbramos o início da construção de um sentimento nacional e do direito de ser cidadão claramente vinculados à terra de nascimento.

Para dar legitimidade a essa construção identitária, onde os portugueses são tudo de mal e os brasilerios são o futuro e a esperança, os redatores do jornal recorreram à história, aos acontecimentos da revolução constitucionalista do Porto.

Em seu primeiro número *O Tamoio* nos dá um panorama da história brasileira, desde antes da chegada de Pedro Álvares Cabral até a propagação das idéias da Revolução Constitucionalista no país. Este passeio pela nossa história tem o intuito de esboçar os males que acometeram o Brasil desde quando se tornou uma colônia portuguesa. Ao falar da terra brasílica, os redatores foram mostrando como desde o início de sua submissão ao jugo português ela se viu sob forte opressão e exploração.

*O Tamoio* afirmava que tal situação não poderia perdurar por muito tempo mais. A nação – no caso o Império Luso-Brasilerio – estava com o seu corpo moral doente e caminhava rapidamente para a sua dissolução, quando irrompeu a Revolução Constitucionalista em Portugal com intuito de salvá-la. À tal projeto o Brasil respondeu com entusiasmo, iludido com a liberdade apregoada, sem saber que por baixo do liberalismo e da fraternal igualdade pregada pelos portugueses estava o desejo de recolonizar a América Portuguesa. No entanto, a traição não tardou a ser descoberta, ao que os lusos responderam com o envio de tropas às nossas províncias para subjugá-las sob o pretexto de manter o sossego público. Esse quadro gerou nos brasileiros um sentimento de rancor e indignação com relação a Portugal, sendo a causa da rivalidade entre brasileiros e portugueses a

62 *Anais da Assembléia Constituinte.* Sessão de 19 de junho de 1823, tomos 1-2, Periódicos, B.N.

injustiça e o orgulho destes últimos. Tal indignação foi levada ao ápice com o projeto de recolonização, o que desencadeou a Independência e a conseqüente dissolução da Grande Nação Portuguesa.

Nas suas páginas a palavra nação não mais designava o Império Luso-Brasileiro, a nação portuguesa, mas sim o Brasil como um todo. A Causa Nacional (da Nação portuguesa) se convertia na Causa do Brasil, o "Bem da Nação" se tornava sinônimo de "Bem do Brasil". Ser brasileiro não era mais o mesmo que ser português do Brasil nem os portugueses do parágrafo quarto deveriam ter as mesmas prerrogativas quanto aos direitos de ser cidadão. Nesse sentido, ressaltava as diferenças entre portugueses e brasileiros e contribuía para a manutenção e ampliação do ressentimento contra os lusitanos.

Os portugueses não deviam desfrutar da mesma igualdade que os brasileiros em relação aos direitos políticos, "ao menos para todos os casos, e durante a crise atual"[63]. Pois, segundo os redatores, os habitantes de um país que nasceram em outro não poderiam ser considerados iguais aos naturais da terra. Desse modo, somente "os Portugueses que abraçaram a Causa do Brasil, devem ser considerados como brasileiros por nascimento; mas tão somente os que de todo o coração o fizeram"[64]. E estes, para *O Tamoio*, foram aqueles que se declararam a favor da Causa da Independência - "convencidos da justiça da nossa causa e preferindo a causa da humanidade à da sua injusta pátria"[65], renunciando-a e se entregando ao Brasil.

> Em três classes se podem dividir os Portugueses habitantes do Brasil; os que se declararam à favor da causa da Independência, os que se declararam contra e os que ficaram neutros.[66]

Os portugueses que habitavam no Brasil e que não apoiaram a Independência ou ficaram neutros, não eram dignos da confiança da nação e não podiam ser candidatos a empregos. No entanto, os que haviam aderido a Causa do Brasil de coração eram dignos de confiança, de ocuparem alguns cargos, mas não todos. Desses não se deveria recear a traição porque tinham aderido abertamente à nossa Causa. Contudo, ressaltava que o número desses era pequeno, pois na maioria dos homens o amor a Pátria tomava o lugar

63 Idem.

64 Ibidem.

65 *O Tamoio*, 30/09/1823

66 Idem.

de todas as demais virtudes, e tendia a favorecer os interesses de seu país. Desse modo, o patriotismo dos portugueses não lhes permitia serem "desejosos da prosperidade de um país quando ele envolve o abatimento daquele em que nasceram".[67]

Para *O Tamoio* o caráter do bom cidadão não era definido apenas pela obediência às leis e à conduta pacífica, mas também pela disponibilidade – caso fosse preciso – de sacrificar os seus interesses, as relações de sangue, de amizade, os bens, a vida, e a própria liberdade pelo país que pertence. O lugar de nascimento influia sim para se considerar um indivíduo um mau cidadão porque existia um sentimento a favor do lugar que nascemos em todos nós. E seria devido a tal sentimento que considerava evidente que "não é absurdo o receio, que tem os brasileiros, de que os portugueses aqui residentes desejem a união com Portugal"[68].

Devido a esse receio, o periódico se colocava contrário a incorporação de portugueses às tropas brasileiras, uma vez que o número de lusos que aderiram realmente à Causa do Brasil era ínfimo e em contrapartida proliferavam imigrantes portugueses como os agressores de David Pamplona;

> perjuros, que menoscabando a Religião do juramento, que cobertos com manto postiço, e emprestado de Brasileirismo, pagam o benefício de os havermos incorporados à nossa Nação, com repetidas traições, e persuadidos talvez da impunidade, cevam seu ódio contra nós, derramando o nosso sangue, e solapando indiretamente as bases da nossa Independência [69]

*A* divisão do poder e a harmonia entre suas esferas era outro ponto abordado pelo jornal *O Tamoio.* Defendia a divisão dos poderes e o respeito aos seus limites. Ao professar tais princípios, combatia os atos tomados pelo ministério, que julgava como invasão dos demais poderes. Denunciava atos e determinações dos Poderes estabelecidos que considerava anticonstitucionais. Acusava alguns dos ministros do Imperador de se esmerarem em desmentir a sua constitucionalidade, e assim agir de forma contrária a seus nobres sentimentos, comprometendo o seu Augusto Nome diante da opinião pública. Afirmava ser de conhecimento de todos que a nação brasileira, quando proclamou a sua Independência, adotou como forma de governo a Monarquia Constitucional, sistema que foi voto geral e que o próprio D.Pedro I aprovou

---

67 *O Tamoio*, 12/08/1823

68 *O Tamoio*, 12/08/1823

69 *O Tamoio*, 25/10/1823

– e foi declarado Imperador do Brasil. Sendo tal sistema de governo reconhecido pela nação e pelo Monarca, dever-se-ía então adotar e respeitar os princípios que eram próprios dessa forma de governo, ou que dela derivassem. Dentre esses se encontrava a divisão de Poderes e a manutenção do limites entre os mesmos, o qual devia ser respeitado, uma vez que a sua violação levaria ou a anarquia ou ao despotismo.

Os redatores de *O Tamoio* ressaltavam que um ministro ao cometer um ato despótico podia dizer que estava obedecendo à vontade do Monarca. No entanto, essa desculpa não cabia, pois ele devia ter conhecimento de que nas Monarquias Constitucionais o Monarca era um Poder Neutro:

> posto no cume do edifício político, não para invadir as Atribuições dos outros Poderes, ou estorvar a sua marcha, mas sim para os manter, e conservar nas suas respectivas órbitas, e que nunca pode obrar em lugar deles sem evidente perigo da liberdade política[70].

E de seu conhecimento devia ser também o fato de que nesse sistema de Governo são os ministros de Estado os responsáveis pelos atos que referendam. Com o intuito de defender a divisão dos poderes, os redatores afirmavam que:

> Tão francos seremos sempre em render a devida homenagem aos Poderes da Nação, quando trabalharem para firmar o nascente edifício da nossa Independência, e justa liberdade, quão diligentes em aventar as minas que esses mesmos Poderes surdamente cavarem para a sua ruína" (pois)
> Um abuso traz outro, e com a freqüência deles cresce a afoiteza do poder, e por fim a divisão dos Poderes é somente nominal e quimérica, e só existe em realidade o mais horrível despotismo.[71]

Nesse sentido, exortava ao povo a

> [...] enquanto os Sábios da Nação, no Augusto Recinto da Assembléia tratam de marcar os limites dos Poderes, que hão de governar-vos, e de estabelecer entre Eles a necessária e recíproca harmonia, vós, no entanto, de fora vigiai sobre as facções destruidoras dessa mesma harmonia, e a todo aquele que quiser perturbá-la [...][72]

---

70 Idem.

71 *O Tamoio*, 08/11/1823.

72 *O Tamoio*, 12/08/1823.

Para *O Tamoio*, assim como para os Andradas, a soberania não residia no povo, mas sim na nação. Nunca seria "vontade soberana a vontade de um punhado de frenéticos, nem a de uns poucos Batalhões, nem a do Povo de uma ou duas Províncias..."[73]

Rebatia as proposições feitas pelo *Correio*, em seu número 62, na qual dizia que "A Soberania é atributo essencial de todos os que entram no Pacto Social. Mais chegados à Natureza respeitamos as suas leis iguais para todos"[74]. Para *O Tamoio*, tal proposição do *Correio* significava que este periódico entendia que a soberania residia no povo e todos os indivíduos de qualquer nação tinham parte na soberania, o que para *O Tamoio* era um "completo absurdo, por que em nenhum Estado representativo, observamos que tenham essa facção de soberania às mulheres, os meninos, os imbecis &c.".[75]

Por último, ressaltamos o tratamento que o periódico dava a liberdade de imprensa. Os Andradas, que tanto a perseguiram durante o seu Ministério, agora, na oposição, defendiam-na através das páginas de O *Tamoio*. Consideravam-na "filha primogênita e muito amada do Liberalismo"[76], tendo-a como "a mais preciosa das garantias Constitucionais,[...], pois sem ela tudo é opressão e tirania"[77].

## Conclusão

É preciso diferenciar dois níveis distintos de atuação do discurso antilusitano dentre os homens do poder. Se por um lado o "português" era o "inimigo" que era preciso vigiar, controlar e até expulsar, forjando-se a figura do "brasileiro", e este dircurso não foi exclusivo dos Andradas nem do jornal o *Tamoio*; por outro, era também o "adotivo", que jurou a Causa ao longo de 1823 e que teve a sua situação regularizada com a Constituição Outorgada, em 1824. A ambigüidade marcava aqueles anos do Império nascente. O

73 *O Tamoio*, 12/08/1823.

74 *O Tamoio*, 25/10/1823.

75 Idem.

76 *O Tamoio*, 08/11/1823.

77 Idem.

governo em momento nenhum endureceu totalmente e proibiu da aquisição da nacionalidade. Colocava, sim, exigências.

No tocante a *O Tamoio* e a posição dos Andradas após 1823, podemos levantar três hipóteses. A primeira delas aponta a necessidade de reavaliarmos as diferentes matrizes do liberalismo e reaquilatarmos os partidos e os seus projetos de reforma. As ambigüidades eram vividas por todos, sem distinção de grupo político. Os adeptos de José Bonifácio diziam serem responsáveis pela sua súbita queda do Ministério homens "recheados de vícios, inimigos do Trono", "perturbadores do público", aduladores do "Povo incauto", "democratas por orgulho", entre outras ofensas. Representações foram feitas pedindo a sua reintegração ao Ministério, juntamente com as de Martim Francisco e Caetano Pinto Montenegro.[78]

Ledo era igualmente acusado de incoerente: ontem manipulava o povo; hoje, no intuito de se defender, dirigia requerimento a S.M. incriminando a "turba amotinada" e atribuindo os acontecimentos da Praça do Comércio "a indivíduos da mais baixa plebe", além de acusar os militares[79].

Um folheto intitulado *Carta, que um Brasileiro muito amante da sua Pátria dirigiu a um seu amigo, residente fora da Corte*, do ano da Independência[80], vitupera contra Ledo. Dizia que organizara 'clubs particulares', publicara "escritos incendiários" no *Correio do Rio de Janeiro* e era um "anarquista"; não foi "democrata por gênio, ou por princípios; foi sim porque o pedia o seu interesse [...]". Em contrapartida, nesse documento José Bonifácio foi pintado como o mais íntegro dos homens, aquele que havia conseguido fazer voltar a tranqüilidade ao país.

Ledo também foi chamado de "carbonário" por uma Proclamação anônima[81], assinada por I. dos C., mas cujo estilo assemelhava-se ao de José da Silva Lisboa. Tido por

---

78 *Representação dos Procuradores Gerais das Províncias do Império a S.M.I., tratando da reintegração de José Bonifácio e outros brasileiros no Ministério. Anexo: Comunicação de José Mariano de Azevedo Coutinho ao Povo Fluminense e Ata de Vereação do Conselho. Publicado na Gazeta do Rio de Janeiro.* Rio de Janeiro: 30 de outubro de 1822, Seção de Manuscritos, B.N.

79 Estas acusações são comuns aos seguintes escritos: *A Constituição, e o Povo do Rio de Janeiro ofendido no requerimento que dirigiu a Sua Majestade Imperial, Joaquim Gonçalves Ledo*. Rio de Janeiro: Typ. Nacional, 1822, Seção de Obras Raras, B.N

80 *Carta, que um Brasileiro muito amante da sua Pátria dirigiu a um seu amigo, residente fora da Corte.* Rio de Janeiro: Typ. Nacional, 1822, Seção de Obras Raras, B.N.

81 *Proclamação ou Proclamação anônima, a Brasileiros, contra os carbonários e republicanos*. Rio de Janeiro: imprensa Nacional, 1822, Seção de Obras Raras, B.N.

liberal nos princípios que defendia, José da Silva Lisboa igualmente pode ser considerado um conservador do ponto de vista poítico[82]. Instava, desse jeito, que Ledo se retirasse da vida pública para que voltassem os "Franklins". Silva Lisboa além de atacar o *Revérbero* e o *Correio*, chamando os seus redatores de "periodistas populares" e divulgadores dos "falsos Dogmas Políticos do Paroxista de Genebra Rousseau para constituir o Povo o mais feroz dos Tiranos"[83], fazia constantes alusões a Franklin. Curioso é que usava esta imagem atribuindo a si o mesmo papel. Defendia-se, desta maneira, das acusações de absolutista e afirmava ser um liberal. Mas Rousseau, Condorcet, Mirabeau e Mably não eram "seus homens".[84]

A segunda conclusão leva-nos a relativizar o que diferenciava José Bonifácio e Ledo, ou o que os hierarquizava: os avanços democráticos eram temidos por ambos e por todos. Reforma, sim, desordem urbana jamais. Se saírmos do confuso contexto de outubro, novembro e dezembro de 1822, onde as disputas pelo poder eram acirradas e as intimidações faziam parte do jogo político comandado por José Bonifácio,[85] veremos o grupo de Ledo posicionar-se placidamente contra a "República".

---

82 Sobre o conservadorismo de José da Silva Lisboa, ver Lopes, José Reinaldo de Lima. Iluminismo e jusnaturalismo no ideário dos juristas. In: Jancsö, István (org. ) *Brasil: Formação do Estado e da Nação*. São Paulo: FAPERP/ Hucitec / Editora Ijuí, 2003.

83 Ver, respectivamente, *Falsidades do Correio e Revérbero contra o Escritor das Reclamações do Brasil, por José da Silva Lisboa (Visconde de Cairú).* Rio de Janeiro: imprensa Nacional, 23 de julho de 1822, Seção de Obras Raras, B.N. e *Memorial Apológético das Reclamações do Brasil, por José da Silva Lisboa*. Rio de Janeiro: Typ. Nacional, 19 de julho de 1822, Seção de Obras Raras, B.N. Também é atribuído a ele a *Defesa da Reclamação do Brasil, por um Fiel à Nação.* 1822, Seção de Obras Raras, B.N. Neste escrito, denomina "Cabala Anti-Brasílica" aos seus opositores.

84 Ibid. p. 3. Há dois textos assinados por "Trezgemiros Cosmopolitas", que nos catálogos da B.N. aparece como José Silvestre Rebelo, mas que na verdade parecem igualmente ser de Cairú, tanto pela sua linguagem, como pelas idéias que defendia. As constantes menções a Franklin vão na mesma direção daquelas do *Memorial Apológético* ... Os textos são: *O Brasil visto por cima. Carta a uma Senhora sobre as questões do Tempo.* Rio de Janeiro: Typ. do Diário, 1822, Seção de Obras Raras, B.N. (nele atribui "à Genebra" os movimentos populares ocorridos no Rio de Janeiro, desde 1821, e coloca-se contra periodistas que acham que o mundo seria bem governado por filósofos; portanto, afirmando ser a favor da Monarquia Constitucional, rechaçava tanto a participação e a soberania populares quanto o absolutismo); e *Carta ao Redator da Malagueta.* Rio de Janeiro: 1822, Seção de Obras Raras, B.N. (em que defende a abertura dos portos e o comércio brasileiro, atacando a desorganização provocada pela Genebra nos movimentos de rua).

85 José Bonifácio assumiu acumulativamente as pastas do Império, da Justiça e Estrangeiros em 16 de janeiro de 1822. No dia 3 de julho, a pasta da Justiça foi assumida por Caetano Pinto de Miranda, que foi derrubado, transitoriamente, junto com os Andradas, a 28 de setembro, e igualmente reconduzido no dia

A 26 de março, o *Revérbero* tinha razões de sobra para organizar uma rebelião contra o Príncipe e a Monarquia. Avilez e Divisão Auxiliadora de Portugal aterrorizavam a vida da cidade desde janeiro, exigiam, por meio da força e da violência, o respeito às ordens das Cortes, ameaçavam bombardear a cidade do Rio de Janeiro e desobedeciam as ordens do Príncipe. Nesse momento, o jornal teve uma posição de apoio incondicional ao Regente. Diziam que as Cortes apertavam os "ferros" querendo acusar os desejosos da liberdade de "republicanos". As Cortes queriam com isso disseminar a "anarquia" e a "desconfiança do Governo": dava-se o nome de "Governo Republicano ao Governo da Constituição, ao Governo Representativo".

Em agosto de 1822, a sua posição era ainda mais clara. Ofereciam uma visão dos seis "partidos" que fracionavam a unidade de votos e a união. Listavam os "republicanos", com os quais não faziam causa. Muito pelo contrário, faziam-lhes criticas: os filósofos do século XVIII imaginaram a perfectibilidade da natureza humana na "figura do ponto geométrico", contudo, a Liberdade e a igualdade (usadas no texto com maiúscula e minúscula, respectivamente) absolutas entre os homens eram "quimeras" perigosas para toda a sociedade. Para eles, "república" e "democracia" tinham a sua similitude, e, como o homem não sabia caminhar pelo meio, os extremos eram perigosos e poderiam levar à "licensiosidade", à "anarquia", ao "despotismo" e à "guerra". A Democracia tenderia à Aristocracia e esta à Tirania[86]. Mais tarde, no *Correio* de 26 de setembro, bem no bojo das incertezas do momento e dos debates sobre as medidas das Cortes lisboetas, corroborava as suas lutas pela Independência, frisando que não eram pela República nem pela separação política total. Citava Bentham, pedindo apoio à Constituição; Lock, para que todos

30. José Bonifácio caiu definitivamente a 17 de julho de 1823, substituído por José Joaquim Carneiro de Campos. Pinto de Miranda deixou sua pasta no dia 10 de novembro de 1823. Ver Moraes, Alexandre José de Mello. *História do Brasil-Reino e Brasil-Império.* Belo Horizonte/São Paulo: Editora Itatiaia/ Editora da Universidade de São Paulo, 1982, p. 46-47.

86 *Revérbero Constitucional Fluminense*, nº 11, tomo II, 06/08/1822, B.N. Os seis "partidos" eram: os "indiferentes" ("degradados" e "escravos", indiferentes ao "bem público"); os "flutuantes" (que deveriam procurar "pessoas de Luzes" para se esclarecerem e não se deixarem levar por "cabalas"); os "desejadores do Governo antigo" (gente "virtuosa", mas "aferrada à Constituição de nossos avós" e que detestava a "inovação" e o "progresso"); os "republicanos" (que não percebiam que a República não era um governo propício ao Brasil); os "aderentes às Cortes de Lisboa" (composto por "Portugueses Europeus, e de alguns Brasileiros sem Pátria", inimigos do Brasil) e os "liberais".

se submetessem a um "Governo Civil e Constitucional" e, finalmente, Montesquieu, para ressaltar a liberdade dos "cidadãos", "patriotas"[87].

O medo das ruas – exposto nos acontecimentos das pancadas a Pamplona, que era um brasileiro que verdadeiramente tinha nascido em Portugal – encherá a todos de receios vários. Em outro momento já lembrei que o discurso dos Andradas fazia parte de um processo político onde a dissolução da Constituinte de 1823 não foi o término, mas um marco na disputa pelo poder. O "portuguesismo" era um fator fundamental naquele cenário. Os dois lados utilizavam-no, bem e de acordo com as conveniências![88]

A terceira e última conclusão está ligada à necessidade de recolocarmos José Bonfácio e os Andradas no contexto paulista e nas disputas que *O Tamoio* travava com a legimitimade ou não do perdão e da anistia concedidos àqueles que enfrentaram-nos ao longo do ano de 1822 e 1823. Nesse sentido, é provável que fossem contra os portugueses não por uma questão de nacionalidade, nem de proteção das verbas públicas e dos empregos para os nacionais. Mas, quem sabe se não estariam novamente se rearticulando com grupos mais tradicionais de São Paulo, que tiveram seus interesses baldos tanto pelos negociantes de grosso trato sediados no Rio de Janeiro quanto pelo grupo do Ledo, com elementos ligados aos interesses do RJ, aliados a interessses paulistas vinculados a Feijó. Lembremos que nem na época da Independência nem da Abdicação Bonifácio e Feijó estiveram do mesmo lado. Em 1831, partiu de Feijó intensa campanha contra José Bonifácio ser tutor de D. Pedro II. Nessa ocasião, Bonifácio era acusado de amigo dos portugueses, absolutista, caramurú.

---

87 *Correio do Rio de Janeiro*, nº 137, 26/09/1822, B.N. Essas análises foram feitas de forma pormenorizada no livro Ribeiro, Gladys S. *A liberdade em construção.* Rio de Janeiro: Relume-Dumará-FAPERJ, 2002, capítulo 1.

88 Idem, ibis..

# Capítulo 3 Política brasileira na consolidação da Causa Nacional: a disputa pela Cisplatina

*Aline Pinto Pereira*[1]

> Pouca coisa se sabia na capital sobre os negócios no Sul. Embora os jornais aparecessem repletos de notícias de vitórias, muitas vezes se comprovavam as mentiras com os navios mandados regressar por imprestáveis e pelos reforços continuamente enviados para Montevidéu. As notícias diretas não chegavam, retiradas no Correio, sendo perigoso manter correspondência com Buenos Aires. Várias pessoas foram presas, o que tornou as outras cautelosas no que escreviam. Falava-se pouco da guerra, porém, geralmente se desejava a paz. Boquejava-se que a Inglaterra se encarregara duma mediação e se esperava Lord Ponsonby para o início de negociações. Como base da paz, pensava-se em declarar Montevidéu porto livre, sob a proteção britânica e em reconhecer a Banda Oriental como república autônoma. Ambas as soluções contrariavam o orgulho do Imperador e feriam o amor-próprio nacional. O Monarca considerava toda a amputação territorial lesão a seus direitos soberanos. A parte mais instruída do povo temia, com toda razão, a supremacia comercial da Grã-Bretanha no hemisfério meridional (Schlichtorst, 2000, p. 268).

A política imperial é um campo fértil para a compreensão do período, pois dela emergem várias questões que aguçam o faro do historiador, sobretudo daqueles que têm predileção pelo primeiro quartel do Oitocentos. Uma delas é a guerra da Cisplatina, conflito ocorrido dentre os anos de 1825 e 1828, envolvendo Rio de Janeiro e Buenos Aires pela posse da dita província. A região era muito cobiçada por ingleses, portugueses, espanhóis, portenhos e habitantes do Brasil, por sua importância estratégica para as trocas econômicas, que envolviam o "contrabando que se fazia por mar e por terra, em rotas que interligavam o Atlântico e o Pacífico e diversas regiões da América espanhola e portuguesa, com grande afluxo de estrangeiros de outras partes do mundo" (Pimenta, 2002, p. 58).

A guerra da Cisplatina ainda é pouco trabalhada por historiadores brasileiros. Destacam-se poucos trabalhos que se dedicam a compreender a consolidação do Estado Imperial brasileiro a partir de um olhar voltado para a sucessão de conflitos no Rio da Prata, especialmente àquele que teve por motivação a posse da província em questão.

---

1 Doutoranda em História Social pelo PPGH-UFF.

João Paulo Garrido Pimenta, Luis Carlos Tau Golin e a cientista política Gabriela Nunes Ferreira abordaram o tema mais recentemente e suas obras têm sido referências para novos estudiosos no tema. É essencial mencionar que John Lynch, Tulio Halperín Donghi e Leslie Bethell possuem trabalhos pioneiros sobre as independências latino-americanas, embora eles não estejam voltados, exclusivamente, para a compreensão da beligerância pela Cisplatina.

Quanto ao conflito no Prata, chama-nos atenção o fato de a guerra da Cisplatina ter se iniciado apenas quatro meses após o Império ter sua autonomia política reconhecida por Portugal, pela ratificação do Tratado de Paz e Amizade, em 29 de agosto de 1825 (Ribeiro, 2004). As negociações que levaram ao referido tratado foram intermediadas pela Inglaterra, que obteve como "moeda de troca" a promessa brasileira de findar o tráfico escravo, por meio da convenção de 1826 (Conceição, 2004, p. 147) – desagradando, portanto, aos grandes proprietários de terra e de escravos, bem como a muitos parlamentares.

O envolvimento do Brasil no combate às margens do Prata aconteceu em um momento de instabilidade política, logo após a guerra de Independência travada com Portugal e com regiões dissidentes que apoiaram o colonizador (Ribeiro, 2002, p.48). Primeiramente, o Brasil combateu as forças lusitanas ao Norte e depois se voltou para o Sul, de onde conseguiu expulsar as tropas portuguesas, com auxílio de Lord Cochrane e outros almirantes britânicos (Galsky, 2006). Quando tudo parecia pacificado, foi preciso combater a Confederação do Equador, em 1824, e enfrentar a hostilidade crescente na Banda Oriental do Rio da Prata, desejosa de sua autonomia política. Foi preciso ainda defrontar-se com a República Argentina, que não reconhecia legalidade na incorporação da província Cisplatina ao território do Brasil, como referendado por contestável decisão do Congresso de Florida, em 1821, ainda sob o reinado joanino (Calógeras, 1967). D. João, que sempre almejou dominar a Banda Oriental, autorizou a invasão portuguesa no Prata em 1816, contando com os préstimos de Carlos Frederico Lecor para garantir a ocupação lusa no local, que se estendeu, com dificuldade, até 1823 (Ribeiro, 2007 e Silveira, 2004)

Nosso interesse não é recuperar as investidas de D. João no que tange a política platina, mas debruçarmos sobre as razões que levaram D. Pedro I em declarar guerra a Buenos Aires, bem como as conseqüências esse fato para a política brasileira. A escolha em não recuperar as investidas de D. João no Rio da Prata é consciente e não pretende, com isto, renegar a importância do contexto para o tema em tela. Trata-se, apenas, de enfatizar em tão poucas linhas que a guerra da Cisplatina era questão intrínseca à causa nacional, à necessidade de reafirmação do Brasil como Estado soberano, em sua ânsia de constituir-se como um grande Império na América e frente ao mundo (Pereira, 2007, p. 110-112). Além disso, nas palavras do próprio Imperador, o conflito pela província trazia como pano de fundo a ameaça à autoridade e à legitimidade de D. Pedro I, assim como à honra do Brasil, que desejava se consolidar como Império. Isso fica evidente na citação em destaque, acima, quando o autor diz que o "Monarca considerava toda a amputação territorial lesão a seus direitos soberanos (Schlichtorst, 2000, p. 268)" – preocupação cara no momento em que o Brasil se fazia Estado e quando se tornava fundamental promover a coesão territorial, enfrentando ameaças internas e externas. O fato de não haver uma nacionalidade consolidada e a diversidade de interesses em fronteiras instáveis contribuíram para que o Brasil e a Argentina não obtivessem sucesso em seus objetivos, como também alertado por Gabriela Ferreira (2004, p. 57). A questão das fronteiras ao Sul do Brasil exige trabalho à parte. Contudo, é importante salientar que a complexidade dos limites territoriais na região meridional do Império contribuiu para que o confronto pela Cisplatina não conquistasse a adesão dos populares em grande escala. Não iremos discorrer, neste artigo, sobre as fronteiras do Brasil e suas interferências para o conflito às margens do Prata. Entretanto, é preciso registrar nosso entendimento sobre a idéia de fronteira e de limites, citando Ana Frega, para quem, tais noções "fueron esgrimidos desde los centros de poder com espacios de exclusión, de diferencia, de cierre, se trataba de áreas de interrelación entre sociedades distintas, espacio en el que se operaban procesos económicos, sociales y culturales específicos (Frega, 2003, p. 121).

Sem desconsiderar a problemática da fronteira em um contexto hostil, José Iran Ribeiro (Ribeiro, 2005) procura dar conta das dimensões sociais da guerra. Ele analisa a participação dos habitantes do Rio Grande do Sul, na primeira metade do século XIX, nas organizações militares da época, tais como o Exército, as milícias e a Guarda Nacional. Embora se dedique mais à guerra dos Farrapos, o autor observa, com relação à Campanha Cisplatina, que os jovens reagiam às obrigações militares por meio de deserções e fugas, contando, inclusive, com a conivência dos familiares para burlarem a Lei de Recrutamento de 1822 – nem sempre respeitada. Estrategicamente, utilizavam as fronteiras um tanto fluidas ao sul do país para despistarem o serviço armado.

Vale lembrar ainda que Helen Osório, quando estudou a formação da sociedade rio-grandense na transição do século XVIII para o XIX, apontou que as deserções aconteceram também nos exércitos português e espanhol pelas mesmas dificuldades posteriormente indicadas por Iran Ribeiro. O abandono das funções nos exércitos acontecia freqüentemente, seja em tempos de guerra ou nos períodos de paz, devido à demora no pagamento dos soldos, à falta de fardamento, à ausência de carne na alimentação da tropa, e à rígida disciplina militar. (Osório, 1999, p.45-47)

Frente a não adesão à causa da Cisplatina, o governo brasileiro justificou seu investimento no conflito, por meio de uma propaganda que apelou para a vulnerabilidade da honra nacional, refutando o que identificou como ultraje à soberania do Estado em construção, encontrando no Visconde de Cairu entusiasmado defensor à causa do Brasil (Pereira, 2007, p. 110-112). Tal preocupação com os rumos do novo país, por parte do Visconde, explica-se quando olhamos para a trajetória de Silva Lisboa, bacharel em Direito Canônico e Filosofia e que sempre esteve próximo ao poder. Conselheiro econômico do Império à época de D. João, conquistou notabilidade pela extensão de sua obra – influenciada pelo liberalismo de Adam Smith – e pela sua ingerência na cena política. Foi deputado e secretário da Mesa da Inspeção da Agricultura e Comércio da Cidade da Bahia e, quando no Rio de Janeiro, foi professor de Economia Política por decreto de D. João, ocupando também a função de censor régio da primeira tipografia do Brasil. Anos mais tarde, tornou-se desembargador pela Bahia. Publicista, Silva Lisboa foi ainda deputado constituinte (1823) e senador do Império, por indicação de D. Pedro I (Rocha, 2001). Tais informações são relevantes para que o leitor relativize o discurso do Visconde e compreenda a sua fidelidade ao Imperador D. Pedro I em relação à guerra da Cisplatina, sustentão a importância do conflito para a honra brasileira.

De acordo com Silva Lisboa, a guerra da Cisplatina foi noticiada no "Times", periódico londrinho, em 28 de março de 1826, quando os redatores concluíram que o conflito estava onerando ainda mais o Império. Ainda assim, o Visconde de Cairu defendia a intervenção brasileira em Montevidéu, afirmando que "o povo brasileiro está convencido da justiça da nossa causa à face do Manifesto de guerra, formalmente declarada à facção predominantemente intitulada Províncias Argentinas"[2]. Disse ainda que não poderia haver mais do que uma opinião no Brasil para resistir aos "injustos agressores": todos deveriam apoiar o Estado na condução da guerra.

Para Cairu, "seria de péssimo exemplo, e dos mais perniciosos resultados, não opor-se [...] à agressão do governo de Buenos Aires, que sem a menor provocação ou de-

---

2 Biblioteca do Palácio Itamaraty. Cairú, José da Silva Lisboa. *Recordação os direitos do Império do Brasil à província Cisplatina.* Rio de Janeiro: Typographia Imperial e Nacional, 1826, p. 20. Localização sob o número 476-1-3-n.1, p. 3.

claração de guerra rompeu em hostilidades".[3] Os antagonistas brasileiros, segundo José da Silva Lisboa, acumularam traição e ingratidão contra a Coroa dos Bragança, contrariando a natureza, já que "grandes rios e grandes montes foram sempre em boa política considerados as naturais barreiras dos grandes Impérios".[4]

O Visconde de Cairu cita o documento "Manifesto ou exposição fundada e justificativa do procedimento da Corte do Brasil a respeito do Governo das Províncias Unidas do Rio da Prata, e dos motivos que a obrigarão a declarar guerra ao referido governo". Tal documento, em caráter oficial, circulou pelo mundo, apresentando o posicionamento brasileiro sobre a beligerância com Buenos Aires. Nele, o Brasil foi aliado de Buenos Aires contra a campanha artiguista, e a Cisplatina foi uma espécie de "pagamento" pela despesa e pelo auxílio dispensado.

Esta medida natural e indispensável, executada e prosseguida com os mais custosos sacrifícios e despesas, assegurou ao Brasil o direito de ocupação do território dominado por Artigas, de um território cuja independência de Buenos Aires havia já sido por este reconhecida, ao entrar, ao final de 1817 as tropas do Brasil como Libertadoras, com satisfação geral dos Cisplatinos, que viram assim restituída a paz e a propriedade às suas campanhas, que a guerra civil e a tirania do bárbaro Chefe Usurpador tinha deixado ermos e arrasadas[5].

O Manifesto, então, afirma que a incorporação da província Cisplatina se deu pela via legal, sob aprovação dos deputados que se reuniram em Montevidéu, em 31 de julho de 1821. Segundo o documento, a anexação da província ao Reino Unido de Portugal, Brasil e Algarves foi um ato espontâneo "debaixo das condições que julgaram ser vantagens, e que foram aceitas pela Corte do Rio de Janeiro, que se viu assim para sempre obrigada a defender, e proteger tão solene incorporação".

De acordo com o documento, inicialmente os cisplatinos apoiaram a causa do Brasil, mesmo quando as tropas portuguesas estavam em Montevidéu, por ocasião da Independência brasileira. Quando houve a aclamação do Imperador, em outubro de 1822,

---

3 Biblioteca do Palácio Itamaraty. Cairú, José da Silva Lisboa. *Recordação os direitos do Império do Brasil à província Cisplatina.* Op. Cit. p.3

4 Biblioteca do Palácio Itamaraty. Cairú, José da Silva Lisboa. *Recordação os direitos do Império do Brasil à província Cisplatina.* Op. Cit. p.4

5 "Manifesto ou exposição fundada, e justificativa do procedimento da Corte do Brasil a respeito do governo das províncias unidas do Rio da Prata; e dos motivos que a obrigação a declarar a guerra ao referido governo. Rio de Janeiro", impresso pela Tipografia Nacional em 1825.

"todos [...] os cabildos [...] da província Cisplatina [...] juraram fidelidade ao senhor D. Pedro I". O manifesto afirma que essa foi a medida capaz

> de fixar a liberdade e independência do país, sufocar a esperança dos anarquistas e afiançar, debaixo da Proteção do Imperador, os direitos dos povos, o sossego do público, a segurança, a propriedade dos cidadãos, pondo ao fim em termo feliz a revolução daquele território.[6]

Assim, o Brasil reclamava o direito de uso e posse (*utis possidetis*) da província, já que teria havido legalidade na incorporação. E pelo Manifesto acusava Buenos Aires de ter insuflado a rebelião contra o Brasil na Cisplatina, sobretudo porque se declarava contrária à Monarquia que reinava no país vizinho.

Para Buenos Aires, o Imperador do Brasil era um tirano, que fomentava uma guerra injusta e atacava barbaramente os países limítrofes. Do mesmo modo, a legitimidade da figura do Monarca era questionada a todo o momento pelos seus antagonistas, que afirmavam que ele estava fora do contexto, como ícone de um regime que destoava do restante da América. O Brasil, cercado por inúmeras repúblicas, teria à frente um opressor, que além de europeu era também um herdeiro Bourbon – "um rei nascido do outro lado dos mares insulta nosso repouso e ameaça a glória e a honra de nossos filhos (Silva, 1956, p. 207-208)", como dizia Buenos Aires, em declaração de guerra ao Império.

O governo republicano afirmava que D.Pedro I havia dado ao mundo a prova de sua injustiça e de sua "política imoral e inconsciente" (Silva, 1956, p. 207-208) em relação à paz e à segurança dos seus vizinhos. Em documento de 3 de janeiro de 1826 – pouco depois da declaração formal do Brasil de guerra às Províncias Unidas, em 10 de dezembro de 1825 – o governador de Buenos Aires, Juan Gregório de las Heras, descrevia o Imperador como um usurpador cruel, que resistia

> aos meios da razão, com a moderação das reclamações, a que responde com grito de guerra, insulta e invade novamente, e com a fúria de um tirano, sem lei e sem medida, reúne quantos elementos pôde arrancar de seus infelizes vassalos para trazer a vergonha, a desolação e a morte sobre nosso território (Silva, 1956, p. 207-208).

---

6 "Manifesto ou exposição fundada, e justificativa do procedimento da Corte do Brasil a respeito do governo das províncias unidas do Rio da Prata; e dos motivos que a obrigação a declarar a guerra ao referido governo. Rio de Janeiro", *Op. Cit.* p. 3

Nesta declaração contra o governo do Brasil, Heras insuflava o povo oriental ao combate – "às armas, compatriotas! Às armas!" (Silva, 1956, p. 208) – afirmando que era a hora de soar o grito de guerra e de vingança contra o Império. Pela documentação, percebe-se o esforço dos governantes para cativar os populares, que, nas palavras do militar argentino, seriam, de agora em diante, "sem exceção, soldados" (Silva, 1956, p. 208).

Assim como fizeram as autoridades de Buenos Aires, o Brasil também procurou sensibilizar os "compatriotas" para o conflito.

> Brasileiros! Às armas! A honra nos chama ao campo da vitória! Unamo-nos e seremos fortes, a nossa mãe é comum: os nossos interesses os mesmos: demos as mãos fraternais, e o resultado será [...] a honra nacional ultrajada por uns gaúchos. É preciso formar do grande império um corpo homogêneo. Formas heterogêneas, não as queremos, nem as podemos admitir, porque elas prejudicam a majestade e debilitam o corpo social, e põem em risco a nossa existência política. Eis, aqui, pois, Brasileiros, a razão principal porque devemos manter e defender a todo custo a possessão da província Cisplatina. Sejamos conseqüentes com os nossos próprios interesses, e com o que havemos jurado: unamos-nos e a vitória será nossa[7]. [grifos meus]

Se para o Império a causa da Cisplatina relacionava-se à honra nacional, para os orientais, o embate entre Brasil e Buenos Aires seria um confronto aberto pela manutenção da autonomia da região, conquistadas às duras penas com a luta de Emancipação da América Hispânica. Eles argumentavam, pelo mesmo jornal, que era importante que as repúblicas aliadas vissem "sempre as bandeiras das Províncias Unidas do Rio da Prata flamejar a vanguarda na guerra da Liberdade" – contra uma "tirania tanto mais cruel, quanto eram indignos e desprezíveis os instrumentos dela (Silva, 1956, p. 207)". Para os orientais, era preciso combater sem temores e com veemência, a "embriaguez do orgulho (Silva, 1956, p. 208)" de D. Pedro I, que teria "confundido moderação com pusilanimidade" (Silva, 1956, p. 207).

O que os orientais identificavam como moderação seria a pronta desistência do governo brasileiro em relação à província Cisplatina – e o Brasil já indicava, até mesmo pelo esgotamento da via diplomática, que não cederia ao interesse dos rioplatenses.

---

7 Jornal *O Spectador Brasileiro*, de 9 de janeiro de 1826, cuja epígrafe era *"tout por la patrie"* – Correspondência de Montevidéu; 1825. Governos, repartições e autoridades locais – Cisplatina: 1822-1827. Arquivo Histórico do Itamaraty, Rio de Janeiro. Ref. 309-4-13 – parte 1

Para o governo brasileiro, Buenos Aires, de forma sorrateira, preparou-se militarmente e decretou reforço de uma linha militar no Uruguai, sem notificar a Corte, "segundo é costume entre as nações civilizadas". O manifesto afirma que houve preparativos bélicos, "que Buenos Aires apresava embarcações de guerra que comprava e aos oficiais de marinha estrangeira que ajudava [...]"[8].

Em nota intitulada declaração de guerra à República argentina (Silva, 1956, p. 189-190), do Visconde de Santo Amaro, com rubrica de D. Pedro I, o Brasil afirma que responderia aos atos de hostilidade praticados contra o Império, tendo ouvido o Conselho de guerra, e que autorizaria o corso e o armamento dos súditos que quisessem aderir ao conflito. Este documento é datado em 10 de dezembro de 1825, assim como o Manifesto pelo qual o Império justificou a adesão brasileira no conflito no Prata.

Na documentação, o Estado brasileiro reclama dos insultos cometidos pelo povo contra o cônsul e as armas do Império, conforme citação já apresentada em destaque, sem o governo ter recebido quaisquer satisfações em relação a esse incidente diplomático. Outra falha da Diplomacia, por parte de Buenos Aires, teria sido, segundo o Brasil, a distribuição de uma "nota que fizera imprimir antes de ser entregue ao Ministro e Secretário de Estado dos Negócios Estrangeiros deste Império", pela qual a República reafirma seu comprometimento "por quantos meios estiverem ao seu alcance, para acelerar a evacuação dos pontos militares ocupados pelas armas brasileiras"[9].

Por meio dessa nota pública, e sobretudo pela forma como foi divulgada, ferindo a etiqueta do esforço diplomático, o Brasil obteve o entendimento de que o governo de Buenos Aires, "abertamente e sem rebuço, patenteia a sua resolução de invadir o território brasileiro"[10].

A nota polêmica foi enviada por carta de Manuel José Garcia, representante do governo de Buenos Aires, a Luiz José de Carvalho Mello, representante do Brasil. Inti-

8 "Manifesto ou exposição fundada, e justificativa do procedimento da Corte do Brasil a respeito do governo das províncias unidas do Rio da Prata; e dos motivos que a obrigação a declarar a guerra ao referido governo. Rio de Janeiro", *Op. Cit.* p. 13

9 "Manifesto ou exposição fundada, e justificativa do procedimento da Corte do Brasil a respeito do governo das províncias unidas do Rio da Prata; e dos motivos que a obrigação a declarar a guerra ao referido governo. Rio de Janeiro", *Op. Cit.* p. 15-16

10 "Manifesto ou exposição fundada, e justificativa do procedimento da Corte do Brasil a respeito do governo das províncias unidas do Rio da Prata; e dos motivos que a obrigação a declarar a guerra ao referido governo. Rio de Janeiro". *Op. Cit.* p. 16

tulada "Comunicación del Ministro de las Relaciones Exteriores de la República de las Províncias Unidas del Rio de la Plata al del Império del Brasil", circulou no "Argos de Buenos Ayres", publicada na edição n.203 de 05 de novembro de 1825. Nela o governo de Buenos Aires afirmava que os habitantes da província Oriental recuperaram por seus próprios esforços a liberdade do território ocupado pelas armas portuguesas e, conseqüentemente, pela força militar do Brasil.

Segundo a mesma comunicação, os habitantes da província Cisplatina declararam que o Império do Brasil não era o detentor da região, e que teriam decidido, segundo o representante de Buenos Aires, pela unidade com as Províncias Unidas do Rio da Prata. De acordo com Manuel José Garcia, a Cisplatina pertencia a Buenos Aires por estarem unidas pelos vínculos sagrados, como a proximidade geográfica e o domínio da língua hispânica. Assim, Garcia esclarecia que esperava que o Brasil desocupasse a Banda Oriental, caso contrário, Buenos Aires estaria disposta a defender a região, que considerava debaixo de sua proteção.

De lado oposto estava o Visconde de Cairu, que endossou os argumentos brasileiros e promoveu a imagem de que o Brasil foi um grande pacificador dos conflitos no Prata, garantindo a estabilidade, a segurança e a ordem após a experiência artiguista. Cairu entendeu que Buenos Aires errou quando não apresentou qualquer contestação a exposição dos motivos brasileiros, "sem dúvida por serem estes de verdade e notoriedade incontrastável (sic)", insultando o Imperador e reativando a prática do corso – "infame prática do exterminador e depois exterminado Artigas"[11].

Vale ressaltar que a imagem do Brasil como uma força pacificadora na região talvez se aplique somente contra o avanço do General Artigas, mas não em relação ao cotidiano da população, suas realidades e expectativas. Não é difícil imaginarmos as dificuldades do governo brasileiro frente aos cisplatinos, tendo em vista o esforço destinado à pacificação das demais localidades do seu próprio território. Se sob o princípio da Monarquia Constitucional o governo de D. Pedro I não obteve aprovação unânime no Brasil, como esperar que conduzisse a população da província Cisplatina, marcada por toda a especificidade de uma região de fronteira, de um território em "movimento" e em formação?

Cairu percebeu que a principal motivação para se lutar pela Cisplatina consistia "principalmente, em que o Brasil ganhasse um caráter que o fizesse respeitar das Nações

11 Biblioteca do Palácio Itamaraty. Cairú, José da Silva Lisboa. *Recordação os direitos do Império do Brasil à província Cisplatina. Op. Cit.* p.6

Vizinhas; nisto é que consiste verdadeiramente sua Independência"[12]. O argumento de que era importante se fazer respeitar pelos países vizinhos, segundo a declaração de guerra de Buenos Aires ao Brasil, parece ter sido adotado também pelos próprios orientais.

Quando estes afirmaram que as repúblicas aliadas deveriam entender que as Províncias Unidas do Rio da Prata eram a "vanguarda na guerra da Liberdade[13]", fica explicita a necessidade de afirmação do novo país, que assim como o Brasil tentava se consolidar a partir da luta pela sua Emancipação política. A situação brasileira, num certo aspecto, era semelhante à de Buenos Aires, sob o ponto de vista da formação do Estado. Distinguiam-se pelo regime político adotado, mas encontravam resistências para levar adiante o governo e serem respeitados como tal.

Em relação a Buenos Aires, torna-se importante entender que havia um sentimento repulsivo a qualquer medida que significasse a manutenção dos laços de dominação colonial, dos quais conseguiram libertar-se. Pode-se perceber, que o fato do Brasil querer controlar a Cisplatina significava, para os orientais, um retrocesso em relação ao que a Emancipação política que a Argentina liderou, em 1810.

Quanto ao caso brasileiro, é interessante constatar a declaração de Cairu, que foi ao extremo quando declarou que "se o Brasil cedesse na luta, estaria acabada a sua Independência"[14], pois resguardar a soberania externa seria princípio fundamental para a paz do novo Estado, que emergia no Primeiro Reinado.

O Império do Brasil teve que enfrentar alguns obstáculos que ultrapassavam a guerra no Prata. Uma questão, conforme já observou o Visconde de Cairu, foi fazer-se respeitar frente às demais nações, não aceitando o desafio lançado por Buenos Aires. Cairu acreditava que o governo republicano deveria pagar ao Brasil pelo tempo em que o Império cuidou da manutenção da paz na região. Ele acreditava que o governo britânico sancionaria a legalidade da incorporação da província Cisplatina ao território brasileiro.

Neste contexto, é instigante a relação que Buenos Aires e Brasil desenvolveram em relação aos ingleses, pois o primeiro entendimento dos orientais, assim como aconteceu com o Império, foi o de que a Grã-Bretanha se posicionaria favoravelmente à devolução da Cisplatina às Províncias Unidas do Rio da Prata.

---

12 Biblioteca do Palácio Itamaraty. Cairú, José da Silva Lisboa. *Recordação os direitos do Império do Brasil à província Cisplatina. Op. Cit.* p.20.

13 Arquivo Histórico do Itamaraty. Jornal *O Spectador Brasileiro*, de 9 de janeiro de 1826. *Op. Cit.*

14 Biblioteca do Palácio Itamaraty. Cairú, José da Silva Lisboa. *Recordação os direitos do Império do Brasil à província Cisplatina. Op. Cit.* p.19.

Ambos esforçaram-se para conquistar a simpatia do Lord John Ponsonby, que seguia as instruções de George Canning e foi o mediador entre as tensões levadas adiante pelo Rio de Janeiro e pelo governo oriental. Contudo, o envio do agente britânico para solucionar a contenda no Prata não pode ser entendido como um posicionamento inglês acerca do conflito, favorável ao Brasil ou aos republicanos.

Ponsonby afirmava que a autonomia política da Cisplatina seria o melhor destino para a região, levando, conseqüentemente, à paz. E os ingleses trabalharam de acordo com esse objetivo, conduzindo as negociações que levaram às Convenções de Paz, em 1827 e 1828, como veremos oportunamente (Calógeras, 1988, p. 344-350).

A mediação da Inglaterra explica-se pelos interesses que permeavam o controle da navegação no Prata (Manchester, 1973, p. 169-170). O país prontamente mediou o conflito porque precisava impedir que um dos dois lados se precipitasse e fosse procurar o auxílio dos Estados Unidos, por exemplo, que pretendiam consolidar-se como uma referência política na América, e que não dispensariam as vantagens econômicas que poderiam lucrar com a possível ajuda ao governo republicano.

Os ingleses mediaram as relações entre Brasil e Buenos Aires, tendo como força motriz seus próprios interesses no Prata – o que não era segredo para ambas as partes, tendo em vista os esforços empreendidos pela Grã-Bretanha para expandir seu comércio pela região. Foram os britânicos que, por meio de artimanhas políticas, frustraram os objetivos de D. Carlota Joaquina (Azevedo, 2003), que ambicionava dominar o Rio da Prata, principalmente quando seu irmão, Fernando VII, foi deposto por Bonaparte, ainda em 1807.

A guerra na Banda Oriental causou o descontentamento inglês, principalmente porque estes viram os seus negócios prejudicados às margens do Prata quando o Brasil lançou mão do bloqueio aos Portos. "O século XIX foi para a América Latina o século inglês (Bethell, 1995, p. 270)" – o que se explica pela onipresença britânica, por meio da sua supremacia política e diplomática, comercial e financeira, na formação dos Estados independentes latino-americanos, durante as primeiras décadas do Oitocentos.

Além das conseqüências externas, no Brasil, a guerra da Cisplatina também não foi vista com bons olhos. Enquanto o Imperador levava adiante um conflito que só onerou os cofres públicos e não sensibilizou os súditos do Império, o Brasil, paralelamente, se empenhava em obter o reconhecimento da sua Emancipação política, pela via da legalidade. Dessa forma, estaria em igualdade jurídica frente aos demais Estados soberanos. Atributo indispensável em um momento que a "lei do mais forte" fazia toda diferença na relação entre os Estados.

A guerra da Cisplatina – apesar de ser a primeira manifestação externa do Brasil – não envolveu a população como ocorreu com a guerra do Paraguai (1864-1870), principalmente porque o Estado ainda não estava consolidado, sendo a nação um projeto embrionário. Foi uma empreitada liderada pelo Imperador, ciente de que era preciso erigir o Estado e reafirmar a soberania do Brasil, que desejava se projetar na cena internacional.

Consideramos a guerra da Cisplatina e a conjuntura internacional que a permeava a partir de uma idéia de soberania, afirmando que existiam, no Brasil do primeiro quartel do Oitocentos, duas concepções do termo que, expressavam as contradições do momento (Guerra, 1998).

Uma delas era a soberania que se aproximava da idéia de que o Monarca era a única fonte legítima de autoridade, sendo um representante de Deus na terra, investido de poder para determinar os rumos do Estado. Outra idéia de soberania coexistia neste momento, e se consolidou quando as pessoas começaram a publicizar suas criticas e pensamentos, dialogando com preceitos do mundo moderno (Koselleck, 1999, p. 30-35). Era aquela que não aceitava a concepção de que o Monarca fora investido de poder divino, pregando o direito à liberdade de representação, de opinar e de contestar os desmandos do Imperador autoritário.

A partir da Revolução Francesa, a noção de soberania foi rediscutida, veio à baila o entendimento de que ela se relacionavam noções como as de representação e de opinião pública (Koselleck, 1999, p.26-47). Como termo polissêmico, ao mesmo tempo jurídico e político, a soberania nos remete à idéia de pacto, representação, e compromisso político, como fruto de uma construção coletiva (Guerra, 1998, p. 341-381).

O primeiro tipo de soberania se manifestou, por exemplo, na cerimônia de Coroação do Imperador Pedro I, quando ele ajoelhou ao pé do altar, e foi investido de legitimidade pela Igreja Católica, com o consentimento das Câmaras (Lis, 1999, p. 250-251). Esta soberania ligada ao monarca também pôde ser constatada nos discursos do Brasil para justificar sua adesão a guerra, sustentando a compreensão de que o Imperador e o Estado em construção não poderiam ser desafiados pelos orientais.

A soberania nos moldes do Antigo Regime se reflete ainda no constante esforço empreendido pelo Imperador para figurar entre os "grandes" da Santa Aliança e agradar as monarquias européias. Procurou demonstrar que não era um usurpador, como Napoleão, e que seu desejo era garantir a unidade territorial (sinônimo de força do Estado) e a integridade do Império brasileiro, já que a Cisplatina fora incorporada ao Brasil legitimamente, por decisão congressual de julho de 1821 (Golin, 2002, p.243).

Quanto à soberania que se aproximava dos preceitos modernos, vemos que ela se manifestava nos debates travados na Câmara dos Deputados acerca do Tratado de Paz e Amizade e também da guerra da Cisplatina. Os parlamentares questionaram as arbitrariedades de D. Pedro I, que passava por cima da opinião dos deputados, do Legislativo.

Entre os anos de 1826 e 1827, percebemos uma mudança substancial quanto à compreensão da soberania, principalmente no período em que a guerra da Cisplatina já indicava seu término, avaliando que houve um alargamento do entendimento do termo enquanto representação política.

Neste período, o Executivo e o Legislativo protagonizaram uma crise, disputando poder e espaço de atuação política. Vale lembrar que houve uma reorganização das estruturas de governo – o que culminou com o reordenamento do Judiciário e das forças militares, quando podemos citar também a criação do Superior Tribunal de Justiça, do Código Criminal, a extinção da Mesa de Consciência e Ordens – dentre outras mudanças que limitavam o poder de D. Pedro I e dariam novos rumos à política brasileira.

Neste sentido, o Tratado de Paz e Amizade e a guerra da Cisplatina foram dois movimentos empreendidos pelo Brasil para consolidar-se como Soberano, tendo o Legislativo se pronunciado criticamente em relação à forma como o Imperador conduziu o processo de negociação do reconhecimento da Independência, o conflito no Prata e seu desfecho – criticas essas que fomentaram um terreno fértil para a radicalização à figura de D. Pedro I, contribuindo para a crise de 1831.

Simultaneamente, a guerra da Cisplatina trouxe também descontentamento de outras nações, como Inglaterra, Portugal e França por verem o comércio local prejudicado pelo bloqueio sustentado pelo Brasil aos portos do Prata (Pereira, 2007, p.157-183). Desagradou ainda aos negociantes que estabeleciam ligações com a Bahia, Maranhão, Pará e Montevidéu, como indicam as Atas da Comissão Mista Brasil – Portugal[15] , formada a partir do Tratado de 29 de agosto de 1825 e instalada em 1827, que apresentam grande número de comerciantes portugueses que reclamavam por terem tido seus bens seqües-

15 Esta documentação foi colocada em bancos de dados vinculados ao projeto *"Identidade nacional e formação da cidadania no Grão-Pará, Maranhão, Bahia, Pernambuco e Rio de Janeiro (1822 a 1860)"* e *"Independência ou morte: a Comissão Mista Brasil-Portugal e a consolidação da Causa Nacional"*, de Bolsa de Produtividade em Pesquisa -CNPq, concebidos pela Profa. Gladys Ribeiro, entre 2000 e 2004. Nestes projetos, trabalharam os seguintes bolsistas de Iniciação Científica: Eliane Paiva da Rocha Machado, Carolina Naciff de Andrade, Aline Pinto Pereira, Vantuil Pereira, Marcelo Martins Medeiros e Gina Peixoto, com bolsas PIBIC e IC/FAPERJ. A partir do trabalho com esta documentação, surgiram monografias de final de curso e minha dissertação de mestrado.

trados nas províncias do Pará, Montevidéu, Maranhão, Pernambuco, Bahia e Rio de Janeiro, durante a guerra de Independência do Brasil, revelando suas ligações com outros comerciantes do Sul e de Lisboa (Ribeiro, 2003).

Em face destes acontecimentos, a popularidade do Imperador decrescia. Havia ainda contestação à interferência britânica nos negócios do Estado brasileiro, quanto à política interna e externa do Brasil. "A parte mais instruída do povo temia, com toda razão, a supremacia comercial da Grã-Bretanha no hemisfério meridional", como indicado na citação do ex-oficial do Exército imperial em destaque na abertura deste artigo.

A Inglaterra, mais uma vez, mediou um Tratado de Paz envolvendo o Brasil, garantiu, ao final do conflito da Cisplatina, a livre navegação no Rio da Prata, pelo período de 15 anos, conseguindo também intermediar a difícil conversa entre representantes do Brasil e da Argentina para chegarem a um consenso sobre a convenção definitiva de Paz. O fato é que as colônias libertaram-se da dominação de Portugal e da Espanha, mas prenderam-se aos tentáculos ingleses, que tinham interesses em se envolver com as questões políticas e comerciais na América do Sul.

A guerra da Cisplatina insere-se neste contexto político conturbado, do Primeiro Reinado, devendo ser lembrada pela sua importância para a afirmação do Brasil como Estado independente (Pimenta, 2002). O conflito de 1825 relaciona-se com o processo de Emancipação política do Brasil, quando Portugal, depois de perder o Norte para as forças imperiais, esmerou-se ao máximo para garantiu seu controle no Sul do país, incluindo a dita província, já que a Independência não foi aceita unanimemente em todo o território brasileiro havia diferentes projetos políticos em concorrência (Lyra, 1992, p. 121-138). Além disso, para os governantes ibéricos, a lógica do poder do Estado sustentava-se a partir da dominação territorial, e sua magnitude se expressava por meio da extensão de seus domínios. De acordo com Ilmar Mattos, no texto constitucional de 1824 (artigo 6º) já se verificava a estreita associação entre nacionalidade, cidadania e território. A construção de um Estado Imperial, com limites territoriais bem delimitados e resguardados, seria a condição necessária ao surgimento de uma nação que tentava fazer "coincidir a extensão do direito de cidadania com sua própria extensão (Mattos, 2005, p. 26)".

Segundo o autor, o incidente em Chiquitos (Soares, 2003) e a guerra da Cisplatina, ambos em 1825, revelaram "a impossibilidade de um domínio ilimitado em termos espaciais" (Mattos, 2005, p. 26) no que se refere ao Estado brasileiro, porque o Brasil não se sagrou vitorioso em seus objetivos. Porém, é importante frisar mais uma vez a importância da guerra da Cisplatina – independentemente do seu resultado – para a construção do Império do Brasil porque a disputa pelo Prata, embora iniciada no período joanino, não pode, em 1825, ser reduzida à "herança portuguesa" (Calógeras, 1988, p. 418). A causa daquele período já não era movida pelos mesmos princípios que levaram à incorporação da província ao território brasileiro, em 1821. Tratava-se agora do Brasil, como Estado emancipado, responder pelas suas ações no campo político interno e internacional.

D. João nunca escondeu sua cobiça pela região do Prata, mas, a guerra da Cisplatina, realizada em momento posterior à Independência do Brasil, assumiu conotação que ultrapassava o desejo da expansão territorial nos moldes observados por Mattos. Apesar da relevância da questão territorial, não era uma luta restrita à esta questão, não tinha como única motivação a lógica expansionista. O conflito de 1825 suplantava esta lógica a partir do momento que garantir a posse da Cisplatina era responder a um desafio político e moral (Pereira, 2007), consolidando as bases do Império que se forjava (Pimenta, 2002). A guerra da Cisplatina, embora não possa ser descontextualizada dos eventos de 1808, 1816, precisa ser compreendida a partir de uma especificidade que lhe é imperativa, sobretudo porque foi mola propulsora de inúmeros debates sobre o rumo político do Império, tanto na imprensa quanto na Assembléia Geral. Portanto, mesmo após 1828, quando a convenção de Paz negociada pelo intermédio britânico pôs fim ao conflito, a guerra da Cisplatina ainda se fez presente na agenda política do Império; e foi elemento de forte motivação para o processo que culminou com a Abdicação do Imperador.

Como afirmou Demétrio Magnoli, "a iniciativa luso-brasileira de 1811 deve ser compreendida essencialmente à luz dos projetos de edificação de um Império luso-brasileiro na América do Sul" (Magnoli, 1997, p. 144). A segunda intervenção no Prata desenvolveu-se em um contexto distinto das investidas joaninas no local: "a questão da Cisplatina deixava o leito no qual se originou – cuja lógica assentava-se em bases dinásticas – para tornar-se um problema associado a construção do Império brasileiro (Magnoli, 1997, p. 144).

A causa da Cisplatina relaciona-se com um projeto de Império, que precisava ser fortalecido, já que a defesa da província era por extensão a defesa da honra imperial e da autoridade monárquica e de sua política centralizadora. O conflito no Prata vai além das justificativas expansionistas porque se insere na lógica que regeu as discussões políticas do Oitocentos a partir da reafirmação da soberania do Estado ou que se constituía e de sua relação com o Imperador, a Câmara, o povo, enfim, com a sociedade.

Esperamos ter provocado o debate e instigado os leitores a pensar sobre as idéias políticas que circundaram a formação do Estado Imperial brasileiro. A guerra da Cisplatina ainda precisa ser explorada pela historiografia contemporânea, principalmente porque este artigo não se propôs a esgotar o tema; pretendeu apenas revelar como a contenda às margens do Prata está intimamente ligada com a Emancipação política brasileira e com o processo de construção do Estado nacional não é exagero atribuir a este evento merecida importância.

## Referências bibliográficas

AZEVEDO, Francisca. *Carlota Joaquina na corte do Brasil.* Rio de Janeiro: Civilização Brasileira, 2003.

BETHELL, Leslie. "O imperialismo britânico e a guerra do Paraguai". In: *Estudos Avançados*, vol. 9, nº 24, 1995, p. 269-285.

BETHELL, Leslie.(org.). *Historia da América Latina. Da Independência até 1870.* Vol; III. São Paulo: Edusp, 2004.

CALÓGERAS, J. Pandiá. *A política exterior do Império.* Volume II: O Primeiro Reinado. Brasília: Senado Federal, 1988.

CALÓGERAS, J. Pandiá. *Formação Histórica do Brasil.* São Paulo, Nacional, 1967.

CERVO, Amado e MAGALHÃES, José Calvet. *Depois das caravelas. As relações entre Portugal e Brasil, 1808-2000.* Brasília: UnB, 2000.

CONCEIÇÃO, Lívia Beatriz da. *Soberania no mundo atlântico: tráfico de escravos e a construção do Estado nacional no Brasil monárquico (1831-1850).* Dissertação de Mestrado: Universidade Federal Fluminense, 2004.

FERREIRA,Gabriela Nunes. *O Rio da Prata e a consolidação do Estado Imperial.* São Paulo: Hucitec, 2006.

FREGA, Ana. "Pertencias e identidades em uma zona de frontera. La región de Maldonado entre la revolución y la invasión lusitana (1816-1820)". In: HEINZ, F.M. e HERRLEIN Jr., R. (orgs). Histórias regionais do Cone Sul. Santa Cruz do Sul: EDUNISC, 2003, pp. 121-146

GALSY, Nélio. *Mercenários ou libertários: as motivações do Almirante Cochrane e seu grupo de oficiais britânicos nas luta que levaram a Independência do Brasil.* Niterói, Universidade Federal Fluminense, Dissertação de Mestrado, 2006.

GOULIN, Tau. *A fronteira. Governos e movimentos espontâneos na fixação dos limites do Brasil com o Uruguai e a Argentina.* Porto Alegre: L&PM editores, 2002.

GUERRA, François Xavier. *Modernidad e independencias. Ensayos sobre las revoluciones hispanicas.* México. Mapfre/ Fondo de Cultura Econômica, 1992.

HOSBSBAWN, Eric. *Era dos Impérios: 1875-1914.* RJ: Editora Paz e Terra, 1988.

HOLANDA, Sérgio Buarque de. "A herança colonial – sua desagregação". In: HOLANDA, S. B. (org.). *História Geral da Civilização Brasileira – o Brasil Monárquico.* 2. ed. Rio de Janeiro: Bertrand Brasil, 2003, t. II, vol. 1.

KOSELLEK, Reinhart. *Crítica e Crise. Crítica e crise: uma contribuição à patogênese do mundo burguês*. Rio de Janeiro: EdUERJ/Contraponto; 1999.

LESSA, Antonio Carlos. *História das Relações Internacionais: A Pax Britannica e o mundo do século XIX*. Petrópolis: Vozes, 2005.

LYRA, Maria de Lurdes Viana. *A utopia do poderoso Império*. Rio de Janeiro: Sette Letras, 1994.

LYRA, Maria de Lourdes Viana. "A unidade brasileira: uma questão preliminar no processo de Independência". In: *Revista do Instituto de Estudos Brasileiros*. São Paulo, 34:121-138, 1992.

MAGNOLI, Demétrio. *O Corpo da Pátria. Imaginação geográfica e política externa no Brasil (1808-1912)*. São Paulo: Editora da Unesp/Editora Moderna, 1997.

MANCHESTER, Alan. *Preeminência inglesa no Brasil*. São Paulo: Brasiliense, 1973.

MATTOS, Ilmar R. *O Tempo Saquarema. A formação do Estado Imperial*. Rio de Janeiro: HUCITEC, 1987.

MATTOS, Ilmar Rohloff. "Construtores e herdeiros: a trama dos interesses na construção da unidade política". In: *Almanack Brasiliense* nº01, maio de 2005, p. 8-26.

NEVES, Lucia Maria Bastos Pereira das. *Corcundas e Constitucionais: a cultura política da independência (1820-1822)*. Rio de Janeiro: Editora Revan, 2003.

OSÓRIO, Helen. *Estancieiros, lavradores e comerciantes na constituição da estremadura portuguesa na América: Rio Grande de São Pedro, 1737-1822*. Tese de Doutorado, defendida na Universidade Federal Fluminense, em 1999.

PALTI, Elías. *La nacion como problema. Los historiadores y la cuestion nacional*. Argentina: Fondo de Cultura Económica, 2002.

PEDREIRA, Jorge Miguel Viana. *Os Homens de Negócio da Praça de Lisboa de Pombal ao Vintismo: Diferenciação, Reprodução e Identificação de um Grupo Social*. Lisboa, Universidade Nova de Lisboa: Faculdade de Ciências Sociais e Humanas, 1995.

PEREIRA, Aline Pinto. *Domínios e Império: o Tratado de 1825 e a guerra da Cisplatina na construção do Estado no Brasil*. Niterói, Universidade Federal Fluminense, Dissertação de Mestrado, 2007.

PIMENTA, João Paulo G. *Estado e Nação no fim dos impérios ibéricos no Prata (1808-1828)*. São Paulo: Editora Hucitec, 2002.

PIÑEIRO, Théo L. *Os simples comissários: negociantes e política no Brasil Império*. Tese de Doutorado. Universidade Federal Fluminense, 2002.

PRADO, Fabrício Pereira. *A Colônia do Sacramento o extremo sul da América no século XVIII*. Porto Alegre, 2002.

REICHEL, Heloísa J. e GUTFREIND, Ieda. *Fronteiras e guerras no Prata*. SP: Atual, 1995.

RIBEIRO, Gladys S. *A liberdade em construção: identidade nacional e conflitos antilusitanos no Primeiro Reinado*. Rio de Janeiro: Relume-Dumará / FAPERJ, 2002.

RIBEIRO, Gladys S. "A Comissão Mista Brasil-Portugal para o reconhecimento da Independência". In: *XXII Simpósio Nacional de História* - ANPUH, 2003, João Pessoa. CD com artigos do XXII Simpósio Nacional de História, ANPUH, 2003.

RIBEIRO, Gladys S. *Legalidade. Legitimidade e Soberania: o reconhecimento da Independência através do Tratado de Paz e Amizade entre Brasil e Portugal (29 de agosto de 1825).* Capítulo apresentado no 2º Seminário Regional do CEO, São João Del Rey (7 a 9 de maio de 2004).

RIBEIRO, José Iran. *Quando o serviço nos chama: os milicianos e os guardas nacionais gaúchos (1825-1845).* RS: Editora da UFSM, 2005.

RIBEIRO, Fabio Ferreira. *O general Lecor e as articulações políticas para a criação da província Cisplatina: 1820-1822.* Dissertação de Mestrado: UFRJ, 2007.

ROCHA, Antonio Penalves. (org.). *José da Silva Lisboa - Visconde de Cairu.* São Paulo: Editora 34, 2001.

SCHLICHTHORST, Carl. *O Rio de Janeiro como é. Uma vez e nunca mais.* Brasília: Senado Federal, 2001.

SILVA, Luis Manoel de Lima. *guerra com as Províncias Unidas do Rio da Prata.* Rio de Janeiro: Ministério da guerra, 1956.

SILVEIRA, Ricardo Antonio da. *Reflexão Sobre a Historiografia Platina (discursos do século XIX sobre D. João).* Tese de Doutoramento: PUC-RS, 2004.

SOARES, Maria do Socorro. *O Governo provisório de Mato Grosso e a questão da anexação da província de Chiquitos ao Império Brasileiro (1821-1825).* Dissertação de Mestrado. Universidade Federal do Mato Grosso, 2003.

SOARES, Teixeira. *Diplomacia do Império no Rio da Prata (até 1865).* RJ: Brand, 1955.

SOUZA, Iara Lis Franco S. Carvalho. *Pátria coroada: o Brasil como corpo político autônomo – 1780-1831.* São Paulo: Unesp, 1999.

SOUZA, J. A. Soares. "O Brasil e o Prata até 1828". In: HOLANDA, Sérgio Buarque de (org.). *História geral da civilização brasileira,* t.II, vol.3. Rio de Janeiro: Bertrand Brasil, 2003, p.341-374.

# Capítulo 4 Linguagens da imprensa portuguesa contra a Causa do Brasil

*Lúcia Maria Bastos Pereira das Neves*[1]

Os grandes acontecimentos políticos das Nações, devendo algum dia entrar nas páginas da História, precisam ser minutados por testemunhas contemporâneas e desinteressadas, a fim de que a posteridade possa avaliar o mérito, ou demérito dos seus cooperadores; [...] Eis o fim a que se dirige o trabalho dos historiadores; porém como estes, ainda mesmo sendo contemporâneos dos fatos, não podem presenciá-los em todo o território da Nação, cuja história escrevem, carecem documentos mais verídicos que os de uma tradição, quase sempre suspeita; e eis um dos fins dos jornais. Outro ainda mais essencial é o de servirem de mediadores entre os governos e os povos [...]. Por um jornal conhecem os povos os passos, que os Governos seguem para regê-los; e estes se instruem sobre os sentimentos com que aqueles olham as suas deliberações. Que evidente e inegável utilidade para um País onde são admissíveis as idéias Liberais![2]

Assim se expressavam os redatores de *O Conciliador do Maranhão*, em seu primeiro número, publicado em abril de 1821. Seu discurso afinava-se com a perspectiva, comum à época, de que o jornal era um documento, capaz de fornecer pistas de um passado ao presente, demonstrando o papel que a imprensa poderia alcançar como memória de um tempo e como fundamento da história. Mais ainda, seus redatores vislumbravam esses escritos como a principal forma impressa através da qual a luta pela legitimidade das novas idéias liberais e constitucionais se articulou.

Sem dúvida, nos momentos de crise e de convulsão política, todo meio de expressão escrita é utilizado tanto como veículo peculiar de comunicação, quanto como poderosa arma de combate. Nessas conjunturas, uma rica literatura de argumentação, opinião e polêmica possibilita o surgimento e a multiplicação não só de periódicos, como também de folhetos, panfletos, anedotas, páginas de pequenas histórias e folhas volantes, gerando um clima febril em todos os locais onde circulam e permitindo maior agilidade na divulgação das idéias.[3] A

---

1 Professora Titular em História Moderna da Universidade Estadual do Rio de Janeiro

2 *Conciliador do Maranhão*, n.1, 15 de abril de 1821. Grifo do texto.

3 Cf. Jeremy D. Popkin. Jornais, a nova face das notícias e Antoine de Baecque. Panfletos, Libelo e mitologia política. In: Robert Darnton & Daniel Roche (orgs.). *Revolução impressa. A imprensa na França, 1775-1800.* Trad. de Marcos Maffei Jordan. São Paulo, Edusp, 1996, p. 195-223 e 225-238.

análise do papel decisivo dessa imprensa, em sentido mais amplo, pode fornece pistas para se repensar os distintos processos históricos, uma vez que os diferentes discursos que os homens utilizam para formularem suas opiniões revelam-se como *percepções*, que permitem viabilizar a apreensão das variadas visões de mundo de uma época.

O objetivo desse trabalho é, por conseguinte, analisar os principais argumentos utilizados pela imprensa portuguesa – tanto aquela publicada do lado de cá do Atlântico, em especial, na Bahia e no Maranhão, quanto a que saiu à luz em Portugal – contra os que defendiam a *causa do Brasil.* Utilizando um discurso ora civilizador, ao sublinhar a superioridade de Portugal em relação ao Brasil, ainda bárbaro e inculto; ora político, ao destacar os princípios do constitucionalismo; ora paternal, ao ressaltar a ingratidão do filho que se rebela contra o pai; e, ora ameaçador, ao invocar um novo Haiti no Brasil, as linguagens desses *discursos* revelam opiniões e atitudes de indivíduos que procuraram expressar as diversas identidades políticas e sociais presentes naquela conjuntura histórica. Além de, como afirma Javier Fernández Sebastián, apontar, através destas palavras, um acúmulo de experiências históricas, pois as "palavras em política são também ações"[4].

Nessa direção, pretendo demonstrar que a imprensa, um texto de caráter político, formula também questões e as responde a partir de um quadro mental de noções e princípios, que, em certa medida, aceitam, contestam ou repelem idéias e convenções predominantes num determinado momento. Cada texto é recebido e lido de forma distinta, segundo os grupos políticos e sociais envolvidos. Isso porque um momento histórico deve ser considerado como um tecido de conversas, mas em que nem sempre os interlocutores se abrem para compreender o outro. São linguagens distintas que cada conjuntura histórica oferece, servindo de instrumentos para se entender o passado que desejamos reconstruir.[5]

* * *

4 J. Fernández Sebastián. El mundo atlántico como laboratório conceptual. Digitado. Bilbao, 2004.

5 O presente trabalho inspirou-se tanto na história das linguagens políticas da "Escola de Cambridge", quanto no recente *Diccionario político y social del siglo XIX español.* Cf. Q. Skinner. *As fundações do pensamento político moderno.* São Paulo, Companhia das Letras, 1996; J. G. A. Pocock. *Politics, Language and Time. Essays on Political Thought and History.* New York, Atheneum, 1971. A. Pagden (ed.). *The Languages of Political Theory in Early-Modern Europe.* Cambridge, University Press, 1990; Javier Fernández Sebastián e Juan Francisco Fuentes (dirs.). *Diccionario político y social del siglo XIX español.* Madrid, Alianza Editorial, 2002. Ver ainda R. Koselleck. *Futuro passado. Contribuição à semântica dos tempos históricos.* Trad. de Wilma Patrícia Maas e Carlos Almeida Parreira. Rio de Janeiro, Contraponto/Ed. PUC-Rio, 2006.

O ano de 1821 pode ser considerado o ano áureo do periodismo tanto em Portugal, quanto no Brasil, chegando-se a afirmar, num folheto de época, que à revolução de 1820 "veio unida a praga dos periódicos", reduzindo-se a grande arte do escritor a simplesmente "saber formar bem ou mal, tortos ou direitos, os caracteres do alfabeto"[6]. Ao lado dessa *praga periodiqueira*, surgiram também os panfletos e folhetos políticos que se constituíram como outra modalidade, não menos importante, de instrumentos de divulgação das novas idéias e práticas da política. Essa efervescência política retratada por essa literatura de circunstância foi motivada pela liberdade, ainda que relativa da imprensa, fruto da Regeneração política de 1820 no mundo luso-brasileiro[7].

As elites políticas de Portugal, ao pretenderem regenerar o Brasil, prometendo-lhe uma Constituição, elaborada pelos representantes do império luso-brasileiro, reunidos em Cortes, cuidaram, no entanto, muito mais dos interesses da antiga metrópole do que daqueles do Brasil, motivando uma incompatibilidade entre os dois reinos. Deu-se início a uma "rede de polêmicas"[8], travada, entre brasileiros e portugueses, traduzindo linguagens que indicavam leituras distintas daquela cultura política, de acordo com experiências também diversas daqueles que constituíam as elites intelectual e política dos dois reinos. De um lado, transpareciam as insatisfações de Portugal com o abandono a que se vira relegado desde 1807 e com a nova dinâmica adquirida pelo Brasil com a presença da Corte. De outro, arvorava-se a pretensão do Brasil em manter a hegemonia no interior do Império luso-brasileiro.

As primeiras polêmicas surgiram acerca do melhor local para a sede do império luso-brasileiro, justificando-se a escolha de Portugal através de um discurso que apontava a superioridade deste em relação ao Brasil. Ainda em 1821, a *Carta do compadre de Lisboa*

6 Para periodismo em Portugal, ver José Tengarrinha. *História da imprensa portuguesa.* 2ª ed. Lisboa, Editorial Caminho, 1989, p. 123-134. Telmo dos Santos Verdelho. *As palavras e as idéias na Revolução Liberal de 1820.* Coimbra, Instituto Nacional de Investigação Científica, 1981, p. 14-19. Para as citações, ver *Exorcismos contra periódicos e outros malefícios.* Lisboa, Off. da Viúva de Lino da Silva Godinho, 1821, p. 8 e 11, respectivamente.

7 Para uma análise mais ampla e detalhada desse tema, ver Lúcia Maria Bastos P. Neves. *Corcundas e constitucionais: a cultura política da independência, 1820-1822.* Rio de Janeiro, Faperj/Revan, 2003. Ver também Isabel Lustosa. *Insultos impressos. A guerra dos jornalistas na Independência (1821-1823).* São Paulo, Companhia das Letras, 2000.

8 Expressão em grifo de Christian Jouhaud. "Propagande et action au temps de la Fronde". In: Jean-Claude Maire Vigueur & Charles Pietri (orgs.). *Culture et idéologie dans la genèse de l'État Moderne.* Roma, Ecole Française de Rome, 1985, p. 337-352. Expressão à p. 352.

*em resposta a outra do compadre de Belém ou juízo crítico sobre a opinião pública dirigida pelo "Astro da Lusitânia"*, sem assinatura, se defendia alguns princípios liberais, concentrava-se em demonstrar porque devia ser dada preferência a Portugal como sede do Reino. Deixava, também, transparecer que, caso isto não ocorresse, aquele permaneceria como colônia do Brasil. Afirmava, por meio de uma comparação física, a superioridade lusitana, reduzindo o Brasil a "um gigante, em verdade, mas sem braços, nem pernas; não falando do seu clima ardente e pouco sadio, o Brasil está hoje reduzido a umas poucas hordas de negrinhos, pescados nas costas da África". Em compensação, Portugal era o "Jardim das Hespérides, os Elísios, deste pequeno mundo chamado Europa", que concentrava em si todas as delícias e prazeres da Terra. Assim sendo, onde deveria fixar-se o monarca? Na "terra dos macacos, dos pretos e das serpentes" ou no "país de gente branca, dos povos civilizados e amantes de seu soberano"[9]? Indignados, elementos das elites luso-brasileiras responderam com uma série de escritos, em que despontava, inversamente, outra imagem do português, visto como "um gárrulo mesquinho, um declamador insolente, um verme obscuro, que "ousou enxovalhar o país", "menoscabar" os direitos dos brasileiros e "insultar" a família brasileira[10].

No lado de cá do Atlântico, uma dessas respostas, atribuída ao padre Luís Gonçalves dos Santos, investia contra a "produção infame, parto da inveja e do ódio, que ataca o nosso país e seus habitantes", enaltecendo as riquezas e o povo do Brasil, composto por brancos nobres, colonos suíços, índios, pardos, negros e crioulos. Julgava ainda um absurdo o desejo de fazer "o Brasil voltar para o antigo estado de colônia", pois transformara-se em um reino e "continuará a ser um Reino e um grão Reino unido ao de Portugal, pelos laços indissolúveis do sangue, da religião, de mútuos interesses e sobretudo" – apegado que era a uma percep-

9 *Carta do Compadre de Lisboa em resposta a outra do compadre de Belém ou juízo crítico sobre a opinião pública dirigida pelo "Astro da Lusitânia"*. Reimpresso no Rio de Janeiro, Tip. Real, 1821, p. 15-16. A carta do compadre de Lisboa foi uma resposta ao redator do *Astro da Lusitânia*, que embora defendendo a idéia de se retroceder à situação de trocas entre Brasil e Portugal, argumentava em favor da manutenção da Corte no Brasil para cimentar a união dos dois reinos. Cf. Lisboa. *Astro da Lusitânia.* n.º 43, 10 janeiro 1821. A idéia de chamar os brasileiros de macacos não era uma novidade. Cf. Bocage. *Poesias.* 5ª ed. Seleção, prefácio e notas de Guerreiro Murta. Lisboa, Sá da Costa Editora, 1974. p. 102-103

10 *Discurso que em desagravo aos brasileiros ofendidos pelo compadre de Lisboa na sua carta impolítica dirigida ao compadre de Belém*, Rio de Janeiro, Imp. Nacional, 1821, p. 3.

ção característica do Antigo Regime – "pela fidelidade ao seu rei". Não lhe ocorria, porém, qualquer alusão, mesmo que velada, à possibilidade de uma ruptura com Portugal[11].

Os portugueses da Bahia, uma das primeiras províncias brasileiras a aderir à Revolução de 1820 e a se colocar, mais tarde, contra o governo do Rio de Janeiro, por manter-se fiel ao constitucionalismo de Portugal, manifestava-se também através de uma retórica de convencimento, por meio de uma linguagem mesmo agressiva. Um folheto escrito por João Bernardes dos Reis Mota, português radicado naquela província, afirmava que "o povo do Brasil não [era] ilustrado como o povo de Portugal" pois a política lhe era uma "coisa estranha" por ser ainda "um povo bárbaro, ignorante, fraco de caráter, costumes e leis". Desse modo, não era possível que "meia dúzia de homens de poucas luzes fossem enganar uma Nação Inteira". Justificava, assim, seu pedido para que o soberano Congresso e D. João VI não hesitassem em remediar os males do Brasil, socorrendo seus fiéis cidadãos, "não só com tropas, mas também com ordens amplas", para agir, conforme a necessidade dos casos. Só, dessa forma, as Cortes teriam a estima de todos os bons portugueses, a admiração do globo e seriam consideradas compostas por "Portugueses Heróis, do mundo respeitados"[12].

Igualmente, o jornal português *Campeão Lisbonense*, em 1822, ressaltava que a união do Brasil com Portugal trouxera ao primeiro "a sua civilização e o seu aumento". Antes dessa união, o Brasil era "um país de selvagens, de feras e de animais". Após a descoberta, os brasileiros "foram se civilizando e domesticando pelos cuidados dos europeus lusitanos que ali se estabeleceram"[13]. Nos escritos do lado de cá do Atlântico, entretanto, Portugal surgia como a "terra de lobos, galegos e de raposas"[14]. Desse modo, para os brasileiros o único laço que podia entreter "a união política de Impérios tão distantes" era o de "uma benevolência recíproca e de uma igualdade absoluta,

---

11 "Justa retribuição dada ao Compadre de Lisboa em desagravo aos brasileiros ofendidos por várias asserções que escreveu na sua carta em resposta ao Compadre de Belém pelo filho do Compadre do Rio de Janeiro que a oferece, e dedica aos seus patrícios". 2ª ed. Rio de Janeiro, Imp. Nacional, 1822. In: Rosemarie Erika Horch (org.). *Cartas dos Compadres de Belém e de Lisboa: transcrição dos textos originais na íntegra.* São Paulo, 1977. Citações, respectivamente, às p. 51, 52, 57, 54 e 57.

12 *Reflexões sobre o estado actual do Brasil, dirigidas à soberania da nação portuguesa.* Bahia, Typ. Viúva Serva & Carvalho, 1822. Sem indicação de páginas.

13 Lisboa. *Campeão Lisbonense.* nº 105. Apud *Gazeta do Rio de Janeiro.* nº 106, 1 setembro 1822.

14 *Carta que em defesa dos Brasileiros insultados escreve ao Sacristão de Carahy o Estudante Constitucional, amigo do filho do Compadre do Rio de Janeiro.* Rio de Janeiro, Imp. Nacional, 1821, p. 16.

que destruísse todas as idéias de superioridade, incompatíveis com o grande princípio de que as Nações não são propriedade de ninguém"[15]. No calor das discussões, revivia-se, por conseguinte, o antigo ponto de vista, no qual decididamente a percepção de uma superioridade européia fazia-se sentir, transmitindo ao "nobre selvagem" uma cultura e uma vida civilizada, aflorando-se os ideais de uma Nação que tinha como proposta transmitir as luzes à sua colônia[16].

Os desencontros continuaram à medida que as medidas das Cortes de Lisboa chocavam-se com os interesses do Brasil e as atitudes tomadas por parte do príncipe regente D. Pedro, embora não envolvendo uma proposta de separatismo, acirravam os ânimos entre os dois lados do Atlântico, conduzindo a uma gradual desilusão com a proposta de um único Império.

Assim, quando se propagaram as notícias da enérgica representação da província de São Paulo, que denunciava o "despotismo" das Cortes ao promulgar os decretos de setembro de 1821, que exigiam o regresso de d. Pedro e determinavam que as juntas de governo, nas províncias, ficariam diretamente subordinadas ao Congresso português, outro longo debate foi gerado. O Brasil, na visão da imprensa portuguesa, convertia-se no filho ingrato que recusava os benefícios da regeneração política.

*O Campeão Português em Lisboa ou Amigo do Povo e do Rei Constitucional* era um periódico semanal, redigido por José Liberato Freire de Carvalho, um liberal que se colocava a serviço do público. Quando das primeiras dissensões entre os deputados brasileiros e portugueses nas Cortes e das notícias chegadas do Brasil sobre as "atitudes rebeldes" das províncias do Rio de Janeiro e São Paulo, publicou uma série de artigos sobre as relações entre os dois reinos irmãos, entre abril e maio de 1822. Propunha a fazer "todas as diligências para persuadir ambos os povos do interesse que tinham de se conservar unidos", buscando a paz e a concórdia entre os dois. Afirmava ser uma injustiça do Brasil erguer-se contra Portugal, pois dele recebera a liberdade, após "o memorável dia 24 de agosto". Seu primeiro ato de liberdade, no entanto, fora o de voltar-se contra a mãe-pátria, o que constituía uma ingratidão, pois Portugal desde o início de sua Regeneração nada quis decidir em relação ao Brasil, sem

---

15 *Oração de ação de graças, que recitou na Real Capela, no dia 26 de fevereiro, solenizando-se por ordem de sua alteza real o primeiro aniversário do juramento de El-rei e o povo desta corte à constituição lusitana, &*. Rio de Janeiro, imprensa Nacional, 1822, sem numeração de páginas

16 Anthony Pagden. *European Encounters with the New World. From Renaissance to Romanticism*. Yale/London, University Press/New Haven, 1993, p. 1-15.

conhecer primeiro seus desejos e consultar sua vontade. E, continuava, a "ingratidão é crime imperdoável! e nunca ninguém espere ser feliz em suas empresas, faltando a este primeiro dever da natureza social"[17]. Criticava ainda, duramente, as atitudes de José Bonifácio de Andrada e Silva, ao assinar a representação da Junta de São Paulo, pedindo a permanência de Sua Alteza Real, o príncipe D. Pedro no Brasil, em dezembro de 1821. Lembrava que José Bonifácio "fora nutrido, educado e brilhantemente honrado em Portugal; e que ao mesmo Portugal deverá ter um nome conhecido na Europa". Ora, que "idéia poderá então fazer dos motivos que o impeliram a figurar em acontecimentos tão notáveis"? Desse modo, aquele também cometera uma ingratidão em relação a Portugal, que lhe fornecera luzes para sua trajetória, pois havia participado de uma declaração contrária à medida estabelecida pelas Cortes, que exigiam o regresso de D. Pedro a Portugal[18].

O redator de *O Campeão Português* analisava, ainda, o direito que o Brasil possuía para se declarar independente. Indagava, primeiramente, em que casos um povo pode desligar-se lentamente de uma nação – quando sendo conquistado, conservava seu direito primitivo e constante de resistência e quando lhe era negado o direito de liberdade e regalias. Afirmava, contudo, que o Brasil não se enquadrava em nenhum desses dois casos. Primeiro, porque os "portugueses brasilienses" não eram um povo conquistado pelos portugueses, mas antes, ao contrário, eram eles, mesmo "um povo conquistador ou filhos desses conquistadores que descobriram o Brasil". Assim, apenas os "índios indígenas" tinham direito à independência do Brasil, porque possuíam "dentro de casa, estrangeiros, que violentamente se apossaram de suas propriedades". Em segundo lugar, Portugal respeitou os direitos e vontades do Brasil, acatando sua decisão de jurar "obediência, sem restrição ao Supremo Congresso nacional e à política de Constituição que ele houvesse de fazer". Até esse ato, o Brasil era livre em vontade e ação; a partir dele, porém, seu destino permaneceu ligado ao de Portugal, não possuindo "os habitantes brasilienses *nenhum direito* para quebrar agora a seu arbítrio a união". Desse modo, as atitudes do Brasil eram não só impróprias como intoleráveis, reforçando ainda mais a "manifesta desobediência à própria autoridade" que os representantes brasileiros enviados para o Congresso de Lisboa haviam reconhecido espontaneamente[19].

---

17 *O Campeão Portuguez em Lisboa*. Lisboa, vol. 1, nº 2, 13 de abril de 1822. p. 32. Cf. ainda José Liberato Freire de Carvalho. *Memórias de vida de* ... Int. de João Carlos Alvim. Lisboa, Assírio e Alvim, 1982.

18 *O Campeão Portuguez em Lisboa*. Lisboa, vol. 1, nº 3, 30 de abril de 1822. p. 39.

19 *O Campeão Portuguez em Lisboa*. Lisboa, vol. 1, nº 5, 4 de maio de 1822. Citações, respectivamente, às p. 71, 73, 75 e 76. Grifo meu.

Em outros escritos, usava-se de uma linguagem pautada nas idéias constitucionais, atribuindo a D. Pedro e aos áulicos do Rio de Janeiro um caráter despótico e antiliberal, pois estes sublevavam partidos contra a Constituição. O jornal *Conciliador do Maranhão*, favorável às Cortes de Lisboa, publicava um plano arquitetado no Rio de Janeiro "para a organização de guerrilhas Brasileiras", a fim de demonstrar "o furor de alguns habitantes" daquela província. Afirmava, portanto, que esses indivíduos, que se opunham aos decretos do Soberano Congresso, pretendiam "entronizar de novo o detestável despotismo". Eram "infames áulicos revolucionários" que podiam ser "bem comparados a carnívoras aves que esvoaçam famintas sobre o esqueleto de um corpo, donde outros mais membrudos abutres foram enxotados, quando quase o haviam devorado"[20]. A imprensa baiana, que se mantinha fiel à metrópole portuguesa, também reagia contra as atitudes do Príncipe Regente no Rio de Janeiro. O *Analisador Constitucional*, ao elaborar um minucioso exame acerca do decreto de d. Pedro, datado de 1º de agosto de 1822, que declarava inimigas todas as tropas mandadas por Portugal para o Brasil, sem o seu próprio consentimento, apontava para o despotismo do regente. O jornal pretendia divulgar o decreto para que a Europa ficasse sabendo o que poderia esperar "de um tal rapazinho, se não tivessem os portugueses um governo constitucional". Continuava afirmando que qualquer declaração de separação do Brasil de Portugal carecia de fundamento legal, pois aquele havia jurado obedecer às Cortes e ao Rei. Tal ato deveria ser interpretado como uma manifestação velada de retorno ao Antigo Regime, devendo a Bahia manter-se ligada ao constitucionalismo de Portugal.[21]

Igualmente, o folheto *A América inglesa e o Brasil contrastados da sobeja razão que teve a primeira e a sem razão do segundo para desligarem da Mãe-Pátria*, por um Amigo da Ordem, considerava subversivos os princípios veiculados pela imprensa do Rio de Janeiro e denunciava as folhas fluminenses por encontrarem-se aliadas ao partido da independência. Esses jornais desejavam a separação de Portugal com o objetivo de retornar ao antigo despotismo, semeando entre os luso-brasileiros a cizânia e a anarquia, ao clamarem por Cortes no Brasil, esse "monstro em política, de que não há exemplo", por compreender dois corpos legislativos em uma mesma monarquia. A não ser para tais facciosos, cuja concepção de independência significava "ilimitada liberdade, para fazer tudo quanto se quiser, sem respeito, nem temor das leis e autoridades", os povos

20 *Conciliador do Maranhão*. Para o plano de guerrilhas, ver nº 90, 22 de maio de 1822; para as citações, nº 128, 2 de outubro de 1822.

21 *Analisador Constitucional*. Bahia. nº 15, 23 de agosto de 1822.

de todo o Reino Unido já gozavam da verdadeira independência, fundada em uma futura Constituição. Em seguida, inventariava os justos motivos que tivera a América inglesa para alcançar a sua separação ao passo que ao Brasil, sempre beneficiado pela metrópole, nada lhe faltara desde o início da colonização e agora via-se ainda favorecido pelas benesses da Regeneração portuguesa[22].

Do outro lado do Atlântico, as atitudes do Príncipe Regente, como a decisão de permanecer definitivamente no Brasil, a criação de um Conselho de Procuradores e a convocação de uma Assembléia Brasílica, eram vistas como manifestações de rebeldia do governo do Rio de Janeiro e uma ameaça à pretendida hegemonia portuguesa no interior do Império e ao próprio sistema liberal. Afinal, os "áulicos do Palácio de São Cristóvão" poderiam convencer a d. Pedro, como herdeiro da Coroa portuguesa, na eventualidade da morte de d. João, a conservar a sede da monarquia na América e a despertar o fantasma do despotismo ibérico[23]. "A intriga está derramada no Brasil; e brevemente grassará em Portugal", exclamava o "Ditador brasílico", em um folheto intitulado *Diálogo crítico dos acontecimentos políticos do Rio de Janeiro*, publicado em Portugal. O "Ditador", conhecido por Mano Zé, gabava-se de seus atos, intitulando-se um "herói famigerado", em virtude dos planos que acalentava para o futuro:

Eu sou um homem ambicioso e desejo dominar os outros homens; o sistema constitucional não me oferece esta ilimitada liberdade e por isso tenho jurado perdê-lo, ao menos no reino do Brasil. A independência deste é o primeiro passo que devo dar para conseguir os fins a que me proponho, ainda que exponha o Brasil a ser vítima da anarquia, na qual eu sempre havia de figurar como principal protetor dela; mas se consigo fazer do Brasil um Império independente, pela reunião dos brasileiros, lançarei mão das rédeas do governo, iludindo os homens que promovem esta mesma independência com iguais vistas; serei então o maior déspota de todos os que têm havido no universo; reduzirei a meus escravos todos os habitantes do Brasil; criarei principados para os meus parentes e amigos, sem atenção às distintas qualidades de outros quaisquer indivíduos[24].

---

22 *A América inglesa e o Brasil contrastados, da sobeja razão, que teve a primeira; e a sem razão do segundo para se desligarem da Mãe-Pátria.* (Por hum Amigo da Ordem). Bahia, Tip. da Viúva Serva & Carvalho, 1822, p. 10, 13 e 16.

23 *Diário das Cortes*, sessão de 22 de maio de 1822, p. 229.

24 Diálogo crítico á cerca dos acontecimentos políticos do Rio de Janeiro, no dia 12 de janeiro de 1822, entre o dictador brazilico (Bem conhecido por Mano Zé), Macedo, Airosa e Sancho Pança, reunidos no Campo de Santana. Lisboa, Imp. de João Baptista Morando, 1822, p. 1 e 5-6.

Em meio à efervescência dos ânimos exaltados entre brasileiros e portugueses, os escritos políticos, que advogavam os interesses de Portugal, alternavam suas propostas, adotando posturas distintas, mesmo que estas não falassem de recolonização do Brasil. Defendiam, entretanto, a causa da união, sob a ótica portuguesa, em oposição a qualquer veleidade de autonomia ou independência do Brasil.

Desse modo, qualquer atitude, por parte do governo do Rio de Janeiro, era considerada como fato decisivo de ruptura no outro lado do Atlântico. Para o Congresso de Lisboa e a imprensa portuguesa, as notícias de uma Assembléia em território americano, chegadas em finais de agosto, constituíram o selo final da separação do Brasil e de Portugal. Nessa época, a *Gazeta de Portugal* já mostrava que o Brasil caminhava para a independência, enquanto Portugal dormia. Mesmo assim, continuava a clamar por uma união: eramos irmãos, deviamos marchar acordes, enfim, formávamos a mesma família[25].

Diversos textos políticos colocavam-se inteiramente contrários à dissolução da unidade entre os dois reinos, usando uma linguagem funesta ao antever a idéia de separação. O folheto intitulado *Nova questão política*, ao discutir as vantagens de se manterem unidos Brasil e Portugal, alertava: "separação, uma desgraça fatal aos mesmos Reinos, que por ela podem retrogradar ou perder parte da categoria e representação, que já desfrutam, e a que para o futuro hão de levar-se". Insistia, por conseguinte, na proposta de união representada pelo império luso-brasileiro. Havendo prudência de ambos os lados, formar-se-ia "um colosso inabalável e mais firme e mais sólido do que as pirâmides do Egito", porém, enfatizava a necessidade de autonomia entre os dois Reinos[26].

Na visão de *O Campeão Portuguez em Lisboa*, o momento histórico não era favorável a qualquer tipo de separação entre Portugal e Brasil. A possibilidade de uma independência da antiga colônia era uma idéia prematura, uma vez que nem todas as províncias do norte e do sul do país estariam de acordo com essa ruptura. A imprensa do Maranhão, também, chamava a atenção para essa questão – era um desengano de "pouca gente iludida" a proposta de "sonhos da independência do Brasil". As províncias do Norte-Brasil continuavam a zelar por sua união com o reino de Portugal, em virtude das "vantagens reais" que resultavam dessa unidade "inquebrável e permanente", por suas circunstâncias

---

25 Para a visão da imprensa portuguesa, cf. Lisboa. *Gazeta de Portugal*. nº 47, 26 agosto 1822. Apud M. Valentim Alexandre. *Os sentidos do Império: questão nacional e questão colonial na crise do Antigo Regime português*. Porto, Afrontamento, 1993. p. 697.

26 *Nova questão política: Que vantagens resultarão aos reinos do Brasil e de Portugal se conservarem huma união sincera, pacifica e leal?* Rio de Janeiro, Tip. do Diário, 1822. Citações às p. p. 5, 1 e 3.

de localidade e comércio. O processo de separação era fruto das "facções" das províncias do sul que acabariam por impor uma "desastrosa independência"[27].

Alguns perigos fatais seriam inevitáveis, principalmente, se a unidade de opiniões não fosse alcançada. O novo governo mostrar-se-ia débil e fraco, porque à barreira de idéias divergentes somar-se-iam as "naturais barreiras" que separavam as províncias brasileiras. Logo, a possibilidade de uma guerra civil, com o desmembramento do território, poderia facilmente ocorrer, se todas elas não concordassem com o sistema político. Essa guerra civil despovoaria e arruinaria todas as riquezas da preciosa agricultura brasileira. E, alertava *O Campeão*, poderia expor o Brasil aomais fatal de todos os perigos, que é o passar talvez de senhor a ser escravo; ou a ter por senhores esses mesmos escravos africanos e negros, a que por hora só pode conter apoiado na antiga e venerada égide do poder de Portugal. Com efeito, quem como o Brasil tem atualmente dentro de si tão perigosa gangrena política, não pode em seu juízo perfeito ou ainda com o mais pequeno amor da pátria, expor-se ao perigo funesto de ver reduzido seu belo país a uma bárbara colônia de negros Africanos![28]

Para melhor elucidar suas opiniões, citava "o exemplo terrível" de São Domingos, que, certamente, aconteceria em um país em que "há seis escravos, ao menos, para um só senhor e aonde, por conseqüência, o desejo inveterado das vinganças é como seis para um"[29].

A linguagem dos escritos voltava-se, assim, para um tom ameaçador, frente à possibilidade de uma revolta de escravos. Em outros, ela se revestia de uma perspectiva irônica, em que d. Pedro tornava-se o soberano dos negros, mas que a ameaça velada de uma guerra civil continuava a existir. Assim, no jornal *A Sega-Rega* uma nota curiosa demonstrava tal aspecto:

Esta história com o Brasil sempre tem trazido coisas que fazem mover os afetos de maneiras bem diferentes! umas provocam o riso e outras excitam a derramar copiosas lágrimas! Por uma parte, o estouvado Pedro, inflamado talvez com a leitura de D. Quixote, aclamando-se Imperador no meio de quatro astutos ambiciosos [...] e de uns poucos de

---

27 *Conciliador do Maranhão*, nº140, 13 de novembro de 1822.

28 *O Campeão Portuguez em Lisboa* ... vol. 1, n. 6, 11 de maio de 1822, p. 85.

29 *O Campeão Portuguez em Lisboa* ... vol. 1, n. 6, 11 de maio de 1822, p. 83-84.

negros e negras, que celebram a entremezada, dançando o Batecu e, berrando desentoadamente: "E viva o nosso Imperador"![30]

Acrescentava, ainda, que a "coroação imperatória" parecia a função do "Imperador de Eiras", uma festa que acontecia naquela cidade, perto de Coimbra, na qual um moleiro era coroado Imperador. Este ia honrar o ato, "vestido das mais preciosas galas" e seguido de um numeroso cortejo e dos "seus mais fiéis adoradores"[31].

* * *

Acompanhando os acontecimentos, os escritos políticos divulgados pela imprensa, na época de 1821-1822, transformaram-se em veículo de estrondosas novidades que provocavam não só calorosos debates, nos dois lados do Atlântico, mas também reações imediatas. A imprensa portuguesa, ou aquela favorável às Cortes de Lisboa, ao abordar a questão das relações entre a antiga colônia e metrópole, visava, em verdade, a um problema fundamental – a crise do império luso-brasileiro e, conseqüentemente, os destinos da nação portuguesa no novo sistema internacional, concebido após o Congresso de Viena, em 1815. Em síntese, a preservação e a recuperação de Portugal, abandonado pela coroa em 1807, constituíam os focos prioritários das atenções desses textos.

Essa guerra "mais de pena, que de língua ou de espada", segundo a *Carta do Sacristão de Tambi ao estudante Constitucional do Rio*[32], virava muitas vezes algaravia desencontrada por conta do inevitável descompasso que a lenta comunicação através do Atlântico causava às notícias. Nesse sentido, a cada atitude do governo do Rio de Janeiro, a imprensa respondia com tons e linguagens distintos, contribuindo, muitas vezes, para acirrar os desentendimentos entre os dois povos irmãos. De início, criticava-se a inversão das posições entre Brasil e Portugal, ressaltando a superioridade do último em relação à terra habitada "por hordas de negros e caboclos de arco flecha"[33]. Ficava

30 *A Sega-Rega*. Lisboa, nº 1, 15 de fevereiro de 1823.

31 *A Sega-Rega*. Lisboa, nº 1, 15 de fevereiro de 1823.

32 Publicada em *Revérbero Constitucional Fluminense*, n. 9, 8 janeiro 1822.

33 *Incontestáveis reflexões que um portuguez europeo offeresse aos sentimentais brasileiros sobre os seus interesses á face do presente*. Rio de Janeiro, Imp. Nacional, 1822, p. 2.

clara uma postura anti-brasileira de cunho nacional que procurava soerguer Portugal da condição de colônia[34].

Em seguida, à medida que se avançava na Regeneração política portuguesa, a literatura de circunstância mostrava que dera ao Brasil o direito de escolha para à adesão da nova ordem constitucional, introduzindo neste certas práticas fundamentais do liberalismo. A despeito de sua fragilidade, o Vintismo contribuiu decisivamente para converter a Coroa em Estado, extraindo a política dos círculos palacianos exclusivos para emprestar uma nova dimensão à praça pública. Recorria, por conseguinte, a um discurso político de cunho constitucional para demonstrar o direito que possuía em manter a integridade do império luso-brasileiro. Algumas vezes, a imprensa portuguesa destacou que se chegava a um ponto crucial nas relações entre os dois reinos e enxergou nos episódios do Rio de Janeiro uma tramóia dos *áulicos* para desligar o Brasil de sua metrópole, com o objetivo de fundar nova dinastia. Em outros casos, reduzia os protestos do Brasil a uma mera conspiração contra o regime liberal, desconhecendo-se aí quaisquer aspirações autênticas. Essa imprensa lusa recorria a uma linguagem ora violenta, envolta em palavras de exaltação nacional, ora paternal, apelando para os sentimentos dos "maus irmãos" e filhos ingratos que renegavam a Mãe-Pátria. Por fim, à medida que as intransigências de ambos os lados tornavam-se mais agudas, usava o medo da rebelião escrava como um argumento brandido contra as veleidades separatistas das elites brasileiras, a fim de atemorizá-las com a possibilidade de uma nova São Domingos.

Por conseguinte, as linguagens distintas contra os que defendiam a causa do Brasil transformaram-se em leituras conflitantes que os dois reinos faziam, com a pretensão de cada um de reservar para si a preeminência, estabelecendo a sede da monarquia e das instituições superiores em seu próprio território. Desse conflito político, agravado pelos *ruídos* inevitáveis, gerados pela precariedade das comunicações na época, resultou de um lado, o Império do Brasil e, de outro, para as elites portuguesas, o projeto de um novo Império, com as possessões da África[35].

34 Valentim Alexandre. *Os sentidos do Império* .... p. 408-411.

35 Cf. Valentim Alexandre. *Velho Brasil, novas Áfricas: Portugal e o Império (1808-1975)*. Porto, Afrontamento, 2000.

# Capítulo 5 Petições: liberdades civis e políticas na consolidação dos direitos do cidadão no Império do Brasil (1822-1831) [1]

*Vantuil Pereira*[2]

## Introdução

No processo constitutivo de uma sociedade sempre é possível delimitarmos o momento no qual brotam sentimentos e culturas que estimulam o desenvolvimento de certas identidades políticas. No caso brasileiro, o período denominado pela historiografia como Primeiro Reinado pode ser considerado como o momento onde várias idéias emergiram como novidades.

Sendo assim, não é absurdo pensarmos que palavras como Soberania, Constituição e Liberdade não só foram reinterpretadas como ganharam conteúdos quase novos. Conjuntamente, a idéia de direitos do cidadão (que mais tarde assumiria a designação de cidadania) foi sendo edificada como uma idéia e como uma prática política de exercício efetivo de diversos grupos sociais. A despeito de um sistema que procurava limitar os direitos, vários indivíduos passaram a forçar as porta de entrada do Estado.

O resultado efetivo dessa tensão está além do período proposto por este artigo. A trama política iniciada no Primeiro Reinado foi rica em elementos que nos permite concluir que para além de um Estado restrito, vivia-se em um momento onde muitas questões estavam em aberto, inclusive o exercício dos direitos do cidadão, o que pode ser visto em um amplo campo para o aprendizado de político e civil.

Se de um lado o exercício dos direitos do cidadão partia da compreensão dos indivíduos, tal prática de forma alguma poderia ser efetuada sem a existência de um quadro político favorável. Neste caso, ao contrário de um cenário bem definido, o que facilitou as novas práticas políticas consagradas como direitos do cidadão foi a existência de uma

---

1 Esta é uma versão sintetizada da Tese de Doutorado apresentada no Programa de Pós-Graduação em História Social da Universidade Federal Fluminense, em 2008, sob o título: *"Ao Soberano Congresso": Petições, Requerimentos, Representações e Queixas à Câmara dos Deputados e ao Senado – Os direitos do cidadão na formação do Estado Imperial brasileiro (1822-1831).*

2 Vantuil Pereira, Doutor em História Social pela Universidade Federal Fluminense.

profunda crise envolvendo a Câmara dos Deputados e o Imperador, em uma dura disputa pelo controle do aparato do recém fundado país.

O presente artigo tem por objetivo discutir os direitos do cidadão (ou cidadania) naquilo que foi um dos seus melhores exercícios: o direito de petição. Fruto de um longo processo de consolidação, este direito foi um mecanismo que nos possibilita afirmar que a cara do Estado não era vista de forma tão negativa (Carvalho, 1995: 337-359), ao contrário, o cidadão via neste uma possibilidade de mediação e um instrumento resolutivo para as suas demandas.

Portanto, é preciso enxergar a crise entre Imperador e Câmara dos Deputados tendo em mente a dinâmica da disputa em torno de concepções de poder. Através de alguns momentos específicos seria possível detectarmos uma ferrenha batalha travada no interior da Câmara dos Deputados. Ali, alguns grupos desejavam dobrar o Imperador e equiparar os Poderes Legislativo e Executivo. Em um segundo momento, desejavam chamar para o Poder Legislativo parte das responsabilidades políticas.

Podemos indicar duas razões para a confluência desta dissensão política. A primeira gira em torno dos "partidos políticos". Desde 1826 vinham ocorrendo articulações políticas que resultaram em grupos no interior da Câmara temporária. Estas posições se materializaram pelo surgimento dos partidos "moderado", "exaltado" e "caramuru", que depois da Abdicação de D. Pedro I deram a tônica da disputa política imperial.

Uma segunda maneira de ver a disputa diz respeito à formação de grupos de interesses estacionados nas províncias. Interesses mercantis e/ou econômicos forjavam disputas políticas específicas que minavam interesses maiores no sentido de se consolidar uma centralização política e uma efetiva hegemonia da Corte do Rio de Janeiro como centro político imperial. Sob este aspecto é preciso detectar a formação de pólos. A inserção das diversas localidades à Corte do Rio de Janeiro não se deu de forma idêntica ou na mesma proporção.

As distintas formações econômicas e políticas das províncias interferiram no interior da Câmara dos Deputados através das discussões sobre a cobrança de impostos, na captação da riqueza para saldar dívidas do poder central e nos seguidos recrutamentos militares para o Exército, que incidiam sobre o aumento ou diminuição das riquezas e das economias regionais.

Com relação à cobrança de impostos e captação das rendas para a Corte do Rio de Janeiro, deputados da Bahia, Pernambuco, Pará e Maranhão eram enfáticos em procurar diminuir a drenagem de recursos para o Rio de Janeiro. Invariavelmente estas discussões apareciam nos debates sobre o orçamento, quando os tribunos voltavam-se para o montante a ser arrecadado por cada localidade. Alegavam que existia uma sangria que empobrecia as províncias em detrimento do desejo desenfreado da Corte em gastar. Para os representantes do Norte, a situação de miserabilidade das províncias exigia que se diminuísse a carga de impostos. Outros atacavam os excessivos encargos com a guerra da Cisplatina e com o acordo efetuado com Portugal, que obrigavam o país a desembolsar valores do qual não dispunha.

Do outro lado, o grupo mais próximo do governo central e os deputados que faziam uma leitura mais ampla acerca dos encargos provinciais e de seus papéis enquanto membros participantes do Império, defendiam o princípio de que o pertencimento a este pressupunha contribuições. As divergências tomavam proporções regionalistas porque as posições externadas pelos representantes do Norte nem sempre eram bem vistas pelos deputados do Centro-Sul, que temiam arcar com o ônus econômico. Argüiam que não seria certo que as províncias mais ricas arcassem com os gastos das mais pobres. Sendo assim, o argumento da miserabilidade era substituído por aquele da proporção e renda de cada localidade. Isto freava a intenção de algumas localidades em não entrar com nenhum recurso para o caixa do governo. Argüiam os representantes do Sul, "somos uma nação e um império".

Ao tratar da centralização da receita, o governo atingia diretamente os interesses locais. Ao desorganizar a economia e a produção local os proprietários viam-se atingidos pela recente centralização do Rio de Janeiro. Tal circunstância levava a um descontentamento, uma vez que a situação de penúria econômica do governo sempre o obrigava a aumentar o controle sobre as rendas e sobre a arrecadação de impostos, fazendo recair sobre setores dantes isentos, os encargos e déficits do Estado.

Uma outra forma de expressão dos interesses locais pode ser vista pela ação de parlamentares como Lino Coutinho, de Bahia, e de representantes do Pará e Maranhão. A despeito de a província da Bahia possuir 13 representantes na Câmara dos Deputados, Lino Coutinho desempenhou um importante papel de representante dos setores mercantis e de proprietários. Isto é demonstrado pelas diversas petições trazidas por ele, seja daqueles atingidos na guerra da independência, seja as queixas dos proprietários de engenhos afetados com uma lei restritiva ao funcionamento daquela indústria, ou de proprietários com alguma pendência na alfândega da Bahia.

**A crise política entre a Câmara dos Deputados e o Imperador: as condições objetivas para a consolidação do Poder Legislativo como órgão de hegemonia**

Talvez nenhum período histórico brasileiro tenha sido tão conturbado quanto a transição do Primeiro Reinado para a Regência. Naquele momento, os Poderes Executivo e Legislativo disputaram o poder político para ver quem teria a proeminência política sobre o outro poder e sobre o poder político do Estado.

Desde a instalação da Assembléia Geral, em 1823, parte dos deputados da Assembléia Constituinte propunha a limitação do poder do Imperador – o que seria possível se o veto régio fosse revogado. O acirramento entre as partes cresceu no decorrer dos trabalhos constituintes, especialmente depois que os deputados lançaram dúvidas sobre a ida do Marquês de Barbacena para Londres. A relação entre a Assembléia e o Imperador ficou insustentável.

A situação tornou-se cada vez mais tensa sobretudo depois que os irmãos Andradas foram defenestrados do poder – fato coincidente com as primeiras votações do Projeto de Constituição. As saídas de José Bonifácio e de Martin Francisco abriram caminho para a crítica ao elemento português, que teria na petição de David Pamplona Corte Real seu ponto alto. A tensão só teria desfecho com o fechamento da Assembléia Geral.

Logo em seguida, o Imperador prometeria uma Constituição mais liberal do que o projeto proposto anteriormente. Logo a seguir, foi oferecida uma Carta Outorgada que, dentre outros pontos, institucionalizava o Poder Moderador (imbuído de autoridade para vetar quaisquer projetos oriundos do Legislativo), e criava um sistema eleitoral dividindo a população entre votantes ativos e passivos. Destaca-se que a mesma Constituição Outorgada garantia o direito de petição, queixa e representação dos cidadãos – item omitido no projeto apresentado na Assembléia Geral.

Entre a reabertura do Parlamento (1826) e o desfecho final do Primeiro Reinado, em 7 de abril de 1831, a Câmara dos Deputados criou graves problemas ao governo. A começar pela repercussão negativa ao Tratado de Paz e Amizade, firmado com Portugal para o reconhecimento da Independência Brasileira, e os impasses decorrentes da guerra da Cisplatina (Pereira, 2007).

No primeiro caso, os deputados reclamavam que a Câmara não tinha sido consultada a respeito do tratado. Em relação à questão na região Meridional, os deputados expressavam seu descontentamento com a falta de informações e com as desastrosas táticas militares que cada vez mais consumiam verbas e levavam a perdas irreversíveis.

Abria-se, então, o debate sobre os rumos políticos da nação que se forjava. Os deputados – ou parte da oposição – objetivavam ter direito à voz ativa nas negociações que efetivamente eram importantes para o Brasil, como o direito de fazer tratados. Uma das maneiras encontradas para atingir ao Imperador e estabelecer o controle do Executivo se manifestou durante a votação do orçamento, em 1827. Na ocasião, os deputados procederam à minuciosa tática de enfrentamento, resultando em confronto aberto entre partidários do Imperador – liderados por Clemente Pereira e Teixeira de Gouvêa – e de enérgicos opositores à Coroa, como Bernardo Pereira de Vasconcelos e Lino Coutinho.

Em 1829, a vida do Império ficaria mais difícil. Depois de uma série de erros políticos no Norte do Império, inclusive com a suspensão dos direitos individuais em Pernambuco e províncias vizinhas, adicionada à uma maciça troca de presidentes de províncias - que objetivava a vitória nas eleições para o novo Parlamento -, o governo viu seus intentos frustrados. O que se notou foi o retorno de antigos desafetos de D. Pedro I, tais como Henriques de Rezende, Gervásio Pires Ferreira e José de Alencar. Além disso, políticos que assumiriam um destacado papel político no Segundo Reinado estreavam na tribuna da Câmara dos Deputados, tais como Evaristo da Veiga, Hermeto Carneiro Leão e Antônio Pereira Rebouças, e se destacaram na oposição ao governo com a instalação da Assembléia Geral de 1830.

A popularidade do governo foi caindo e, juntamente com isto, os ministérios iam se sucedendo. Assim, enquanto a Câmara dos Deputados tivera duas legislaturas (1826-1829 e 1830 a 1833), entre 1826 e 1831 foram 6 os ministérios compostos pelo Imperador, marca indelével de que havia um claro descompasso político, que só seria solucionado no início da década de 1840.

O resultado de parte da crise política foi dado com a Abdicação. No entanto, as demandas políticas ou projeto maior da oposição ainda estavam para ser alcançados. Embora fuja aos nossos objetivos, basta dizer que o clima de instabilidade apenas alterou-se. A oposição ao Imperador Pedro I foi substituída por uma acirrada disputa em torno das reformas da Constituição, limitação do Poder Moderador...

## Petições e queixas: a construção dos direitos do cidadão

No mesmo instante que ocorria a crise política, os cidadãos acorriam ao Parlamento para apresentar reivindicações variadas. Proporcional ao imbróglio, as petições e queixas chegavam aos deputados. Havia um sentimento de que a Câmara dos Deputados revestia-se no *lócus* da soberania e os deputados procuravam tornar tal visão cada vez mais clara.

Para além de um movimento que se descortinava nas esferas superiores da sociedade, houve um bulício na "sociedade civil" que por ações diretas e revoltas procurava uma forma de reivindicar a autonomia e a liberdade. Porém, estas eram apenas formas de manifestação propagada pelos setores que não pertenciam às camadas dominantes da sociedade, uma vez que, através de petições encaminhadas ao Parlamento, pode-se observar um outro modo pelos quais os cidadãos procuravam participar da vida política do Estado.

Fruto de iniciativas voluntárias, pode-se vislumbrar as suas visões de mundo e os interesses. De certa forma, podemos dizer que o movimento deflagrado a partir da Assembléia Constituinte se constituiu em um viés do processo da construção do Estado imperial brasileiro e, principalmente, em uma outra forma de manifestação das concepções de cidadania no Primeiro Reinado.

Havia um longo caminho que, com múltiplas alternativas políticas (concorrentes, complementares ou suplementares), tensionavam cena política, produzindo enquadramentos e alianças. Embora estas alternativas nem sempre fossem dominantes ou hegemônicas, elas foram apresentadas e configuraram-se como propostas de participação.

Longe de vê-los como peças da retórica política ou expectadores passivos, os diversos setores sociais que estavam fora da sociedade política acorreram à Câmara dos Deputados e ao Senado, novas criações do sistema constitucional surgido no Brasil. Reivindicavam e desejavam participar: às vezes involuntariamente, outras com a clara intenção de alargar direito, visto que o momento de crise era profícuo para se tirar proveito de uma situação que requeria equilíbrio e negociação. Pressionava-se para que algumas alternativas se afirmassem em relação aos direitos e contra abusos do que se considerava injusto e opressor.

A nova instituição fornecia-lhes uma dimensão mais aconchegante, com uma cara e um discurso atraentes. Para tanto, o direito de petição constituía-se em um imbricamento entre o código (a Constituição e as leis ordinárias) e o cotidiano. Trazia demandas sociais, políticas e civis para a vida política parlamentar. Revelava, por outro lado, as contradições presentes em uma sociedade em transição política. Sendo assim, não se pode negligenciar o seu caráter ora transformador, ora recorrente às práticas sociais anteriores. O mecanismo peticionário das primeiras duas décadas da Independência brasileira foi constituído de ambigüidades, pois combinava valores do Antigo Regime e novos significados políticos. Corporificava as contradições da sociedade imperial brasileira. Constituía-se em uma nova prática política, relida a partir da própria tradição portuguesa.

Foi isso o que nos mostrou as historiadoras portuguesas Miriam Halpern Pereira e Benedita Duque Vieira, ao partirem das análises das Comissões de Comércio e da Comissão da Constituição das Cortes de 1820, respectivamente, revelaram pontos de convergência acerca das petições, destacando-se a importante e determinante participação dos cidadãos na vida política do período vintista português.

Halpern Pereira destacou a tensão que envolvia o corpo comercial português e as Cortes Constituintes. Distinguiu dois distintos movimentos ao longo dos trabalhos das Cortes Constituintes: um que partia das Cortes, que solicitava as opiniões do Corpo de Comerciantes sobre a economia e políticas a serem seguiras nos trabalhos constituintes. Em um segundo viés, tinha-se a apresentação espontânea de petições. Segundo a autora, a afluência de cidadãos às Cortes ocorreu antes que o Parlamento decidisse por ouvir o Corpo de Comerciantes, indicando uma espontaneidade da população, que se antecipou ao desejo do Parlamento de ouvir os setores econômicos da sociedade (Pereira, 1992, p. 21).

O resultado apresentado por Benedita Duque Vieira coincide com os apontados por Halpern Pereira, ao revelar o desejo dos cidadãos de participar da vida política. Com um foco mais alargado, Duque Vieira percebeu que o regime constitucional reforçou poderosamente o uso consagrado de uma tradição monárquica portuguesa, isto é, a exposição e recurso diretamente apresentados ao soberano pelos súditos, o que dava a dimensão de um direito institucionalizado. Para o cidadão, o direito de petição era a garantia de se obter respeito em relação a outros direitos individuais e uma caução perante os atropelos do sistema jurídico (Vieira, 1992, p. 51-52), diz-nos a autora.

Como ponto de contato, Halpern Pereira e Duque Vieira identificaram as Bases da Constituição Portuguesa como ponto de partida para a motivação de todos os setores da sociedade em querer interferir na vida pública e política. Segundo Duque Vieira, "as possibilidades oferecidas pelo direito de petição desencadearam um movimento generalizado de recurso à Assembléia Constituinte, quer dos corpos coletivos, quer de indivíduos" (Idem).

Achamos que estas análises são aplicáveis ao caso brasileiro. Consideramos, no entanto, que o movimento ocorrido em Portugal distingue-se pela sua breve extensão, no tempo uma vez que ele se expressou apenas durante o curto período de dois anos (1821-1822), enquanto o movimento brasileiro estendeu-se por mais de uma década. Enquanto Portugal se viu abalado por uma série de avanços e retrocessos, no Brasil o movimento peticionário possibilitou o amadurecimento e o desabrochar da "sociedade civil". Foi responsável pelo florescimento de movimentos mais próximos ao que conhecemos como "populares", exemplificados nas inúmeras manifestações de rua ocorridas no período que antecedeu a Abdicação do Imperador D. Pedro I e nas revoltas regenciais, bem como no período posterior ao Ato Adicional de 1834. Todos esses movimentos que contaram com a forte marca do liberalismo político e com ideário de liberdade.

Portanto em Portugal quanto no Brasil, o envio de petições ao Parlamento foi uma das principais formas de afirmação e de participação política. O Poder Legislativo constituía-se em uma "válvula de escape" para as demandas sociais da população.

### O mecanismo peticionário no Primeiro Reinado

No decorrer da vida parlamentar do Primeiro Império brasileiro, dois instrumentos legais garantiram o direito de petição ao Parlamento e ao Poder Executivo. O primeiro esteve definido nas *Bases da Constituição Portuguesa*, que permaneceu vigorando depois da cisão entre Brasil e Portugal. Esta ferramenta funcionou por ocasião da Assembléia Constituinte de 1823. Já o segundo mecanismo foi garantido através da alínea 30 do artigo 179 da Constituição de 1824, que estabelecia que todo o cidadão poderia apresentar, "por escrito, ao Poder Legislativo e ao Executivo, reclamações, queixas, ou petições". O instrumento facultava ainda o direito de expor qualquer infração da Constituição perante a competente autoridade e da efetiva responsabilidade dos infratores.

O mecanismo peticionário já fazia parte da tradição portuguesa desde tempos imemoriais. Entretanto, o período constitucional havia modificado o seu sentido, passando a funcionar como um instrumento que afirmava os direitos a partir da Lei e da Constituição política. Entretanto, os legisladores não clarificaram a definição de quem poderia peticionar, queixar-se ou reclamar.

Ao que tudo indica, a preocupação maior era em garantir ao cidadão mecanismos que possibilitassem salvaguardá-lo em relação aos abusos das autoridades. Dessa forma, ele tinha um sentido civil e político, uma vez que, ao dirigir-se às autoridades (sobretudo ao Poder Legislativo), o cidadão manifestava-se de forma a obrigar os legisladores a tomarem decisões a favor ou contra a demanda apresentada. Além disso, não estava claro se as petições deveriam ser assinadas por uma ou mais pessoas.

Ainda na primeira década da Independência brasileira não existiam definições jurídicas precisas sobre alguns pontos relacionados aos cidadãos. Assim, tanto os direitos civis quanto os pontos relacionados ao direito de representar estavam em aberto. Petições, reclamações, representações e queixas eram tanto instrumentos políticos quanto civis. Não havia uma gradação de direitos e a quem competia apresentá-los. Ao contrário, para muitos era preciso aproximar o governo do povo, de modo a garantir o direito de reclamação e de pretensão.

Entendia-se que o direito de peticionar era uma das garantias das sociedades livres, uma faculdade garantida ao cidadão. Portanto, não deveria haver uma preocupação do tribuno ou do governo em dificultar ao cidadão aquele mecanismo[1]. Neste sentido, o papel do Parlamento era acolher as reclamações e as demandas dos cidadãos, se possível criar mecanismos que lhes facilitassem.

Para os peticionários, encaminhar demandas ao Parlamento era uma garantia instituída pela Constituição. Sobressaíam concepções originais das idéias propaladas no período. O processo desencadeado a partir da instalação da Assembléia Constituinte e o que se seguiria na abertura do Parlamento, em 1826, além de representar um período singular devido à criação e funcionamento do sistema parlamentar, trouxe um movimento de participação de setores sociais junto àquela instituição.

Sob a rubrica de requerimentos, representações, queixas e petições, os cidadãos fizeram surgir um movimento de alcance significativo no que tange aos seus direitos. Assim, pode-se compreender que esse movimento representou um signo do Primeiro Reinado (Bakhtin, 1995, p. 26, 34, 41 e 46-47).

Segundo Andréa Slemian, o Parlamento revelou-se como campo central da representação política, alicerçado na concepção revolucionária de que "a lei criaria o direito e não o contrário". Ainda segundo essa historiadora, os atritos ocasionados por sua ação ficaram limitados à sua interferência perante a esfera de atuação do governo (Slemian, 2006, p. 198-200).

Se de um lado não temos porque discordar desta afirmação, por outro, pode-se acrescentar que parcela presente no interior do Poder Legislativo desejava mais do que a letra que a Lei determinava. Além disso, o Legislativo era visto pelos cidadãos como capaz de repor direitos atacados. Slemian se aproximou desta visão ao detectar que ao Legislativo "caberia indubitavelmente a palavra final sobre a normalização da ordem política", valendo-se do mecanismo da interpretação da Constituição. Este era um aspecto não menos importante observado pelos cidadãos, que passavam a formular entendimentos próprios sobre o que representaria aquele poder no seu cotidiano (Idem).

De fato as petições ao Parlamento alcançaram este patamar uma vez que elas foram contínuas ao longo da década do Primeiro Reinado. Entre a abertura da Assembléia

1 Esta argumentação foi utilizada pelo dep. Araújo Lima na Assembléia Constituinte. Cf. Diário da Assembléia Geral Constituinte e Legislativa do Império do Brasil – 1823, Sessão 17/05/1823..

Constituinte e a Abdicação de D. Pedro I, os cidadãos acorreram ao Parlamento de forma a instá-lo como uma das opções para a obtenção de direitos.

O resultado foi surgimento de uma variada gama de entendimentos elaborados por distintos grupos e ajuntamentos políticos e sociais que não necessariamente estavam na direção do Estado. Esses indivíduos se viam como membros da sociedade política e acreditavam que nela poderiam interferir. As suas visões originais sobre a soberania, a legitimidade e o pacto social (Thompson, 1998, p. 152) muitas vezes tangenciavam com a de alguns parlamentares, que acreditavam ser este um dos *lócus* centrais do poder político, concepção que freqüentemente causava tensão política e acirramento de posições no interior da Câmara dos Deputados.

As petições incidiram ou foram gerados principalmente nas fases agudas da crise. Dito de outro modo, petições e crise possuiram aspectos indissociáveis no Brasil. Vejamos o quadro abaixo, que foi produzido a partir do conjunto de informações obtidas nos *Diários da Assembléia Constituinte, Anais da Câmara dos Deputados* e *Arquivo Histórico da Câmara dos Deputados.*

**Quadro I: Evolução das petições encaminhadas à Câmara dos Deputados 1823-1832.**

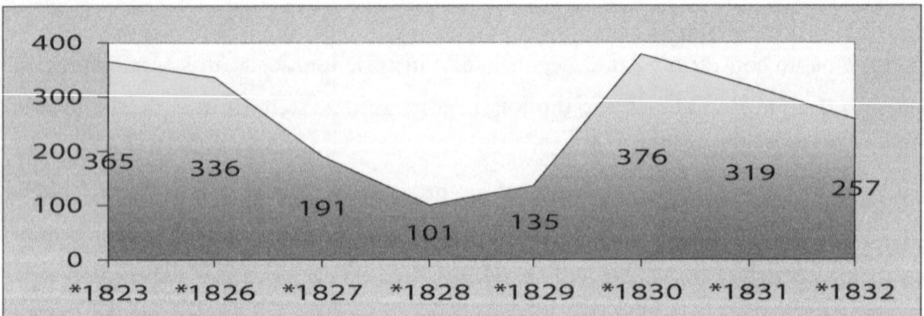


Fonte: *Diários da Assembléia Constituinte, Anais da Câmara dos Deputados 1826-1831, Arquivo Histórico da Câmara dos Deputados - Plano de Descrição e Identificação de Documentos* (PDID).

Os anos com maior número de petições na Câmara dos Deputados são aqueles períodos-chaves para a vida política. Pode-se dizer que formam ondas peticionárias (Ribeiro, 2002; Ribeiro e Pereira, 2007). A primeira onda marcou a instalação da Assembléia Constituinte. Acreditamos que este primeiro movimento foi ocasionado pela grande expectativa em relação aos trabalhos constituintes, o que corrobora os resultados obtidos por Miriam Halpern e Benedita Duque Vieira para o caso português. Todavia, enquanto as propostas lusitanas envolviam apenas sugestões constitucionais, as petições à Assembléia brasileira limitaram-se quase que exclusivamente aos problemas individuais. Situavam-se mais no campo das queixas e das reclamações. Isso vem demonstrar que o Parlamento ocupava um vazio institucional em relação à Justiça ou tornava-se um adequado instrumento para politizar o que outrora foi considerado abuso das autoridades.

O segundo período marcante na apresentação de petições foi o de 1826. O seu significado foi semelhante ao da Assembléia Constituinte. A abertura da Assembléia Geral foi cercada de expectativas uma vez que os seus trabalhos estavam previstos para se iniciarem ainda em 1824, depois da outorga da Constituição. Entretanto, os acontecimentos no Norte do Império e o receio de que os eventos se alastrassem por todo o território levaram o Imperador a postergar as eleições. Entretanto, o quadro econômico não era dos melhores depois daqueles anos. Havia a necessidade de aumento de impostos, o que poderia acirrar os ânimos regionais. Além disso, a ação desencadeada contra a Assembléia Constituinte e contra os revoltosos de 1824 causara a impopularidade do monarca.

Para o caso do Senado, este movimento não se repetiu. Tal constatação reafirma a hipótese de que a Câmara dos Deputados constituiu-se como um órgão diferente em relação à Casa Permanente. Houve um movimento regular, equilibrado e quase homogêneo das petições encaminhadas aos senadores. Por estes números, não podemos dizer que para aquela casa afluíam um contingente significativo de petições, o que pode ser explicado por sua história e perfil, uma vez que desde a sua abertura se constituiu como uma casa distante da população e com interesses voltados para os problemas maiores do Império.

## Ao "Soberano Congresso"

De fato os cidadãos viam o Poder Legislativo como um órgão especial. Muitos o tratavam como o "Soberano Congresso". A expressão foi utilizada no Brasil em similitude ao movimento português, por ocasião da instalação das Cortes Constituintes. Segundo Isabel Nobre Vargues, era uma expressão enfática e que pretendia melhor precisar a noção de que a primeira Assembléia parlamentar era (ou devia ser) o principal detentor do poder político. Assim, refletia uma secundarização do termo Cortes, já que este último evocava uma realidade passada (Vargues, 1997).

Transplantada para o Brasil, a expressão aparecia nas falas de alguns tribunos brasilienses através do jornal *Revérbero Constitucional Fluminense*. A expressão foi utilizada de forma a substituir o termo "Cortes Constituintes". Após a proclamação da Independência seu uso apareceu algumas vezes na Assembléia Constituinte de 1823. Foi o caso do discurso de apresentação do projeto sobre festividades nacionais, encaminhados pelo deputado baiano Antônio Ferreira França que se referia ao Parlamento de forma genérica.

Algumas lideranças políticas usaram o termo enfaticamente. Assim se referiam à Assembléia Constituinte como o "Soberano Congresso" os requerentes João da Rocha Pinto, Domingos Alves Branco Muniz Barreto e outros presos na Ilha das Cobras. Estes solicitaram que a petição fosse distribuída a todos os membros da casa. No conteúdo, afirmavam que se encontravam presos depois de uma devassa instalada por ordem de José Bonifácio. Pediram apoio à posição de alguns tribunos que criticavam aquele expediente[2]. Aqui a expressão "Soberano Congresso" podia ser compreendida como espaço para manifestação e de luta contra a opressão do velho sistema.

O termo também era utilizado em situações mais complexas, como depois da abertura da Assembléia Geral, em 1826. Foi o caso de José Manuel Franco e outros proprietários de secos e molhados de Recife. Cansados de serem frequentemente aliciados pelo guarda-mor da saúde daquela cidade, afirmavam os suplicantes que estavam "persuadidos de que semelhantes procedimentos não podem ser filhos da lei". Segundo os requerentes, depois de procurarem a Justiça e tribunais da província, não obtiveram uma resposta a contento. Indagavam sobre a permanência das arbitrariedades: como "se pode elevar o despotismo no meio de um Governo doce e liberal como é o constitucional"? Encaminhavam suas demandas ao "Soberano Congresso" para que o mesmo tomasse em consideração as suas súplicas, objetivando que "possam os súditos ter todos os meios de serem instruídos nas Leis porque devem dirigir suas ações".[3]

Portanto, acudir à Câmara dos Deputados passou a significar a possibilidade de respostas para os males da política e da sociedade. A câmara foi capaz de se apresentar como uma instituição blindada e preparada para dar conta das demandas políticas que afligiam a vida cotidiana. Ao menos esse parece ser o entendimento da época, que se conclui da análise das petições.

Além de "o Soberano Congresso", era comum a Assembléia Constituinte e o Parlamento (especialmente a Câmara dos Deputados) receberem outras designações. Joaquim

---

2 *Diários da Assembléia Constituinte*, sessão de 02/06/1823.

3 Petição de José Manuel Franco e demais proprietário de secos e molhados - *Arquivo Histórico da Câmara dos Deputados - Plano de Descrição e Identificação de Documentos* (PDID), 557/1826.

Bernardino de Moura encaminhou ao "sagrado asilo dos oprimidos" um pedido de amparo e proteção face ao arbítrio do Tribunal do Conselho de Justiça, "um monstro devorador, que toda a autoridade, poder e força da Constituição não pode ainda extinguir". Segundo alegava, aquele tribunal não lhe concedeu o direito de revista em um processo formulado pelo capitão Miguel de Frias Vasconcelos. Segundo Bernardino de Moura, tal expediente era tão arbitrário que colocava em risco a sua liberdade, pois ele perdia o direito de defesa[4].

O reclamante valia-se de uma argumentação que cativava alguns membros da Câmara dos Deputados. Ferrenhos críticos em relação aos tribunais e comissões militares, muitos deputados argumentavam que ele não tinha utilidade. Servia apenas para oprimir e cercear os direitos individuais através de prisões arbitrárias. A vinculação que se fazia do tribunal era que ele representava a continuação de antigas práticas jurídicas de um passado que se pretendia extirpar. O ponto central de ataque às comissões dizia respeito a suspensão do *hábeas corpus* ou a liberdade individual do cidadão[5].

Não se contentando em reclamar, ao fim da sua longa argumentação, o requerente apresentava duas proposições. A primeira que a Câmara não formulasse nenhuma lei, mas interpretasse a Constituição que outorgou ao Poder Moderador algumas atribuições, ainda utilizadas pelo Tribunal do Conselho de Justiça. Este pedido tinha como ponto central a aceleração da demanda. Se o Parlamento fosse legislar sobre o assunto, possivelmente o requerente corria o risco de ficar detido, ao passo que se houvesse uma indicação ao Poder Moderador (que tinha a prerrogativa de conceder "graça"), o pedido de vista requerido por Bernardino de Moura poderia ser concedido.

A segunda proposta era mais política uma vez que o requerente solicitou que os autos fossem encaminhados ao Legislativo. A intenção de Bernardino era que os parlamentares examinassem todo o processo para "conhecer-se a verdade de todo o exposto". Politizava a sua demanda ao entender que o Parlamento poderia fazer da sua queixa um exemplo "para que cada um se contenha nos justos limites de suas jurisdições". Dessa forma, o requerente transformava a Câmara dos Deputados em um outro tribunal, capaz de se aproximar do que era mais justo e correto.

As noções de justo e correto freqüentemente acompanhavam as designações positivas dadas ao Parlamento. Muitas demandas que mencionavam os exageros dos tribunais e das autoridades estavam repletas de expressões positivas com relação à Câmara dos

---

4 Petição de Joaquim Bernardino de Moura - *AHCD* – PDID, 832/1827.

5 *Anais da Câmara dos Deputados*, sessão de 22/05/1826.

Deputados. Na demanda do major Ricardo e de outros 24 presos, oficiais dos batalhões de linha (12 alferes, 7 capitães e 5 tenentes) da província de Pernambuco, estes argumentaram estarem presos desde setembro de 1824, nas cadeias do Rio de Janeiro, sem que as autoridades lhes atribuíssem qualquer culpa. Pediam ao "paládio da liberdade", a "soberana assembléia", que lhes restituíssem a liberdade[6].

A petição foi apresentada em um momento delicado e propício: chegava por ocasião da instalação dos trabalhos da Câmara dos Deputados. Embora houvesse uma hesitação por parte de alguns tribunos em não melindrar desde já a relação entre Legislativo e Executivo, o clima se transformava quando se tratava de questões relacionadas aos direitos individuais. Muitos tribunos exaltavam-se e, com freqüência, eram eloqüentes na defesa da Constituição e dos direitos civis. Lino Coutinho, por exemplo, era firme na idéia de que os poderes não poderiam intrometer-se uns nos outros. Entretanto, ao surgir denúncias de ataques aos direitos do cidadão, dizia ele que era "necessário que saiba todo o Brasil que esta Câmara é o sustentáculo das suas garantias, que logo que se ataque as garantias do cidadão, esta Câmaras era sempre o seu defensor"[7].

Mesmo depois da Abdicação de D. Pedro I apareciam referências positivas de requerentes em relação à Câmara dos Deputados. Demétrio Graciano de Souza Mattos, morador de Barbacena, reclamava do baixo valor da moeda que por lá circulava e do quanto tal situação impactava sobre a vida e produção da província, sobre as exportações. Pedia remédio para se evitar "os clamores populares" e que a "soberana representatividade" decretasse uma lei tornando fixa a cobrança das exportações e estabelecendo um prazo correto para os mesmos pagamentos, a fim de aliviar o sufoco daqueles que produziam aguardente e fumo[8].

"Defensores dos Direitos Públicos e individuais dos Cidadãos Brasileiros"[9], "Paládio da Liberdade", "Soberana Representatividade", "Sagrado Recinto", "Sagrado Asilo" e "Soberano Corpo Legislativo" ou "Soberano Congresso" eram nomes dados a então Assembléia Constituinte e ao Poder Legislativo no Brasil pelos requerentes e peticionários (Mello, 2001, p. 191, 196, 197 e 203). No decorrer dos anos, estas designações foram

6 Petição do Ricardo e outros presos - *Anais da Câmara dos Deputados (ACD)*, sessão de 06/06/1826.

7 *Anais da Câmara dos Deputados*, sessão de 06/06/1826.

8 Petição de Demétrio Graciano de Souza Mattos - *AHCD* - Ano: 1831, Lata: 58, Maço: 8, Pasta: 8.

9 Petição dos estudantes do Imperial Colégio de São Joaquim - *AHCD* - Ano: 1831, Lata: 58, Maço: 8, Pasta: 5.

atribuídas principalmente a Câmara dos Deputados, que soube chamar para si o desejo de centralidade no jogo político, fosse pela gestação de uma nova identidade da classe dominante que ia se formando, seja pelo processo de formação do Estado, que ganhava os primeiros contornos naquela década (Lenharo, 1993). Enfatizaram, primeiramente, uma linha de mudanças ou de transição que vinha sendo operada, desde pelo menos os primeiros anos da década de 1820. Isso indica, inclusive, uma compreensão do cidadão a partir de um clima social de otimismo quanto ao papel ativo que os indivíduos poderiam assumir. Por último, sinaliza para um novo *lócus* do poder político, que não mais se irradiava a partir de um único foco.

Ao invocar ao "Soberano Congresso" ora como árbitro, ora como irradiador de novos direitos, os cidadãos contribuíam, ainda que indiretamente, para o fortalecimento daquela instituição política. A crise política que envolveu o Imperador e o Poder Legislativo (e mesmo entre as duas casas legislativas) chegou a um tom crítico entre 1829-1831. Não por acaso, foi o momento em que as petições e requerimentos ganharam maior impulso[10].

## As novas noções de direito: os direitos do Cidadão

Se os requerentes viam o Parlamento com uma das possibilidades de recurso e de refúgio para as suas demandas, isto se deveu às transformações ocasionadas a partir da Revolução do Porto e à extrapolação da propaganda sobre a autonomia e sobre a liberdade desenvolvidas pela recém criada imprensa e pelos tribunos, que não se cansavam de propagar essas novas idéias. Estas criaram um universo de expectativas, que reforçavam o lento reconhecimento de direitos e de conflitos sociais existentes no interior daquela sociedade. Os indivíduos, diante dos conflitos políticos do Primeiro Reinado, passaram a se ver como membros efetivos de sociedade.

É claro que este entendimento encontrou resistência em boa parte dos políticos ocupantes de cadeiras no Parlamento. As concepções ali predominantes primavam pelo reconhecimento dos direitos civis, limitando os direitos políticos aos homens mais esclarecidos da sociedade. No entanto, devemos ressaltar que a resistência de parlamentares demonstrava uma tensão latente, expressam especialmente pelo temor da escravaria, dos libertos e dos grupos menos abastados em reivindicar os direitos de cidadãos. Cita-se, por exemplo, as preocupações de deputados como José da Silva Lisboa, José de Alencar e

10 Cf. o Quadro I.

Muniz Tavares por ocasião da discussão da alínea 6º do 5º artigo do projeto de Constituição, em 1823. Muniz Tavares, por exemplo, alertava para alguns discursos que poderiam incitar a escravaria contra os proprietários.

Os deputados não deixavam de ter razão. Historiadores têm mostrado o impacto do processo de Independência para as camadas inferiores da sociedade, sobretudo para os mestiços. A Independência criou um horizonte de autonomia e liberdade que os colocavam distantes dos escravos africanos, projetando alcançar uma possível liberdade. Em "O jogo duro do dois de julho", João José Reis relatou as palavras de um viajante francês que, por ocasião dos debates da Independência, lançava um alerta para a classe dominante. Segundo o anônimo, "todos os brasileiros, e sobretudo os brancos, não percebem suficientemente que é tempo de se fechar a porta dos debates políticos, às discussões parlamentares?". O viajante temia as repercussões da disseminação das idéias revolucionárias como direitos dos homens, igualdade e, principalmente, liberdade (Reis e Silva, 1997). Reis afirmou que os crioulos ansiavam por coroar seus pequenos privilégios na escravidão com a conquista final da liberdade e, oportunamente, da cidadania no Brasil independente (Idem, p. 93).

Longe de incidir apenas sobre a escravaria, os ideais de liberdade e de igualdade perante a lei também eram elementos que influenciavam brancos livres pobres e outros grupos que se encontravam fora da sociedade política. No cotidiano das discussões políticas na imprensa, no Parlamento e nas ruas, podiam avaliar as possibilidades de ampliação de seus direitos com as mudanças qualitativas do "antigo governo" para o novo sistema político que se implantava no Brasil.

Segundo Gladys Ribeiro, este desejo podia ser caracterizado como um "constitucionalismo popular". A liberdade significava a igualdade de participação enquanto "patriota" e direitos à autonomia. Segundo essa historiadora, este não foi um desejo exclusivo dos escravos. Atingia com igual força homens livres pobres, muitos deles portugueses de nascimento. O "viver sobre si" era um direito que se reportava à autonomia, que "estaria no meio do caminho entre o que entendemos hoje por direito civil e por direito político" (Ribeiro, 2007a).

Operava-se uma tomada de consciência por parte dos grupos excluídos da sociedade política. A sua evolução se expressou nomeadamente pela dicotomia entre o presente o passado. O passado era caracterizado, como "despótico", "arbitrário" e de "privilégios", ao passo que o presente era visto como o da "liberdade", da "Constituição", da "Lei", da "Justiça" e de "Direitos".

Encaminhar uma demanda para o Parlamento significava exigir uma explicação das autoridades. Abria-se a possibilidade de que o Legislativo inquirisse os responsáveis dentro do Poder Executivo. Pressionava-se para que as soluções fossem rápidas. A tomada de consciência se expressou, então, através da consciência de se ter direitos. No entanto, recorrer ao Parlamento indicava mais uma estratégia de pressão do que propriamente uma busca de solução.

O que percebemos nos requerimentos é uma ação em torno do sentido do *direito*. Não um direito comum, mas do *direito do cidadão*. "Direito de socorro" que o cidadão acreditava ter ao recorrer aos Augustos e Digníssimos Senhores Representantes da Nação. Esta foi a estratégia utilizadas por Luiz Gomes, que nos primeiros dias após a instalação da Assembléia Constituinte encaminhou uma petição para que a mesma tomasse providência em relação à sua condição. Ele dizia estar preso na cadeia pública do Rio de Janeiro desde 1821. Afirmava que as autoridades não tomaram qualquer medida para acelerar a devassa que foi aberta[11].

Para o cidadão ter direito, era garantir o acesso ao Parlamento através dos mecanismos legais estabelecidos pela Constituição, isto é, do *direito de petição*. João Antonio Calvet representou à Câmara pelo direito de petição. Queria os parlamentares declarassem nulas as sentenças proferidas contra ele[12].

Mariano Silvino e outros empregados públicos, eclesiásticos, civis e militares da Câmara do Sabará assim se expressaram ao Senado Imperial:

> Os funcionários sofreram por longos anos a pesada força do despotismo, esta que protegeu homens ignóbeis, vorazes abutres...aparece a melhor de todas as épocas, aquela da Liberdade Legal, que derramou o bálsamo consolador no coração daqueles infelizes, e porque.... pacientes sofreram antigos males na esperança de seus remediados... [grifos meus][13]

Construía-se uma divisão conceitual entre o passado e o presente. O passado era descrito como o momento onde o despotismo esmagava os homens. Segundo definição dos peticionários, as ações das autoridades tinham uma valoração negativa e opressora,

11 Petição de Luiz Gomes, *Diários da Assembléia Constituinte 1823*, sessão de 27/05/1823 e Petição de Galdino José Bezerra - *AHCD* - Ano: 1831, Lata: 59, Maço: 12, Pasta: 2.

12 Petição de João Antônio Calvet, *Diários da Assembléia Constituinte 1823*, sessão de 27/10/1823.

13 Petição de Mariano Silvino e outros funcionários da Câmara de Sabará, *Arquivo Histórico do Senado - AHS* - Ano: 1832, Caixa: 21, Maço: 03, Pasta 05.

uma vez que empregados eram descritos como "homens vorazes, cruéis e repugnantes", pois tinham a intenção de "oprimir a todos".

Em contrapartida, descrevia-se o período constitucional como uma época de "liberdade legal", um "bálsamo consolador", que surgiu para "aliviar os corações dos infelizes". O recurso apresentado mostra ainda a resignação do cidadão, que mesmo diante do peso opressor do poder, aguardava pacientemente pelo momento em que a liberdade iria surgir. Portanto, constrói-se uma noção de legalidade e de respeito à lei e à ordem, ainda que esta cause flagelos e opressões.

No momento posterior à Abdicação, o clima de euforia e de expectativas motivou muitos deputados a acreditar que estava em curso um processo de libertação da nação. Operava-se uma revolução por parte dos brasileiros contra o domínio das atitudes ímpias do então Imperador Pedro I. Era sob estas expectativas de transformações, de liberdade e de direitos que Joaquim Pinto e Nicolau José Marques, residentes na Corte do Rio de Janeiro peticionaram à Câmara dos Deputados, em 1831.

> A vista da razão que lhes assiste, porém tudo lhes tem sido infrutífero, porque só encontraram o reinante despotismo, e a inventada arbitrariedade daquele tempo, agora porém, que os representantes em vista os multiplicados exemplos com que esta Augusta e Digníssima Câmara tem decidido matérias do país...[grifo meu][14]

O trecho acima revela a acurada análise política do processo político de transição que se delineava a partir de 1831. Os requerentes apresentaram uma distinção entre o passado recente e o presente, que prometia novos comportamentos com relação aos direitos do cidadão.

Os cidadãos faziam um tipo de discurso coerente com a realidade. Dito de outro modo, estamos afirmando que sempre existia uma avaliação do quadro político por parte dos requerentes. Setores da sociedade mostravam-se conscientes sobre o que representava a transição política após o 7 de abril.

Foi desta forma que os moradores do curato de Barra Mansa se expressaram. Em petição carregada de termos como "justo", "direito" e "constitucional", diziam-se desejosos de verem a sua localidade se elevar a vila. Colocavam-se como co-autores na luta contra a opressão absolutista e afirmaram terem coadjuvado na "gloriosa Restauração da

---

14 Petição de Joaquim Pinto e Nicolau José Marques – *AHCD* - Ano: 1831, Lata: 69A, Maço: 45, Pasta: 2.

Liberdade no sempre memorável dia Sete de Abril"[15]. Procuraram atrair os tribunos demonstrando as suas filiações, pois se diziam "assinantes de periódicos liberais". Estas eram alegações argutas em momento que exigia argumentos pertinentes às transformações políticas pelas quais passava o Império.

O binômio direito do cidadão-direito de petição caminharam juntos e revelaram uma disposição do cidadão em se reconhecer como indivíduo possuidor de direitos. É diante desse binômio e na consciência do tempo vivido[16] que podemos afirmar que o movimento peticionário da primeira década da independência brasileira representou uma diferenciação com relação às reivindicações do Antigo Regime.

Era diante do reconhecimento de direitos enquanto cidadão, e feito por meio de petições ao Parlamento, que deixou de ser Cortes consultivas para se tornar o "Soberano Congresso". Isso revela um salto qualitativo em relação ao tempo passado. Nunca é demais lembrar que consideramos ser este momento de transição, portanto, havia uma interpenetração de valores antigos com valores novos.

Os direitos que se expressam através da lei, isto é, na igualdade perante a lei. A Lei, "será igual para todos, quer proteja, quer castigue, e recompensará em proporção dos merecimentos de cada um", dizia o inciso 14 do Art. 179 da Constituição do Império. E esta era a arma do cidadão que também se valia do inciso 30 do citado artigo: "Todo o cidadão poderá apresentar por escrito ao Poder Legislativo e ao Executivo reclamações, queixas, ou petições, e até expor qualquer infração da Constituição"[17].

Era com base na igualdade perante a lei que reivindicavam os Oficiais da província da Bahia, em 1831. Segundo eles, "a igualdade civil é a base de toda a administração". E completavam: "a força não é[era] precisa onde reina[va] a justiça e a igualdade"[18].

Muitas vezes, o direito igual para todos assegurados pela Lei podia ganhar um tom retórico. Ainda mais se viesse daqueles que tinham acesso ao Ministério. Esse foi o caso do Barão do Rio da Prata que representou ao Senado argumentando que "todo o cidadão poderá[ria] apresentar por escrito ao Poder Legislativo, e ao Executivo reclamação, queixas, ou petições, diz o §30 do Art. 179 da Constituição do Império".

---

15 Petição dos Habitantes do Curato de São Sebastião de Barra Mansa – *AHS* – Ano: 1832, Caixa: 24, Maço: 04, Pasta 07.

16 A noção de tempo vivido é tomada de *Carlos Guilherme Mota. Cf. MOTA, Carlos Guilherme. Nordeste 1817. Estrutura e argumentos*. São Paulo: Perspectiva, 1972, p. 71.

17 *Constituição do Império do Brasil de 1824*. Art.179, inciso XXX.

18 Petição dos Oficiais da província da Bahia, *AHCD*, Ano: 1831, Lata: 69B, Maço: 46, Pasta: 1.

As alegações iniciais apresentadas pelo Barão do Rio da Prata contrariavam as exposições de Pimenta Bueno sobre o direito de petição, ao qual nos referimos anteriormente. Segundo argüiu Rodrigo Pinto Guedes, a Lei não determinava limite e implicitamente garantia que "qualquer cidadão possa fazer uso desta sua faculdade[direito de petição]". O Barão queixava-se do corte efetuado pelo orçamento de 1830, que lhe tirou grande parte dos seus rendimentos. No seu entendimento, a medida adotada pelo governo era uma "violação, que nele se lhe tem feito". Diferente dos demais reclamantes, Pinto Guedes via os seus rendimentos não como um direito, mas como uma propriedade. Pedia que o Senado tomasse medidas que garantissem que " a propriedade se mantenha[vesse] em toda a sua plenitude"[19].

Várias foram as petições que acusavam juízes, tribunais, funcionários e outros cidadãos de praticarem o "antigo despotismo", que permanentemente distanciavam os cidadãos dos seus reais direitos. Para designar a permanência de antigas práticas políticas, às vezes os cidadãos buscavam símbolos anteriores a Independência. Para descrever práticas que permaneciam depois da Independência, José Barros Bernardes lembrava "o Antigo Governo, onde era chefe o intendente da polícia Paulo Fernandes". Segundo, a emancipação não atemorizava antigos funcionários, que não temiam as ações "desta Augusta Assembléia" que tentava frear as barbaridades e as arbitrariedades das autoridades[20]. Barro Bernardes valeu-se de um dos mais simbólicos personagens do período joanino no Brasil: Paulo Fernandes Viana, que foi intendente da policia do Rio de Janeiro em todo o período de permanência de D. João VI no Brasil. As suas ações de controle eram conhecidas pela dura repressão contra vadios e pobres da Corte.

Haveria, então, um distanciamento entre a letra da Lei e o mundo real. Só ocorriam petições de ordem civil e abuso de autoridade, por exemplo, quando o cidadão, reconhecendo um direito, via-se invadido ou atacado. Era o distanciamento da letra da Lei ou a percepção do seu distanciamentoque dava origem as demandas.

### Petições e estratégias políticas

Se o cenário político era de crise, esta favorecia o confronto dos cidadãos poderes políticos do Estado. De certa forma, colidir com os interesses do Executivo e do

19 Petição do Barão do Rio da Prata - *AHS* - Ano: 1830, Caixa: 16, Maço: 03, Pasta: 16

20 Petição de José de Barros Bernardes – *AHCD* - Ano: 1830, Lata: 44, Maço: 6, Pasta: 2.

Legislativo poderia ser uma estratégia importante para se obter algum ganho, ainda que mínimos. Da mesma maneira, podemos enxergar no recebimento das petições e queixas dos cidadãos uma forma de a Câmara dos Deputados se tornar um órgão central no que se referia a soberania.

Vê-se aí um duplo papel que cumpria o movimento peticionário. Da mesma maneira, Hendrik Kraay argumentou que para o caso dos alistamentos militares na guerra de Independência de 1822-23 que cada participante tirava benefícios significativos do processo político, podendo-se concluir que a determinação da positividade ou negatividade do evento era dada pela forma com que enxergamos as questões em jogo (Kraay, 1999).

Não é de se estranhar, por exemplo, que o cidadão encaminhasse à Câmara dos Deputados demandas relacionadas à Justiça, ainda que aquele espaço não fosse o lugar determinado pela legislação para tal questão. O Parlamento muitas vezes assumia ser um espaço de polêmica que poderia jogar a favor do requerente, ainda mais se a questão fosse precedida por acirrados debates políticos mais abrangentes. Nesta conta, entrava também uma compreensão popular acerca da soberania do Poder Legislativo. Segundo se pode concluir, ao encaminhar para a Assembléia pedidos, os individuos tinham um entendimento de que aquela instituição estava acima do Poder Judiciário, faça a sua a medida que poderia, face a sua instalação, agraciar os cidadãos com a liberdade.

Foi o que fez Antônio José da Fonseca e outros 30 encarcerados da Ilhas das Cobras apresentavam um requerimento ao Parlamento para que a Assembléia averiguasse os motivos das suas detenções já que, como argüiam, sobre eles não pesavam nenhuma acusação[21]. Naquela mesma ocasião, Agostinho José Coelho de Almeida, João Antônio de Bastos e outros presos na cadeia da Corte também requeriam aos tribunos as suas pretensões de se verem livres. Reconheciam, no entanto, que sobre eles pesavam algumas acusações, e não esconderam que a abertura do Parlamento tinha criado uma expectativa quanto ao fim dos processos e a declaração das suas liberdades[22].

---

21 Petição de Antônio José da Fonseca e outros presos - *Diários da Assembléia Constituinte de 1823*, sessão de 17/06/1823.

22 Petição de Agostinho José Coelho de Almeida, João Antônio de Bastos, Jacinto José Francisco, Manoel Antônio de Oliveira e Souza, José Plácido Bitencourt, Thomaz da Silva Alves e Manoel José Rodrigues Guimarães - *Diário da Assembléia Geral Constituinte e Legislativa do Império do Brasil – 1823*, sessão de 16/05/1823.

O objetivo dos requerentes era garantir a liberdade. Utilizavam argumentos que poderiam sensibilizar a Assembléia, de tal modo que esta lhe desse atenção e pudesse pedir providências ao Governo. É importante destacar que no interior do Parlamento havia uma linha de pensamento que defendia o princípio de que a Assembléia tinha plenos poderes para interferir em todos os assuntos. Logo, tratava-se de uma tensão que tinha um aspecto interno à Assembléia e outro potencializado, a partir de fora, pelos cidadãos. Somente partindo desta tensão podemos compreender que as petições encontravam terreno fértil e promissor.

Um segundo aspecto reforçava a ação dos peticionários: o espírito constitucionalista dos parlamentares. Estes levavam à risca o espírito das Bases da Constituição Portuguesa. No seu artigo 3º, as *Bases* garantiam a segurança pessoal, que deveria ser conservada pelo governo mediante os direitos pessoais. Já o artigo 4º estabelecia que nenhum indivíduo deveria jamais ser preso sem culpa formada[23]. Tal dispositivo era uma clara manifestação a favor das liberdades individuais e da segurança do cidadão face ao exercício do poder pelas autoridades.

A disseminação das idéias revolucionárias portuense, ao clima de euforia transmitido pelos jornais, consolidados pela coroação do Imperador e com a abertura dos trabalhos constituintes, motivaram diversos cidadãos a encaminhar as suas demandas ao Parlamento. Via-se a abertura da Assembléia Constituinte como uma ocasião especial e, aparentemente, de menor conflito, que abria caminho para reivindicar direito ou benefícios que lhes trouxessem a liberdade.

Portanto, para muitos presos oriundos do Norte do Império, que tinham vivas lembranças das duras conseqüências da repressão ao movimento de 1817, a anistia solicitada à Assembléia representava a possibilidade de desfechos menos fatais para suas vidas. As reclamações mais comuns relacionavam-se à desatenção dos outros poderes e das autoridades. Expondo os seus dramas pessoais, discursavam acerca das arbitrariedades do passado e apelavam para a benignidade dos deputados, o que julgavam angariar resultados. Essa parece ter sido, por exemplo, a direção adotada no argumento do Padre Bernardo José Viegas, oriundo de Pernambuco, que aludia estar preso na Fortaleza da Ilha das Cobras por determinação do magistrado ajudante do Intendente da Polícia. Dizia achar-se detido desde o dia 5 de janeiro de 1823, sem que as autoridades apresentassem qualquer acusação. Finalizava afirmando que embora tivesse enviado representações às mais diversas autoridades do Poder Judiciário

---

23 *Bases da Constituição Portuguesa de 1821,* Art. 3º e 4º.

e Executivo, nenhuma delas lhe deu solução ou remédio. Em uma argumentação idêntica aos requerentes anteriores citados, argüia que somente a Assembléia poderia propor o "remédio para os males que o afligia"[24]. Em uma clara argumentação de que a Assembléia tinha soberanos poderes para intervir nos assuntos da Justiça, o padre Bernardo pedia que os parlamentares se posicionassem sobre a ausência de juiz ou autoridade que pudesse diminuir os sofrimentos do cidadão[25]. Como já foi afirmado anteriormente, este tipo de discurso encontrava um terreno fértil no interior do Legislativo, já que parlamentares alinhados com uma idéia democrática acreditavam que a Assembléia em tudo poderia intervir, pois tinha plenos poderes dados pela nação para restituir a liberdade dos cidadãos.

Não era por acaso, então, que as argumentações apresentadas pelos cidadãos incidiam precisamente sobre a falta de culpa formada. Tanto as Bases da Constituição reforçavam este pensamento, quanto a disposição de grupos mais radicais potencializavam o debate acerca do cerceamento da liberdade. E esta era uma posição que reiteradamente setores no interior da Assembléia Constituinte assumiam. Em face da argumentação de prisão sem culpa formada, os parlamentares sensibilizavam-se e logo se prontificavam a exigir informações do governo.

Da mesma maneira, existia um sentimento no interior da Câmara dos Deputados de que esta deveria atentar para as desigualdades sociais e para o abandono dos mais pobres face outros cidadãos mais poderosos. Encontramos indivíduos que estavam atentos aos discursos parlamentares e que se dirigiram ao Parlamento com o intuito de ver sanada a sua queixa, reclamação ou pedido. De certo modo, essa possibilidade significava a tentativa de um reequilíbrio das diferenças entre os poderosos e os fracos. Foi o caso, por exemplo, de Maria Rosa de Araújo, viúva de Constantino Ribeiro e filha natural do falecido cirurgião Manoel de Macedo. Reclamava que a partir da morte do seu esposo decidiu tomar posse do que tinha para cuidar dos filhos pequenos. Entretanto, entrou em conflito com Domingos Gonçalves Moreira, "homem muito abastado", que demandava contra a requerente por entender que tinha direito à herança do falecido marido. Nas alegações de Maria Rosa, o suplicado era um conhecido e eminente morador da vila de Santo Antônio de Sá, que pela sua fortuna podia demandar com a suplicante e vencer pela influência. Assim, não satisfeito com o primeiro resultado

---

24 Petição de Padre Bernardo José Viegas - *Diários da Assembléia Constituinte de 1823*, sessão de 07/07/1823.

25 Idem.

que lhe foi desfavorável, o suplicado recorreu ao então Tribunal da Relação da Corte, "aonde com seu dinheiro e empenho pode conseguir a reformar-se aquela sentença do que a suplicante pela sua indigência e estado de pobreza".

Ciente da idéia que a Câmara dos Deputados tinha com relação às diferenças sociais e injustiças, a requerente lançou mãos disso para angariar as simpatias do Parlamento. Afirmava que não pode interpor recurso pela sua miséria, acrescentando não acreditar que teria a mesma sorte da primeira instância, porque "Naquela época só reinava quem mais tem mais vale e quem não tem morria como o carrapato na lama" [grifo meu][26].

Pode-se concluir dos argumentos da requerente que as condições de acesso ao Judiciário tornavam a Lei desigual, uma vez que para se requerer às instâncias superiores era preciso meios financeiros. Além disso, Maria Rosa acusava este poder de valorizar os cidadãos pelas suas posses. Neste aspecto, a sua petição pretendia induzir os parlamentares a perceberem o quanto ela foi injustiçada por ser pobre. Por outro lado, acreditava que o novo sistema adotado pelo Brasil viria corrigir as discrepâncias entre os cidadãos. O tratamento dispensado aos cidadãos deveria ser não pelas suas condições sociais, mas pelos talentos e virtudes.

Por novo sistema deve-se entender o papel que a Constituição viria a cumprir em face do cidadão e, sobretudo para os parlamentares, na centralidade do Poder Legislativo enquanto órgão que deveria resguardar as liberdades individuais, o que recaia indiretamente no papel a ser cumprido pelo Parlamento. Soma-se com a pouca definição de papéis a serem cumpridos pelas instituições, Câmara dos Deputados, Senado, Justiça e Poder Executivo, o que resultava em muitas confusões políticas. Tal questão permitia o Parlamento arvorar-se no direito de intrometer-se em assuntos alheios. Desta maneira, as ações da Assembléia e da futura Câmara dos Deputados ajudavam na disseminação da imagem que seria afeita às questões que lhes eram apresentadas pelos cidadãos.

Essas atitudes garantiram ao Parlamento a fama de ser uma instituição que se não resolvia os problemas dos cidadãos, ao menos lhes dariam um destino melhor do que o até então alcançado. Do mesmo modo, fazia com que houvesse um fortalecimento do Legislativo do ponto de vista hegemônico, como indicamos anteriormente.

Dizer isso remete-nos ao significado do Parlamento como um espaço de soberania da nação, ou seja, a sua materialização enquanto órgão que representava interesses

---

26 Petição de Maria Rosa de Araújo – *AHCD* – Ano: 1831, Lata: 69A, Maço: 44, Pasta: 6.

não apenas das chamadas "classes dominantes", mas de outros grupos sociais que estavam fora da sociedade política.

Fazer esta assertiva de forma alguma significa dizer que não haveria uma movimentação por parte dos parlamentares para afirmar o Poder Legislativo em oposição ao Poder Executivo. Pelo contrário, percebe-se uma relação de mão dupla: de um lado havia o cidadão que procurava afirmar os seus direitos; de outro, a tentativa de setores parlamentares de tornar o Poder Legislativo o órgão da representação nacional. Isto quer dizer que setores parlamentares valiam-se das petições e queixas dos cidadãos para fazerem-se hegemônicos na cena política. Na disputa contra o Imperador, acatar reclamação e representação significava tornar-se órgão da opinião pública, isto é, espaço de reconhecimento, por parte dos cidadãos, em detrimento da representação de D. Pedro I.

Para muitos membros do Parlamento, o mecanismo peticionário abria a possibilidade do fortalecimento do Legislativo enquanto órgão que representava a nação. Esta era uma forma de rivalizar com o mote da soberania nacional, centrado na figura do Imperador D. Pedro I. As petições criavam um canal para a construção de uma nova legitimidade. Para o Legislativo eram enviadas um grande quantitativo de representações de cidadãos que poderiam, em um futuro não tão distante, legitimar aquela instituição como um poder capaz de restabelecer e consolidar o sistema monárquico representativo.

É claro que tanto do lado dos cidadãos quanto do lado dos parlamentares não se tratava apenas de uma análise maniqueísta ou casuística. Ao contrário, baseava-se em uma compreensão política sobre o papel do cidadão naquela sociedade. Nada mais natural do que diante do objetivo de construção da hegemonia política, fazer do Parlamento um órgão soberano, *lócus* para a recepção de demandas políticas. Por parte dos deputados construía-se a imagem da Câmara dos Deputados como a "casa do povo" e a chave do sistema político imperial, a despeito do Poder Moderador.

A retórica da liberdade era evocada a todo momento, e passou a fazer parte do vocabulário tanto dos parlamentares quanto dos peticionários. Conforme já dissemos, ela sensibilizava tanto os representantes da nação, como ganhava significados distintos para os cidadãos. Assim, para muitos requerentes o Parlamento tornava-se uma possibilidade de conquistar direitos. Para outros, um meio de ampliar ou alargar conquistas anteriores. Já no interior do Parlamento, sobretudo da Câmara dos Deputados, havia uma discussão quase sem fim acerca da liberdade de imprensa, do direito de o Parlamento intervir nas questões da guerra, nos tratados e no orçamento...

Portanto era, em meio a uma ferrenha disputa em torno do poder político que as petições chegavam ao Parlamento. Em vários momentos, estes requerimentos eram mais importantes por suas arengas políticas do que pelo seu conteúdo propriamente dito.

As primeiras petições a repercutirem na Assembléia Constituinte, por exemplo, tinham um claro objetivo de politizar o debate político. Com a instalação da Assembléia Constituinte, em 1823, este foi um dos principais intentos a serem alcançados com a representação de Pedro José da Costa Barros, deputado eleito pelo Ceará, que se encontrava preso na cadeia da Corte[27]. O requerente alegava desconhecer as acusações que pesavam contra ele.

Embora conhecedor de que foi uma das mais atuantes figura do período de transição na sua província, Barros procurava levar para o Parlamento a sua questão, primeiro para garantir a sua posse enquanto constituinte, depois para obrigar o grupo que estava no poder, neste caso José Bonifácio e seus irmãos, a posicionarem-se.

Pendências e reclamações de cidadãos comuns vieram no rastro deixado pela petição do Dep. Costa Barros. Foi o caso de Antônio José da Fonseca e mais 30 outros prisioneiros. Alegavam que a instalação da Assembléia era um momento adequado para que fossem declarados livres. Por fim, demonstrando reconhecer o que se passava nos debates no interior da Assembléia, e o que poderiam conseguir no Parlamento, diziam pedir o que outros presos já tinham feito[28]. Esta petição abriu caminho para que outros cidadãos, em sua maioria militares, apresentassem demandas pela anistia. Majoritariamente, eram homens encarcerados na Ilha das Cobras, que estavam desencadeando uma campanha de pressão política junto aos deputados para obterem a liberdade. Aproveitavam o momento de congraçamento e de harmonia para sensibilizar os tribunos.

As pressões resultaram em alguns encaminhamentos práticos. Em 3 de julho de 1823, o deputado Carneiro da Cunha apresentou uma indicação para que o governo desse pronto encaminhamento ao julgamento dos presos da Ilha das Cobras[29]. Sua indicação foi corroborada pelo deputado Antônio Ferreira França (BA), que argumentava ser uma das tarefas da Assembléia "zelar pela salvação pública do Estado". Ainda

---

27 Requerimento de Pedro José da Costa Barros, *Diários da Assembléia Constituinte de 1823*, sessão, 10/05/1823.

28 *Diários da Assembléia Constituinte de 1823*, sessão de 17/06/1823.

29 *Diários da Assembléia Constituinte de 1823*, sessão de 03/07/1823.

segundo ele, cabia à Assembléia socorrer à opressão, que sob a cor da justiça se faz a uma porção de cidadãos".

Porém, a resistência de setores mais próximos do governo acirrou os ânimos. As alegações da oposição eram contundentes e diziam respeito à incapacidade do governo. Segundo argumentou o deputado Antônio Ferreira França, as determinações do governo se opunham ao Alvará de 5 de março de 1790, que proibia a incomunicabilidade de um preso por mais de 5 dias, apenas garantindo a sua prorrogação por mais 5 dias. Já a posição dos governistas era de que aquilo que os requerentes escreviam não era pertinente e que não havia incomunicabilidade.

Ao longo do Primeiro Reinado muitas outras petições tornaram-se pontos de debate, entremeando discussões políticas e rivalidades. Uma petição emblemática foi a de Cândida Joaquina de Jesus, que foi apresentada nas sessões iniciais da Câmara dos Deputados, em 1826, e alvoroçou os debates internos.

Segundo constava do parecer apresentado pela Comissão de Justiça Civil, a queixosa teria sido condenada a 5 anos de degredo em Paranaguá. Entretanto, argumentava que as autoridades não respeitaram o prazo legal de 10 dias para que a mesma interpusesse recurso de apelação da sentença e aludia ainda à sua menoridade e as possibilidades de o juiz conceder tal recurso.

Segundo a comissão encarregada do parecer, isto teria acontecido, "apesar de o haver representado às autoridades, a quem competia o fazer-lhe justiça. E como a esta se lhe faltasse", entendia que caberia a Câmara haver "por bem de prestar à suplicante os socorros de que se faz digna"[30].

A petição da requerente abriu um franco debate, que não girava apenas em torno da questão específica da requerente, mas tinha um pano de fundo muito maior e estrategicamente mais político. Simultaneamente, na sessão de 11 de maio o deputado Manoel José de Albuquerque (CE) fez a denúncia de que 553 soldados haviam morrido por doença contagiosa em um navio que os transportava para a Corte do Rio de Janeiro. O acontecido causou um mal estar entre os deputados e provocou uma acirrada discussão acerca da responsabilização das autoridades.

A petição da requerente veio acrescer os argumentos de deputados como Custódio Dias e Bernardo Pereira de Vasconcelos, que defendiam a necessidade da Lei de Responsabilidade dos Ministros[31], isto é, uma questão política de maior envergadura que,

30 Requerimento de Cândida Joaquina de Jesus. *Anais da Câmara dos Deputados*, sessão de 20/05/1826.

31 *Anais da Câmara dos Deputados*, sessão de 11/05/1826.

fundada no clamor de populares que viam-se oprimidos, fortalecia o pleito das lideranças da oposição. Portanto, as petições se tornavam peças políticas para o confronto, que se iniciou com o debate sobre os soldados mortos no Ceará e a necessidade de se conter os desmandos das autoridades.

O fato é que ao longo da vida parlamentar do Primeiro Reinado, as petições tornaram-se peças políticas para o posicionamento dos grupos no interior da Câmara dos Deputados. Era um poderoso instrumento para colocar o Imperador e o governo em uma posição defensiva. Como nas antigas Cortes portuguesas, os parlamentares na década de 1820 utilizavam o clamor popular para revitalizar a instituição colocando-a em um patamar de representação política inquestionável, uma vez que esta era reconhecida pelo povo como o *lócus* para a representação e para a petição.

## Conclusão

Segundo o senador José da Cunha Lustosa, "Roma não se fez num dia, é necessário marcharmos com passos vagarosos para serem seguros"[32]. Esta frase do Visconde de Paranaguá foi proferida por ocasião do debate do projeto sobre marinhagem. Aparentemente secundário, dentre aqueles que estavam na pauta política, o debate revelava profundo cisma entre os tribunos acerca do direito de propriedade e da escravidão.

As palavras do senador também sintetizavam os primeiros passos políticos do recém fundado Império do Brasil e a obra de construção de um tipo exótico de Estado na América. Muitos políticos acreditavam que o Brasil estava na sua infância, sendo preciso caminhar com mais vagar nas ações de reforma do Estado. Para alguns, os cidadãos encontravam-se despreparados para a vida política liberal. Para outros, a substituição da estrutura portuguesa deveria ser efetuada com serenidade, sob o risco de se criar um movimento revolucionário a ser desencadeado pelos cativos.

As primeiras medidas para a construção do Estado imperial foram partes da obra política do Primeiro Reinado. A criação dos juizados de paz, do Supremo Tribunal de Justiça, da Guarda Nacional e o Código Criminal são elementos da legislação que sobreviveriam à onda de reformas encaminhadas pelos liberais a partir de 1834. Enquan-

---

32 Discussão do projeto de marinhagem. O tema central do debate na sessão eram as penas que recairiam sobre um capitão que sonegasse informação sobre o número de cativos na sua embarcação. Pelo projeto, o capitão perderia todos os escravos não declarados. Polemizou-se sobre direito de propriedade, desviando-se para a questão da possibilidade de um do escravo ser livre. *Anais do Senado*, sessão 29/07/1826 e 03/08/1826.

to muitas propostas oriundas dos reformistas não resistiriam à década de 1830, a maior parte das medidas legislativas da década de 1820 sustentaria o sistema monárquico, que duraria até 1889.

O Primeiro Reinado foi pródigo em reformar a antiga legislação portuguesa. Removeram-se instituições ligadas ao Antigo Regime, como as Mesas da Consciência e Ordem, a Mesa do Desembargo do Paço, a Fisicatura-Mor, a Intendência da Polícia e tantos outros órgãos extintos na primeira legislatura da Assembléia Geral. Além disso, novas atribuições foram dadas às Câmaras Municipais, além da criação de uma estrutura intermediária entre os poderes locais e os nacionais, que foi a criação dos conselhos de província. Sob este ponto de vista, de forma alguma podemos pensar o Primeiro Reinado como um período intermediário entre a declaração da Independência e a "verdadeira liberdade nacional" (Saes, 1985), que teria se dado no 7 de abril com a Abdicação de D. Pedro I. Esta última data era tida por muitos como uma revolução.

Setores liberais "exaltados" e "moderados" pretendiam suplantar todos os resquícios que lembravam a rápida passagem de D. Pedro I como reinante brasileiro. No entanto, suas pretensões também levaram para o esquecimento todas as medidas tomadas no sentido de se erg uer as primeiras instituições liberais. Uma das marcas indeléveis daquele período foi mais o lado conflituoso do que o propositivo. A historiografia, muitas vezes, enfatizou o primeiro, relegando ao segundo uma pequena citação. Mesmo porque, era pelo lado da dissensão que se podia perceber as ações dos principais atores da trama política vivida em um curto período de nove anos.

Indicamos que, tanto na política em geral quanto no desenvolvimento do que denominamos direitos do cidadão, houve dois grandes momentos de inflexão. Um primeiro determinado pelo embate político na Assembléia Constituinte – que tinha como traço marcante a discussão sobre a soberania e os poderes políticos do Estado –, resultando no fechamento desta. Naquele momento, primou-se pela elaboração das feições gerais do aparato político ou da "liberdade nacional", em detrimento da definição de quem seriam os partícipes da vida política imperial, seus direitos e suas prerrogativas.

No segundo momento, assistiu-se a uma crescente luta política envolvendo os partidários do Imperador e uma ferrenha oposição oriunda dos mais diversos pontos do Império, que encontraram na Corte do Rio de Janeiro um espaço de sociabilidade e de junção de interesses para consolidar-se como alternativa de poder.

A partir do pólo representado pela Corte, iniciou-se uma acirrada luta política para que a Câmara dos Deputados se tornasse o principal órgão da política nacional.

No entanto, era preciso construir um discurso que desse visibilidade e feição ao projeto em curso.

Surgia um movimento de ampla defesa dos direitos individuais dos cidadãos. Duras críticas eram feitas contra as ações do governo no período que se seguiu ao fechamento da Assembléia Constituinte. Além disso, houve um permanente acompanhamento dos passos das autoridades no desenrolar dos acontecimentos entre 1827 e 1831, pautando-se pela denúncia de arbitrariedades cometidas contra o cidadão e tudo que simbolizasse perseguições, prisões arbitrárias, cerceamento de direitos...

A crise no Primeiro Reinado tinha um *lócus* bem definido: o governo. Se compararmos o tempo de duração dos gabinetes ministeriais e as duas primeiras legislaturas veremos que, entre 1826 e 1831, enquanto o primeiro foi trocado seis vezes, a Câmara dos Deputados - sob o peso da prerrogativa de dissolução que cabia ao Poder Moderador - foi renovada regularmente apenas duas vezes. A crise estava no Poder Executivo e na ausência de um sistema constitucional representativo que lhe desse apoio institucional. Enquanto não se consolidava, as instituições permaneciam à mercê do embate entre os poderes que eram mais concorrenciais do que harmônicos.

Uma outra questão que podemos concluir é que houve uma intrínseca relação entre a crise e unidade. Quanto maior a crise, maior tornava-se a unidade política. Houve uma coesão em torno de um projeto político liberal onde o Imperador ocuparia um papel menos importante, deixando para os políticos da classe senhorial que se formava a moldura institucional do Estado. Unidade em torno da oposição liderada por Bernardo Pereira de Vasconcelos e Lino Coutinho, que desde a abertura dos trabalhos legislativos propunham uma alternativa de poder. Quanto mais crescia a crise, mais este grupo foi se fortalecendo, a despeito de sua dissolução após a radicalização dos movimentos sociais e dos confrontos nas ruas no período Regencial.

Foi no cenário de crise do Primeiro Reinado que um contingente considerável de cidadãos encontrou nos mecanismos legais uma forma de representar ao Estado. Estrategicamente entenderam que as disputas políticas representavam uma possibilidade de angariar apoio para a luta pela ampliação dos direitos. Utilizaram, para tanto, um antigo mecanismo político ressignificado pelo movimento constitucionalista: as petições, as representações, as queixas e os requerimentos.

Discorremos sobre estas manifestações que, individualmente, diziam se tratar de uma tomada de consciência quanto a situação de opressão que poderia ser melhorada. Todavia, foi um movimento individual que tornou-se uma onda política, proporcionando uma manifestação coletiva quanto ao direito de reclamação e de ser ouvido pelas autoridades.

Afirmava-se um instrumento de cidadania que ocupou parte da pauta em debate no Parlamento. Instrumentalizou-se as críticas contra o governo e demonstrou-se uma expectativa quanto ao papel a ser desempenhado pelos parlamentares. Se não foi capaz de influenciar decisivamente os rumos da política, ao menos alimentou e serviu de combustível para a acirrada disputa pelo poder.

O movimento peticionário caracterizou-se pela crença dos cidadãos de que eram possuidores de direitos e que, pela utilização daquele mecanismo, poderiam garantir as suas reivindicações. Para tanto, faziam uma leitura precisa de onde poderiam garanti-los. Atados aos acontecimentos e à necessidade que setores no interior do Parlamento tinham em fazer daquela casa o "Soberano Congresso", os cidadãos se fizeram notar pelo Estado e passaram a politizar as suas demandas, em um movimento de mão-dupla, que duraria enquanto a disputa entre Imperador e Câmara dos Deputados se desenrolava.

Entretanto, este foi apenas um capítulo na luta pela afirmação dos direitos civis e políticos. Por todo o período imperial e durante todo o século XX, parcela da sociedade procurou construir mecanismos que lhes garantissem a participação política e, principalmente, instrumentos que pudessem protegê-los dos abusos do poder político.

Tivemos a oportunidade de apresentar pequenas experiências pessoais que contribuíram para que os direitos do cidadão fossem mais do que mera participação passiva, sendo um ativo desejo de afirmação das prerrogativas de reclamação e de queixas sociais.

Observamos que este movimento não se encerrou logo depois da Abdicação do Imperador D. Pedro I, prosseguindo até pelo menos o final da Regência, em 1840. As suas características eram distintas das apresentadas nesta primeira fase, por isso optamos por não estender o tema para além daquela que foi uma das décadas mais conturbadas da vida política imperial. O estudo desta reivindicação por direitos do cidadão, no que se refere ao período Regencial, poderá ser retomado em outro momento.

Temos em conta que ele é de extrema importância para compreendermos como se deu a construção da noção de cidadania e o entendimento do que os homens têm direitos perante a Lei, ainda que não sejam mesmos para todos. Cidadania, de fato um longo caminho que ainda tem sido percorrido em busca de uma sociedade mais igualitária.

## Referências bibliográficas

BAKHTIN, Mikhail. *Marxismo e filosofia da linguagem*. São Paulo: Editora Hucitec, 1995.

CARVALHO, José Murilo de. "Cidadania: Tipos e Percursos" In *Estudos Históricos*, vol. 9, n. 18, 1995. p. 337-359.

COSTA, Iraci del Nero da & NOZOE, N. H. "economia colonial brasileira: Classificação das ocupações segundo ramos e setores" In: *Revista Estudos Econômicos*. São Paulo, IPE-USP, 17 (1): 69-87, 1987.

GRINBERG, Keila. *Liberata – A lei da ambigüidade: Ações de liberdade da Corte de Apelação do Rio de Janeiro no século XIX*. Rio de Janeiro: Relume-Dumará, 1994.

KRAAY, H. "Repensando o recrutamento militar no Brasil Imperial". *Diálogos*, DHI/UEL, vol. 3, nº 3, 1999, p. 113-151.

LENHARO, Alcir. *As tropas da moderação: o abastecimento da Corte e na Formação Política do Brasil, 1808-1842*. Rio de Janeiro: Secretaria Municipal de Cultura, Turismo e Esporte, Departamento Geral de Documentação e Informação Cultural, Divisão de Editoração, 1993.

MACHADO, André Roberto de Arruda. *A quebra da mola real das sociedades: A crise política do Antigo Regime Português na província do Grão-Pará (1821-1825)*. Tese de Doutorado, FFLCH/USP, 2006.

MATTOS, Hebe Maria. "A escravidão moderna nos quadros do Império português: o Antigo Regime em perspectiva". *In*. FRAGOSO, J., BICALHO, M. F. e GOUVÊA, M. F. (orgs.). *O Antigo Regime nos trópicos: A dinâmica imperial portuguesa* (séculos XVI-XVIII). Rio de Janeiro: Civilização Brasileira, 2001.

MELLO, Evaldo Cabral. *Frei Joaquim do Amor Divino Caneca*. São Paulo: Editora 34, 2001.

MOTA, Carlos Guilherme. *Nordeste 1817. Estrutura e argumentos*. São Paulo: Perspectiva, 1972.

PEREIRA, Aline Pinto. *Domínios e Império: o Tratado de 1825 e a guerra da Cisplatina na construção do Estado no Brasil*. Dissertação de Mestrado em História. Universidade Federal Fluminense, 2007.

PEREIRA, Miriam Halpern. *A crise do Antigo Regime e as Cortes Constituintes de 1821-1822. Negociantes, fabricantes e artesãos, entre as velhas e as novas instituições*. Lisboa: Edições João Sá da Costa, 1992, vol. II.

REIS, J. J. *Rebelião escrava no Brasil. A história dos levantes dos malês (1835)*. São Paulo: Editora Brasiliense, 1986.

REIS, João José e SILVA, Eduardo. *Negociação e conflito*. São Paulo: Editora Brasiliense, 1997.

RIBEIRO, Gladys S. *A liberdade em construção. Identidade nacional e conflito antilusitano no Primeiro Reinado*. Rio de Janeiro: Relume-Dumará, 2002.

RIBEIRO, Gladys S. "Nação e cidadania em alguns jornais da época da Abdicação: uma análise dos jornais O Repúblico e o Tribuno do Povo". *Seminário Internacional do Centro de Estudos dos Oitocentos*, UERJ, 2007a, digitado.

RIBEIRO, Gladys S. e PEREIRA, Vantuil. "O Primeiro Reinado em revisão" In: In: GRINBERG, Keila; SALLES, Ricardo. (Orgs.). Coleção Brasil Imperial, 3v.. Rio de Janeiro: Civilização Brasileira, 2008, no prelo.

SAES, Décio. *A formação do Estado burguês no Brasil (1888-1889)*. Rio de Janeiro: Paz e Terra, 1985.

SLEMIAN, Andréa. *Sob o Império das leis: Constituição e unidade nacional na formação do Brasil (1822-1834)*. Tese de Doutorado, FFLCH/USP, 2006, p. 198-200.

SODRÉ, Nelson Werneck. *História Militar do Brasil*. São Paulo: Editora Civilização Brasileira, 1979.

THOMPSON, E. P. "A economia moral da multidão inglesa no século XVIII". In: THOMPSON, E. P. *Costumes em comum: Estudo sobre a cultura popular tradicional*. São Paulo: Companhia das Letras, 1998, (p. 150-202).

# Capítulo 6 Vontade irresponsável e poder responsável: Benjamin Constant e o sistema representativo no Império

*Silvana Mota Barbosa*[1]

Sr. Redator.

Não posso levar a paciência que todos queiram e gritem Constituição e não queiram a inviolabilidade do monarca em toda a sua extensão ilimitada, como deve ser. Eu sou constitucional por princípio, já o era antes de se proclamar em Portugal, não sou como muitos que querem Constituição e sabem tão pouco o que ela é, que nem sabem pronunciar a palavra, chamam-lhe construção, constuição (sic) , constipação e etc...

Depois que estive em Inglaterra e vi o bem executado sistema, ainda mais constitucional fiquei. Vi que o rei é um ente moral respeitadíssimo como tal e por isso inviolável. Isto entendo eu porque, sendo o rei o Poder Moderador, era mister que ninguém lhe pudesse pedir contas; seus ministros é que são responsáveis de tudo, mas não de bagatelas como agora é moda no sistema constitucional de 1791.

Desgraçadamente, na nossa pátria vemos o nosso chefe todos os dias atacado direta e indiretamente por esses infames redatores dos Tamoios, da Sentinela e não irem jurados; mas agora perguntarei eu: que se tira com os jurados? Nada, porque a lei está manca e diz somente a ataques diretos...[2]

O texto acima, de 1823, foi redigido por D. Pedro I com o pseudônimo de *Baiano*. Apesar de não ter sido publicado, é um documento revelador da maneira como o primeiro Imperador do Brasil definia a sua posição – ele era o próprio Poder Moderador, com uma inviolabilidade sem limites, com ministros responsáveis por tudo. Mas, ainda assim, sofria críticas, pois a lei era "manca", ou seja, ineficaz, por não prever em toda a sua extensão o que configuraria um ataque ao monarca inviolável. Dois temas que aparecem neste manuscrito permaneceram ao longo do Império ligados ao Poder Moderador –

1 Professora adjunta do Departamento de História da UFJF. Pesquisadora colaboradora do Centro de Estudos do Oitocentos (CEO) / PRONEX "Dimensões da cidadania no século XIX". FAPERJ/ CNPq Este artigo é parte dos resultados de um projeto de pesquisa financiado pela FAPEMIG. "*O Monarca e o Ministério:* a experiência política dos Presidentes do Conselho de Ministros (1847-1889)". Edital Universal 2006 (Vigência: 01/01/2007 a 31/12/2008)

2 Manuscrito assinado *Baiano*, 1823. Este texto faz parte de um conjunto de 7 artigos que D. Pedro I escreveu com pseudônimos diversos em 1823. (I – POB [1823] – PI.B. ar 1-7) Arquivo Histórico do Museu Imperial de Petrópolis.

inviolabilidade real e responsabilidade ministerial. Foi em torno destas expressões, não apenas jurídicas, mas especialmente políticas, que se centraram os debates sobre o Poder Moderador, com diferentes maneiras de considerar o sistema de equilíbrio entre a "vontade irresponsável" e a "vontade responsável".

A doutrina da irresponsabilidade do rei não era exclusiva do Brasil, mas aqui tivemos uma inovação: a criação do Poder Moderador. Apenas na Constituição do Império do Brasil de 1824, e depois na Carta Constitucional Portuguesa de 1826, ambas outorgadas por D. Pedro I, foi adotada a estrutura de quatro poderes nos termos propostos pelo teórico franco-suíço Benjamin Constant. O Poder Moderador era um poder privativo do monarca, que também era o chefe do Poder Executivo. Na definição da Constituição: "A pessoa do Imperador é inviolável e sagrada; ele não está sujeito a responsabilidade alguma". Por isso, o Poder Executivo era exercido pelo Imperador através de seus ministros de Estado, que deveriam assinar e referendar todos os atos deste poder, sem o qual não teriam execução. Esta referenda fazia dos ministros os responsáveis pelos atos do Poder Executivo, pois o chefe desse poder, o Imperador, não poderia ser responsabilizado. Da mesma maneira, o Poder Moderador seria um poder irresponsável, e neste caso, como era privativo do monarca, ficava a questão se seus atos deveriam ou não ser da responsabilidade de outros membros do governo. O Conselho de Estado, originalmente criado em 1824, era uma instância importante, pois o monarca, sempre que fosse usar uma de suas atribuições, deveria ouvir seus conselheiros. Mas os mesmos não eram responsabilizados pelos atos do Poder Moderador; apenas pelos conselhos que dessem "opostos às leis e aos interesses do Estado" (Constituição do Império do Brasil, 1824, título V, Cap. I, VI, VII).

A discussão em torno da responsabilidade e da inviolabilidade relacionava-se ao debate referente ao funcionamento do governo representativo numa monarquia constitucional. A relação entre o rei, o ministério e as câmaras não estava clara nem na letra nem no espírito da lei, não havendo consenso sobre suas práticas, nem mesmo uma literatura política que lhe fornecesse o suporte teórico (Linch, 2005, p. 640-1). Deste modo, era comum recorrer aos mais diversos publicistas para assegurar leituras díspares a respeito do funcionamento do governo representativo, sendo Benjamin Constant um dos autores mais citados.

O objetivo deste artigo é discutir o problema da responsabilidade ministerial na Constituição do Império de 1824, nos textos do teórico Benjamin Constant e no debate político durante a regência. Pretende-se discutir o problema da recepção às obras de Constant no Brasil, tanto pelos políticos do oitocentos, quanto pela historiografia, assim como as transformações pelas quais o tema da responsabilidade passou ao longo da primeira metade do século XIX.

**Benjamin Constant: publicações e a historiografia**

No dia 1º de julho de 1823 o *Diário do Governo* trazia uma correspondência intitulada "A Sentinela do Alto do Pão de Açúcar contra a Sentinella de Pernambuco" na qual o autor fazia referência à concepção de Benjamin Constant sobre o sistema constitucional incluindo a estrutura de quatro poderes, entre eles o poder real (Sousa, 1957, p. 591) Neste mesmo ano, o *Diário do Rio de Janeiro* anunciava a venda do *Cours de Politique Constitutionnelle* de Benjamin Constant em 8 volumes. Em maio de 1824 encontramos outras referências às obras de Constant, dessa vez uma edição em 11 volumes e também "várias brochuras de B. Constant, De Pradt, e outros autores bem conhecidos"[3].

Estas indicações de publicações são reveladoras de uma facilidade de circulação dos textos de Constant em terras americanas, publicados em pequenas brochuras que não continham suas teses completas, mas que divulgariam suas principais idéias referentes ao sistema representativo. Revelam também o interesse pelo autor entre os políticos e publicistas brasileiros, interesse anterior mesmo à outorga da Constituição de 1824. Desde então, Benjamin Constant sempre foi reconhecido como o teórico sistematizador da idéia de um quarto poder *pouvoir neutre* denominado no Brasil como Poder Moderador, e tornou-se uma citação recorrente para os juristas e políticos brasileiros que ingressavam na "hermenêutica constitucional"[4].

É claro que Constant não era o único, nem o mais eminente dos publicistas lidos no Brasil[5], mas foi o único deles que esquematizou uma estrutura política baseada em quatro poderes. Talvez por isso, praticamente todos os estudiosos da história política do Império ou da Constituição de 1824 também incluem ao menos uma citação ou nota na qual salientam a importância de Constant como idealizador da idéia de um quarto poder, que foi incorporado por D. Pedro I ao texto da Constituição do Império do Brasil. Por

3 *Diário do Rio de Janeiro,* de 29 de novembro de 1823; 20 e 25 de maio de 1824.

4 Para citar apenas aqueles mais diretamente ligados ao tema do Poder Moderador, lembro Zacarias de Góes e Vasconcelos, Visconde de Uruguay e também Braz Florentino H. de Souza. (Vasconcellos, 1978), (Uruguay, 1997), (Souza, 1978)

5 Ver a respeito dos autores que eram lidos no Brasil, a circulação de livros e a questão dos leitores no início dos oitocentos a pesquisa de Iara Lis C. Souza. (Souza, 1999, p.107-29)

este motivo é que José Murilo de Carvalho nos alertou para o fato de que Constant ficou tão "ligado à tradição imperial" que não pôde servir de inspiração para os republicanos brasileiros, ainda que sua preocupação tenha sido sempre com a "governabilidade, com a conciliação entre a liberdade e o exercício do poder" (Carvalho, 1990, p. 20).

Esta "tradição imperial" dizia respeito exatamente àquilo que era a base de toda a organização política, aquilo que selava o pacto de criação de uma nação: a Constituição. Para o jurista Afonso Arinos de Melo Franco o Poder Moderador teria sido a maneira encontrada pelo Imperador para satisfazer sua "sede de autoridade", chegando mesmo a incluí-lo em 1826 na Carta que outorgou a Portugal, talvez para "armar a filha e Rainha com os mesmos instrumentos políticos que lhe pareciam capazes de assegurar, no Brasil, a estabilidade do trono" (Franco, 1994, p. 29). Segundo o autor, o Poder Moderador teria sido, em sua origem, a materialização da necessidade de um poder forte concedido ao monarca, mas também legitimado pelas tendências constitucionais da época, quando Benjamin Constant era figura ainda respeitada e, talvez, a última palavra em termos constitucionais.

Raymundo Faoro também trabalhou essa questão mostrando como duas vertentes opostas, comuns à época eram impraticáveis no Brasil, sendo que a opção encontrada foi seguir a corrente doutrinária que surgia em Montesquieu, passava por Sieyès e foi definida em Constant: tratava-se de um "liberalismo sem soberania popular", no qual o pacto não foi estabelecido nos termos em que pensava Rousseau, "que faziam o rei e a autoridade obra do país e não de condições pré-existentes". Pelo contrário, a aclamação do Imperador foi anterior ao pacto e à própria nação (Faoro, 1976, p. 279-89).

Contudo, ainda que determinados princípios de Constant estivessem de fato informando a elaboração da Constituição, entre eles a soberania limitada, é no mínimo perigosa a transposição imediata das suas teses para a análise da Constituição do Império. Com maior cuidado, Faoro alertou-nos para o perigo desta transposição:

> O *pouvoir royal* do escritor francês, o *pouvoir neutre*, evocado para ajustar os três poderes clássicos, colocando-os na sua órbita constitucional, a *clef de toute organisation politique*, assume, na tradução infiel, caráter ativo (Faoro, p. 290).

A bibliografia a respeito de Benjamin Constant é extensa, mas ele ainda é pouco estudado pelos historiadores brasileiros, já que muitos autores aproximaram-se do seu pensamento para responder questões marginais às suas pesquisas. Muitas vezes, não é possível ao leitor saber qual dos inúmeros textos de Constant está sendo utilizado como referencial teórico.[6] Como escreveu José Murilo de Carvalho, o pensamento de Constant foi "relegado por muito tempo ao esquecimento", mas é possível perceber um movimento silencioso de retomada de suas obras (Carvalho, 1999, p. 83).

Aliás, até a década de 1990, só conhecíamos duas traduções dos textos de Constant – seu único romance *Adolphe*, com diversas edições (Constant, 1992), e a Conferência de 1819 "Da Liberdade dos antigos comparada à dos modernos" (Constant, 1980, p. 9-25). Recentemente, foram traduzidos para o português os *Escritos de Política,* pela Editora Martins Fontes (Constant, 2005) e também seus *Princípios de Política aplicáveis a todos os governos*, de 1805, mas este, infelizmente, é uma versão do texto em inglês e não do original francês (Constant, 2007).

Por outro lado, não foi apenas no Brasil que a obra de Benjamin Constant passou por esse esquecimento. O mesmo acontece na França, como demonstrou T. Todorov, ao chamar a atenção para o fato de Constant, no final do século XX, apesar de não estar completamente esquecido, ocupar apenas uma posição de segunda linha na história francesa. É considerado um "clássico", mas seu trabalho mais importante sobre a religião, por exemplo, não se encontra nas livrarias (Todorov, 1997, p. 9-13).

Não é possível aprofundar aqui as causas desta posição de Constant no pensamento europeu ou brasileiro. Cotejando as diversas informações sobre sua teoria e sua vida, é possível afirmar que ele não foi apenas o idealizador da idéia de quatro poderes, nem um defensor da monarquia constitucional, mas foi um pensador preocupado com os impasses que a Revolução Francesa lançara aos homens e também preocupado em estabelecer as condições para o governo representativo.

Estas implicações foram lembradas por Thomaz Diniz Guedes, que analisou a obra de Constant desde os escritos de 1797 e concluiu que: "De Benjamim Constant não se pode afirmar que fosse um defensor da república ou da monarquia como princípios políticos." Segundo Guedes, a base do pensamento constantiniano estava na defesa do sistema representativo: "a representação política tem, ao contrário do que ocorre com a monarquia e a república, o posto de princípio em sua teoria política." (Guedes, 1997, p. 35-6).

---

6 É o que encontramos, por exemplo, no trabalho de Lilia Schwarcz. Como os demais historiadores, a autora julgou necessário lembrar a influência de Benjamin Constant para o texto constitucional, mas em sua análise o Poder Moderador seria "um poder maior, acima dos demais, quase absoluto" e citava o *Curso de Política Constitucional* como obra de referência para a divisão de poderes, sem especificar qual a edição ou texto em francês utilizou para tecer tal comentário (Schwarcz, 1999, p. 47-8).

Por outro lado, a vasta produção e as inúmeras edições de seus escritos não nos permitem estabelecer com certeza quais os textos estavam nas estantes e escrivaninhas dos letrados brasileiros. Para compreender essa dificuldade, lembro que em 1823 o *Diário do Rio de Janeiro* anunciava a venda do *Cours de Politique Constitutionnelle* de Benjamin Constant em 8 volumes. Não se tratava da edição organizada pelo próprio Constant que contabilizava apenas 4 volumes e tinha sido publicada entre 1818 e 1820 com o título: *Collection complète des ouvrages publiés sur le Gouvernement representatif et la Constitution actuelle de la France, formant une espèce de Cours de Politique Constitutionnelle.* Em 1836, alguns anos após a morte do autor, M. Pagès organizou uma nova edição da coleção preparada por Constant. Desta vez, contava dois volumes e recebeu o título *Cours de Politique Constitutionnelle*, mas o editor acabou fazendo algumas alterações, suprimindo artigos ou acrescentando outros que não estavam na versão original. Em 1861 Édouard Laboulaye reuniu diferentes edições das obras de Constant e organizou um novo *Cours de Politique Constitutionnelle*, mais fiel ao formato escolhido pelo próprio autor. (Constant, 1979, p. 1-49) (Constant, 1964).

Estas observações a respeito das edições de um dos textos de Constant constituem um problema central, pois a questão que se coloca aqui é se existe a possibilidade de transpor para a Constituição as teses de Benjamin Constant a respeito do funcionamento dos poderes e da natureza do poder real. Se não podemos definir seguramente a qual texto estavam se referindo, devemos, contudo, ter cautela ao escolher este ou aquele escrito de Constant para explicar sua teoria. Em qualquer uma destas edições podemos encontrar uma interpretação do que ele pensava a respeito da monarquia constitucional, mas é preciso lembrar que Constant muitas vezes reescrevia e redefinia partes de sua teoria nas diferentes fases de sua vida política. É este cuidado que Etienne Hofmann cobrou dos autores que, até 1980, já haviam trabalhado os escritos de Constant:

> Tudo se passa como se Constant, no fim das contas, só tivesse escrito um único livro, no fim da vida, depois de uma revelação e sem que esta obra fosse marcada por sua época e pelos próprios eventos da vida de Constant. Dir-se-ia que as datas de redação, as circunstâncias precisas e os objetivos das obras não tem nenhum significado: geralmente as citações são tiradas não importa de onde nos escritos políticos, desde que elas justifiquem ou ilustrem o tema tratado (Hofmann, 1980, p. 16).

Esta cobrança poderia ser estendida a alguns autores brasileiros que em suas pesquisas perceberam a importância de fazer uma referência a Constant seja por sua teoria do poder neutro, seja por sua discussão sobre a monarquia constitucional. As citações, em muitos desses casos, seguiram esta instrumentalização denunciada por Etienne Hofmann, pois foram colhidas não se sabe bem de qual dos textos e de qual data de publicação e foram escolhidas para justificar ou ilustrar os temas abordados. Mas o caso dos *Principes de politique* é diferente. Existem apenas duas versões deste mesmo texto, uma de 1806 e outra de 1815. A primeira, *Principes de Politique applicables à tous les gouvernements representatifs*, foi reeditada apenas em 1980, através do trabalho diligente de Etienne Hofmann que utilizou os manuscritos presentes na *Biliothèque Cantonalle Universitaire* da Universidade de Lausanne, na Suíça, recuperar o processo de construção desta obra, considerada a base de seu pensamento político, mas durante muito tempo referenciada de segunda mão, pelas obras que lhe seguiram. (Hofmann, 1980) (Gauchet, 1993, p. 258-74).

A segunda versão do texto, bem difundida por diversas edições, foi intitulada *Principes de Politique applicables à tous les gouvernements representatifs et particulièrement à la Constitution actuelle de la France* e publicada em Paris em 1815 no contexto de sua colaboração como Conselheiro de Estado do governo dos Cem Dias de Napoleão Bonaparte. Segundo E. Hofmann, o primeiro texto não era reflexo de uma filiação do autor a qualquer partido preciso, mas ele indicava um meio de estabelecer uma constituição durável, "que permitiria às energias sociais liberadas pela abolição dos privilégios se expandirem mais facilmente. E nisto ele se fixa, provavelmente sem saber, o porta-voz de toda uma classe social." A Carta outorgada por Luís XVIII em 1814 realizou em parte este programa de 1806 e, por isto, Constant retomou o texto dos *Principes* para explicitar aquilo que pensava sobre as relações entre o cidadão e o Estado, entre a liberdade individual e a força coletiva. Mas suas idéias não triunfaram completamente durante a Restauração. Deste processo, iniciado em 1814, resultou uma série de obras que eram a fragmentação de uma parte das idéias presentes no originalmente compacto *Principes de Politique*, de 1806, uma espécie de metamorfose do texto original (Hofmann, 1980, p. 380-81).

A maior parte da produção de Benjamin Constant a respeito do sistema representativo e da organização dos poderes é, assim, um grande emaranhado de edições diferentes, transformadas e reapropriadas em virtude do seu envolvimento na política francesa e cujo divisor de águas foi sua passagem pelo governo de Napoleão Bonaparte.

Nos debates em torno do Poder Moderador, ao longo do século XIX, Benjamin Constant foi citado para confirmar posições completamente opostas, e uma das possibilidades para esta diferença nas leituras pode ser a mudança nos textos do próprio Constant. Não pretendo, aqui, reforçar a imagem do "inconstante Constant", como foi chamado por alguns biógrafos, mas lembrar a importância de situar historicamente as transformações em sua teoria, algo salientando também por Philippe Raynaud no *Prefácio* que preparou para uma das obras fundamentais de Constant (Constant, 1988, p. 8).

É fundamental sistematizar as idéias de Constant e seu lugar no mundo político brasileiro, já que ele foi uma referência central para os debates em torno do Poder Moderador e do constitucionalismo imperial. Mas depois do que foi exposto até aqui, a questão é como proceder diante da obra de Constant sem reduzi-la a um amontoado de citações, desprovidas de historicidade e que serviriam para comprovar ou negar a tradução de seus escritos para a Constituição do Império. Em outras palavras, como evitar a reposição do procedimento criticado por E. Hofmann.

Encontramos algumas pistas no recente trabalho de Christian Edward Cyril Lynch. Ao recuperar as matrizes intelectuais do conceito de Poder Moderador, tanto na Europa quanto no Brasil, o autor demonstrou como a Constituição do Império permitia, ao menos, duas leituras diversas, ambas compatíveis com a doutrina de Constant. Em suas palavras:

> Na complexa composição teórica tecida pelo governo do novo Império, a teoria liberal de Constant, do gosto do Imperador [...], foi assim incorporada estrategicamente ao debate político, e depois ao teor da Constituição, para legitimar um projeto de corte monarquiano, julgado mais realista e em conformidade com as necessidades do país – embora este não fosse necessariamente o entendimento da oposição.
>
> O essencial de toda essa empreitada, repita-se, resultou portanto em um texto constitucional que permitia duas diferentes interpretações e, por conseguinte, duas formas distintas de desempenho da Coroa enquanto agência pública (Lynch, 2005, p. 644).

Não é possível, nos limites deste artigo, avançar nas discussões em torno das proposições teóricas de Constant, sua vida e atuação política e a experiência brasileira. Dentre os inúmeros temas referentes ao sistema representativo na monarquia constitucional, um deles era constantemente lembrado – o problema da relação entre os poderes. Retoma-se aqui uma temática que já foi apontada por José Murilo de Carvalho em seu *Teatro de Sobras* - o problema da "definição das relações entre o Executivo e o Legislativo, e entre ambos e o Poder Moderador" (Carvalho, 1988, p. 121). O principal enfoque, contudo, recai sobre o próprio Poder Executivo e suas relações com o monarca.

**Responsabilidade Ministerial e irresponsabilidade real na Constituição e em Constant**

Há alguns anos, pesquisando para a minha tese de doutorado sobre o Poder Moderador, me intrigou o debate em torno da relação entre o monarca e seus ministros, sempre objeto de discussão. As demissões e nomeações, atribuições moderadoras, alteravam a situação política e forneciam munição para o acirramento das críticas à estrutura de governo (Barbosa, 2001). Observando a ação dos políticos imperiais, desde a primeira legislatura, notamos que essa estrutura de quatro poderes, uma inovação em termos do direito constitucional, precisava ser discutida, para compreender os limites de cada um dos poderes, na busca daquela independência e equilíbrio de que falavam os teóricos do século XVIII. Como bem lembrou Lynch, nem mesmo na literatura política inglesa havia alguém que explicasse o modo como deveria ser posto em prática este governo representativo no início do XIX (Lynch, 2005, p. 640).

O maior problema estava na maneira como o monarca fora definido pelo texto constitucional. Depois de definir o Poder Moderador (art. 98), que era "delegado privativamente ao Imperador, para que incessantemente vele sobre a manutenção da Independência e harmonia dos mais poderes políticos", afirmava, no artigo seguinte, que "a pessoa do Imperador é inviolável e sagrada. Ele não está sujeito a responsabilidade alguma." No capítulo II definia: "Imperador é o chefe do poder executivo, e o exercita pelos seus ministros de estado." Apenas no cap. VI, sobre o Ministério, teremos a seguinte explicação: "Os ministros de estado referendarão, ou assinarão os atos do poder executivo, sem o que não poderão ter execução." Além disso, definia a responsabilidade dos ministros, e afirmava que "não salva aos ministros da responsabilidade a ordem do Imperador vocal ou por escrito." (art. 135)

Estava criado, assim, um problema de responsabilidades, pois, de um lado, instituía a *irresponsabilidade* do monarca, mas, por outro, definia a *responsabilidade dos ministros*, mas apenas pelos atos do *poder executivo*. O problema foi, desde o início, apontado por aqueles que analisavam a Constituição e uma das primeiras menções está nas *Observações elaboradas pela Câmara de Itu* para o Projeto de Constituição enviado por Pedro I às Câmaras. Ao tratar do artigo referente à responsabilidade dos ministros pelos atos do Poder Executivo, propunha que os ministros de Estado referendassem também os atos do Poder Moderador, "naquilo em que ele deve regular-se pela Constituição, sem o que não poderão ter execução." A justificativa para esta proposta era evitar que o Poder Moderador tomasse qualquer uma de suas atribuições "sem responsabilidade alguma" (Brasiliense, 1979, p.187). Provavelmente, Diogo Feijó e o seu grupo estavam baseados na leitura de boa parte dos teóricos do final do XVIII e início do XIX que salientavam os perigos desta relação entre o rei e os ministros. E, seguramente, conheciam a obra de Constant.

Benjamin Constant estabeleceu esta distinção entre o poder real e o Poder Executivo e, por extensão, discutiu a necessidade de estabelecer a responsabilidade ministerial.[7] Em virtude dos limites deste artigo, vou me ater a dois pontos: a definição do poder real e a defesa da responsabilidade ministerial.

Segundo Constant, a idealização de um poder real separado do ministerial era algo novo e quando foi apresentado teria sido visto como algo "abstrato e quase quimérico", já que o que imperava em termos constitucionais era ainda a teoria dos três poderes propagada por Montesquieu, e o senso comum não reconhecia a necessidade de separar as funções que antes eram quase exclusivamente atribuições executivas (Constant, 1979, p. 294-295).

Para ele, os três poderes tradicionais "são três forças que devem cooperar, cada uma de sua parte, para o movimento geral. Quando estas forças se cruzam, se chocam e se travam, é necessária uma força que as recoloque em seu lugar." É preciso que ela esteja fora, que seja neutra, e que ela "seja preservadora e reparadora, sem ser hostil" (Constant, 1979, p. 178). O poder real é um poder neutro no sentido de que ele é responsável por conservar o que existe e não por propor algo novo. Mas mesmo sendo um poder neutro ele não é estático, mero espectador das questões do governo. Para Constant, o monarca não assistia simplesmente, mas era parte do poder, de um poder que lhe era exclusivo e cujas atribuições deveriam ser prescritas pela Constituição.

A questão central para o teórico era definir os lugares destes poderes, pois se a monarquia constitucional oferecia a melhor maneira de estabelecer o funcionamento do poder neutro, todas as vantagens deste sistema seriam perdidas se "rebaixassem o poder real ao nível do poder executivo" ou "se elevasse o poder executivo ao nível do poder real". Em suas palavras, "o poder real é, de certo modo, o poder judiciário dos outros poderes" (Constant, 1979, p. 180-1).

Destaca-se, assim, a diferenciação entre o Poder Executivo e o poder real. Em muitos momentos, o Poder Executivo seria tratado por Constant como sinônimo de poder ministerial. De um lado, estariam os ministros e de outro, em outra esfera, o rei. A distinção entre as duas esferas era um princípio fundamental para a organização política e estava determinada pela diferença de autoridade. Citando suas palavras temos que:

---

7 Especialmente em suas *Réflexions sur les Constitutions* (1814), em seus *Principes de Politique* de 1815 e também nas *Additions et Notes* que se seguiram (1818).

> A diferença é essencial e fundamental entre a autoridade responsável e a autoridade investida da inviolabilidade.
> Esta distinção, sendo do tipo consagrado pela nossa própria constituição (....) é com efeito, segundo eu, a chave de toda organização política (Constant, 1979, p. 15-18).

É interessante notar como esta idéia foi "traduzida" para a Constituição de 1824, pois lá aparece outra "chave". Enquanto para Constant a "chave" era a distinção entre a autoridade responsável e a inviolável, sendo esta diferença aquilo que assegurava a organização política, já que delimitava um dos princípios mais claramente defendidos, a separação de poderes, especialmente do poder ministerial e do poder real, no caso da nossa Constituição a chave é o próprio poder real (moderador) que garantiria a independência de poderes.

Além disso, em Constant a defesa de que os ministros deveriam ser responsáveis estava fora de dúvidas, conforme vemos, por exemplo, em *Réflexions sur les Constitutions et les Garanties (1814-1818):*

> Quando não se considera os ministros senão como simples agentes do poder executivo, parece absurdo tornar responsável o instrumento e declarar inviolável o braço que dele serve (Constant, 1979, p. 180).

Mas continuava, se considerarmos o Poder Executivo (para ele sinônimo de ministerial), como um poder à parte, que poderia ser reprimido pela destituição, da mesma maneira que o monarca podia dissolver a Assembléia representativa, então a responsabilidade tornar-se-ia razoável e a inviolabilidade e independência do monarca estariam asseguradas. Como o ministério tinha que prestar contas ao Imperador, que poderia demiti-lo, constituía um poder à parte do poder real:

> Dir-se-á que o poder executivo emana do rei? Sem dúvida, mas embora emane do rei, ele não é o rei mais do que o poder representativo é o povo, embora emane do povo (Constant, 1979, p. 181).

Os ministros, ainda que próximos do monarca, não poderiam contar com sua proteção, visto que eram responsáveis perante a Nação. A diferença entre a monarquia absoluta e a monarquia constitucional estava na natureza do poder real para que "o chefe de Estado não possa agir no lugar dos outros poderes" (Constant, 1979, p.19). De maneira geral, a responsabilidade assegurava o perfeito equilíbrio entre o poder do elemento hereditário irresponsável e investido de inviolabilidade e o elemento temporário, que é o ministério:

> A responsabilidade dos ministros é a condição indispensável de toda monarquia constitucional. [...] É esta responsabilidade que coloca o rei em uma esfera à parte, acima de todas as agitações do governo propriamente dito (Constant, 1979, p. 385).

Não pretendo cair na armadilha que muitos dos políticos e publicistas do Império caíram, ou seja, não quero cotejar a Constituição aos escritos de Constant para comprovar esta ou aquela leitura. O que chama atenção, aqui, é que o texto constitucional, de fato, não definiu a responsabilidade pelos atos do Poder Moderador, algo também destacado pelos contemporâneos à Carta. Para C. Lynch, que também se deparou com impasse semelhante:

> A verdade, dessa forma, é que o imperador e os conselheiros de Estado lograram operar uma transposição jurídica bastante fiel para o Poder Moderador imperial das competências concedidas por Benjamin Constant ao seu poder neutro ou régio. Assim, não é no campo normativo do direito constitucional que pode repousar a verdadeira divergência dos conselheiros de Estado perante os ensinamentos de Constant, e sim no campo das intenções monarquianas que estavam por trás do texto da lei (Lynch, 2005, p. 642).

Ao acompanhar os debates em torno do Poder Moderador ao longo do século XIX, percebe-se que a explicação jurídica e/ou política não ficava restrita ao texto constitucional e às matrizes intelectuais que orientaram a Carta de 1824. Um elemento recorrente era a experiência política vivenciada ao longo dos anos, especialmente aquela do período regencial. Acompanhar, ainda que resumidamente, as discussões durante a Regência, pode nos ajudar a compreender os impasses do sistema representativo no Brasil.

## A experiência regencial

Tão logo os eventos do 7 de abril de 1831 ganharam as ruas, os deputados se encarregaram da tarefa de criar uma lei que definiria o modo como seria feita a escolha dos regentes e, também, as suas atribuições. Ao representante do trono caberiam todas as funções que a Constituição estipulava: os regentes seriam chefes do Poder Executivo e exerceriam também o Poder Moderador.

Esta situação criou uma série de questionamentos. Deputados e senadores indagavam como conceder tal poder a pessoas que não tinham a tradição nem podiam invocar a inviolabilidade do nome dos Bragança. Além disso, sendo um poder privativo do monarca, poderia tal poder ser exercido por três pessoas, ao mesmo tempo, sem perder sua principal característica de ser um poder individualizado para velar sobre a independência, harmonia e equilíbrio dos demais poderes?

O texto constitucional previa a Regência na menoridade ou no impedimento do Imperador (Cap. V), sendo que determinava: "Art. 129. Nem a regência, nem o regente será responsável." Contudo, não deixava claro, nem no capítulo referente ao Poder Moderador, nem naquele sobre a Regência, como se daria a relação entre o regente e o exercício do Poder Moderador. A saída encontrada expressou-se pela lei de 14 de junho de 1831, que definia as atribuições dos regentes, estabelecendo que os regentes exerceriam "com o referendo do Ministro competente, todas as atribuições que, pela Constituição do Império, competem ao Poder Moderador e ao chefe do Poder Executivo (art.9)" (Bonavides; Vieira, 1988, p. 242).

Este referendo era a criação, na lei regencial, da responsabilidade ministerial pelos atos do Poder Moderador.[8] Desta forma, a Lei da Regência de 14 de junho de 1831 instituía algo novo que, até então, não havia sido previsto em nenhuma lei, ou na própria Constituição: a responsabilidade pelos atos do Poder Moderador. Ou seja, a diferença fundamental era a criação de uma responsabilidade política e não apenas criminal para os ministros[9].

---

8 A *Lei da Responsabilidade dos Ministros e Secretários de Estado e Conselheiros de Estado* foi assinada em 15 de outubro de 1827. Tratava-se de uma lei que definia os delitos, crimes e penas que seriam impostas a estes sujeitos quando estivessem nos cargos descritos acima. Os artigos referentes aos ministros e secretários de Estado citam a traição, peita, suborno, concussão, abuso de poder, falta de observância da lei. Tal lei havia sido prevista pela própria Constituição, que em seu Capítulo VI, ao tratar do Ministério, determinava que "uma lei particular especificará a natureza destes delitos e a maneira de proceder contra eles (art. 134)". Mas a Lei não trazia nenhuma nota ou artigo que indicasse que os ministros deveriam referendar os atos do Poder Moderador ou que poderiam ser responsabilizados por tais atos. *Lei da Responsabilidade dos Ministros e Secretários de Estado e Conselheiros de Estado.* (*Apud* Bonavides; Viera, 1988, p. 211-22)

9 A idéia não era nova, pois tanto na doutrina de Benjamin Constant quanto na prática constitucional inglesa a defesa da responsabilidade política dos ministros era um princípio básico para a manutenção da monarquia constitucional. Segundo Alain Laquièze é possível notar uma remodelação da atuação do executivo ao longo da história constitucional inglesa do século XVIII e início do XIX. Progressivamente, o Poder Executivo se tornou um poder coletivo, distribuído entre o ministério. O gabinete concentrou as atribuições do executivo em detrimento da prerrogativa real. E, neste processo, aconteceu a substituição

Os questionamentos na Câmara e no Senado giravam em torno da necessidade de especificar na Lei Regencial uma prática já consagrada pela Constituição ou pela experiência: se a responsabilidade e o referendo estivessem consagrados pela Constituição ou pela prática efetiva do reinado de Pedro I, não haveria necessidade de estipulá-los na lei da Regência, quando os regentes assumiam as atribuições moderadoras.

Além da referenda ministerial, a lei de 14 de junho de 1831 também determinou alterações nas atribuições da regência, no exercício do Poder Moderador e na chefia do executivo. Destacam-se, neste documento, alguns impedimentos, já que a regência ficava privada de duas das principais atribuições moderadoras - "dissolver a câmara dos deputados; e conceder anistia em caso urgente,[...]" Além disso, estava proibida também de "perdoar aos ministros e conselheiros de estado [...] conceder títulos, honras, ordens militares e distinções; nomear conselheiros de estado, [...] dispensar as formalidades que garantem a liberdade individual" (Bonavides; Viera, 1988, p. 244). Enfim, a lei da regência esvaziou as atribuições moderadoras e criou uma série de impasses para o futuro.

Pouco tempo depois, o tema voltaria à arena, durante os debates para a instituição do Ato Adicional. Quando os deputados discutiram o teor da reforma que seria implementada pela legislatura de 1833, percebe-se o quanto a questão da responsabilidade pelos atos do Poder Moderador, das atribuições perniciosas deste poder ou do papel do monarca na estrutura administrativa era fundamental, e parece estranho que o texto final do Ato Adicional de 12 de agosto de 1834 nada tenha sido instituído a este respeito. A única mudança foi a extinção do Conselho de Estado.

A atuação da maioria do Senado e os conflitos desta casa com a Câmara dos Deputados sem dúvida foram um dos motivos para a transformação do projeto original da Câmara de 1831 no Ato Adicional de 1834. Além disso, o malogro do Golpe de 30 de julho de 1832 também influenciou na elaboração da lei que determinava a reforma. O que se nota é que o Ato Adicional não resolveu o problema do Poder Moderador, e faltavam leis para regulamentar a relação entre "vontade irresponsável e vontade responsável". Em 1836, quando da regência de Feijó, o jornal *O Indicador da Utilidade Pública* tocou neste tema, que era debatido na Câmara Temporária:

> A respeito dos atos da nossa administração, o Ministro da Justiça, muito a propósito fez a observação de que ainda não existe lei, que regule a matéria, e que a experiência tem

---

das responsabilidades, passando a ser cada vez mais uma prática a responsabilidade política, e não a penal, sendo que os ministros respondiam coletivamente pelos seus atos. (Laquièze, 2000, p. 157-9.)

mostrado, que entre nós tem mais utilidade do que inconvenientes a presença da vontade irresponsável nas deliberações da vontade responsável[10].

O debate, aqui, não tratava do Poder Moderador, mas do Poder Executivo, pois a questão lançada era se o regente (vontade irresponsável) poderia ou deveria participar das reuniões do Conselho de Ministros (vontade responsável). Como se pode notar, a lei da regência, ao instituir a responsabilidade dos ministros pelos atos do Poder Moderador, não foi suficiente para explicitar a forma como se daria a relação entre o regente e o ministério. O próprio Ministro da Justiça, Limpo de Abreu, já havia salientado a falta de uma lei que regulamentasse a relação entre as duas "vontades". Entretanto, o artigo do jornal não enfocava apenas a vontade irresponsável do regente, pois, em muitos momentos, fez referências ao monarca. Pela doutrina que seguia, a "vontade irresponsável" concedida ao Chefe do Estado, fosse o monarca ou o regente, deveria estar presente nas reuniões dos Agentes do Poder Executivo. Esta presença era não só necessária, como fundamental para o sistema monárquico representativo[11].

Não é necessário, aqui, estender este debate. Ao longo da regência, os políticos oscilaram entre defender a responsabilidade, que estaria na lei e na prática e negar tal responsabilidade, vista como uma interferência na independência do Poder Moderador. E, agindo deste modo, acabaram abrindo um "horizonte de expectativas" projetado pela interpretação da Constituição mas, principalmente, pelas reflexões elaboradas nos anos iniciais da regência. Criava-se, também, um "espaço de experiência" encarnado na regência, e que seria constantemente lembrado pelos políticos imperais principalmente até a década de 1870 (Koselleck, 2006, p. 305-27).

Quando, no Segundo Reinado, o Imperador assumiu as atribuições do Poder Moderador, o que encontramos é um poder com o mesmo nome, mas com outro significado. A responsabilidade ministerial pelos atos do Poder Moderador, assegurada pela lei regencial, não foi transplantada nem para o Ato Adicional, nem para a Lei de Interpretação de 1841. Mas, depois de 9 anos da prática ministerial de referendar os atos do Poder Moderador, além dos do executivo, e sabendo-se que ao longo do Segundo Reinado os ministros de Estado continuaram a assinar os atos vindos do Poder Moderador, fica em

10 *O Indicador da Utilidade Pública – Folha política, científica e literária.* 28 de maio de 1836.

11 *O Chronista*, outro jornal da Corte, escreveu um longo artigo atacando os princípios d' *O Indicador*, e dizendo que este jornal era ligado ao governo. *O Chronista*, 6 de junho de 1836.

aberto se esta assinatura era um simples ato burocrático ou uma referenda que responsabilizava os ministros.

Por esta experiência política, que incluía leis de fato, mas também experiências políticas, percebe-se que o período entre 1831 e 1841 marcou uma transformação no exercício da monarquia representativa e do Poder Moderador. Talvez porque suas atribuições inseriram-no em diversas instâncias de poder, ou porque uma Constituição não pode ser tratada como artigos em separado, visto que é o corpo e ordenação destes artigos que conferem um sentido geral para ela, é que faz da relação entre os poderes uma experiência de exercício de poder que se transforma aos longos dos anos. Não levar em consideração tais transformações é tratá-lo como algo estático e perder sua historicidade.

Na década de 40, com a volta do Conselho de Estado (1841) e a criação do cargo de Presidente do Conselho de Ministros (1847), novas alterações foram feitas na relação entre a vontade irresponsável e o poder responsável. A primeira tinha como fundamento recuperar uma forma de responsabilidade para os atos do Poder Moderador; a segunda, por sua vez, poderia significar outra relação entre o Poder Executivo e o Poder Moderador, pois instituiu para o chefe do Executivo, ou seja, o Imperador, uma nova maneira de pensar a dinâmica com seus agentes e, por extensão, o próprio exercício do poder.

Ao que tudo indica, a ausência de uma lei positiva, que definisse a responsabilidade pelos atos do Poder Moderador, acabou facilitando uma inversão das regras. As críticas que deveriam ser dirigidas aos ministros, acabaram atingindo o monarca. Ao longo do século XIX, nota-se como os ministros, em grande parte, compreendiam esta artimanha e muitas vezes pareciam se esconder por trás do trono. Notamos, inclusive, uma inversão nos termos. Assim, no início da década de 1860, quando paralelamente à defesa da responsabilidade ministerial, vinda de vozes diversas como Zacarias de Góes, ou do programa político do jornal *Diário do Rio de Janeiro*, começou a ser aventada a idéia de que a irresponsabilidade do monarca estava sendo ampliada para acobertar seus ministros. Em outras palavras, o gabinete se escondia por trás do manto irresponsável e, assim, culpava a "vontade irresponsável" pelos atos que, originalmente, não lhe diziam respeito. Foi talvez deste argumento que passou a ser difundido o outro, o do "imperialismo", da hipertrofia do poder imperial, criando a idéia de que o Imperador se beneficiava do sistema para implantar o governo pessoal[12].

---

12 Este argumento já estava presente no panfleto de Landulpho Medrado (1860), mas que seria retomado em meados da década por vozes diversas. Com a Conferência de Carlos Bernardino de Moura (1869), a transformação dos debates em torno do Poder Moderador ficaria completa, criando como que um retorno

## Referências bibliográficas

BARBOSA, Silvana Mota. *A Sphinge Monárquica: poder moderador e a política imperial.* Tese de doutoramento. Campinas: UNICAMP, 2001.

BONAVIDES, Paulo; VIEIRA, R. Amaral. *Textos políticos da História do Brasil.* Vol. 1, Brasília: Senado Federal, 1996.

BRASILIENSE, Américo *Os programas dos partidos e o Segundo Império.* (2ª ed.) Brasília: Senado Federal; Rio de Janeiro: Casa de Rui Barbosa, 1979. (1ª ed. de 1878)

CARVALHO, José Murilo de. *A formação das almas*: o imaginário da República no Brasil. São Paulo: Companhia das Letras, 1990.

__________. *Teatro de sombras*: a política Imperial. São Paulo: Vértice, Rio de Janeiro: IUPERJ, 1988.

CONSTANT, Benjamin. "Da liberdade dos antigos comparada à dos modernos". *Filosofia Política 2.* Porto Alegre, vol. 2, p. 9-25, 1980.

__________. *Adolpho.* Trad. de Carlos Ed. Barbosa de Azevedo. Rio de Janeiro: Imago, 1992.

__________. *Cours de Politique Constitutionnelle.* (Ed. fac-similar organizada por Édouard Laboulaye em 1861). Nova York: Arno Press, 1979.

__________. *De la force du gouvernement actuel de la France et de la nécessité de s´y rallier (1796), Des Réactions Politiques (1797), Des Effets de la Terreur (1797).* Prefácio e notas de Philippe Raynaud. Paris: Flammarion, 1988.

__________. *Écrits et Discours Politiques.* Apresentação e notas de O. Pozzo di Borgo. Paris: Chez Jean-Jacques Pauvert, 1964.

__________. *Escritos de Política.* São Paulo: Martins Fontes, 2005.

__________. *Princípios de Política aplicáveis a todos os governos.* Rio de Janeiro: Topbooks, 2007.

Constituição do Império Brasileiro, 1824. In: FRANCO, Afonso Arinos de Melo. O Constitucionalismo de D. Pedro I no Brasil e em Portugal. Brasília: Ministério da Justiça, 1994.

FRANCO, Afonso Arinos de Melo. "Introdução". *O Constitucionalismo de D. Pedro I no Brasil e em Portugal.* Brasília: Ministério da Justiça, 1994.

GAUCHET, Marcel. "Benjamin Constant, Princípios de Política aplicáveis a todos os governos, 1806". In: CHÂTELET, F; DUHAMEL, O; PISIER, E. *Dicionário de Obras Políticas.* Rio de Janeiro: Civilização Brasileira, 1993, p. 258-74.

GUEDES, Thomaz Diniz. *O concerto da neutralidade*: análise da formação teórica do poder neutro na Obra de Benjamim Constant. Dissertação de Mestrado, Rio de Janeiro: IUPERJ, 1997.

aos princípios do início do Primeiro Reinado, ou mesmo da regência, através da proposta de supressão da estrutura de quatro poderes.

HOFMANN, Etienne. *Les "Principes de politique" de Benjamin Constant.* La Genèse d'une oeuvre et l'évolution de la pensée de leur auter (1789-1806). Tomo I. Genebra: Libraire Droz, 1980.

KOSELLECK. Reinhart. *Futuro passado*: contribuição à semântica dos tempos históricos. Rio de Janeiro: Contraponto, PUC-Rio, 2006.

LAQUIÈZE, Alain. "Le modèle anglais et la responsabilité ministérielle selon le Groupe de Coppet". In: JAUME, Lucien (org.) *Coppet, creuset de l'esprit libéral.* Paris: Econômica, 2000.

LYNCH, Christian Edward Cyril. "O discurso político monarquiano e a recepção do conceito de Poder Moderador no Brasil (1822-1824)". *DADOS – Revista de Ciências Sociais,* vol. 48, n. 3. Rio de Janeiro: IUPERJ, 2005, p. 611-54.

MATTOS, Ilmar Rohloff de. *O tempo saquarema.* São Paulo: HUCITEC; Brasília, DF: INL, 1987.

SCHWARCZ, Lilia Moritz. *As barbas do Imperador:* D. Pedro II, um monarca nos trópicos. 2ª ed. São Paulo: Companhia das Letras, 1999.

SOUSA, O. Tarquínio de. *História dos fundadores do Império do Brasil*: a vida de D. Pedro I. 3ª ed. rev. vol. III, Tomo II. Rio de Janeiro: José Olympio, 1957, p. 591.

SOUZA, Braz Florentino Henriques de. *Do Poder Moderador:* ensaio de direito constitucional contendo a análise do título V, capítulo I, da Constituição Política do Brasil. (1ª ed., Recife, 1864). Brasília: Senado Federal, 1978.

SOUZA, Iara Lis S. Carvalho. *Pátria Coroada*: o Brasil como corpo político autônomo 1780-1831. São Paulo: UNESP, 1999.

TODOROV, Tzvetan. *Benjamin Constant*: la passion démocratique. Paris: Hachette, 1997.

URUGUAY, Visconde de. *Ensaio sobre Direito Administrativo,* (1ª edição de 1862) Brasília: Ministério da Justiça, 1997.

VASCONCELLOS, Zacarias de Góes e. *Da natureza e limites do Poder Moderador.* (1ª ed. de 1860) Brasília: Senado Federal, 1978.

VASCONCELOS, Bernardo Pereira de. *Bernardo Pereira de Vasconcelos*. Organização e introdução de José Murilo de Carvalho. São Paulo: Editora 34, 1999.

# Capítulo 7 A vocação sociológica do legislador: o pensamento político do Marquês de Caravelas

*Christian Edward Cyril Lynch*[1]

## Introdução

O presente artigo resgata o pensamento político e social de um dos mais relevantes e esquecidos personagens da Independência e do Primeiro Reinado. Refiro-me a José Joaquim Carneiro de Campos, Marquês de Caravelas (1768-1836), burocrata e político que desempenhou um papel central na recepção e na aclimatação do discurso liberal europeu quando da passagem do Antigo Regime para o Estado de Direito, nas décadas de 1820 e 1830. Defensor de um projeto constitucional caracterizado por uma Coroa forte, foi Carneiro de Campos quem expendeu na Constituinte os mais sofisticados argumentos na tentativa de convencer os deputados a conferir ao Imperador os poderes políticos que ele julgava necessários para a consolidação do Estado brasileiro. Por conta de seu destaque como constituinte, o futuro marquês foi escolhido por Pedro I para suceder ao próprio José Bonifácio de Andrada e Silva na condição de primeiro-ministro e, depois, por ele encarregado de relatar o novo projeto de Constituição do Império, na condição de conselheiro de Estado. Foi quando Carneiro de Campos nela inseriu o Poder Moderador, cuja adoção defendera na Constituinte como meio indispensável, no Brasil, de conciliação entre a ordem e a liberdade - tema que acabaria por se achar no centro dos mais importantes debates do século. Ministro de Estado várias vezes depois, chegou ao auge da vida pública, paradoxalmente, nos primeiros meses depois da abdicação do Imperador, quando foi escolhido pelo Parlamento para ser um dos três Regentes provisórios do Império.

Jurista e teólogo de formação clássica, avesso ao construtivismo jurídico de um Rousseau ou Sieyès, Caravelas tinha um sólido e sistemático conhecimento da política das luzes. Embora o marquês cite relativamente pouco – Sólon, Licurgo e Mirabeau -, percebe-se perfeitamente que suas matrizes teóricas são essencialmente três: Aristóteles para a teoria geral da política, Montesquieu para uma sociologia política comparada, e os monarquianos franceses – Mounier, Malouet, Clermont Tonnerre, Lally Tollendal, mas

1 O autor é doutor em Ciência Política pelo IUPERJ, pesquisador bolsista da Fundação Casa de Rui Barbosa (FCRB), professor do Programa de Pós-Graduação em Direito e Sociologia da Universidade Federal Fluminense (UFF) e do Programa de Pós-Graduação em Direito da Universidade Gama Filho (UGF).

também Mirabeau – para a teoria constitucional. Conforme já anunciei alhures, Caravelas foi o principal introdutor do discurso político monarquiano entre nós (Lynch, 2005); daí a importância desses autores relativamente esquecidos para compreender a concepção da Constituição da Inglaterra vigente na época, e que conformou tanto o arcabouço jurídico da Carta brasileira de 1824 como a linguagem da direita coimbrã brasileira à época da independência e por muito tempo depois (Lynch, 2007). Era este um discurso cujas diferenças em relação àquela da oposição brasiliense, depois liberal, deixava entrever os distintos projetos nacionais em disputa na ocasião . Enquanto a linguagem da oposição brasiliense era adiantada no liberalismo, cheia de citações dos autores modernos, isto é, posteriores à Revolução Francesa, o discurso monarquiano coimbrão se inseria no quadro de um liberalismo pré-clássico, cheio de elementos republicanos cívicos, no qual o próprio monarca figurava como o principal defensor de um bem público constantemente ameaçado pela corrupção das facções. Não por outro motivo, Caravelas será o introdutor e, posteriormente, o mais convicto defensor do Poder Moderador na arena parlamentar do Primeiro Reinado e da Regência.

Por outro lado, na qualidade de principal teórico, doutrinário e jurista do grupo palaciano dos coimbrãos, juntamente com José Bonifácio de Andrada e Silva, o resgate do Marquês de Caravelas constitui uma oportunidade extraordinária de verificar o momento mais agudo, no Brasil, daquilo que Koselleck denomina de *Sattelzeit*, isto é, da passagem do Antigo Regime para a modernidade institucional (Koselleck, 2006). Os anos que vão de 1821 a 1824 consistem, sem nenhum favor, no marco zero do liberalismo brasileiro e, por conseguinte, do solavancado caminho que nos levaria à democracia liberal. Assim, são estes um autor e um período que nos fornecem um ângulo privilegiado para compreender seus problemas e dilemas posteriores. Esses problemas e dilemas assumem contornos dramáticos para Caravelas e seus colegas, na medida em que, dada a pobreza do meio e o atraso cultural português, estes antigos burocratas do Reino Unido tiveram que violentar os princípios predominantemente clássicos e absolutistas de suas formações intelectuais para constituir um Estado representativo e constitucional. Apesar de agirem sob a pressão da aristocracia provincial rebelada, a formação jurídica, a experiência administrativa e o olhar particular sobre a sociedade brasileira levaram Caravelas e seus colegas a defenderem um projeto nacional liberal que era, ao contrário do que os fazendeiros esperavam, um projeto crítico das adaptações acríticas; um projeto que buscava conciliar, de um lado, a implantação do governo constitucional e representativo com uma ampla declaração de direitos, e de outro, a garantia de um governo forte, unitário, à altura da utopia do poderoso Império, sempre presente no cenário brasileiro (LYRA, 1994). Nesse aspecto, o Marquês de Caravelas merece ser arrolado como o primeiro de uma plêiade de políticos de vocação sociológica que se seguiram no pensamento constitucional e político brasileiro brandindo a necessidade de construção e fortalecimento do Estado enquanto incubadora adequada da Nação: o Marquês de São Vicente, o Visconde de Uruguai, Joaquim Nabuco, Alberto Torres, Oliveira Viana

Não há aqui espaço para discutir de forma amiudada as razões por que o marquês foi esquecido depois de sua morte, o que pretendo fazer num trabalho mais extenso. Entretanto, adianto que uma delas está no fato de - ao contrário de Cairu, por exemplo – Carneiro de Campos não ter participado do debate político travado na imprensa carioca na época da independência. De fato, foi a partir da análise dos discursos de Caravelas como constituinte e, depois, como senador, que me foi possível reconstruir o conjunto de suas concepções políticas como peças de um mesmo e coerente mosaico. Neste artigo, restringir-me-ei a explorar apenas um dos veios mais interessantes do pensamento de Caravelas – a sua sociologia política que, inspirada em Aristóteles e Montesquieu, se debruça sobre a realidade social brasileira para, a partir desse diagnóstico, dela deduzir as adaptações que deveria sofrer a teoria constitucional européia . Em seguida, , pontuarei minha conclusão comparando as ponderações de Caravelas com a de um sociólogo político de idêntica filiação intelectual - Raymond Aron, que também se dedicou aos problemas do enraizamento do sistema constitucional e representativo em países de formação recente. Dessa exposição e comparação, creio que será possível perceber a agudeza das ponderações de Caravelas e sua importância na condição de primeiro teórico político e constitucional do Brasil. A forma analítica da exposição se justifica pelo desconhecimento generalizado das idéias de Caravelas, apresentado aqui pela primeira vez.

## O homem e sua obra política

Filho de uma baiana e de um comerciante português, José Joaquim Carneiro de Campos nasceu em Salvador a 4 de março de 1768. Não sendo o primogênito, foi destinado por seus pais à carreira eclesiástica, tendo feito seus primeiros estudos no Mosteiro de São Bento. Sem vocação para monge, porém, José Joaquim conseguiu se transferir para Coimbra, onde colou grau como bacharel em Direito e em Teologia. Em Portugal, Carneiro de Campos tornou-se protegido do Conde de Linhares, que o convidou para mestre de seus filhos, fê-lo beber de sua ideologia ilustrada e o integrou na burocracia do Império Luso-Brasileiro como oficial da Secretaria de Estado da Fazenda em Lisboa (Lyra, 1994). Quando da transferência da Corte para o Rio de Janeiro, foi nomeado para a Secretaria de Negócios do Reino, tendo chegado ao posto de diretor-geral. Pouco antes do retorno de João VI a Portugal, em 1821, o Rei o nomeou conselheiro do Tribunal da Fazenda, tendo-o condecorado com a ordem de Cristo. Burocrata do segundo escalão da administração imperial, Carneiro de Campos se viu alçado ao primeiro plano pelo Príncipe Regente Dom Pedro durante a crise da Independência, quando se tornou membro da loja maçônica do Apostolado e envolveu-se com o constitucionalismo palaciano dos Andradas. O cognome de Carneiro de Campos no universo maçônico era justamente *Aristóteles* (Barata, 2007, p. 365), apelido que aludia tanto aos seus conhecimentos de teoria política e de direito público como à sua proverbial apologia da prudência e da moderação - marcas que também eram as de Montesquieu, então considerado o Aristóteles moderno . Possivelmente insuflado por José Bonifácio e por Dom Pedro, José Joaquim e seu irmão mais velho, Francisco, foram eleitos deputados constituintes para aquela que foi a primeira bancada parlamentar da Bahia, em 1823. Foi então que, segundo seu único biógrafo, ele teria feito "aparecer a vasta cópia de conhecimentos políticos que causaram admiração geral e o colocaram no número de brasileiros mais doutos" (Sisson, 1999:202). O futuro marquês defenderia incansavelmente os direitos da Coroa contra as pretensões da esquerda liberal de enfraquecê-la, sem partilhar, todavia, do unitarismo *à outrance* de José Bonifácio.-

Quando José Bonifácio deixou o governo , em julho de 1823, Dom Pedro I escolheu Carneiro de Campos para substituí-lo à frente do ministério . O objetivo declarado do novo governo foi o de pôr fim à política repressiva dos Andradas em relação à oposição esquerda *brasiliense*; ele pensava que sua política moderada facilitaria a aprovação do projeto constitucional defendido pela Coroa e pela direita coimbrã (Armitage, 1981:78). Entretanto, embora tivessem prestigiado Carneiro de Campos ao lhe passarem o governo, os Andradas começaram a hostilizá-lo e ao novo governo tanto da tribuna parlamentar quanto pela imprensa, com o intuito de retornarem ao poder. Essa política desestabilizadora dos Andradas – verdadeiro fogo amigo – impediu que o novo ministério atingisse seu objetivo de apaziguar o cenário político (Monteiro, 1981, p. 761). Fracionada a frente governista, o gabinete Carneiro de Campos experimentou sucessivas derrotas na sua tentativa de limitar os poderes da Constituinte e de garantir ao Imperador o direito de veto da legislação ordinária por ela produzida e que pouco a pouco esvaziava a Coroa de suas competências. Para piorar, o anteprojeto constitucional apresentado em setembro por Antônio Carlos de Andrada Machado, irmão de José Bonifácio, excluía das atribuições imperiais o direito de dissolução da câmara conferido ao monarca constitucional na França e na Inglaterra - ainda que mantivesse outras características monarquianas, como o bicameralismo, o veto quase absoluto do Imperador e uma rigorosa centralização político-administrativa. Por fim, a repercussão do episódio do "brasileiro resoluto", na qual um dentista açoriano foi confundido com um brasileiro nacionalista e espancado por portugueses unionistas em pleno Largo da Carioca, reproduziu na Constituinte cenas que, aos olhos de muitos, evocavam os tumultos parlamentares da Revolução Francesa: populares armados nas galerias e mesmo no meio do plenário, intimidando os deputados para prestigiar os inflamados discursos dos Andradas contra "os inimigos da Pátria" – o primeiro dos quais era, naturalmente, o próprio Carneiro de Campos, cuja vida correu risco na ocasião (Alencar, 1973b, p. 157 e 162). Nem por isso o futuro Caravelas aceitou a decisão do Imperador de dissolver a assembléia como forma extrema de resolução do conflito. Moderado, ele preferiu abandonar o governo a assumir a responsabilidade por aquele ato de força. Acabou substituído pelo deputado Francisco Villela Barbosa, futuro Marquês de Paranaguá, que não hesitou em assinar e fazer cumprir *manu militari* o decreto da dissolução.

Embora o processo de elaboração da Carta seja pouco estudado, o pouco que se sabe aponta pela participação decisiva de Caravelas na confecção da nova Constituição. Na qualidade de conselheiro de Estado, Carneiro de Campos foi encarregado pelo Imperador de relatar o novo anteprojeto constitucional que deveria servir de base à nova Constituinte que deveria se reunir, de acordo com o decreto de dissolução; este projeto deveria ser "duplicadamente mais liberal" que o projeto que vinha sendo discutido na extinta Assembléia . Relator da comissão encarregada de elaborar o anteprojeto, Antônio Carlos fizera uma apressada e prolixa costura de dispositivos das constituições de Portugal, da Espanha, da França e da Noruega, que resultara num conjunto normativo de 272 artigos. Esse projeto mal começara a ser debatido pela assembléia quando ela própria suspendeu o debate para dedicar-se exclusivamente à legislação ordinária, de modo que, quando da dissolução, apenas 16 artigos haviam sido votados. Sob o olhar atento do Imperador, que o visitava quase diariamente, e graças à sua vasta cultura política e jurídica, no exíguo prazo de oito dias (Sisson, 1999:203) Carneiro de Campos pôde aperfeiçoar muitíssimo o projeto dos Andradas, tornando-o mais preciso e mais conciso: seu projeto tinha quase cem artigos menos do que o de Antônio Carlos e era tecnicamente bastante superior, sem prejuízo de seu conteúdo normativo (Monteiro 1982, p. 21; Lima, 1989, p. 60; Diniz, 1984, p. 250). Confeccionando o anteprojeto conforme as convicções declaradas no plenário da Constituinte, mas respeitando o conteúdo das dezesseis disposições já aprovadas pela Assembléia, foram duas as maiores contribuições substantivas de Caravelas.

Primeiro, a inclusão explícita de um quarto poder, o Moderador, destinado a assegurar ao Imperador o papel de gerente do sistema constitucional; segundo, a consagração de alguma descentralização político-administrativa, pela criação de Conselhos Gerais de província. Embora a esquerda brasiliense se apressasse em condená-la como insuficiente, tratava-se de um avanço significativo, se comparado ao unitarismo compacto sugerido pelos Andradas no anteprojeto anterior. Aprovado pelo Conselho de Estado, o anteprojeto do futuro Caravelas foi submetido à apreciação das câmaras municipais que, capitaneadas pelo Senado da Câmara do Rio de Janeiro, opinaram quase todas favoravelmente e pediram sua imediata outorga pelo Imperador. O intuito manifeso era o de poupar o país das delongas e dos desgastes que seriam gerados pela convocação de novas eleições e, depois, mais debates constituintes. A 24 de março de 1824, Dom Pedro I fez promulgar o projeto de Carneiro de Campos que, aprovado pelo Conselho de Estado, tornou-se a Constituição Política do Império do Brasil.

A carreira de Carneiro de Campos, porém, estava apenas começando. Em 1826, quando das primeiras eleições legislativas ordinárias do país, Carneiro de Campos concorreu a uma cadeira de senador vitalício pela província da Bahia; tendo sido um dos três candidatos mais votados, ele foi escolhido pelo Imperador, conforme disposto no art. 43 da Constituição. Sucessivamente agraciado com a Imperial Ordem do Cruzeiro e com os títulos de Visconde (1825) e Marquês de Caravelas (1826), Carneiro de Campos passou a coordenar no Senado a confecção da legislação infraconstitucional necessária ao complemento do novo quadro jurídico nacional. Nesse papel, ele teria continuado, segundo seu biógrafo, a "fazer brilhar sua vastíssima erudição nos discursos que proferiu sobre as mais graves matérias, apresentando a sua opinião com franqueza e sem contemplações humanas" (Sisson, 1999: 203). Nesse meio tempo, Carneiro de Campos destacou-se ainda pelo apoio , na condição de senador e ministro de Estado, ao ensaio de governo de gabinete efetuado pelo Marquês de Barbacena, em 1829, e que, sustentado pela Câmara dos Deputados, foi o mais liberal do reinado (Monteiro, 1982, II, p. 20, 168, 169). Esta reputação de governista moderado e liberal lhe valeu, depois da abdicação de Pedro I, a indicação para membro da Regência trina provisória pelos novos donos do poder - os membros da antiga oposição parlamentar, representantes das aristocracias provinciais. Na condição de Regente do Império, o Marquês de Caravelas atingiu o zênite de sua carreira política. Esta prova de confiança dada pelos moderados da Regência não o impediu, porém, de se opor encarniçadamente às reformas constitucionais por eles propostas no ano seguinte, que, no seu entender, descaracterizariam a Constituição, documento extraordinárioque lograra a proeza de forjar "uma monarquia sem despotismo e liberdade sem anarquia" (ASI, 1832, I, p. 144). Depois do Ato Adicional, ele e seu irmão Francisco, também senador, proporiam um projeto de lei que reformava o Código de Processo Criminal para recolocar o Judiciário, na esfera do governo geral - antecipando-se, deste modo, ao próprio regresso promovido por Bernardo de Vasconcelos e Paulino José Soares de Sousa (Lynch, 2007). O Marquês de Caravelas morreu a 8 de setembro de 1836, aos 68 anos de idade, na sua residência contígua ao Senado, sem deixar filhos ou fortuna. Sepultado na Igreja de São Francisco de Paula, seus restos mortais foram trasladados, catorze anos, depois para o Cemitério do Catumbi.

## A tipologia das formas de governo: soberania, governo misto e sistema representativo

Como Aristóteles, Carneiro de Campos entendia as formas de governo como arquétipos constitucionais que subjaziam aos modos de organização social de cada sociedade particular. Como estudioso da política, ele se recusava a simplesmente aceitar como verdadeiras as denominações reivindicadas por cada uma daqueleas formas em seus nomes ou rótulos. "Os governos se distinguem pelas suas formas externas", explicava. "O caráter particular que constitui a sua natureza e classifica a sua espécie, só a poderemos achar nos poderes que exercem as diversas autoridades que o compõe". A partir desse critério, ele concluía pela existência de quatro constituições ou formas de governo: 1) *república pura ou democrática*, 2) *república representativa ou aristocrática*, 3) *monarquia pura ou absoluta*, e 4) *monarquia constitucional, representativa, temperada ou limitada.* A democracia ou república era a constituição em que a nação participava diretamente do governo, ao passo que , na monarquia absoluta ou despotismo, apenas o monarca o exercia. "Nas *democracias* em que todo o povo junto em assembléia por si mesmo faz as suas leis", explicava ele, "a influência nacional está em zênite político. Neste governo, o supremo magistrado não pode ser mais do que o agente passivo e executor da verdade imediata do povo. A sua influência na legislação se reduz a uma simples unidade; ele aí não figura senão com o seu voto, como qualquer outro cidadão – e não como magistrado, ou chefe da nação". Na monarquia pura ou absoluta, por sua vez, desaparecia "toda a influência nacional. É este um governo diametralmente oposto à democracia: a nação não é nada, seu chefe é tudo. Ele tem em si, reunidos, os poderes legislativo e executivo" (AACB, 26/06/1823). Ou seja, república democrática e monarquia absoluta eram longevos tipos ideais, perfeitamente contrários.

Neste particular, a grande novidade instituída nas últimas décadas havia sido o *governo constitucional representativo*, entendido por Caravelas como uma moderna forma de governo misto. O caráter misto deste governo, por seu turno, residia no equilíbrio nele verificado entre os elementos monárquico, aristocrático e democrático: "O governo representativo é o governo do balanço, cada um dos poderes tem em si uma força de contrapesar os excessos do outro; e desta maneira se conserva o equilíbrio de todas as peças da máquina social" (ASI, 18/06/1832). Neste gênero de constituição, a influência popular decrescia em relação à república democrática, pois já não era a nação que deliberava e legislava por si mesma, e sim seus representantes, eleitos para desempenhar aquela função. Com Montesquieu, Sieyès e Constant, Carneiro de Campos partilhava a idéia de que o governo representativo nascera de uma adequada divisão de trabalho em matéria política e que, como tal, era "obra da necessidade, aconselhada e aprovada pela razão". Na modernidade, essa divisão de trabalho se revelava indispensável para conciliar a necessária participação da nação nos negócios públicos, de um lado, com a qualidade do governo e da administração, de outro. Era por esse motivo que o governo representativo necessariamente assumia uma dimensão aristocrática, entendida esta, todavia, não como uma nobreza hereditária, ou seja, feudal – que, como ele mesmo reconhecia, não havia no Brasil -, mas como uma elite culta e meritocrática; uma aristocracia política selecionada por sua capacidade intelectual e regida pelas "leis da decência e do decoro" (ASI, 30/07/1832). Esta aristocracia era necessária em todas as sociedades, distinguindo-se, pela exigência do talento, meditação e raciocínio

No entanto, enquanto gênero de constituição, o governo constitucional e representativo, caracteriava-se pela variedade de suas espécies. Se o único tipo reconhecido desta forma de governo havia sido por muito tempo a da Inglaterra, desde o final do século anterior haviam surgido outros muito diferentes na Europa e na América, como a da república estadunidense de 1787; a monarquia francesa de 1791 e espanhola de 1812; a república francesa, nas suas diferentes modalidades de 1792, 1795 e 1799; o império francês de 1804 e, ultimamente, a monarquia francesa legítima, restaurada em 1814 e mais próxima da Constituição Inglesa. Nenhuma destas constituições correspondia às tradicionais formas puras de governo – ou seja, à república democrática ou à monarquia absoluta; eram todas modalidades intermediárias entre esta e aquela; diferentes formas mistas que careciam de uma adequada distinção entre elas. Para Carneiro de Campos, a única forma de distingui-las como espécies de um mesmo gênero, a fim de compreender a verdadeira natureza de cada uma, pressupunha uma prévia identificação do elemento político preponderante, embora não exclusivo, de que estas espécies eram compostas. Das duas, uma: ou preponderava o chefe da nação, elemento monárquico, ou a Assembléia, elemento republicano. Caso preponderasse o primeiro, a espécie de governo deveria ser classificada como mais próxima da monarquia pura; caso preponderasse a assembléia, a constituição estaria mais próxima da república democrática.

Entre a monarquia pura ou absoluta e a república pura ou democrática, o governo constitucional e representativo se partia assim em dois tipos intermediários: *a aristocracia, república ou democracia representativa*, governo misto caracterizado pela hegemonia do elemento aristocrático, isto é, a assembléia eleita pela nação; e a *monarquia representativa, moderada, temperada ou mista*, onde a influência da representação do povo, ou seja, da aristocracia eletiva, era contrabalançada pela do chefe da nação, o que resultava num governo misto perfeitamente equilibrado. O primeiro tipo – a aristocracia, república ou democracia representativa – abrangia as repúblicas representativas confessas, como os Estados Unidos da América, e aquelas repúblicas disfarçadas de monarquias, cuja marca distintiva era a fraqueza do chefe de Estado frente à Assembléia - como a França de 1791, a Espanha de 1812 e o Portugal de 1822. O monarca aí não tinha direito de veto, ou este era muito débil; o Legislativo enfeixando competências maiores e mais importantes. Por conseguinte, uma constituição com o ascendente da assembléia, ainda que se intitulasse monárquica, não o seria verdadeiramente e sim uma aristocracia representativa, isto é, um tipo não democrático de república - um *governo misto republicano*. Já o segundo tipo de governo constitucional representativo – *a monarquia constitucional representativa, moderada, temperada ou mista* - tinha por referência maior a Constituição da Inglaterra: "A monarquia representativa", explicava Caravelas, "é um governo misto, que se combina umas vezes com elementos democráticos, outras com a aristocracia e democracia juntamente" (AACB 26/06/1823). Aí, o poder monárquico garantia sua ascendência ou o equilíbrio político, graças ao seu direito de veto e de dissolução daquela assembléia frente ao poder aristocrático ou democrático representativo da Assembléia. Embora, entgre os dois tipos intermediários, o marquês preferisse a monarquia constitucional, ele reconhecia que a opção por uma ou outra forma de governo representativo dependia, em última análise, da decisão soberana da Nação, expressa antes da reunião da constituinte. A constituinte serviria apenas para adequar aquela primeira decisão numa forma constitucional escrita, mais pormenorizada e adequada às necessidades mais prementes do país.

A monarquia constitucional deveria apresentar duas características que garantiam o equilíbrio entre as suas partes., de modo a configurar um perfeito governo misto. A primeira delas residia na integração do monarca no processo legislativo, por meio do direito de veto dos projetos de lei que julgasse formal ou materialmente nocivos à causa pública. Seguindo aqui a orientação dos monarquianos franceses, como Mounier, Malouet e Clermont-Tonnerre (Lynch, 2005), para Caravelas esta era uma prerrogativa essencial à nação na medida em que conferia ao seu chefe o papel de guardião da Constituição, preservando-a das tendências que tinham as assembléias de expandir seus poderes de extrapolarem as competências fixadas naquela lei maior. A segunda característica da monarquia constitucional estava, ao revés, na possibilidade de "os representantes da Nação, em quem muito principalmente reside o Poder Legislativo, concorram com o monarca na criação da lei, e modifiquem ou temperem a autoridade do monarca" (AACB 26/06/1823). Ora, essa faculdade de dispor do direito de veto definitivo na produção legislativa, bem como a de dissolução da câmara baixa, faziam parte das atribuições do monarca na qualidade de chefe supremo da nação, como um *Poder Moderador*; eram elas que lhe permitiam garantir o equilíbrio do governo misto e existiam, de forma expressa ou velada em todas as monarquias representativas. Sistematizado pelos teóricos contemporâneos da monarquia constitucional, como Benjamin Constant, o Poder Moderador resolvera aquele que, para Caravelas, era o problema central da política moderna: forjar uma ordem institucional capaz de equilibrar as justas aspirações à liberdade, materializadas no reconhecimento dos direitos fundamentais dos cidadãos e da esfera social, de um lado, e a necessidade de ordem, materializada na preservação da segurança pela autoridade pública no âmbito do Estado, de outro. Era devido à desconsideração desse imperativo que derivavam todas as revoluções por que atravessava o mundo atlântico desde o final do século anterior.

Mas qual era a natureza institucional deste Poder Moderador? Na esteira das reflexões desenvolvidas durante a Revolução Francesa e a Restauração, Caravelas o apresentava como um controle estrutural da constitucionalidade posto nas mãos do chefe do Estado; como *um poder de exceção a serviço da salvaguarda do sistema constitucional.* Era o direito que tinha a nação de ser protegida pelo representante do bem comum quando estivesse desprovida de meios de autodefesa contra o particularismo dos interesses legislativos; a autoridade imparcial capaz de manter *in extremis* a ordem constitucional contra as veleidades facciosas de seus representantes eleitos. Não sendo possível que o povo soberano agisse por conta própria para fazer valer seus interesses, o fato do governo representativo impunha a existência e a delegação daquele poder que, "como atalaia da liberdade e dos direitos do povo, inspeciona e equilibra todos os outros poderes" (AACB, 26/06/1823). O Poder Moderador era, portanto, um poder discricionário exercido emergencialmente pelo chefe do Executivo para salvar o regime representativo nascente do perigo de desagregação do corpo político; uma espécie de freio de mão leviatânico para as emergências de um Estado constitucional incipiente e frágil, despido de tradições e por isso ameaçado por seu próprio déficit de legitimidade – um sucedâneo aperfeiçoado da ditadura romana, descrita por Maquiavel. Nos *Comentários sobre a Primeira Década de Tito Lívio*, Maquiavel reconhecia a possibilidade de situações excepcionais em que a subsistência da república impusesse tanto a suspensão do equilíbrio constitucional como a concentração de poderes nas mãos de um único magistrado[2]. Ou seja, de forma muito acurada, Carneiro de Campos apontava um parentesco até então insuspeito entre Maquiavel e Constant, que permitia ler o poder moderador pela chave do estado de exceção, como um poder excepcional e discricionário, ainda que limitado, destinado a preservar a ordem constitucional (Lynch, 2004).

Compreendidas as formas de governo como arquétipos deduzidos da observação e comparação dos diversos tipos de governo existentes, portanto, era agora preciso compatibilizá-las com a teoria do poder constituinte, que passava pelo reconhecimento da soberania nacional e de sua capacidade de determinar o próprio governo de modo autônomo. Se, por um lado, como Aristóteles e Montesquieu, Carneiro de Campos entendia as formas de governo como arquétipos constitucionais, recusando-se, como estudioso da política, a simplesmente aceitar como verdadeiras as denominações nominalmente reivindicadas por cada uma delas; por outro, ao reconhecer a soberania nacional como origem e fundamento de toda a ordem política legítima, ele fazia concessões ao construtivismo típico do constitucionalismo ibérico, cuja origem remontava à teoria do poder constituinte de Sieyès e à Constituição francesa de 1791 (Barberis, 2005, p. 223). O que aqui salta aos olhos é o engenho com que Carneiro de Campos conseguiu compatibilizar estes dois critérios, surgidos de duas tradições opostas - o critério voluntarista, decorrente do exercício do poder constituinte, que legitimava qualquer ordem política fruto da vontade da maioria, representante da soberania nacional; e o critério sociológico, decorrente da observação comparada dos modos empíricos por que se organizavam as sociedades, e que produziam um número necessariamente limitado de arquétipos constitucionais. É que o marquês distinguia a decisão soberana de uma nação acerca de sua forma de governo, de um lado, sua organização constitucional por seus representantes, que se seguia àquela e

2 O precedente invocado era o da ditadura romana, a mais importante instituição da república na medida em que viabilizava as condições de sua sobrevida. Os órgãos públicos deveriam escolher o ditador e fixar o tempo de exercício do poder discricionário. Era essa a única forma de escapar ao dilema de escolher, diante do perigo premente, entre duas alternativas igualmente ruins - o legalismo suicida e a discricionariedade tirânica (Maquiavel, 1994:114).

era por ela limitada. Á semelhança de Locke, para Caravelas o soberano nunca deixava de ser a própria nação que, longe de comunicar a quem quer que fosse o seu poder, apenas delegava aos seus mandatários o seu parcial exercício. De forma que nenhum dos órgãos do Estado podia arrogar a representação dessa soberania com exclusividade – nem mesmo uma Constituinte. Daí que aqueles encarregados de dar acabamento constitucional à organização política da nação, já encontrando prontas as bases sobre as quais deveriam trabalhar, não podiam inventar tantas diferentes formas de governo quanto pudessem conceber suas imaginações. A preexistência empírica dos arquétipos possíveis – os quatro acima descritos - já circunscrevia as opções dos organizadores das instituições, que não eram soberanos (AACB, 27/07/1823).

**A vocação sociológica do legislador**

Conforme sustentava há pouco, o gosto de Caravelas pela obra de Aristóteles passava pelo elogio da conciliação, da prudência e da moderação, mas também por uma visão da política elaborada a partir de um exercício de sociologia política comparada. Por sociologia política, aqui, entendo as complexas relações estabelecidas entre, de um lado, as leis, com sua pretensão de intervir no real em nome de valores sociais julgados relevantes pelo Estado, e de outro lado, a época, a natureza humana e a sociedade particular para a qual se legisla. Se, na teoria das formas de governo de Carneiro de Campos, sentimos principalmente a presença da política aristotélica, era a sociologia de Montesquieu que prevalecia na sua compreensão da atividade legislativa. Os legisladores deveriam "olhar para os homens como eles são, sujeitos às paixões, e tendo sempre em vista o seu interesse particular" (ASI, 18/06/1832); por esse motivo, as leis de um país deveriam "ser acomodadas às circunstâncias em que ele se acha, devem ter estreita relação com o seu tempo e os costumes dos seus habitantes" (ASI, 24/05/1826). Daí porque o marquês condenava veementemente a recepção acrítica de leis produzidas em outros países, isto é, a transplantação de diplomas normativos elaborados alhures sem que se levasse em consideração o estado social e econômico do Império como um todo. Para tanto, ele invocava o exemplo dos antigos legisladores gregos, como Sólon: as leis deveriam levar em conta os costumes da comunidade; do contrário, a lei seria inútil, porque ineficaz. "É necessário legislar segundo as circunstâncias. Esta é a grande regra que o todo o legislador deve ter diante dos olhos. O contrário é - como costumam dizer - escrever na areia" (ASI, 29/08/1827).

Como se pôde perceber do lugar do Poder Moderador em suas reflexões, a grande obsessão do Marquês de Caravelas era a de tentar conciliar o governo constitucional representativo, necessidade dos tempos modernos, com a preservação da ordem pública, sem a qual a liberdade constitucional não poderia prosperar. Para ele, este era o problema mais importante da ciência política – em particular da América Ibérica, recém-saída do jugo colonial:

> Homens ignorantes ou perversos não sabem ou fingem ignorar que o problema da associação política, ainda mesmo nos governos mais livres, consiste na manutenção dos direitos individuais dos cidadãos, combinados com a tranqüilidade, segurança e ordem pública; que quem não atende a estes dois dados conjuntamente e os não concilia bem, certamente não resolve o problema, não consegue o fim da organização civil, e segundo prescindir de um dos dados sobreditos, produzirá a anarquia ou o despotismo e tirania (AACB, 23/06/1823).

Por conta da economia colonial e escravocrata e das divisões sociais produzidas pelas diferentes etnias, Carneiro de Campos percebia que os discursos de modernidade política agiam de modo mais seletivo na América do que na Europa. Aqui, eles inspiravam uma minúscula camada de proprietários letrados, ao passo que a maioria esmagadora do restante da sociedade brasileira permanecia numa situação de ainda maior atraso que aquela do Antigo Regime português. Nem por isso se poderia resistir à vontade das elites rurais, cuja escassez numérica era inversamente proporcional ao seu poder socioeconômico concreto. Elas exigiam a introdução de uma forma de governo - constitucional e representativo – que não encontrava amparo infraestrutural para deitar raízes no tecido profundo da sociedade brasileira. Não parecia possível a Caravelas forjar uma ordem à inglesa numa sociedade carente daqueles elementos que, como bom ilustrado, ele julgava serem na Europa os pressupostos daquela ordem: instrução generalizada e opinião pública - ou seja, *luzes*. Por isso, como legislador, todas as propostas de Carneiro de Campos passavam por achar um termo médio que conciliasse a implantação de uma ordem liberal com a construção de um Estado forte, necessário à consolidação do Estado brasileiro.

Assim, embora o marquês timbrasse em se declarar de acordo, em tese, com os princípios políticos enunciados à esquerda por seus adversários mais progressistas, ele sempre salientava que na sociedade brasileira, ao menos por enquanto, eles não podiam ter aplicação em toda a sua extensão; eles precisavam ser adaptados para surtir efeitos positivos. "O legislador, quando organiza uma lei, não deve se guiar só pela imitação do que se faz em outro país; porque é preciso examinar as razões capitais e ver se elas se acham também nos lugares para onde se legisla" (ASI, 9/6/1829). A mesma postura ele guardava face àqueles que se achavam à sua direita. Embora compartilhasse com José Bonifácio a necessidade de reformas que expandissem a capilaridade do Estado a partir da Corte, o Marquês de Caravelas revelava menor confiança nos métodos despóticos e ilustrados do Andrada, cujo violento voluntarismo nunca lhe parecera o caminho mais adequado para atingir o objetivo comum. José Bonifácio sempre tivera predileção pelos déspotas ilustrados, como Pedro da Rússia e Frederico da Prússia; assim, ele julgava perfeitamente possível organizar um Estado demiurgo ao estilo de Pombal que levasse de roldão as resistências do meio brasileiro para abrir estradas, desenvolver a agricultura, promover o uso racional do solo, civilizar os índios, atrair a imigração estrangeira, distribuir terras, construir escolas e universidades, extinguir o tráfico negreiro e preparar o fim da escravidão. Com prudência, mas pulso firme e celeridade na execução, "o legislador, como o escultor faz de pedaços de pedra estátuas, faz de brutos homens" (Andrada e Silva, 1998, p. 174, 307).

Embora partilhasse o ideal de José Bonifácio, todavia, Caravelas era mais prudente; se aquele estava para Voltaire, este estava para Montesquieu. Dado o atraso dos costumes, o que Carneiro de Campos percebia é que o novo regime de liberdade e de igualdade vinha do alto, sem alicerce seguro ou correspondência na sociedade; por isso mesmo, as mudanças não poderiam ser feitas de chofre, sob pena de não vingarem e mesmo de provocarem uma reação adversaa: "A planta que ainda é tenra, precisa de mão benfazeja, que a faça vegetar e crescer" (ASI, 8/5/1829). As reformas deveriam ser feitas com firmeza, mas com moderação, a fim de não atropelar os costumes arraigados no povo. Embora insatisfeito com o Antigo Regime, Carneiro de Campos entendia que o povo não formava ainda uma idéia clara do governo constitucional, tomando-o como sinônimo de liberdade absoluta, ou seja, como o fim de toda e qualquer hierarquia ou respeito à autoridade.

> Em política, não basta atender a direitos abstratamente; muitas considerações devem entrar em linha de conta, quando se trata do seu exercício. É sempre indispensável olhar para os males que podem resultar do exercício desses direitos; e, com muita circunspeção e madureza, atender a que ele não ofenda o princípio primeiro e cardeal da segurança pública - que é tão essencial na sociedade civil, que exclui o exercício de qualquer direito, que com ela seja incompatível (ASI, 23/05/1823).

Carneiro de Campos desenvolvia este argumento para combater o projeto de lei proposto em 1823 pelos Andradas para a centralização da administração das províncias. Embora concordasse com o projeto em suas linhas gerais, ele combatia a sua falta de oportunidade. A adoção abrupta da centralização preconizada pelos Andradas levaria as juntas governativas provisórias, escolhidas pelas províncias depois da Revolução do Porto, a serem substituídas por governadores nomeados pelo Imperador. Carneiro de Campos achava que a imposição dessa medida unitarista, antes de promulgada a Constituição, poderia levar as províncias a cederem à exploração dos partidos que queriam o federalismo e, por conseguinte, a se rebelarem contra o governo imperial e fragmentar o país. Justamente por não compreenderem ainda a forma como se operara a transição do Antigo Regime para o novo sistema constitucional e representativo, bem como a natureza deste último, as populações das províncias não veriam, nos novos presidentes recém-chegados, o símbolo de uma nova era de liberdade – ao contrário, acreditariam assistir ao restabelecimento do despotismo dos capitães-mores. Para Caravelas, um povo que passava subitamente do Antigo Regime para um sistema de direitos individuais, sem a experiência esclarecedora do Iluminismo, não era capaz de distinguir entre liberdade constitucional e liberdade absoluta. Era o que se dava nas províncias:

> Diz-se que o povo era soberano, e disto entendeu-se que cada cidade ou vila podia exercitar as funções da soberania. (...) Diz-se que estava chegada a época da nossa regeneração, e julgou-se que isso queria dizer que tudo devia vir abaixo, as leis não terem vigor, nem os magistrados, autoridade. Destes e outros absurdos é que eu assento que nascem todos os males que se tem sofrido nas províncias. Porque o povo, que é sempre falto de luzes, vai na boa fé do que lhe pregam os mal intencionados que o desencaminham para os seus fins particulares (AACB, 26/05/1823).

Para Caravelas, a elevação do grau de civilização proporcionado pelo Iluminismo era o que explicava a transformação da sociedade européia e, nela, a introdução do governo constitucional representativo, que emancipara do Estado os indivíduos e seus interesses. Ocorre que no Brasil o governo constitucional representativo havia sido adotado para uma população que continuava na mais vil ignorância e, por conseguinte, havia grandes chances de conversão da liberdade em licença, pela exploração que dela fariam os demagogos. Obras políticas que os homens ilustrados liam para a sua cultura geral, sem que aderissem às suas idéias exageradas, eram perigosas nas mãos de pessoas pouco instruídas, que ainda não tinham idéias formadas e por isso aderiam às primeiras que lhes caíam nas mãos (ASI, 9/5/1829). Eis porque, "nestas circunstâncias, em que estamos, devemos atender a muitas razões, e não atender só as circunstâncias relativas da lei" (ASI, 9/5/1829). Eis porque advogava Caravelas a necessidade de se adotarem provisoriamente princípios intermediários, que adaptassem os princípios absolutos e abstratos do liberalismo com a realidade retardatária da sociedade brasileira, até que a ação do Estado começasse por transformá-la. Era o que advertia em 1829:

> Eu sou da opinião que as doutrinas que o ilustre senador apresentou são boas; estou por elas e as adotaria, se visse que a Nação brasileira já tinha todas as luzes precisas. Nesse caso, eu diria que sim, que fosse como diz o ilustre senador. Mas, como estou persuadido disto (ou estarei enganado); por isso, digo que as leis devem ser outras; devem ser acomodadas às circunstâncias. Virá tempo em que possa dar-se essa amplidão; talvez que não seja nos nossos dias, mas será para os que vierem depois. Nós não queremos pôr peias, mas também não queremos uma total liberdade (ASI, 9/5/1829).

Essas eram razões que justificavam a sua defesa de um liberalismo realista, ministrado por uma elite esclarecida. Tratava-se de pensar a representação como um movimento em que o representado elegia o representante e este, por sua vez, tutelava o representado, devolvendo-lhe em razão ou qualidade o que este lhe fornecera em número ou quantidade. Na falta de intelectuais no Brasil, cabia à elite política exercer esse papel para gerar entre nós um equivalente do Iluminismo europeu e, deste modo, formar uma opinião pública esclarecida pela sua ação pedagógica. Daí a relevância conferida por Carneiro de Campos a todas as formas e oportunidades de comunicação com o povo. Contrário àqueles que julgavam dispensáveis as exposições de motivos das leis, ele as defendia como meios valiosos de convencer o povo da utilidade das providências legislativas: "É pela declaração delas que se ganha a opinião pública em favor da lei, e ninguém negará que esta opinião favorável é conveniente no governo representativo" (AABC, 14/06/1823). Era fundamental aproveitar toda a oportunidade que tinham os legisladores se dirigirem ao povo, especialmente no Brasil.

> Num governo livre e representativo, é sempre muito conveniente falar aos povos, e muitas vezes isto é indispensável. Um semelhante governo é o governo da razão e não da cega vontade do déspota; a opinião pública lhe deve servir de bússola. Mas é preciso que esta seja sã, não contaminada de erros. Na grande falta e, que nos achamos de escritores, que tenham tomado sobre si a importante tarefa de instruir o povo, encarreguemos-nos desta alta empresa. Nós, que estamos aqui pela sua livre escolha, possuímos a sua confiança; mostremos-lhe quais são os seus direitos, até onde eles chegam; demos-lhe idéias claras e exatas a este respeito; façamos-lhes ver que não só têm direitos, mas também obrigações;

> indiquemos-lhe os principais; inspiremos-lhe uma justa e bem fundada esperança de bom êxito dos nossos trabalhos (AACB, 20/09/1823).

Mas isto não era o bastante. A adoção de um liberalismo prudente, temperado pelo conhecimento sociológico, por si mesmo, não era suficiente para garantir o êxito do governo representativo sobre a base amorfa da sociedade brasileira, que lhe era hostil. Era preciso encontrar os meios que permitissem a este Estado greanjear um apoio geral, para além da elite de burocratas e proprietários rurais. Daí que fosse indispensável lançar mão de uma metafísica unificadora capaz de caucionar, de servir de guarda-corpo ao pluralismo político, impedindo-o de voltar-se, com seu potencial desagregador, contra o governo que deveria garanti-lo. Para tanto, o novo Estado precisava da colaboração de duas instituições que vinham do Antigo Regime e que, representando a unidade da comunidade, para além dos partidos e interesses que a dividiam, poderiam garantir sua adesão à nova ordem política.

A primeira delas era a Igreja. Embora preconizasse a liberdade de consciência para o individuo no âmbito religioso, por outro lado, ao exemplo de Montesquieu (Althuser, 1981:94), o Marquês de Caravelas reconhecia pragmaticamente sua utilidade como elemento de ordem, porque favorecia a agregação social e o respeito à autoridade constituída, reforçando , desse modo, a observância das leis civis. Capaz tão somente de punir os crimes públicos depois de consumados, o Estado carecia da Igreja para preveni-los, tarefa de que ela se desincumbia ao reprimir as paixões quando seu potencial criminoso ainda se achava em embrião. Parecendo-lhe o justo- meio necessário para garantir a ordem pública, sem sacrificar a dimensão liberal do Estado, Carneiro de Campos se levantava contra toda e qualquer proposta de garantir à Igreja maiores privilégios, em detrimento dos direitos individuais.

> Para ser livre, não basta que a pessoa e os bens do cidadão estejam defendidos e seguros da opressão; é também necessário que o seu espírito desembaraçado das cadeias da tirania possa seguir em liberdade as idéias que ele julga verdadeiras, úteis e necessárias à sua felicidade (AACB, 8/10/1823).

A posição de Caravelas a este respeito era, assim, a de garantir a liberdade de consciência e o direito a cada um de celebrar publicamente seu culto, sem dispensar, porém, a continuidade da união entre Igreja e Estado, que permitia pôr a religião a serviço da política.

Se a Igreja atuava principalmente sobre a moral, a segunda instituição tradicional que lhe parecia indispensável à garantia da ordem no Brasil atuava diretamente no plano político - era a Coroa. Daí que o príncipe deveria ser cercado da mais completa consideração e aparato, ou seja, de toda a simbologia do poder e da hierarquia, para que continuasse a incutir nos súditos o respeito pelo Estado . Esse poder simbólico da monarquia era ainda mais necessário na monarquia constitucional representativa do que na absoluta; devido à falta de ilustração, o povo como um todo era ainda incapaz de compreender racionalmente os motivos pelos quais deveria colaborar para a ordem pública[3]. A natureza braçal e a longa duração dos trabalhos exercidos pela maioria deixavam-na sem tempo para se dedicar às questões públicas e conhecê-las, de maneira que ela acabava por se deixar conduzir , não por idéias e pela razão, mas por gestos e sensações. O poder simbólico da monarquia era, assim, o elemento primário de coesão social num meio de precária opinião pública e de potencial manipulação do povo pelas facções. Explorando argumentos semelhantes aos de Benjamin Constant no segundo capítulo de *Princípios de Política* (Constanti, 1997), Carneiro de Campos explicava que o aparato da Coroa deveria ser inversamente proporcional ao seu enfraquecimento , quando da passagem do Antigo Regime para o governo constitucional; em outras palavras, a pompa monárquica deveria compensar "a falta de certas atribuições que não são próprias do monarca constitucional e neutralizam o menoscabo que, disto, poderia resultar aos olhos do vulgo". Daí a necessidade de o trono apresentar-se de modo a cativar a imaginação da população, infundindo-lhe "o mais profundo respeito e alta consideração, para que apertando assim os misteriosos laços da subordinação, promova a maior docilidade na obediência legal". Num quadro em que as elites políticas deveriam também exercer o papel de elite intelectual, o exemplo de reverência à autoridade deveria vir de cima, dos próprios legisladores.. Como na defesa do papel político da Igreja, não havia aqui nenhum rescaldo de absolutismo, clericalismo ou nostalgia pelo Antigo Regime - ao contrário, os argumentos de Caravelas eram essencialmente pragmáticos. Com todo o seu desejo de cercar o monarca constitucional da maior deferência, ele protestava não querer "que pratiquemos as humilhações e sumbaias, que se fazem aos déspotas. O respeito e a reverência, que eu exijo, não são incompatíveis com a dignidade e caráter nobre do homem livre". Nem por isso esse respeito e essa reverência eram menos essenciais, pois sem eles não seria possível forjar uma ordem de liberdade:

> É necessário que nós, sobre quem tem o povo os olhos, lhe ensinemos pelo nosso exemplo a reverenciar o trono, pois este será o meio mais eficaz para conseguirmos a subordinação legal e evitar a força física que resida na massa não suplante a força moral e a destrua. Tenha-

3 "Nem todo o povo, nem mesmo a maior parte dele tem, nem pode ter, uma idéia exata da natureza dos poderes, quer nos governos livres saem das mãos do monarca; nem concebe como diminuídas as atribuições do monarca, ele possa ainda conservar sobre os mais poderes a preeminência essencial e inalienável da suprema dignidade de chefe da Nação e seu representante hereditário" (AACB, 28/07/1823).

> mos sempre presentes estes princípios, que são axiomas de Direito Público: não há liberdade sem um poder que a sustentem; não há poder sem respeito (AACB, 28/07/1823).

Da mesma forma, eram sociológicos os argumentos que o levavam a se opor a qualquer tentativa de alteração das linhas gerais do modelo político brasileiro, isto é, que consagravam a monarquia constitucional, entendida como governo misto. No caso brasileiro, vez que a Constituição do Império era a expressão de uma decisão soberana da nação de organizar-se como um governo misto, isto é, uma monarquia que tinha por modelo a Inglaterra, em 1832 Caravelas se opôs ao projeto de reforma constitucional encaminhado pela Regência , que passava pela abolição do Poder Moderador e pelo fim da vitaliciedade do Senado. Orando como legislador à antiga – que é como ele se sentia -, Carneiro de Campos reiterava a necessidade de se respeitar as diretrizes do arquétipo escolhido em 1822 pela nação contra as pretensões de Feijó, Vergueiro, Paula Sousa e seus companheiros de substituí-lo por outroa, inspirado naquele dos Estados Unidos. Queriam substituir o governo misto que moldava a monarquia constitucional, para pôr em seu lugar uma impossível "monarquia democrática" (Feijó, 1999:166). Ora, para o Marquês de Caravelas, os Estados Unidos não eram nem podiam ser modelos políticos para o Brasil, que era uma monarquia à européia:

> Estas idéias, que são dos Estados Unidos da América, vêm para aqui como garfo para se enxertar na nossa Constituição, à qual não é aplicável, por não ser da mesma família, e quando estas são diversas, não vinga o enxerto". As constituições monárquicas pertenciam a uma família, e as republicanas, a outra; se o projeto pretendesse abolir a monarquia, aí sim o projeto teria coerência teórica. No entanto, desde que havíamos escolhido a monarquia como forma de governo, "não devemos procurar coisas que nela ficam deslocadas (ASI, 16/06/1823).

Isso não significava dogmatismo, como se tudo o que viesse dos Estados Unidos fosse mau e tudo o que viesse da Inglaterra fosse bom; significa que, do ponto de vista constitucional, ainda que pontos secundários do modelo monarquiano pudessem eventualmente ser modificados – na questão da descentralização, por exemplo -as linhas mestras deveriam ser preservadas para que assegurar o progresso num ambiente de. "Tudo quanto eu vir que não se casa com o nosso sistema e instituições, hei de repeli-lo" (ASI, 18/06/1832). Será com argumentos semelhantes, que o Visconde de Uruguai refutará os projetos parlamentaristas e descentralizadores do Partido Progressista e reafirmará a necessária autonomia do Poder Moderador e da centralização política do Império, na década de 1860 (Lynch, 2007).

Mas, uma vez garantida a estabilidade institucional, quais as soluções apontadas por Caravelas a reforma social? Em primeiro lugar, naturalmente, estava a instrução pública, que deveria ser difundida pela multiplicação de escolas primárias e pela melhor remuneração dos professores.

> É nas escolas que principia a formar-se no espírito da mocidade; as idéias que ali se adquirem deixam impressões profundas, que muitas vezes duram toda a vida; e se, em lugar de idéias sólidas de princípios justos, ali se imbuir a mocidade em erros e prejuízos, ficará perdida. Portanto, estes lugares são de muita importância, e para se acharem homens dignos de os ocupar, é preciso dar-lhes uma subsistência decente; do contrário, ficaremos no mesmo estado em que nos achamos, e que é uma lástima (ASI, 27/08/1827).

Para o pensamento ilustrado de Caravelas, era a educação cívica a "melhor e a maior garantia do governo, porque ela estabelece uma base à segurança e obrigações do cidadão, pois vê-se o seu progresso". A instrução era

> a alma de todos os governos bem constituídos, ao mesmo tempo faz amar os bens, que conhece, e em todo ao sentido o governo é o seu maior bem. É igualmente o maior inimigo do sedicioso, desse homem botafogo. Tudo isto tem a instrução pública, porque se ela aborrece o servilismo, aborrece ainda mais a licença (ASI, 9/5/1829).

Além da educação, Carneiro de Campos punha suas esperanças de reforma dos costumes pela imigração européia – dava preferência aos ingleses, franceses e alemães - e na paulatina abolição da escravidão como regime de trabalho:

> Convém procurar-lhe braços, mas braços industriosos, e não os que temos buscado até hoje com incalculável prejuízo. A terra gosta de ser regada com o suor do homem livre e não com o suor do escravo; este esteriliza, não fecunda (ASI, 20/05/1826).

Era preciso, portanto, abolir o tráfico negreiro e substituir a mão de obra escrava por outra, livre e educada, a fim de se derramar sobre a população "boas máximas e luzes, que o façam identificar-se com o interesse geral; *(e que)* criem e radiquem no coração os estudos e o necessário amor à nova forma de governo (AACB, 3/10/1823). Sete anos depois ele voltava ao assunto, defendendo a abolição do tráfico contra a esquerda liberal escravocrata:

> Quem poderá negar que a cessação do tráfico deixa um vazio que nos há de ser sensível nos primeiros anos? Até aqui, o lavrador, querendo animar as suas plantações, comprava braços com que derrubava matas e fazia os demais trabalhos da sua profissão. Acabou o tráfico da escravatura; quer o lavrador comprar braços de que precisa para a cultura de suas terras, não os acha, não pode aumentar as suas plantações. E que é isto, senão um vazio que deixa a cessação do comércio da África. É da ordem das coisas que a aparição do mal seja muito mais fácil que a sua cura. O Brasil sentirá por algum tempo a falta de escravos, mas há de enfim bendizer a mão que acabou com tão abominável comércio. Em vez de quem não se interessa pelos seus aumentos, terá o agricultor colonos que caprichem e trabalhem com gosto; em vez de ter um considerável fundo empatado, exposto a mil infortúnios, ver-se-á o proprietário bem servido e com os lucros daquele mesmo capital que empatava e muitas vezes perdia na compra de escravos, ou estúpidos e negligentes, ou a quem qualquer enfermidade tirava a existência (...). o Brasil será feliz com um sistema regular de colonização, embora por algum tempo sinta vazio, que deixa a cessação desse comércio, que nenhuma honra faz à humanidade (ASI, 10/05/1830).

## Conclusão

Conforme explicitado na introdução, esta é uma primeira tentativa de abordar o pensamento do Marquês de Caravelas, que explora cerca de metade do material até agora levantado dos anais parlamentares. Embora seja inevitável que uma conclusão, nessas condições, assuma um caráter necessariamente provisório, penso que o aqui exposto já é suficiente para lançar novas luzes sobre a riqueza da teoria política elaborada pelos políticos brasileiros na época da Independência, desmistificando a legenda negra, até hoje reproduzida, do *absolutismo* dos conselheiros de Pedro I, inventada pela oposição brasiliense e perpetuada pela historiografia luzia. Do ponto de vista da linguagem política, isto é, da ideologia, Caravelas pertence àquele primeiro liberalismo da segunda metade do século XVIII e que precedeu àquele que chamamos hoje clássico, que começa com Benjamin Constant e passa por Guizot, Tocqueville e Stuart Mill; é um liberalismo ainda repleto dos topos do republicanismo cívico, e que, entre os defensores da Coroa brasileira, assumiu os contornos da linguagem monarquiana de Malouet, Mounier, Lally-Tollendal e Clermont-Tonnerre (Lynch, 2007). Já o projeto político de Carneiro de Campos era o de um governo de centro, ou de centro direita; que conciliasse as duas tendências em que o espectro político nacional se dividia, em benefício da monarquia constitucional. Suas idéias representavam quase que um meio termo entre aqueles coimbrões que tendiam a sacrificar a liberdade em nome da autoridade ou da ordem, como os Andradas e Maciel da Costa, e aqueles *brasilienses* que, como Alencar, Custódio Dias e Henriques de Resende, preferiam uma organização política que, em nome da liberdade, enfraquecesse o governo central e favorecesse as oligarquias regionais. Tratava-se de conciliar as liberdades características do governo constitucional e representativo, exigido no Brasil pela aristocracia rural e por alguns setores urbanos, com o poder forte exigido pela necessidade de fundar e assegurar a estabilidade do novo Estado. Nessa chave, não havia qualquer contradição entre governo forte e um regime da mais ampla liberdade – muito pelo contrário, a liberdade dos cidadãos era diretamente proporcional à força da autoridade encarregada de garanti-la (Lynch, 2007b). Essa posição, se lhe trouxe a confiança alternada de uma e de outra, lhe trouxe também o isolamento dos que, por sua moderação, se viam premidos pela polarização da luta política – e não cabe dúvida que a política foi essencialmente apaixonada no tempo em que Caravelas foi legislador.

Sem um Estado capaz de assegurar a ordem, seria possível que os cidadãos gozassem das liberdades da Constituição? Para Carneiro de Campos, era impossível ser livre na anarquia; nesse sentido, é frutífero aproximá-lo da sociologia política de Raymond Aron, ela também inspirada em Aristóteles e Montesquieu. Para Aron, as democracias liberais constituem um sistema que regula a permanente competição dos partidos pelo poder – ou seja, a contestação permanente da ordem. Por isso mesmo, o problema fundamental da democracia liberal seria conciliar "a comunhão nacional", isto é, os elementos que mantém a ordem, com a "contestação", ou seja, com o pluralismo político, que concorre para desestabilizar o Estado (Aron, 1965, p. 79). Não é outra coisa a que Caravelas se refere: o pluralismo pressupõe um consenso geral acerca das condições que permitirão seu livre curso em condições de estabilidade (Aron, 1997, p. 124-125). Por isso, é impossível erigir ao mesmo tempo o Estado e a democracia, pois estas seriam tarefas que se perfariam em temporalidades distintas e sucessivas. Caravelas, porém , topou este desafio, acreditando que o Poder Moderador asseguraria a ordem e a unidade nacionais e, portanto, o terreno necessário ao florescimento das liberdades públicas e individuais . Este é um papel que, para Aron, continua a competir ao Poder Moderador, entendido como um chefe de Estado na cúspide do regime, fora e árbitro das competições partidárias.

> Em certos regimes do tipo ocidental – mas não nos países presidencialistas - , o presidente da República ou o monarca passa por estrangeiro, superior às lutas partidárias. Dito de outra forma, tenta-se encarnar num homem a adesão unânime dos governados ao regime e à pátria. O monarca ou o presidente da República é a expressão de toda a coletividade (Aron, 1965:78)[4].

---

4 Do mesmo modo, Caravelas e Aron partilham a idéia de que, uma vez escolhido pelo povo o padrão constitucional básico, este não pode ser alterado em seus fundamentos sem que se desnature a sua própria

Daí a importância de Caravelas enquanto pensador da construção nacional e da centralidade de uma autoridade suprema imparcial, capaz de manter a unidade do Estado por sobre o desagregador embate partidário do Estado liberal.

Gostaria de concluir resgatando a dimensão humana do próprio Caravelas diante dos desafios políticos do seu tempo. Se o seu realismo constitucional era capaz de, diante de uma sociedade invertebrada como a brasileira, forjar um Estado de Direito forte como anteparo à construção nacional, nem por isso o marquês se tranqüilizou depois sobre o futuro do país – sobretudo depois da abdicação e da irrupção das guerras civis nas províncias. Ele sabia que as instituições, por maior que fosse a inteligência do legislador, eram incapazes de se sustentarem sem o concurso de homens razoáveis; isto é, que apresentassem qualidades ou comportamentos compatíveis com a ordem que se pretendia erigir. Para Carneiro de Campos, como para Aron, o respeito pela Constituição era fundamental ao êxito do projeto nacional na medida em que garantia a expressão do pluralismo sobre a base e os limites de uma unidade. Daí que os políticos não deveriam exagerar suas paixões partidárias a ponto de torná-los imprestáveis para soluções de compromisso, dentro do jogo constitucional (Aron, 1965, p. 176-177). À vista da experiência que tinha dos homens e do contexto social brasileiro, porém, o marquês contava sempre com a possibilidade de que isso não ocorresse. Quando lhe objetaram que o monarca ou os ministros poderiam abusar das faculdades que a Carta lhes conferiam, o Marquês de Caravelas lhes respondeu com uma franqueza espantosa: "Quando se fez a Constituição, não se supôs que os homens seriam tão desarrazoados que não quisessem aquilo que não era justo" (ASI, 5/6/1832). Ou seja, ele admitia implicitamente a possibilidade de que a ordem constitucional pudesse não vingar; ele nutria um receio permanente de que as novas instituições não pudessem sobreviver à hostilidade do meio. Exemplo disso foi sua reação à notícia de que a maioria moderada na Câmara orquestrava o golpe, afinal frustrado, de 16 de julho de 1832, que pretendia dissolver o Senado.

> A Constituição do Império, enquanto não for deitada abaixo, é que nos governa, e enquanto ela governar, o Senado há de existir e os atos do Corpo Legislativo só serão iguais tendo o consentimento das duas câmaras (...). Somos uma autoridade constituída, a primeira do Império, e que forma a principal parte do Corpo Legislativo. As resoluções da Câmara dos Deputados, por si só não podem ter força de lei, *a não haver uma resolução violenta que*

---

essência: "Os sistemas políticos não são uma simples justaposição de instituições, eles comportam uma lógica interna. (...) Quando me dedico a essa análise, não descrevo os sistemas em sua diversidade, em seus traços concretos, tento capturar um tipo abstrato. (...) Os regimes políticos apresentam uma coerência cuja compreensão desvela a inteligibilidade" (Aron, 1965, p. 89).

> *declare que a outra câmara fica só à testa da Revolução. Porque, então, deitou-se por terra a Constituição, e não existindo ela, está dissolvido o Senado* (ASI, 30/7/1832).

Ou seja, ele resistiria enquanto a legalidade prevalecesse; quando ela fosse subvertida, ele realisticamente cederia sem lutar às circunstâncias, reconhecendo o seu fracasso como legislador, sem esboçar resistência. Daí certa angústia, oculta por trás da coerência doutrinária de seus argumentos; como se, apesar de todas as minuciosas precauções por ele tomadas na Constituição e nos seus projetos de lei , ele também temesse, como dizia, construir na areia. Caravelas mal podia imaginar que sua obra permitiria sim a fundação da unidade brasileira em bases sólidas; que ela duraria 67 anos e seria a mais longeva de todas as suas constituições...

## Referências bibliográficas

**Arquivos:**

AACB – Anais da Assembléia Constituinte Brasileira.

ACD – Atas da Câmara dos Deputados.

ASI – Anais do Senado Imperial.

**Obras citadas:**

ALENCAR, José Martiniano de (1973). [1863]. A Constituinte perante a História. In: NOGUEIRA, Octaciano (org.). *A Constituinte de 1823 – obra comemorativa do sesquicentenário da instituição parlamentar.* Brasília, Senado Federal.

ALTHUSSER, Louis (1981). *Montesquieu : La Politique et l'Histoire.* Paris, Presses Universitaires de France.

ANDRADA E SILVA, José Bonifácio (1998). *Projetos para o Brasil.* Organização de Miriam Dohnikoff. São Paulo, Companhia das Letras.

ARISTÓTELES (1997). *Política.* Brasília, Editora da UnB.

ARMITAGE, John (1981) [1831]. *História do Brasil: desde o período da chegada da família de Bragança, em 1808, até a abdicação de D. Pedro I, em 1831, compilada à vista dos documentos públicos e outras fontes originais, formando uma continuação da História do Brasil, de Southey.* Belo Horizonte, Editora Itatiaia.

aron, Raymond (1965). *Démocratie et totalitarisme.* Paris, Gallimard.

_______________(1997) [1952]. *Introduction à la Philosophie Politique : démocratie et révolution.* Paris, Éditions des Fallois.

BARATA, Alexandre Mansur (2007). Constitucionalismo e Sociabilidade na Cidade do Rio de Janeiro (1822-1823) – A Nobre Ordem dos Cavaleiros da Santa Cruz e o Projeto de Constituição para o Império do Brasil. In: CARVALHO, José Murilo (org.) *Nação e Cidadania no Império: Novos Horizontes.* Rio de Janeiro, Civilização Brasileira.

BARBERIS, Mauro (2005). Os Limites do Poder: a Contribuição Francesa. In: DUSO, Giuseppe (org.). *O Poder – História da Filosofia Política Moderna.* Petrópolis, Editora Vozes.

CONSTANT de Rebecque, Benjamin (1997). *Écrits politiques.* Textes choisis, présentés et annotés par Marcel Gauchet. Paris, Gallimard.

DINIZ, Hindemburgo Pereira (1984). *A Monarquia Presidencial.* Rio de Janeiro, Nova Fronteira.

FEIJÓ, Diogo Antônio (1999). *Diogo Antônio Feijó.* Organização, introdução e notas de Jorge Caldeira. São Paulo, Editora 34.

LIMA, Manuel de Oliveira (1989). *O Império Brasileiro (1821-1889).* Itatiaia, São Paulo e Belo Horizonte.

LYNCH, Christian Edward Cyril (2005). *O Discurso Político Monarquiano e a Recepção do Conceito de Poder* Moderador no Brasil (1822-1824). Rio de Janeiro, Dados vol. 48 nº. 3, pp. 611-654.

______________ (2007a). *O Momento Monarquiano – O conceito de Poder Moderador e o pensamento político imperial.* Tese de doutorado. Rio de Janeiro, IUPERJ.

______________ (2007b). A Utopia Democrática – Rui Barbosa entre o Império e a República. In: SENNA, Marta de (org.). *Rui Barbosa em perspectiva: seleção de textos fundamentais.* Rio de Janeiro, Fundação Casa de Rui Barbosa.

LYRA, Maria de Lourdes Viana (1994). *A Utopia do Poderoso Império.* Rio de Janeiro, Sette Letras.

MAQUIAVEL, Nicolau (1994) [1517]. *Comentários sobre a primeira década de Tito Lívio.* Brasilia, Editora da UNB.

MONTEIRO, Tobias (1981). *A Elaboração da Independência.* Belo Horizonte, Itatiaia.

______________(1982). *História do Primeiro Reinado.* Belo Horizonte, Itatiaia.

POLIBIO (1996). *História.* Tradução de Mario da Gama Kury. Brasilia, Editora da UnB.

RIO BRANCO, José Maria da Silva Paranhos, Barão do (1946). *Efemérides Brasileiras.* Rio de Janeiro, Ministério das Relações Exteriores.

SISSON, S. A. (1999). *Galeria dos Brasileiros Ilustres.* Brasília, Senado Federal.

SKINNER, Quentin (2005). *Visões da Política: sobre os métodos históricos.* Portugal, Difel.

SOUSA, Otávio Tarquínio (1972). *A Vida de Dom Pedro I.* Tomo II. Rio de Janeiro, José Olímpio.

# Capítulo 8 À nação independente, um novo ordenamento jurídico: a criação dos Códigos Criminal e do Processo Penal na primeira década do Império do Brasil

*Andrea Slemian*[1]

A redação da lei é uma coisa extraordinária.
(Antônio Ferreira França, Câmara dos Deputados, 10/setembro/1830)

Logo que se iniciaram os trabalhos do Parlamento brasileiro no Rio de Janeiro, em 1826, esteve presente o esforço pela criação de códigos jurídicos que sistematizassem as normas e implementassem um novo padrão legislador ao Império do Brasil. O primeiro a apontar sua necessidade foi o representante por Minas Gerais, José Antonio da Silva Maia, poucos dias após a abertura da Câmara dos Deputados. Ele propunha a nomeação de uma comissão para apontar as medidas que deveriam ser tomadas para a organização dos Códigos Civil e Criminal, indicação reforçada por outra do pernambucano Domingos Malaquias de Aguiar Pires Ferreira (posteriormente, Barão de Cimbres), para que se oferecesse um prêmio àquele que apresentasse o melhor projeto[2]. As duas propostas foram parar na comissão de legislação, justiça civil e criminal, que emitiria, meses depois, um parecer impecável sobre a matéria.

Afirmando ser "objeto da maior importância" para "felicidade dos povos", o texto do parecer endossava a imperiosidade da feitura de um "código completo" que contivesse "todos os direitos e obrigações nos diversos estados e relações sociais", embasado nas "sólidas bases da justiça e equidade" e acomodado "à índole de cada povo" e a sua "forma particular de governo". Segundo o parecer, o fato da "nação brasileira" ter se tornado independente da portuguesa, com a qual estivera "unida por mais de três séculos", indicava a urgente tarefa, bem como "um sem número de leis extravagantes" que tanto tornavam

1 Pesquisadora do Instituto de Estudos Brasileiros (USP) financiada pela FAPESP (pós-doutorado), integrada ao Projeto Temático *Formação do Estado e da nação no Brasil: c.1780-1850* alocado na mesma instituição.

2 Ambas propostas foram apresentadas no dia 12/maio/1826. *Annaes do Parlamento Brasileiro*. Câmara dos Deputados. Sessão de 1826 [APB-APB-CD (1826)], Rio de Janeiro, Typographia do Imperial Instituto Artístico, 1874, t. 1, p. 59.

impossível sua aplicação e conhecimento como sua adequação "aos povos do Brasil". Propunha que três fossem os Códigos criados: um civil (dividido em duas partes, uma para matérias civis e outra para o processo civil), um criminal (igualmente em duas partes, a primeira penal e a segunda processual) e um comercial. Para tanto, seria conveniente a Câmara convidar os "sábios e jurisconsultos a empreender este árduo trabalho", oferecendo distinções honoríficas, medalha pelo "reconhecimento e gratidão do Brasil", e também um prêmio para os projetos escolhidos[3].

Embora o texto do parecer sequer tenha entrado em discussão, ele tocava fundo em um dos desafios vividos pelos então legisladores: o da construção de um campo de direito nacional para o Império do Brasil, por mais que subsistissem conflitos entre os contemporâneos sobre as bases de sua unidade política[4]. Tarefa idêntica esteve presente em todo o mundo ocidental desde, pelo menos, meados dos setecentos quando as estruturas políticas tradicionais das monarquias européias tiveram de ser definitivamente reconstruídas levando em conta a racionalização e a sistematização de uma esfera jurídica *nacional* (ou mesmo *pátria*, como fora chamada em Portugal) face ao universo do direito entendido como *universal*[5]. Nesse sentido, o problema central da criação normativa apareceria, ainda que em tempos distintos para cada espaço, na relação entre a *universalidade* – tendo em vista a crença ilustrada na concepção de um padrão universal de homem e de direitos, solidamente encampado pelos revolucionários franceses em 1789 – e a *particularidade* – como necessidade de adequação desses mesmos princípios a cada sociedade (o que transparecia, sobretudo, nos momentos em que esteve em jogo a positivação da lei, isto é, a transformação de princípios em leis efetivas). Nos termos do citado parecer, tratava-se do dever de acomodação das "sólidas bases da justiça" a "cada povo". Se isso foi um problema na conformação do campo jurídico dos emergentes Estados nacionais europeus, o que dizer da América, onde a ruptura provocada pelas Independências teve que

---

3 Idem, t.4, sessão de 01/agosto, p. 16-17. Os autores do parecer foram os magistrados José da Cruz Ferreira, deputado pelo Rio de Janeiro, Antônio Augusto da Silva e Antônio da Silva Telles, ambos deputados pela Bahia.

4 José Reinaldo de Lima Lopes, "Iluminismo e jusnaturalismo no ideário dos juristas da primeira metade do século XIX", István Jancsó (org.), *Brasil. Formação do Estado e da nação*. São Paulo/Ijuí, Hucite/Fapesp/Unijuí, 2003, p. 195-218.

5 Sobre o processo geral de crise que abalou os alicerces políticos das tradicionais monarquias européias, ver Reinhardt Koselleck, Modernidad. In: *Futuro passado para uma semántica de los tiempos históricos*. Barcelona: Paidós, 1993. Sobre a transformação nas bases jurídicas, ver R.C. van Caenegem, *An historical introduction to western constitutional law*. Cambridge: Cambridge University Press, 1995, cap. 6-8.

dar conta da conformação de novas unidades políticas face à uma diversidade de regiões, identidades e interesses, porque herdada da colonização.

Igualmente significativo no texto do parecer é o caráter de novidade e grandiosidade que haveria na tarefa da codificação, que por essa razão caberia apenas aos "sábios" e deveria ser muito bem recompensada como um grande feito ao Império (posteriormente, uns argumentarão que o Brasil teria homens capazes de fazê-la, outros que não). Sua primazia tinha relação com a importância que a criação legislativa vinha adquirindo no mundo ocidental desde o século XVIII, mimetizada pelo ideário constitucional criado com a primeira onda de revoluções burguesas. Desde então, observa-se que o próprio termo *Constituição* perdia seu conteúdo descritivo, ligado a normas que regulamentavam o "exercício do domínio", e apresentava-se cada vez mais vinculado a um conceito-objetivo prescritivo que passava a transportar expectativas definidas na construção de novos ordenamentos políticos[6]. Não à toa, novos regimes surgidos desde então passaram a falar em nome de uma Constituição e projetavam para o futuro sua realização. A esta deveria seguir-se um processo de positivação da lei, que era exatamente o que se propunham a fazer os deputados a partir de 1826.

Vale notar que, de todas as matérias propostas para codificação, seriam aprovados apenas um Código Criminal (1830) e um outro para o Processo Penal (1832) na primeira década pós-Independência. Um Comercial seria aprovado apenas em 1850, e o Império não conheceria nenhum Código Civil, a despeito das tentativas feitas para sua criação no Segundo Reinado. Por mais diversas e controversas que possam ser as razões para explicar esse processo no Brasil, nossa proposta aqui é demonstrar que, no seu início, ele esteve de acordo com o que os primeiros legisladores conceberam como de maior necessidade. Necessidade esta que tomou parte igualmente na estrutura de outros novos Estados nacionais ocidentais, haja vista a profunda transformação pela qual passava o sistema penal em todo mundo atlântico.[7]

No Brasil, a aprovação dos dois citados Códigos entraria num amplo programa de reformas implementado pelo Parlamento desde o Primeiro Reinado, o qual, por meio do esforço na criação de uma nova estrutura institucional, esteve diretamente relacionado

---

6 Dieter Grimm, verbete "Verfassung (II)", Otto Brunner (et. alli.), *Geschichtliche Grundbegriffe.* Historisches Lexikon zur politisch-sozialen Sprache in Deutschland, Stuttgart. Klett-Cotta, 1984, vol. 6, p. 863; Dieter Grimm e Heinz Mohnhaupt, *Verfassung.* Zur Geschichte des Begriffs von der Antike bis zur Gegenwart, Berlin: Duncker & Humblot, 1995, p. 100: e ss. .

7 Norval Morris e David J. Rothman (orgs.), *The Oxford History of the prison.* New York: Oxford University Press, 1995.

com o errático caminho de construção de uma nação brasileira (na época, concebida como um *pacto político*) face à implosão da unidade imperial portuguesa. Diante das disputas políticas que marcaram esse processo, foi consenso entre os artífices do novo Estado que era preciso, antes de mais nada, garantir seu funcionamento e estabilidade, daí a primazia dada à organização dos aparelhos de ordem interna. Para isso, ao contrário do que se poderia pensar, seus protagonistas valeram-se do sentido mais moderno então existente para lei: estiveram longe de concebê-la como um instrumento de ficção, mas apostaram na sua capacidade de transformação de uma realidade cuja dinâmica era por eles profundamente conhecida (por mais que não tivessem informações precisas de todos os territórios que faziam parte do Império).

Os dois primeiros Códigos serviram, igualmente, de arma política para grupos em disputa na Corte do Rio de Janeiro que, buscando solidez institucional, apostaram na formação da Regência como alternativa moderada face ao radicalismo político que tomou conta do Império desde fins de 1830[8]. Vale dizer que este foi um momento em que a Assembléia viveu uma intensa tensão interna mimetizada, entre outras, pelas controvérsias sobre a reformulação das bases constitucionais do Império já implementadas, que levariam ao Ato Adicional de 1834. Ainda assim, entre seus pares existiu uma maioria que garantiu a aprovação dos dois projetos inovadores de Códigos, ambos na segunda legislatura (1830-1833). Seus pontos de confluência fizeram com que fossem classificados na esteira de um projeto liberal de garantia da ampliação dos direitos, de aposta na construção de um moderno sistema penitenciário e de valorização da ação judiciária das autoridades locais (como a dos juízes de paz) diante da tentativa de negação da herança portuguesa[9]. O futuro revelaria algumas das limitações desse projeto para o Império que, desde sua criação, já lhe eram latentes.

Assim, vejamos primeiramente um panorama das bases da construção constitucional pós-Independência, passando para os debates e disputas que nortearam, entre os deputados, a consecução dos Códigos, para marcar como nossos primeiros

---

8 Ilmar Rohloff de Mattos, "La experiencia del Imperio del Brasil". Antonio Annino (et. alli), *De los imperios a las naciones: Iberoamerica.* Ibercaja/Obra Cultural, 1994.

9 Sobre como a historiografia tem destacado o caráter inovador dos primeiros Códigos, e sua associação com o projeto liberal ver: Roderick J. Barman, *Brazil:* the Forging of a Nation (1798-1852), Stanford: Stanford Univ.Press, 1988; Ilmar Rohloff de Mattos, *O tempo saquarema.* A Formação do Estado Imperial. Rio de Janeiro: Acess, 1994; Thomas Flory , *El juez de paz y el jurado en el Brasil imperial.* Control social y estabilidad política del nuevo Estado. México: Fondo de Cultura Económica, 1986; Francisco Iglésias, *Trajetória política do Brasil 1500-1964*, 2ª. ed. São Paulo: Companhia das Letras, 1993.

legisladores elegeram a junção entre nação, Constituição e codificação como uma agenda a ser cumprida.

## O pacto constitucional e a construção da legalidade no Império do Brasil

No Brasil, como em toda a América ibérica, o ideário constitucional serviria de pedra de toque para o projetos de Independência levados a cabo nas primeiras décadas do século XIX. É fato que quando D. Pedro, enquanto Príncipe Regente no Rio de Janeiro, anunciou o decreto, em 03 de junho de 1822, para instalação de uma Assembléia Constituinte nesta capital, a medida foi muito bem recebida na América portuguesa. A idéia era que ela, a princípio, funcionaria *pari passu* aos trabalhos das Cortes legislativas de Lisboa – instaladas em 1821, após a Revolução do Porto, na tentativa de regeneração do Império português e que exigiram a imediata volta do monarca –, o que acabou sendo impossível devido às tensões que imperavam na Casa entre os representantes de ambos os hemisférios[10]. Foi quando grupos políticos de várias províncias do Brasil puderam vislumbrar nessa iniciativa um espaço para consecução de seus interesses; o que explica, em grande medida, a adesão que o projeto de Independência e de formação de um novo Império obteve inicialmente por parte da maioria dos territórios portugueses no Novo Mundo[11].

A partir de então, a formalização da ruptura em relação a Portugal abriria um amplo campo de expectativa quanto ao futuro de uma nova unidade política que, sendo constitucional, deveria contemplar tanto os direitos inalienáveis dos homens como a separação e controle entre os poderes políticos, premissas então fundamentais em todo mundo ocidental[12]. Forjar o *pacto* político que deveria dar materialidade à nação brasileira era parte da urgente tarefa de invenção de uma legitimidade a um novo regime que não contava com a adesão em toda a América portuguesa (como se sabe, Bahia, Maranhão, Pará e Cisplatina não adeririam ao Império em 1822).

Conforme a medida decretada por D. Pedro, foram abertas as portas de uma Assembléia Constituinte e Legislativa no ano de 1823, que em função das guerras de In-

10 Márcia Regina Berbel, *A nação como artefato.* Deputados do Brasil nas Cortes portuguesas 1821-1822. São Paulo: Hucitec/Fapesp, 1999.

11 Roderick J. Barman, *Op. Cit.*; e Miriam Dolhnikoff, *Construindo o Brasil:* unidade nacional e pacto federativo nos projetos das elites (1820-1842): São Paulo: FFLCH - USP. Tese de Doutorado, 2000.

12 Maurizio Fioravanti, *Constituición:* de la antiguidade a nuestros dias. Madri: Trotta, 2001.

dependência não contaria com a representação de todas as províncias pretendidas pelo Império. Isso não foi impeditivo para o início dos seus trabalhos (desde que 50% mais um do número de deputados esperado lá comparecesse) e, mesmo, para aprovação de decisões. Na justificativa para seu funcionamento, utilizava-se o sentido novo (em relação aos conteúdos identitários predominantes no Antigo Regime) de *nação* enquanto unidade abstrata e soberana – composta por indivíduos unidos por sua vontade ao pacto–, cujos deputados individualmente deveriam representar a totalidades dos interesses coletivos. Concomitantemente, um outro significado do termo – como união de partes distintas e autônomas sob um mesmo governo, vinculado ao ideário jusnaturalista mas também remodelado com os tempos constitucionais – impunha que seus representantes defendessem, preponderantemente, os interesses de suas localidades; sendo assim, para questões fundamentais, caberia esperar a chegada dos deputados das províncias ainda não representadas. Inúmeros exemplos poderiam ser dados das discussões que envolveram ambos os sentidos de nação, e era evidente que o primeiro, de substrato moderno, era amplamente utilizado, mas não apenas por aqueles defendiam um projeto imperial centrado no Rio de Janeiro[13].

Desde o início dos trabalhos da Constituinte já ficara evidente existir entre os deputados uma preocupação não apenas com o estabelecimento das bases de um *novo pacto*, mas também com a tomada de medidas urgentes no que dizia respeito à administração do Império e reformulação da legislação existente. Apesar do curto período de existência da Casa, os vários projetos de lei, as centenas de propostas e indicações apresentadas tratavam de várias questões consideradas como cruciais; a título de exemplo, a da liberdade de imprensa, a da organização do governo para as províncias (com vistas à extinção das Juntas de Governo criadas pelas Cortes de Lisboa), e mesmo a da regulamentação dos bens dos defuntos e ausentes (que teve longuíssima discussão em função da nova separação entre os portugueses do Brasil e os de Portugal). No que tocava à construção de um campo de direito nacional, já que toda a legislação vigente ainda era portuguesa, a Assembléia aprovaria uma lei, em 20 de outubro de 1823, que declarava em vigor todas as leis que regiam o Brasil até a permanência de D. João VI, também as criadas por D. Pedro como Príncipe Regente, e especificava quais decretos aprovados pelas Cortes lisboetas teriam validade. Isso enquanto não se aprovasse um corpo de leis para o Brasil.

---

13 Andréa Slemian, *Sob o império das leis:* Constituição e unidade nacional na formação do Brasil (1822-1834), São Paulo: FFLCH- Universidade de São Paulo. Tese de Doutoramento, 2006, cap. 1.

O estabelecimento dos critérios de nacionalidade também foi objeto de discussão por meio, sobretudo, de um projeto apresentado pelo deputado pernambucano Francisco Muniz Tavares, que previa que seriam considerados "cidadãos brasileiros" todos os "portugueses" que residissem no Brasil e "que tivessem dado provas não equívocas de adesão à Sagrada Causa da Independência"[14]. Após ampla polêmica gerada entre os deputados, potencializada pelo clima de anti lusitanismo que se observava nas galerias da Assembléia e nas ruas da cidade[15], optou-se por deixar a matéria para o texto constitucional. Este começaria a ser discutido em setembro de 1823, por meio de um projeto elaborado por uma comissão visivelmente liderada pelo paulista Antônio Carlos de Andrada Machado, e que foi a base da Carta elaborada meses depois por conselheiros nomeados por D. Pedro I após o fechamento da Assembléia[16].

Nota-se que o crescente nível de tensão na Casa legislativa foi em menor medida causado pelas discordâncias no âmbito da construção constitucional propriamente dita do que pelas ferrenhas disputas que se acirravam na Corte, especialmente após a queda do ministério dos Andradas em 16 de junho de 1823 e a chegada dos deputados da Bahia após a relativa pacificação da região. Assim, ainda que a discussão do projeto de Constituição seguisse seu curso e chegasse a aprovar seus primeiros 22 artigos sem insuperáveis dissensões, no segundo semestre de 1823 o clima era cada vez mais turbulento. Issose valeria D. Pedro para falar em nome de "projetos facinorosos" e justificar a dissolução da Assembléia, em 12 de novembro; de fato, ele usaria sua legitimidade monárquica (atributo que havia sido tão bem resguardado pela Santa Aliança na Europa com a onda contra-revolucionária européia após 1814) para fazê-lo aliado à promessa, rapidamente cumprida, de elaboração de uma Carta Constitucional.

Todas as contestações que então se fizeram ao fechamento da Assembléia deixavam clara a existência de projetos alternativos, ainda que por hora vencidos, inclusive, por meio do uso de força. No entanto, grande era a expectativa que o texto constitucional ainda trouxesse consigo um novo regime, e a possibilidade de sua criação passaria a dividir partidos e grupos em cada uma das províncias. Nestes termos, a despeito do liberalismo

---

14 Projeto apresentado na sessão de 22/maio/1823, Diário da Assembléia Geral, Constituinte e Legislativa do Império do Brasil - 1823 (edição fac-similar) [DAG], Brasília, Senado Federal, 1973,vol. 1, p.100 (disponível na internet no endereço: www.camara.gov.br).

15 Gladys Sabina Ribeiro, *A liberdade em construção.* Identidade nacional e conflitos antilusitanos no Primeiro Reinado. Rio de Janeiro: Relume Dumará/Faperj, 2002.

16 Idem, sessão de 01/setembro, p. 689-98.

moderado da Carta Constitucional de 1824 – com ênfase na ação do Executivo, na criação do Poder Moderador e de um Legislativo bicameral, entre outras características afeitas às monarquias restauradas – ela materializou uma ruptura que lançava para um futuro próximo a regulamentação de várias instituições e cargos, estabelecendo igualmente a urgente feitura de Códigos para o Brasil[17]. A força que tal projeção produziu à época é referendada em um discurso que o paraibano Joaquim Manoel Carneiro da Cunha pronunciaria, anos depois, na Câmara dos Deputados. Tendo sido um combativo representante em 1823, ele confessava, em 1830, que dera seu voto ao projeto de Constituição do Imperador quando lera entre seus artigos um que marcava as atribuições dos Conselhos Gerais de Províncias – órgão criado para o governo provincial, substituído a partir do Ato Adicional pelas Assembléias Legislativas locais – por considerá-lo uma medida liberal com caráter federal[18]. Se essa leitura fora possível, era porque a outorga da Carta forneceu base para um discurso constitucional que contemplasse os direitos de cada uma das suas partes na entrada do Império nos *novos tempos*.

Para realização dessa agenda, o Parlamento brasileiro abriu suas portas pela primeira vez no Rio de Janeiro, em 1826, composto por Senado e Câmara dos Deputados. A primeira Casa era vitalícia e a segunda eletiva, renovada a cada quatro anos, conforme marcava a Constituição. Esta congregava representantes devidamente eleitos em cada uma das províncias e encampou, desde o início dos seus trabalhos, a legitimidade da tarefa de renovação do ordenamento jurídico, com o intuito de incorporação dos recônditos mais longínquos do território à esfera da lei. Daí o amplo programa de reformas implementado, sobretudo nas duas primeiras legislaturas (de 1826 a 1833), por meio da criação de órgãos e instituições que valorizavam a eficácia do Estado na construção de uma ordem nacional. Entre elas estavam importantíssimas medidas que forneceriam características vitais para o novo regime: no âmbito da justiça, a criação do cargo de juiz de paz (1827) e do Supremo Tribunal (1828); o novo regimento para as Câmaras municipais (1828) que as transformou em instâncias administrativas vinculadas aos

17 Artigo 179, parágrafo XVIII: "Organizar-se-á quanto antes um Código Civil, e Criminal, fundado em sólidas bases da Justiça, e Equidade".

18 Refere-se ao artigo 81 que afirmava que os Conselhos Gerais poderiam "propor, discutir e deliberar sobre os negócios mais interessantes de suas Províncias; formando projetos peculiares, e acomodados às suas localidades, e urgências". *Annaes do Parlamento Brasileiro*. Câmara dos Deputados. Sessão de 1830 [APB-CD 1830]. Rio de Janeiro: Typographia do Imperial Instituto Artístico, 1878, t.1, sessão de 23/junho, p. 475.

governos das províncias; o estabelecimento das Tesourarias Provinciais (1831) para resolução do candente problema de escoamento de recursos para a Corte; a aprovação da primeira Lei de Orçamento (em 1832), que instituía uma divisão entre rendas provinciais e nacionais e fomentaria, pelo seu teor, uma série de críticas e conflitos; a formação da Guarda Nacional (1831), na tentativa de dar conta da falta de força militarizada; e mesmo a criação das Faculdades de Direito em São Paulo e em Olinda (1827), com o intuito de promover uma cultura jurídica nacional, além de formar quadros políticos para o Império em construção. Isso sem contar a aprovação dos dois primeiros códigos: o Criminal e o do Processo Criminal.

Não há dúvida que o esforço de nossos primeiros legisladores na criação normativa de uma nova unidade política, antes mesmo da sua consolidação efetiva no plano da luta política e dos vínculos nacionais, deve ser entendido diante das dificuldades na viabilização de um projeto comum que pudesse unir partes tão díspares como eram os antigos domínios portugueses da América. Em primeiro lugar, porque sua ação foi alimentada por uma verdadeira crença atrelada à primeira onda liberal atlântica de que a universalidade de princípios para ordenamento da realidade, já por nós enunciada, deveria ser capaz de criar instituições que garantissem direitos e trouxessem estabilidade aos novos regimes[19]. Esse era o discurso que, entendido como prática social, forneceria substrato à legitimação de um projeto político sob a defesa do "império das leis" como responsável pela "solidez que era para se desejar", conforme expressão usada por membros do Conselho Geral de Minas Gerais, em 1831[20]. Mesmo as alternativas críticas e dissidentes apoiavam-se na projeção de um futuro igualmente regulamentado. Em segundo, porque a criação das instituições políticas e dos laços que deveriam servir de amálgama à nacionalidade brasileira em gestação fazia parte de um processo geral que articulava, sem confundir, Estado e nação,[21]

19 Nesse sentido, são fundamentais as reflexões de Pierre Rosanvallon, *O liberalismo econômico:* história da idéia de mercado. Bauru: EDUSC, 2002, ao recuperar uma dimensão utópica do liberalismo em suas origens na construção de uma nova sociedade. Ver também do mesmo autor, *L'État en France de 1789 à nous jours*. Paris: Éditions du Seuil, 1992, em que propõe uma instigante agenda de pesquisa para aqueles que se aventuram a desvendar o fenômeno estatal.

20 *Actas das sessões do Conselho Geral da província de Minas Gerais de 1831*. Ouro Preto: Typographia do Silva, 1831, sessão de 16/dezembro/1831, p. 81.

21 István Jancsó e João Paulo Pimenta, "Peças de um mosaico (apontamentos para o estudo da emergência da identidade nacional brasileira)". In: Carlos Guilherme Mota (org.), *Viagem incompleta*. A experiência brasileira 1500-2000. São Paulo: SENAC, 2000.

no qual ser "brasileiro" associava-se definitivamente ao ser "cidadão", ou seja, a condição nacional dependia do gozo dos direitos cabíveis em uma ordem constitucional.

A idéia de legalidade mostrou-se eficaz quando, em 1831, devido à crise política que se instalou no governo imperial, na Corte, o Imperador abdicou ao trono do Brasil partindo para Portugal. No panorama de intensa politização e profusão de alternativas que seguiu a sua saída, em que estiveram presentes inclusive projetos radicais de subversão da ordem, liberais da estirpe de Evaristo Ferreira da Veiga e Bernardo Pereira de Vasconcellos viram na monarquia constitucional "um instrumento privilegiado para deter a revolução"[22], e defenderam a reforma das instituições imperiais como solução para se evitar maiores convulsões sociais. Este projeto angariou adesões ao acenar com a possibilidade de transformação do regime em meio às esferas circunscritas pela lei. Foi por essa razão que a defesa da Constituição passou a ser um discurso permanente na boca de vários protagonistas, que na Câmara dos Deputados usaram-na como arma política mesmo que para a defesa de projetos completamente distintos. Assim, os anos imediatos à instauração da Regência foram marcados pela emergência de acirradas disputas, não apenas no espaço legislativo, mas igualmente na imprensa, que ampliava significativamente o espaço de debate[23].

A instabilidade política vivida em 1831 valorizaria a penetração de uma concepção jurídica significativamente moderna nos espaços legislativos, que a partir de então, ganhavam maior ressonância. O embate entre universalidade e um direito *nacional* fez-se a partir da incorporação, sem nenhum trauma, de um sentido de lei consolidada no mundo atlântico a partir da experiência codificadora napoleônica[24]. Trata-se, em linhas gerais, de um processo de transformação do direito em um campo estatal cada vez mais relacionado à racionalização das instituições e à garantia dos direitos, em detrimento do seu papel anterior, herdado da tradição medieval tardia e vinculado à dogmática jurídica

---

22 Ilmar Rohloff de Mattos, "La experiencia del Imperio del Brasil".

23 Marco Morel, *As transformações dos espaços públicos.* imprensa, atores políticos e sociabilidades na Cidade Imperial (1820-1840). São Paulo: Hucitec, 2005; Marcello Campos Basile, *O Império em construção:* projetos de Brasil e ação política na Corte Regencial. Rio de Janeiro: Universidade Federal do Rio de Janeiro/ IFCS. Tese de Doutorado, 2004.

24 Bartolomé Clavero, *Happy Constitution.* Cultura y lengua constitucionales. Madri: Trotta, 1997, e *Razon de Estado, Razon de individuo, Razon de História.* Madri: Centro de Estudios Constitucionales, 1999. Como um dos juristas contemporâneos mais críticos a essa tradição, Clavero analisa como ela está presente até hoje em grande parte do mundo ocidental.

dos antigos glosadores. Os códigos representariam a mais completa síntese de positivação dos princípios constitucionais: se num primeiro momento, ainda no século XVIII, eles foram pensados como forma de organização da legislação sobre determinada temática, no oitocentos eles assumiriam definitivamente seu papel como fonte de direito[25]. O que significa dizer que eles forneceriam materialidade para a aplicação cotidiana do direito por meio de uma lógica que mesclava sistematicidade e generalidade suficientes de forma a serem colocados em prática pelas novas práticas e instituições políticas[26].

Tal concepção seria responsável por uma identificação entre "lei" e "direito", com a consumação de especial poder (inclusive simbólico) aos parlamentos como *locus* central da representação política dos cidadãos garantida pelas Constituições. A norma produzida por meio da ação do legislador – imbuído de amplos poderes – passaria a determinar a legitimidade do que seria direito, e não o contrário (matriz materializada na experiência revolucionária francesa a partir da primazia então adquirida pelas novas assembléias representativas)[27]. Em contrapartida, ao mesmo tempo em que se valorizava a ação das instituições criadas na redefinição da lei e, conseqüentemente, dos direitos, havia urgência no reforço e consolidação dos canais de representação como forma de garantir o acesso dos indivíduos às esferas legislativas, sem os quais seria impossível se pensar, na época, em um novo Estado nacional. O Brasil não seria diferente[28].

No Império, esse processo abriria campo para valorização do "interesse público" ou "nacional" via ação legislativa, já que os artífices da nova unidade política tinham que viabilizar, antes de mais nada, o funcionamento e estabilidade de um novo governo. O que significa, em termos jurídicos, uma ênfase no Direito Público, isto é, na *Constituição*

---

25 Bartolomé Clavero, "Código como fuente de Derecho y desagüe de Constitution en Europa". *Revista Española de Derecho Constitucional.* Madri: 2000, n.60, p. 11-43.

26 António Manuel Hespanha. *Panorama histórico da cultura jurídica européia.* Mem Martins: Publicações Europa-América, 1998.

27 Vale notar que isso rompia tanto com a centralidade do monarca na produção das leis, perseguida pelas reformas ilustradas do século XVIII, quanto com a tradição anglo-saxônica dos direitos concebidos como pré-existentes a qualquer ordem política instituída. Maurizio Fioravanti, *Los derechos fundamentales. Apuntes de Historia de las constituciones*, Madri: Trotta, 1998.

28 Conforme demonstrado pelo trabalho de Vantuil Pereira, "Petições: liberdades civis e políticas na consolidação dos direitos do cidadão no Império", constante na presente coletânea, os cidadãos buscavam reiteradamente seus direitos civis e políticos junto às novas instituições, ou seja, forçavam a necessidade de implementação de novos canais de representação como contrapartida à formação de um esfera pública de poder.

– como conjunto de regras fundamentais que deveriam nortear o edifício político - e na *administração* – como realização efetiva das normas gerais que deveriam reger as instituições públicas[29]. Nesse sentido, estamos longe de afirmar que os direitos dos particulares foram inexistentes (pois que já os vimos como base da consecução de um novo Estado representativo), mas sim que a produção de um ordenamento jurídico para o Império do Brasil privilegiou a criação de um aparato eficaz, em detrimento da regulamentação dos pactos e convenções entre os indivíduos (alvo específico da esfera civil). Era assim que os problemas dos particulares relacionados a esse âmbito viravam, muitas vezes, questões a serem resolvidas pela justiça.

O programa de reformas iniciado no Primeiro Reinado enunciava claramente essa tendência geral, que teria longevidade Império adentro. Não deixa de ser notável como, na década de 50, José Vicente Pimenta Bueno, o Marquês de São Vicente, explicaria, em seu *Direito Público brasileiro* (uma das primeiras obras sobre o assunto), que:

> O Poder Executivo tem por missão ou domínio a execução das leis da ordem pública ou administrativa, leis que regulam e protegem os *interesses coletivos* ou gerais da associação; sua índole é fazer com que nas relações do cidadão com o Estado esses interesses triunfem sempre, e ainda com sacrifício dos interesses individuais"[30].

Complementava que à justiça caberia o papel de cuidar dos interesses particulares, já que os *coletivos* deveriam ser valorizados.

Para nossos objetivos, há que se destacar ainda que a ênfase na criação legislativa em prol do funcionamento da máquina pública foi palco de uma ampla disputa sobre quais seriam bases. No que toca às reformas propostas para a justiça na primeira década do Império, o projeto de valorização das instituições locais em nome de uma maior eficácia da ação judiciária e da criação de um Código Penal sob valores humanitários voltava-se contra a herança portuguesa e dividia as opiniões de seus artífices. Mas ainda assim, a aprovação dos Códigos Criminal e do Processo atesta que o momento político em questão era, de fato, vivido como uma época da qual se esperava profundas mudanças, o que era espelhado pelas propostas de ordenamento jurídico.

---

29 Sobre essas questões ver José Reinaldo de Lima Lopes, *Op.Cit.*

30 Apud José Reinaldo de Lima Lopes, *As palavras e a lei. Direito, ordem e justiça na história do pensamento jurídico moderno*, São Paulo, Edesp/Editora 34, 2004, p. 243.

## A discussão dos Códigos Criminal e do Processo Criminal

Quando, em 1826, os deputados Silva Maia e Pires Ferreira propuseram as indicações para elaboração de códigos, conforme citado no início desse texto, um outro representante, o magistrado José da Cruz Ferreira, interceptou o segundo questionando sobre qual matéria ele(s) deveria(m) versar (civil, criminal, marítimo, mercantil, rural, etc.). Este respondeu que falava de um "código em geral", ao que o outro rebateu ser "impossível" pois que não haveria "cabeça" capaz de fazê-lo. Aí já ficava evidente a existência de diferentes leituras acerca do que eles realmente deveriam conter.

O mesmo Maia retornaria ao plenário dois anos depois, em junho de 1828, para defender a necessidade de um Código Civil quando um projeto para sua elaboração, também de sua autoria, esteve em pauta[31]. A essa altura já circulavam na Câmara duas propostas para codificação criminal (um esboço de projeto de Código Penal, redigido por José Clemente Pereira e apresentado na sessão de 03 de junho de 1826, e um projeto de Bernardo Pereira de Vasconcelos que veio ao plenário no dia 04 de maio de 1827). além de uma outra, do próprio Maia, sobre o que considerava ser a primeira parte do processo civil dedicada aos juízos de primeira instância, que chegara à Câmara no início dos trabalhos do mesmo ano de 1828 [32]. Falando de um Código Civil, o deputado então criticava que um estrangeiro pudesse escrevê-lo, bem como estivesse apto a receber o devido prêmio, já que nunca poderia estar bem informado "dos usos e costumes de outra nação". Agregava que a "nação brasileira" os elegera depositando neles a "confiança de grandes conhecimentos": assim seria, "honroso que uma obra tal deix[asse] de sair do seio dos representantes da nação?"

Nas duas sessões de discussão do projeto para elaboração do tal Código Civil, posições antagônicas sobre quem deveriam ser seus autores tomaram corpo. De um lado, estiveram deputados que defenderam ser tarefa apenas para nascidos no Brasil, os quais, imbuídos de "patriotismo", tivessem "grandes conhecimentos, prática dos hábitos e costumes do povo"[33]. De outro, alguns representantes argumentaram ser até

---

31 *Annaes do Parlamento Brasileiro.* Câmara dos Deputados. Terceiro ano da Legislatura. Sessão de 1828 [APB-CD 1828]. Rio de Janeiro: Typographia de Hypollito José Pinto e & Cia, 1876, t. 2, p. 72.

32 Este chegou a ser publicado pela Tipografia Imperial e Nacional, no ano de 1829, sob o nome de *Projeto de lei da forma do processo civil nos juízos de primeira instância ou primeira parte do Código do Processo Civil.*

33 APB-CD 1828, t.2, p.72-6.

melhor que se escolhesse um estrangeiro para sua escrita, conforme posição defendida pelo baiano José Lino Coutinho:

> eu creio, Sr. Presidente, que a verdade é uma única, e com certos princípios de legislação universal, e com a constituição se pode fazer um código filosófico, um código razoável, e não sei mesmo se seria melhor que o homem estranho a toda a complicação de nossas leis, e a todas as chicanas que existem, apresente um plano de código civil para o Brasil, guiando-se somente pelas luzes da razão e da justiça universal[34].

Como se vê, o tema transcendia a polêmica em torno do critério de autoria. Ele estava igualmente marcado por diferentes ênfases acerca da natureza que o código deveria ter, as quais confirmavam um dos desafios já apontados na confecção de um campo do direito nacional: se seria um documento preferencialmente gestado sobre "princípios universais" e gerais para todos os governos, ou um produto legislativo pensado de acordo com a realidade específica do novo Império, seus costumes e hábitos. O mesmo Lino Coutinho questionava o que seria de fato o conhecimento de "nossa legislação" já que, até então, ela era a mesma de Portugal.

Partilhando de concepção semelhante ao do colega baiano, Francisco de Paula Souza e Mello, representante por São Paulo, ia mais longe e voltava-se contra a proposta de que o código deveria ser elaborado por uma comissão composta de seis membros, conforme estampada no projeto. Nos seus termos:

> O código é um sistema de princípios aplicados a fatos, que dizem respeito à propriedade, à segurança e a liberdade do cidadão; por conseqüência sendo este sistema filho do gênio, ele não pode ser bem feito, senão por um homem e não se obter por uma comissão, onde aparecem idéias separadas, e eis a razão porque a maior parte dos códigos têm sido mal feitos[35].

Paula Souza também proporia que o "sábio" que tomasse para si a tarefa pudesse dividir em vários códigos tudo quanto dissesse respeito à esfera do "cidadão em sociedade". Quanto a ser obra de "um só", ou de um "homem que viva no silêncio do gabinete", conforme expressão de José da Cruz Ferreira, haveria certo consenso. Mas a divisão das matérias civis não era tão clara, bem como o prêmio que deveria estar previsto nesse caso,

34 Idem, p. 73.

35 Idem, p. 72.

conforme indagou Lino Coutinho no caso de alguém apresentar um projeto de Código Comercial. Apesar da importância que atribuíam à matéria, os deputados pisavam em ovos, e demonstravam ter pouca clareza quanto ao modo de sua realização.

Mesmo assim o projeto foi colocado em terceira discussão (como era de praxe a todos antes de serem remetidos aos senadores, conforme indicava o texto constitucional), que aconteceria praticamente um ano depois, em maio de 1829[36]. Nessa ocasião, Bernardo Pereira de Vasconcellos pediria explicações para sua execução e oficial Raimundo José da Cunha Mattos, eleito por Goiás, afirmava considerar injurioso receber um prêmio pelo código de ordenança militar que havia elaborado, pois que o fizera com "honra e com patriotismo à nação". Sua discussão continuaria centrada na natureza de seu autor (se estrangeiro ou "nacional", se obra coletiva ou de um único "gênio") e, nesse sentido, na natureza do próprio código.

Nesse momento, Lino Coutinho foi o único a levantar uma nova questão: considerando a proposta de um código por uma comissão, defendia que esta fosse composta, ao menos quando se tratasse de matérias penais, não apenas por "homens de direito", pois que "estes não podem fazer bem um código criminal que depende de muitas outras luzes, que não são estas de direito positivo"[37]. A concepção era inovadora ao propor que se valorizassem, na institucionalização dos direitos, também os conhecimentos da sociedade, seus costumes e hábitos comuns, e não apenas os dos doutos. No entanto, o projeto era bastante genérico quanto à proposição de suas matérias, e acabou sendo sumariamente rejeitado.

Em sentido oposto, no ano seguinte de 1830, o projeto para elaboração de um código Criminal entraria na pauta logo no início dos trabalhos legislativos. Tratava-se então da proposta de Bernardo Pereira de Vasconcellos, que foi base de seu texto final, já que a primeira redigida por José Clemente Pereira propunha apenas estabelecer suas bases. No entanto, este último – astuto magistrado que emigrara para o Rio de Janeiro como negociante no período joanino e lá fizera sua carreira política – já lançara, no esboço de 1826, o que considerava ser a mais importante justificativa para a prioridade do Código Penal: o fato de serem "as ordenações imensas e informes" além de "inteiramente inaplicáveis às

36 *Annaes do Parlamento Brasileiro*. Câmara dos Deputados. Quarto ano da Legislatura. Sessão de 1829 [APB-CD 1829]. Rio de Janeiro: Typographia de Hypollito José Pinto e & Cia, 1876, t. 1, sessão de 14 de maio, p. 73-74.

37 Idem, p. 74.

nossas circunstâncias"[38]. Clemente Pereira referia-se às Ordenações Filipinas (em especial ao seu Livro V), que além de não possuírem um caráter racionalizado, de acordo com os novos padrões de legislação que então imperavam, eram comumente acusadas de "desumanidade" no que tocava às penas, haja vista a nova realidade constitucional de garantia dos direitos individuais.

A proposta de Vasconcellos, apresentada em 1830, era ampla: continha um primeiro título para os crimes e as penas em geral, seguidos pelos crimes policiais, crimes particulares e dos delitos públicos. Antenada com o que havia de mais recente na esfera do direito penal, estabelecia ser crime apenas o que estivesse inscrito na lei, e previa a criação de um sistema penitenciário (com casa de correção e prisão com trabalho), que depois de pronto substituiria as penas de galés, prisões simples e desterros. Um parecer a seu respeito entrou em plenário na sessão de 06 de maio de 1830, suscitando distintos posicionamentos[39].

O primeiro a se manifestar foi o baiano Ernesto Ferreira França, magistrado de formação então eleito por Pernambuco, propondo que a Câmara se convertesse em uma "comissão geral" para a matéria que receberia, no prazo de oito dias, todas as memórias e emendas para o texto do Código Penal. Logo em seguida falou seu pai, o médico Antônio Ferreira França, representante pela Bahia, em defesa de uma resolução que marcasse a completa extinção da pena de morte estipulada para alguns casos no projeto de Vasconcellos. Ernesto reiteraria a proposta, sob a alegação de que tal castigo já havia sido extinto pela Constituição que "aboli[ra] todas as penas cruéis, como são a tortura, a marca de ferro, etc.", sendo a pena capital reconhecidamente um "costume bárbaro e inútil"[40]. Nesse momento, o presidente da sessão chamou a atenção para o desvirtuamento do tema em questão (o parecer), e acabou sendo aprovada a nomeação de uma comissão encarregada de juntar tudo que se referisse ao código. No entanto, o tema da pena de morte voltaria ao plenário, e revelar-se-ia como principal ponto em que a disputa interna entre os representantes ganharia corpo.

Os Ferreira França, pai e filho, encabeçariam uma oposição ao projeto que, como ficaria mais evidente na discussão final do código, voltar-se-ia contra o grupo mais próximo a Vasconcellos, posteriormente reconhecido como defensor do projeto da Regência.

---

38 APB-CD 1826, t. 1, p. 16.

39 APB-CD 1830, t. 1, p. 78.

40 Idem.

Note-se como Ernesto chegaria a propor, com o apoio do pai e por duas vezes sem sucesso, a tradução e impressão do projeto de Código Penal para a Lousiana, elaborado pelo jurista norte-americano Edward Livingston e apresentado à Assembléia desse estado em 1822[41]. Embora tal projeto nunca chegasse a entrar em vigor na América do Norte, ele então ficaria mundialmente conhecido por conter algumas das novidades vigentes no ocidente em relação à legislação penal, como a criação de um sistema penitenciário (baseado em medidas de correção e de prevenção dos delitos), a defesa de publicidade irrestrita aos processos criminais e do *habeas corpus*, e a completa abolição da pena de morte.

Foi o próprio Bernardo Pereira de Vasconcellos que, como magistrado eleito deputado pela sua província natal de Minas Gerais, fez frontal oposição ao requerimento de Ernesto, argumentando que de pouco valeria o modelo, pois que "outro h[averia] de ser o resultado de todo este trabalho"[42]. O baiano ainda tentaria uma outra emenda para que se examinasse atentamente o projeto de código de Livingston, igualmente negada. O fato era que os Ferreira França, diferentemente das opiniões e posturas políticas moderadas apresentadas pelo deputado mineiro (depois ministro da fazenda e da justiça na Regência), nessa altura já haviam se destacado por posicionamentos mais controversos.

Antônio Ferreira França fora eleito deputado pela Bahia para a Assembléia Constituinte em 1823 e tomara assento apenas em meados do ano, depois do fim da guerra em Salvador. Logo em sua chegada, posicionara-se claramente contra a escolha dos presidentes de província pelo Imperador (de acordo com o projeto para governo das localidades que tramitava na Câmara e já em vias de sua aprovação final[43]); foi sua também a proposta de que no parágrafo do texto constitucional, que tratava do território do Império, fosse citado que se uniriam "confederalmente as províncias", gerando reações adversas no plenário[44]. Nem uma nem outra seriam aprovadas, mas ambas deixavam claro como ele se posicionava pela defesa de uma maior autonomia provincial frente ao projeto imperial então encabeçado por D. Pedro I. Seu filho Ernesto seguiria caminho semelhante. Nos idos de 1830, defenderia, junto com Lino Coutinho, que os Conselhos Gerais de província (órgãos executivos criados pela Constituição de 1824) tivessem verdadeiros

---

41 *Rapport fait a l'1Assemblée Générale de l'Etat de la Lousiane, sur le projet d'un code pénal.* Paris: Benjamin Levy, 1822 ; ou *Exposé d'un système de législation criminelle pour l'État de la Lousiane et pour les États-Unis*, Paris: Guillaumin et Cie., 1872.

42 APB-CD 1830, t. 1, sessão de 12 de maio, p. 143.

43 DAG,vol. 3, 11/outubro, p. 226.

44 DAG,vol. 3, 17/setembro, p. 34.

poderes para legislarem autonomamente sobre as questões provinciais, sem ingerirem nos "negócios gerais da nação"[45]. Suas vozes não eram únicas. Encontrariam ressonância, sobretudo após 1831, e entre deputados provenientes do Norte, defensores de uma maior federalização do Império[46].

Apenas em setembro o debate acerca do projeto do código aconteceria de fato, quando a comissão especial eleita[47] já recebera um vasto material na forma de emendas (estimavam os deputados que houvesse mais de duzentas). Ela iniciou-se com a polêmica de como deveria ser feita a discussão, pois que Francisco de Paula Souza e Mello foi contrário a que se discutisse artigo por artigo conforme proposta de Ernesto Ferreira França[48]. Seu conterrâneo, Lino Coutinho, igualmente defenderia que se discutisse cada um dos artigos, tomando como modelo o projeto de Edward Livingston para a Louisiana, pela razão seguinte:

> Eu, em matérias criminais sou sempre inclinado a votar a ter um código casuístico do que um pequeno, deixando muitos vazios aos magistrados quando houverem de julgar os criminosos; porque quando se marca bem os casos, é quando o cidadão está sossegado, e não está sujeito a arbitrariedade dos juizes[49].

O que significa dizer que eles deveriam se deter em marcar cada um dos casos para os crimes e suas penas, diferentemente da concepção que defendera, quando esteve em pauta a criação de um Código Civil em 1828, da prevalência de princípios universais no seu texto. Aí se vê que as interpretações acerca dos códigos também dependeriam da qualidade de suas matérias, a civil e a penal. Mais à frente, Lino Coutinho argumentaria que abriria mão de sua opinião apenas em função da "urgência do tempo", pois que seria obrigação do legislativo discutir tudo que se tratasse de "leis", repudiando a feitura de um código para questões criminais baseado em um "sistema"[50].

---

45 APB-CD 1830, t. 1, sessão de 28/maio, p.261.

46 A respeito, ver Andréa Slemian, *Sob o império das leis*, cap. 03.

47 Nomeada em sessão de 07 de maio de 1830, composta por Antônio Pinto Chicorro da Gama e Honório Hermeto Carneiro Leão (posteriormente Marquês do Paraná), ambos deputados por Minas Gerais, e Joaquim Francisco Alves Branco Muniz Barreto, eleito pelo Bahia.

48 APB-CD 1830, t. 2, sessão de 10/setembro, p. 487.

49 Idem, p. 488.

50 Idem, sessão de 11/setembro, p. 492.

Foi o próprio Paula Souza que lhe fez frontal oposição, ao defender o código como uma "teoria filosófica" cuja elaboração não caberia à Câmara dos representantes:

> Não me recordo de código algum do universo feito por assembléias legislativas. Só se poderá apontar o código francês; mas todos sabem que ele foi feito pelo conselho de estado de Napoleão ou pelo ministro mais influente[51][...]. Se entre nós o código pudesse ser todo discutido bom seria; mas não temos nós visto que um só artigo o tempo que tem levado? Nunca uma obra tão extensa pode ser organizada por uma assembléia legislativa. Aponto para exemplos, a Inglaterra e a América do Norte, os dois governos os mais livres do mundo[52].

Dessa forma, essa concepção coadunava-se perfeitamente com o trabalho de um "sábio" como autor para um Código Civil, tal qual defendera anteriormente.

Paula Souza propunha igualmente que a comissão apresentasse em três dias todas as emendas que julgasse indispensáveis, sob a justificativa de sua rápida finalização. O mesmo deputado demonstrava ter pressa: "a massa da nação não pode ajuizar dos nossos trabalhos senão pelos seus resultados"[53]. Mesmo argumento esteve na boca do paraibano Joaquim Manuel Carneiro da Cunha, que tendo sido um combativo deputado na Constituinte de 1823, agora se colocava contrário à discussão de cada dos seus artigos em função da "última necessidade" da matéria. Pedia que se adotasse o projeto do código "sem mais delongas", ainda que provisoriamente, em nome de um "benefício à nação" que o reclamava[54]. Augusto Xavier de Carvalho, deputado pela Paraíba, falou no mesmo sentido, alegando que ninguém duvidaria que o código que discutiam era melhor do que a "legislação bárbara, desconexa e gótica" das "Ordenações"[55]. O próprio Ernesto enunciaria o problema do tempo, sendo favorável à medida apresentada por Paula Souza desde que se nomeasse uma nova comissão (que então propunha que fosse de cinco membros com maioria absoluta). De uma forma ou de outra, o consenso entre representantes de posturas tão diversas deve ser pensado no contexto de profunda instabilidade e crise

51 Refere-se a J.J. Cambacérès era o homem de confiança de Napoleão, por ele nomeado para supervisionar a Comissão encarregada de elaboração do Código Civil em 1800.

52 APB-CD 1830, t. 2, sessão de 11/setembro, p. 490.

53 Idem, p. 491.

54 Idem, p. 490.

55 Idem, p. 491.

política vivido em fins do Primeiro Reinado, quando o fortalecimento das instituições constitucionais foi visto, mais do que nunca, como fundamental.

No entanto, um outro requerimento foi feito para discussão do projeto de Código Criminal: que se debatesse apenas sobre a questão das penas de morte e de galés, conforme proposto por Antônio Pinto Chicorro da Gama, magistrado eleito por Minas Gerais, e que se dizia contra ambas[56]. Ninguém se colocou contra o procedimento, que sendo aprovado fez com essas pesadas penas fossem o único conteúdo a ser debatido em plenário. Também aprovou-se a nomeação de uma nova comissão de outros três deputados, que reveria todo o texto final[57].

Os deputados que começaram falando contra a pena de morte foram Antônio Pereira Rebouças, eleito pela Bahia, Carneiro da Cunha e o paulista Martim Francisco Ribeiro de Andrada (irmão mais novo de José Bonifácio de Andrada e Silva, então eleito por Minas Gerais). O primeiro talvez tenha sido o mais eloqüente nos discursos proferidos ao longo dos quatro dias em que a matéria esteve em pauta. Iniciou pelo argumento de que as penas de morte e de galés estariam "abolidas essencialmente da Constituição", mas foi em nome de uma moral religiosa que centrou seu ataque. Segundo ele, "qualquer pretensão sobre a vida do homem" não poderia ser "fundada em direito algum" sendo a pena capital, portanto, "contrária à religião"[58]. E mais: seria ela "essencialmente aniquiladora do ser humano, uma invasão ao poder divino, uma subversão da moral cristã e suas inefáveis máximas". Falou igualmente contra a pena de galés como altamente "desmoralizante", defendendo a implantação de um "verdadeiro sistema repressivo penitenciário" sem deixar de evocar as "luzes do século" na defesa de valores humanitários, juntamente com a "filosofia do evangelho"[59].

Embora Carneiro da Cunha e Martim Francisco juntassem outros motivos para condenarem a pena de morte, a base do argumento de ambos também estava fundada em razões humanitárias e religiosas. O primeiro chegaria a lembrar os casos de "desigualdade e injustiça" com que têm sido condenadas as "centenas de vítimas inocentes e os pobres desvalidos" enquanto os "ricos ociosos, os fidalgos, os cortesãos, parasitas, os pérfidos

---

56 Idem.

57 Essa comissão que seria responsável pela redação final do código foi composta pelo mesmo Francisco de Paula Souza e Mello, por Antônio Paulino Limpo de Abreu (depois Visconde do Abaeté), deputado por Minas Gerais, e Luiz Francisco de Paula Cavalcanti e Albuquerque, deputado por Pernambuco.

58 APB-CD 1830, t. 2, sessão de 11/setembro, p.494.

59 Idem, p.495-6.

ministros" gozavam de liberdade em virtude das "intrigas e corrupção dos magistrados"[60]. O segundo enfatizaria ainda mais o "direito privativo da divindade" em retirar a vida e defenderia amplamente um sistema penitenciário, que se preocupasse como uma "medicina política", com a regeneração dos criminosos[61]. Para os dois, a América do Norte e, em especial, o estado da Pensilvânia (onde a pena capital havia sido extinta), eram os principais modelos a serem seguidos. Também Ernesto Ferreira França sairia em defesa da extinção da pena de morte mesclando argumentos jurídicos com religiosos[62]. Defendendo as "casas de correção", admitiria ser a pena capital "desigual", pois ela puniria de acordo com o crime e não com a pessoa, podendo ser mais penosa para uns do que para outros, segundo sua leitura do projeto para Louisiana. Ajuntava a essas razões o princípio "imoral" da punição que seria uma "verdadeira usurpação do poder divino", sendo "injusta" por irreparável num caso de impunidade ou de erro humano[63]. Lino Coutinho chegaria a invocar o "Decálogo" para defender sua extinção[64].

Bernardo Pereira de Vasconcellos saiu em defesa de seu projeto, cobrando dos críticos à pena de morte e galés que tanto indicassem quais deveriam ser as punições que deveriam substituí-las como que declarassem se este Código compreenderia os escravos.[65] Esta última questão não era infundada, pois que todos os que falaram a favor da pena capital alegavam ser a existência escravidão uma das principais razões para sua manutenção. Assim falou o pernambucano Rego Barros ao defender que ela deveria ser abolida apenas nos "casos políticos", mas que nos de homicídio ela seria fundamental "para conter a escravatura"[66]. Seu conterrâneo, o deputado Francisco de Paula Cavalcanti de Albuquer-

---

60 Idem, p.497.

61 Idem, p.498.

62 Idem, t. 2, sessão de 11/setembro, p. 505-6.

63 É interessante notar que seu autor, Edward Livingston, descarta totalmente qualquer razão de fundo religioso para sustentar um sistema de jurisprudência, e rebate os argumentos daqueles que apoiavam a pena de morte em valores do cristianismo (exatamente ao contrário do que acontecia no Brasil): "L'esprit divin qui animait le grand législateur des Juifs [...] n'eut, certes, jamais l'intention d'inspirer um système de jurisprudence universelle [...] il ne serait pas moins dangereux de fonder une législation sur des dogmes religieux, ou de les invoquer comme auxiliaires dans la défense de systèmes politiques" (*Exposé dun système de* ..., p. 82-4)

64 APB-CD 1830, t. 2, sessão de 15/setembro, p.511.

65 Idem, t. 2, sessão de 14/setembro, p. 507.

66 Idem, t.2, sessão de 15/setembro, p. 512.

que, iria mais longe: "nossa pátria se não acha em um grau de civilização tal, que se possa admitir teorias escritas por homens filantrópicos, e aplicados a povos, cuja civilização se acha no seu auge"[67]. Argumentos que demonstram como o binômio localismo/universalismo, apontado acima, já era parte da linguagem da construção jurídica.

Em um segundo momento Vasconcellos seria ainda mais enfático na defesa do projeto e da pena capital, argumentando que se tratava, antes de mais nada, de uma questão de "segurança pública"[68]. Refutava assim tanto as razões humanitárias como as religiosas (dizia não ser "teólogo"), apelando para o que considerava ser um dos mecanismos de repressão mais eficazes. Fez até uma concessão ao propor uma emenda para que a pena de galés subsistisse somente até a construção das casas de correção para condenados ao trabalho (o que acabou sendo incorporado no texto final do código). A despeito dos inflamados discursos que se seguiram da parte dos detratores da punição, aprovou-se que ela seria mantida com a ressalva de uma emenda de Rego Barros: que se conservasse a pena de morte apenas ao grau máximo de homicídio e de "cabeça de insurreição"[69]. Mesmo assim, estava claro que os deputados, em sua maioria, não queriam correr riscos quando o assunto se tratava de ordem interna.

Nesse sentido, comparando o projeto apresentado por Vasconcellos e o código final elaborado pela comissão[70], duas modificações chamam a atenção, por mais que a estrutura geral do texto tenha permanecido muito similar: primeiramente, a valorização e o detalhamento dos ditos "crimes públicos" – que previam os atos contra a "independência, integridade e dignidade da nação", o exercício dos poderes políticos, o gozo dos direitos dos cidadãos, a segurança interna, a "boa ordem da administração" e o tesouro público – que passavam a ser descritos antes dos "crimes particulares", ao contrário do que havia sido proposto pelo deputado mineiro. Em ambos os textos, dotavam-se os juizes de paz da

67 Idem.

68 Idem.

69 A votação ocorreu em sessão de 15 de setembro, e no dia seguinte declaram ter votado contra a pena de morte: José Joaquim Vieira Souto, Ernesto Ferreira França, Lourenço Pinto de Sá Ribas, Antonio Fernandes da Silveira, Manoel Maria do Amaral, Antonio Ferreira França, José Ribeiro Soares da Rocha, Antonio Pereira Rebouças, Francisco de Paula de Araújo e Almeida, José Lino Coutinho, Antônio Pinto Chichorro da Gama, Ignácio de Almeida Fortuna, Manoel Pacheco Pimentel, Martim Francisco Ribeiro de Andrada.

70 Aprovado na forma de lei de 16 de dezembro de 1830. Para uma instigante discussão acerca dos modelos que serviram de bases ao Código, bem como da influência dos mesmos sobretudo no espaço americano, ver Bernardino Bravo Lira, "Bicentenario del Código Penal de Áustria: su proyección desde el Danúbio a Filipinas", *Revista de Estudos Histórico-Jurídicos*, Valparaíso, n.26, 2004, p.115-155 (disponível no www.scielo.cl ).

prerrogativa de empregar força (no caso de necessidade) e de formação de culpa, ou seja, revestia-os de autoridade policial com o intuito de garantir um mínimo de eficácia para a sua implementação imediata.

Em segundo lugar, a existência de um abrandamento no que tocava às penas de morte e de galés. No projeto inicial, a pena capital estava prevista para os casos de homicídio, para crime de forçamento de cadeia (quando o preso estivesse condenado à morte ou fosse escravo), por traição e "destruição da constituição política do Império", rebelião (em grau máximo) e auxílio ao inimigo em caso de invasão (são respectivamente os artigos 149, 286, 311, 313 e 318); para as galés, elas estavam previstas para muitos casos, tanto incluindo delitos públicos como particulares. Já no Código final, a pena capital constaria em apenas três casos: no de insurreição (para livres e escravos), no de homicídio e no de latrocínio (artigos 113-4, 192, 271); as galés seriam reduzidas drasticamente já sendo prevista a punição de prisão com trabalho mesmo que as novas casas de correção, que serviriam para sua implementação, ainda não existissem no Brasil. O que não era nenhum problema, pois que todo o ordenamento jurídico que então se produzia apontava, necessariamente, para uma construção futura.

De alguma forma, tais mudanças contemplavam parte de uma tendência que existia na Casa legislativa pela diminuição de penas e conseqüente construção de um verdadeiro regime penitenciário para o Império. Notemos como o já citado Antônio Ferreira França, em meio às controvérsias sobre a forma da discussão do projeto, defendera que "as penas deve[ria]m ser reduzidas ao menor número possível", sob o argumento que "o legislador que a cada falta impõe uma pena, que só quer achar criminosos" não seria "digno desse nome"[71]. Desde, é claro, que o Estado criasse um aparato repressivo eficaz que, no começo dos oitocentos, acreditava-se capaz de produzir um efeito regenerador e moral sobre a sociedade[72].

Ainda que não houvesse discordância sobre a imperiosidade de se codificar a legislação penal, os conflitos sobre suas bases subsistiriam e voltariam à tona na Câmara dos Deputados no ano de 1831, em um dos momentos mais complicados da história do Império do Brasil. Em outubro desse ano, chegaria à Casa uma proposta de emenda feitas pelos senadores ao Código aprovado, a qual provocaria uma reação especialmente

71 APB-CD 1830, t. 2, sessão de 11/setembro, p. 489.

72 Como um paradigma do modelo de sistema repressivo então forjado ver Jeremy Bentham, *Traités de legislation civile et pénale*, Paris, Bosange, Masson et Besso, 1802; Tomaz Tadeu da Silva (org.), *Jeremy Bentham, o Panótico*. Belo Horizonte: Autêntica, 2000; e um dos seus maiores estudiosos, Michel Foucault, *Vigiar e punir: nascimento da prisão*, 2ª. ed., Petrópolis: Vozes, 1983.

contundente em alguns deputados[73]. A tensão no ambiente legislativo era significativa, amplificada tanto em função da discussão acerca do orçamento (que se pretendia implementar para o ano seguinte) como sobre a reforma da Constituição.

Nestes termos, Antônio Castro Alves, eleito pelo Rio de Janeiro, iniciou um ataque feroz ao primeiro artigo vindo do Senado, que defendia se procedesse *ex officio* à inquirição judicial (sem marcação de tempo determinado nem do número de testemunhas) quando se tratasse de crimes de conspiração, rebelião, sedição e insurreição. O deputado[74] a trataria como uma "medida despótica", uma verdadeira "lei de Draco", que produziria um completo "aniquilamento do sistema constitucional" com a decretação da "escravidão do Brasil" por não garantir os mínimos direitos de defesa. Atacaria inclusive os senadores, que segundo ele teriam aprovado esse projeto em "sessão secreta". Imediatamente Evaristo Ferreira da Veiga, que era deputado por Minas Gerais[75], e o representante paraibano Augusto Xavier de Carvalho criticaram, de forma igualmente enfática, as opiniões de Castro Alves, a quem acusaram de promover a "anarquia". Ambos sustentariam que o Código aprovado tinha penas muito "brandas" - que o "povo" falaria em "leis de água de colônia" – e já se mostrara incapaz de "manter a ordem pública", necessitando de medidas que pudessem diminuir sua "leveza"[76]. Falaram, os dois, em meio a muitos "apoiados" proferidos entre seus colegas.

Nesse momento, foi a vez do pernambucano e Luiz Francisco de Paula Cavalcanti e Albuquerque fazer quase que um desabafo público em plenário: dizendo que "tinha deixado de falar na Câmara para não estorvar sua marcha", confessou ter sido um dos poucos que votara contra o Código Criminal, e atacou aqueles que o haviam apoiado e agora falavam em "leis brandas"[77]. Acusou diretamente o então ministro da Justiça, que

73 *Annaes do Parlamento Brasileiro*. Câmara dos Deputados. Sessão de 1831 [APB-CD 1831], Rio de Janeiro, Typographia do Imperial Instituto Artístico, 1878, t. 2, sessão de 08/outubro, p.223 seg.

74 O mesmo Castro Alves havia defendido um mês antes, em sessão de 09 de setembro, uma ampla mudança do texto constitucional, criticando o Poder Moderador como "idéia roubada de Benjamin Constant", e indicando ser um "absurdo" que o título de "defensor perpétuo" tenha sido dado a um "menino" (APB-CD 1831, t.2, p.138).

75 Era editor do periódico moderado *A Aurora Fluminense*, impresso no Rio de Janeiro entre os anos de 1827 e 1835.

76 APB-CD 1831, t.2, sessão de 08/outubro, p. 224.

77 Idem, p. 225-6.

desde julho de 1831 era Diogo Antônio Feijó[78], de suspensão de garantias constitucionais, de ter falado contra a legislação aprovada na Casa e de obstar a instituição do sistema de jurados. Para que se tenha idéia de sua contundência, permitida obviamente pelo clima de radicalidade e antagonização existente no Parlamento e na Corte, Luiz Cavalcanti afirmou que um "sapateiro" desempenharia melhor papel. Vociferou, em especial, contra a instituição dos juizes de paz com amplos poderes – projeto que atribuía ao próprio Feijó quando este fora deputado em 1827[79] – e que agiriam como verdadeiros "déspotas" nas localidades.

Contra Cavalcanti, a "anarquia", e os "facinorosos" que nesse "tempo de revolução" queriam supostamente derrubar a "ordem pública", falou Evaristo Ferreira da Veiga, que defendeu ferozmente o ministro Feijó como "homem probo" e seu amigo pessoal. Aureliano de Souza e Oliveira Coutinho, bacharel em Direito eleito pelo Rio de Janeiro, chegaria a dizer que os defeitos do Código eram conhecidos de todos, e que o próprio ministro da Justiça teria lhe confessado pessoalmente que o julgava "insuficiente".[80]

Após os calorosos discursos, a matéria do primeiro artigo das emendas seria aprovada, bem como várias das outras emendas propostas pelos senadores, com exceção de um artigo (o 12º) que forneceria ao governo a garantia de suspender posturas e deliberações policiais das Câmaras Municipais[81]. No entanto, em 1832, Martim Francisco Ribeiro de Andrada jogaria uma "pá de cal" sobre o projeto, em nome da defesa das "liberdades públicas" e do Código Criminal como sendo a "base talvez a mais essencial sobre que assenta a segurança individual do cidadão"[82]. Mesmo tendo sido aprovado que o projeto retornasse a uma comissão, ele não voltaria mais ao plenário.

---

78 Vale lembrar que Feijó assumira o cargo pouco após a decretação da Regência, e nele ficaria até julho de 1832. O próprio Bernardo Pereira de Vasconcellos, que havia proposto o projeto inicial de Código, era nesse momento, juntamente com Feijó, ministro da Fazenda, pasta que ocupou também desde julho de 1831, até maio do ano seguinte.

79 É fato que fora Feijó havia sido um dos responsáveis pela elaboração e aprovação do projeto para criação dos juizes de paz, em 1827, defendendo nessa época sua autonomia em relação ao poder das câmaras municipais. Sobre essa discussão ver: Andréa Slemian, *Op.Cit.*, p. 182 seg.

80 APB-CD 1831, t.2, sessão de 08/outubro, p. 227.

81 A discussão continuaria até a sessão de 14 de outubro de 1831.

82 *Annaes do Parlamento Brasileiro*. Câmara dos Srs. Deputados. Sessão de 1832. Rio de Janeiro: Typographia de H. J. Pinto, 1879, t. 2, sessão de 13/julho, p. 62-3.

Toda essa discussão do projeto dos senadores se dera quando um outro Código, o do Processo Penal, já havia sido aprovado entre os deputados, faltando passar apenas justamente pelo Senado. Ao que tudo indica, suas matérias despertariam bem menos animosidade entre os representantes, e não se tem notícia de que algum deles se opusesse à codificação do processo – tanto das etapas necessárias à sua realização bem como da marcação das atribuições das autoridades envolvidas. Sem um Código para marcação da realização do processo, é fato que as dúvidas mais diversas sobre o seu procedimento eram corriqueiras até pela inexistência de uma legislação específica que agora, em tempos constitucionais, tornara-se fundamental em função do discurso da imperiosa extinção das arbitrariedades.

Conforme já mencionamos acima, a primeira proposta de projeto que tratasse de marcar todas as etapas do processo foi apresentada por José Antônio da Silva Maia, no ano de 1828, e era voltada apenas para as matérias civis nos juízos de primeira instância. Então pensada como uma das partes que deveriam compor um Código Civil, que o próprio Maia havia defendido como prioritário, ela regulamentava as etapas na formação do processo (desde a citação, a audiência, passando pelos julgamentos e formas de apelação), além da jurisdição das autoridades, com suas respectivas competências na execução cada qual. Mesmo depois da recusa de outra proposta de Maia, aquela que estabelecia um convite aos "sábios" à tarefa da codificação civil, no mesmo ano de 1828, este projeto ainda continuaria a transitar na Câmara.

A discussão a respeito de um Código para o processo se daria face a uma proposta feita no ano seguinte pelo governo, na figura do então ministro da Justiça, Lucio Soares Teixeira de Gouvêa, que marcava a forma de procedimento para um processo criminal, e não civil[83]. Na ocasião, o ministro justificava sua feitura em nome das "importunas delongas das demandas que a trapaça ordinária no foro tem introduzido", e argumentava ser importante "além da criação das diferentes autoridades que devem intervir nos juízos de primeira e segunda instância", estabelecer-se "uma forma mais simples de processo" para conter "a continuação dos abusos inevitáveis atualmente, e que muito pesam sobre a nação"[84]. A questão seria, antes de mais nada, pragmática para o funcionamento do judiciário.

O projeto de Teixeira de Gouvêa despertaria certo incômodo entre os deputados. Seu texto, propondo igualmente a marcação de todas as etapas do processo - agora criminal – bem

---

83 APB-CD 1829, t. 1, sessão de 26/maio/1829.

84 Idem.

como das autoridades envolvidas de seu início até o final (incluindo o nível das Relações e do Supremo Tribunal de Justiça), iniciava com uma inovação, que era a criação de um "juiz territorial" para atuar como autoridade de primeira instância em todo o Império. O cargo era uma evidente tentativa de se sobrepor a algumas das atribuições que haviam sido relegadas aos juízes de paz, por lei de 1827[85], pois seus congêneres territoriais seriam os "preparadores das causas" em cada uma das localidades (artigo 15). Só poderiam exercer tais cargos os maiores de 25 anos que tivessem renda anual mínima de 400 réis, sendo escolhidos pelo Ministro da Justiça após lista prévia dos elegíveis enviadas pelas Câmaras. Por sua vez, os juízes de paz eram cargos (não formados em Leis) eletivos nas localidades, que não passavam por aprovação do Executivo central e cuja exigência de renda anual de no mínimo 200 mil réis. Além disso, sua esfera de jurisdição era ampla passando pela tentativa de reconciliação das partes, pela feitura de corpo de delito, pelo poder no uso de força armada em caso de desordem, indo até a imposição de penas no caso de violação de posturas policiais e o direito de julgar "pequenas demandas". Como tem sido mostrado pela historiografia, tal cargo era ponto central de disputa entre grupos políticos locais, o que dificultava em muito seu controle por parte do governo central e mesmo das Câmaras, conforme a referida crítica de Luiz Cavalcanti, citada acima[86]. A proposta do ministro Gouvêa já encampava, logo em seu início, uma maior intervenção da Corte na escolha dessas autoridades envolvidas com a primeira instância, mudança significativa em relação ao que havia sido recentemente aprovado.

Segundo Evaristo Ferreira da Veiga, seria pela questão dos jurados que o projeto do governo merecera uma "desaprovação geral" quando apareceu no plenário, sob a acusação de que privaria tal instituição "que a constituição garant[ia] ao cidadão brasileiro"[87]. É fato que a Carta de 1824 marcaria sua existência[88], já aprovada pela maioria dos deputados quando da sua discussão na abortada Assembléia Legislativa de 1823 em nome dos direitos da sociedade em controlar as arbitrariedades cometidas pelos magistrados – já que seus membros não seriam profissionais formados em Leis dos quais esperava-se o uso de

85 Lei de 15 de outubro de 1827, *Colleção de Leis do Império do Brazil*. Rio de Janeiro: Typographia Nacional, 1878.

86 Thomas Flory , *Op. Cit.*

87 APB-CD 1830, t.1, sessão de 08/maio, p. 87.

88 No seu artigo 152: "os Jurados pronunciam sobre o fato, e os Juízes aplicam a Lei".

saberes sociais ou costumeiros (não positivados) para julgamento das causas[89]. Juntamente com os juízes de paz, os jurados (também intitulado jury) se constituiriam em uma aposta no fortalecimento de autoridades eletivas locais que pudessem garantir eficácia ao Judiciário, bem como um aniquilamento do poder dos antigos juízes municipais, cargo geralmente ocupado por portugueses. Vale dizer que o sistema de jurado não havia sido ainda implementado, já que para isso se esperava a aprovação de um Código.

Nenhum dos dois projetos, nem o de Silva Maia nem o de Teixeira de Gouvêa, seria considerado "perfeito" pela comissão da Câmara eleita para avaliá-los. Tal parecer seria retomado no início dos trabalhos legislativos de 1830, *pari passu* ao momento em que também entrava na pauta o projeto para o Código Criminal[90]. Uma nova comissão fora eleita para uma nova redação[91], a qual viria à tona apenas no ano seguinte sob a forma de um projeto de Código para o processo criminal (apenas para primeira instância), assinada por Manoel Alves Branco, deputado pela Bahia, na qualidade de seu relator[92]. Em setembro de 1831, ele foi discutido e aprovado, tendo virado lei apenas um ano depois, após receber emendas dos senadores[93].

O Código do Processo Criminal (ou penal) era composto de uma primeira parte dedicada à organização judiciária, e uma segunda, bem mais longa, em que tratava da forma do processo na primeira instância em três categorias: geral, sumário e ordinário,

89 Ver DAG,vol. 3, sessão de 22/outubro. A instituição dos jurados, como um sistema que levava em conta o direito costumeiro, tinha suas origens na tradição anglo-saxônica. Segundo, Bartolomé Clavero, *Happy Constitution*, enquanto na Inglaterra o sistema de jurado era parte fundamental do regime do Parlamento, tendo como função primordial a defesa dos direitos da *Commom Law*, e nos Estados Unidos era um dos pilares da Constituição como garantia de liberdade individual, na França ele ocupou um distinto lugar no nascente sistema constitucional. Ali, como a justiça passou a ser entendida como uma "criação legislativa", uma justiça institucionalizada que se reduzia em função da lei, o sistema de jurado seria um cargo circunscrito, um aplicador da legislação que pretendia preservar seu papel histórico na defesa dos direitos individuais. Assim, fazia sentido os deputados brasileiros argumentarem que o Código Criminal seria imprescindível para o funcionamento do sistema, já que no Brasil seguiu-se, sobretudo, o modelo francês de legislação.

90 APB-CD 1830, t. 1, sessão de 08/maio, p.86.

91 Então composta pelo mesmo José Antônio da Silva Maia, Manoel Alves Branco e Antônio José da Veiga, deputados pela Bahia e pelo Mato Grosso respectivamente.

92 APB-CD 1831, t.1, sessão de 30/julho, p. 286.

93 Infelizmente as atas referentes a essas discussões não foram transcritas, mas, ao que tudo indica, não existiram polêmicas tão cruciais como as apresentadas no projeto do código criminal. Foi aprovado em lei de 20 de novembro de 1832.

havendo neste último um detalhamento acerca da atuação dos jurados, e também dos critérios para o *habeas corpus*. Por último, havia uma disposição provisória, com 27 artigos, acerca da administração da Justiça civil. Sua grande novidade estava, sem dúvida, na consolidação do papel dos juizes de paz como fundamental no início do processo nos distritos, bem como uma ampliação de suas atribuições (descritas no artigo 12), bem ao contrário do que havia proposto o ministro Teixeira de Gouvêa anos antes. Previam-se inclusive "juntas de paz", que seriam reuniões públicas desses juizes em que se discutiriam, e até mesmo se alterariam, soluções por eles mesmos dadas. A instituição formal e detalhada do jury para julgamento das causas crime referendava o caráter de novidade do Código: seus membros seriam igualmente eleitos nas cidades e vilas entre os homens de "bom senso e probidade" e, por mais que suas sessões fossem sempre presididas por um juiz de direito, possuíam eles amplos poderes de decisão nessa instância (jury de sentença). Seu texto igualmente frisaria o direito de todo cidadão denunciar ou queixar-se de qualquer autoridade competente exigindo a responsabilidade dos empregados públicos, conforme previsto em todo e qualquer legítimo sistema constitucional.

Nos idos de 1832, não há dúvida que o momento da discussão na Câmara dos Deputados, marcado por um clima de instabilidade e possibilidade de radicalização política dos alicerces que sustentavam o Império[94], foi propício à aprovação de medidas inovadoras como as que constaram no Código do Processo. Se aí os conflitos pareceram não ganhar destaque em função da arrojada aposta que se desenhara desde o Primeiro Reinado na materialização do jury diante do aumento da força das autoridades judiciárias locais não eletivas, as tensões que foram desenhadas ao longo do debate pela codificação penal ilustram bem como existiam grupos em permanente disputa no espaço legislativo. Da polêmica gerada pelos baianos Antônio e Ernesto Ferreira França, até a crítica radical de Luiz Cavalcanti mesmo depois da aprovação do texto criminal, percebe-se uma contundente reação à utilização política que outros representantes fizeram do Código como sustentáculo de legitimidade de uma nova nação, que serviria para homens como Bernardo Pereira de Vasconcellos e Diogo Antônio Feijó encamparem um projeto de manutenção da monarquia após a Abdicação de D. Pedro I, materializada na Regência.

---

94 Deve-se lembra que nesse ano, tanto fora possível uma tentativa de "golpe" em julho de 1832, com o intuito de transformação da Casa em Assembléia Legislativa (atribuído a Diogo Antônio Feijó e seus partidários), como a aprovação de um projeto de reforma da Constituição que pretendia alterar significativamente a moldura institucional do Império, prevendo a extinção do Poder Moderador e a federalização do Império. A respeito, ver: Barbosa, Silvana Mota. *A shinge mondrquica*: o Poder Moderador e a política imperial. Campinas: Unicamp. Tese de Doutorado, 2001, cap. 03; e Andréa Slemian, *Op.Cit.*, cap. 03.

Nesse sentido, a reflexão acerca do longo debate sobre a pena de morte travado na Câmara nos idos de 1830 nos leva à reafirmar que tanto o plano das concepções jurídicas não pode ser entendido como mero reflexo da luta política, como é historicamente impossível despolitizar os ambientes de construção de discursos normativos. Razões humanitárias, religiosas e de fundo criminal serviram a projetos políticos voltados à ampliação ou diminuição de direitos e penas, mas estes também seriam moldados pela perspectiva de um ordenamento futuro, uma realidade que não se esgotava, obviamente, no espaço do político. A Casa dos Deputados espelhava (e espelha) o paradigma do imbricamento entre esses dois níveis: ela é, por definição, um espaço de disputa, mas também onde a criação de normas só pode ser feita em meio a determinados consensos mínimos.

***

No processo de criação dos Códigos Criminal e do Processo Penal, por mais que existissem diferentes concepções acerca de sua natureza (se deveriam ser obra coletiva ou de um só "sábio", se baseados em princípios universais ou de elaboração casuísta), o encaminhamento para que se legislasse primeiramente sobre matérias criminais e, em seguida, acerca do processo penal, não foi contestado. O próprio projeto para uma Codificação Civil foi rapidamente abandonado nesses primeiros anos do Brasil independente. Esse caminho seguiu uma tendência geral vivida na época diante do processo de criação e consolidação de novos Estados nacionais que necessitavam, antes de mais nada, de novos instrumentos eficazes para o exercício da punição e funcionamento da máquina da Justiça[95]. O que se ancorava na idéia de que os mesmos Estados deveriam inclusive reformar os próprios homens e mulheres a partir da criação de uma moral pública materializada por meio da norma jurídica. Mesmo na França, o primeiro Código aprovado foi o Criminal de 1791, mais de uma década antes da promulgação do Civil, em 1804. Para além do caso francês, que é muito particular face aos desdobramentos da Revolução, vale pensar em diversos outros Estados, que ao longo do século XIX tiveram Códigos Criminais e Comerciais

---

95 Nesse sentido, é interessante notar que séculos antes, segundo a análise de Paolo Prodi, *Uma história da justiça*. São Paulo: Martim Fontes, 2005, cap. 4, uma das primeiras preocupações dos Estados surgidos na Europa, no declínio da chamada da Idade Média, foi com o desenvolvimento de um direito penal que, então, se opusesse ao controle judiciário da Igreja e criasse uma jurisdição laica para controle da ordem civil.

sem mesmo terem tido um Civil (já que os comerciais acabariam por suprir problemas no que tocava à propriedade) à semelhança do nosso caso[96].

No Brasil, a experiência codificadora colocada em prática na primeira década de existência do Império mostrava o que os primeiros legisladores conceberam como a mais imperiosa das tarefas: a estabilidade interna e o controle da ordem pública. Somava-se a isso, no campo da Justiça, a inexistência de uma legislação adequada à nova realidade constitucional, haja visto que as Ordenações eram notoriamente inadequadas aos *novos tempos*. Nestes termos, pensar a construção de um ordenamento jurídico para o Brasil pós-Independente significa ter em mente dois processos correlatos: em primeiro lugar, o da simbiose entre a construção do Estado e da nação, que do ponto de vista da construção de um direito nacional desdobrava-se na ambivalência entre a universalidade de princípios na sua interface com as realidades locais, mediado pela urgente necessidade de reforma da legislação e instituições herdadas do colonizador. Em segundo, o de síntese entre Constituição (entendida como um dos pilares do Direito Público), Codificação (entendida como todo esforço de positivação) e unidade nacional (no que toca especialmente à formação de uma cultura jurídica). Ambos, com todos os conflitos, lhe foram subjacentes.

O saldo foi que, em meio a uma profunda instabilidade política, o Parlamento conseguiria aprovar dois Códigos portadores de significativas tentativas de transformação da ordem vigente. No entanto, a junção entre a montagem de um aparelho judiciário repressivo sob moldes modernos e, ao mesmo tempo, o fortalecimento do poder de ação e de decisão de autoridades locais eletivas – em negação da herança portuguesa e dos hábitos estabelecidos pelos juizes e ouvidores na América – revelar-se-ia uma combinação de difícil controle para a Regência, palco de uma crescente insatisfação política interna. Em 1837, o próprio Bernardo Pereira de Vasconcelos, como ministro da Justiça no Império, faria uma ampla crítica a ambos os Códigos acusando-os de não estarem de acordo com "os hábitos, e costumes" do país, onde geravam "multiplicadas censuras e tantas reclamações"[97]. Estava aberto o flanco para sua revisão, que se materializaria na

96 Caso da Itália, que sofreu um processo de unificação do direito antes mesmo da unificação moderna de seu Estado. Italo Birocchi, Autonomia privada, liberdade contratual e especialidade da matéria comercial. Uma perspectiva histórica. Palestras pronunciadas na EDESP-FGV, 01-02/outubro/2007. Para o caso do Brasil, ver análise, na presente coletânea, de Edson Alvisi Neves, sobre a criação do Código Comercial em 1850.

97 *Relatório da repartição dos negócios da Justiça apresentado à Assembléia Geral Legislativa na sessão ordinário de 1838*. Rio de Janeiro: Typographia Nacional, 1838, p. 12.

reforma do Código do Processo, nove anos após sua aprovação com o Regresso, quando o clima de "revolução" já fazia parte do passado da nova nação ainda que outras clivagens políticas logo tomassem corpo.

# Capítulo 9 Linguagens, pedagogia política e cidadania: Rio de Janeiro, cerca de 1830

*Marcello Basile*[1]

Entre 1820 e 1822, o movimento vintista suscitou uma inédita divulgação no Brasil das idéias liberais, estimuladas por ampla produção de jornais e panfletos que circulavam nos dois lados do Atlântico e constituíram densa rede de debates (Neves, 2003, parte II). Essa emergente cultura política liberal pautava-se na linguagem do Constitucionalismo, fundamentada nos princípios de representação política, divisão de poderes, pacto social, soberania, direitos e deveres do cidadão, em contraposição às concepções e práticas relacionadas ao absolutismo. O governo de Pedro I, porém, cerceou os espaços de produção, circulação e debate de idéias, arrefecendo sua difusão.

A aguda crise política que marcou os últimos anos do Primeiro Reinado, impulsionada pela reabertura do Parlamento, pelo revigoramento da imprensa e pelo surgimento de duas facções políticas de oposição (os chamados *liberais moderados* e *exaltados*), ensejou a emergência de uma *esfera pública* na Capital imperial, que conheceu notável desenvolvimento sobretudo durante as Regências trinas (Morel, 2005, partes II a III). Verifica-se, então, uma politização das ruas, assinalada pela revitalização e multiplicação dos espaços de sociabilidade política (imprensa, associações, festas cívicas, movimentos de protesto), pela mobilização de uma embrionária opinião pública e por intensa participação popular (Basile, 2004; Ribeiro, 2002, cap. 3).

A política ultrapassa o tradicional espaço dos círculos palacianos e das instituições representativas e ganha dimensão efetivamente pública. O discurso político assume papel de destaque em torno do qual se travavam as disputas entre as facções, que buscavam o controle da palavra para legitimarem seus projetos e ações. Essa cultura política, que valoriza o espaço público como instância privilegiada de participação, era embalada por discursos liberais que apelavam para o povo soberano ou falavam como seus intérpretes. Entidade abstrata e incipiente, porém cada vez mais ativa, a opinião pública foi elevada à fonte de nova legitimidade política (Baker, 1999, parte II). Atores sociais até então à

---

1 Professor Adjunto de História do Brasil da Universidade Federal Rural do Rio de Janeiro – Instituto Multidisciplinar. Pesquisador colaborador do Centro de Estudos do Oitocentos (CEO) UFF / PRONEX "Dimensões da cidadania no século XIX"/ FAPERJ – CNPq.

margem do processo participativo entraram vigorosamente em cena, oriundos não só das camadas médias urbanas – base das novas facções e sociedades políticas –, como também dos estratos de baixa condição social (inclusive escravos).

Para os pretensos formadores de opinião, fazia-se necessário, portanto, orientar, dirigir e, se possível, controlar essa heterogênea massa ativa, que mal se iniciava nos novos princípios políticos e dava então seus primeiros passos na vida pública. Era preciso educar os indivíduos para a participação política, formar o verdadeiro cidadão, conhecedor de seus direitos. Principal instrumento de ação política no seio do espaço público, a imprensa exercia, assim, uma autêntica *pedagogia política do cidadão*, divulgando – em versão vulgarizada, adaptada aos seus fins doutrinários e ao público ao qual se dirigia – os termos desse vocabulário político. Papel análogo desempenhavam as associações públicas do Império. Na Corte, os dois maiores exemplos de iniciativas desse tipo foram, por um lado, o que chamei de *dicionário cívico-doutrinário*, um conjunto de cento e oito conceitos políticos produzido e publicado ao largo de quarenta e nove edições (entre 15 de janeiro a 13 de julho de 1830) pelo principal jornal *exaltado* fluminense, a *Nova Luz Brasileira*, redigida pelo boticário Ezequiel Corrêa dos Santos ( Basile, 2000, cap. IV; 2001a; 2001b, 1º cap.); por outro, o curso de Direito Público Constitucional, criado, em 1832, pela poderosa Sociedade Defensora da Liberdade e Independência Nacional, entidade *moderada* (Basile, 2004, cap. III; 2006, p. 365-368).

## O dicionário político *exaltado*

Ao iniciar seu *dicionário cívico-doutrinário*, a *Nova Luz Brasileira* (nº 11 - 15/1/1830) expôs o ideal iluminista que motivava o empreendimento, expresso em sua preocupação em esclarecer, em *iluminar* o público: "como o nosso desejo é apresentar luzes a quem está nas trevas do pouco saber, oferecemos aos leitores várias explicações de termos, e frases, que alguns talvez ignorem". O objetivo, igualmente notado em outros jornais *exaltados*, era atingir não só as camadas letradas, mas também segmentos sociais menos favorecidos, que não tinham acesso aos grandes tratados de filosofia política ou não os compreendiam. Procurava-se, assim, empregar uma linguagem simples, objetiva, direta, coloquial, livre do discurso rebuscado encontrado naquelas obras, utilizando ainda todo um arsenal retórico (aforismos, anedotas, conclamações altissonantes, figuras de linguagem, textos em forma de versos, hinos, diálogos, cartas e paródias de orações religiosas) que visava facilitar não só a compreensão, como a persuasão. Assim, afirmava a *Nova Luz Brasileira* (n. 10 - 12/1/1830) que "nós queremos ser entendidos rapidamente pela mais rude inteligência sem reflexão".

Em geral, os conceitos do *dicionário* definem-se em torno da oposição semântica entre liberalismo e despotismo[2], expressando franca apologia a tudo que se referia ao primeiro termo (firmado nos princípios de constitucionalismo, pacto social e representatividade) e virulenta crítica ao conjunto de noções relacionadas à segunda forma de governo (na qual nada daquilo teria lugar, prevalecendo a vontade arbitrária do governante). Assim, por exemplo, enquanto *Rei Absoluto* é quem "usurpa os Poderes da Nação, e por isso está continuamente em estado de guerra com o povo", *Governo Legítimo* é "aquele que um Povo, como verdadeiro e único Soberano, escolhe e dá a si mesmo, independente de força e sedução; e o conserva por seu gosto". Da mesma forma, *Governo Absoluto* é o que "reúne os poderes em uma única pessoa, e que por isso nele pode mais a vontade de um só homem, e de qualquer que obre em seu nome, do que as leis; porque ainda que estas existam, não são mais do que meros formulários"; já *Governo Misto, Popular ou Monarquia Liberal* é aquele que "tem poderes divididos; que se dirige por meio de uma Constituição, que dá ao povo representação, influência, e parte em os negócios públicos, de tal modo que o governo por um lado é Monárquico, e por outro é Republicano" (*Nova Luz Brasileira*, n. 16 - 3/2/1830 e 17 - 5/2/1830)[3].

---

2 Situam-se no primeiro caso as definições de *Governo Misto, Popular ou Monarquia Liberal*; *Governo Legítimo* (título de dois verbetes); *Governo Livre*; *A Melhor Forma de Governo*; e *Legitimidade*. Em contraposição, encontram-se *Governo Absoluto*; *Rei Absoluto*; *Despotismo*; *Arbítrio ou Arbitrariedade*; *Tirania*; *Tirano*; *Direito de Força*; *O Maior Crime do Cidadão*; *Poder Real*; e *Pessoa Sagrada e Inviolável*. Uma série de outros conceitos (*Gabinete, Ministério ou Governo*; *Legislatura*; *Assembléia ou Representação Nacional*; *Delegado*; *Corpo Legislativo, Poder Legislativo e Representação Nacional*; *Corpo Executivo ou Poder Executivo*; *O Poder Judicial e O Corpo Judicial*; e *Maioria Geral*) refere-se aos poderes e órgãos constituintes de um governo liberal, enfatizando os princípios da divisão e independência dos poderes e da representatividade política.

3 Um esclarecimento faz-se necessário acerca da defesa do chamado *governo misto*, aquele que, imbuído de prerrogativas liberais, combinaria princípios *republicanos* (no sentido aqui de bem público, de participação dos cidadãos na gestão da coisa pública, via representação) e *monárquicos* (a vitaliciedade e hereditariedade do soberano). A aparente aceitação da Monarquia, enquanto regime de governo, deve ser então compreendida no contexto peculiar em que o *dicionário* foi produzido; isto é, durante o Primeiro Reinado e, particularmente, no primeiro semestre de 1830, antes, portanto, do maior recrudescimento da oposição a Pedro I, que se daria apenas a partir de setembro, com a chegada das notícias da revolução de 1830 na França, e de novembro, com o assassinato, em São Paulo, do jornalista *exaltado* Libero Badaró. Defender o regime republicano nesta época de fortes restrições à liberdade de expressão implicava em processo e prisão por crime de imprensa, sob alegação de atentado à forma de governo e ao imperante, conforme estabelecido nos artigos 3 e 4 da Constituição e no artigo 2º da lei de liberdade de imprensa de 20 de setembro de

O princípio do pacto social e das franquias que permitiam aos indivíduos a participação na vida pública encontra-se realçado em um amplo conjunto de conceitos referente aos direitos e as garantias inalienáveis do homem e do cidadão. São definições fundamentais, dado que um dos principais objetivos do *dicionário* era conscientizar a população livre de sua condição de cidadão e, como tal, de seus direitos. Já no primeiro verbete, a *Nova Luz Brasileira* tratava de revelar sua concepção bem peculiar e original de cidadania, esclarecendo o que entendia por *Povo*:

> Falando em geral chama-se Povo à reunião de todos os habitantes que formam a sociedade, e habitam um país debaixo do mesmo governo. Nesta palavra Povo se compreende todos os indivíduos sem exceção, desde o Rei até o mais pobre, e miserável cidadão [...] Entre nós não há mais do que povo, e escravos; e quem não é Povo, já se sabe que é cativo. Ora como entre o Povo de que se forma a sociedade civil, existem alguns homens mal criados, muito tolos, e cheios de vícios, e baixezas, os quais homens são algumas vezes madraços, e sem brio, e nem tratam de se instruir, e de abjurar sua grosseria, e maus costumes, assentou-se chamar plebe a esta gente má; e baixa plebe aos que d'entre a plebe, são incorrigíveis, e quase piores do que os maus escravos. Por conseqüência é baixa plebe o mau, e tolo fidalguete, ou negociante rico, ou alto empregado, cuja conduta instrução, brios, e costumes são maus como acabamos de dizer. É pois ignorante ridículo, e insolente todo o parlapatão que em ar de Lord bagatela chama com desprezo Povo à gente da sociedade que trabalha e produz riquezas com a enxada, ou com a enxó. Gente desprezível é a que consome as riquezes [sic] que outros produzem, e em cima trata de resto ao verdadeiro cidadão produtor de riquezas; e para mais, só cuida em atraiçoar ao Povo, escravizando-o contra as ordens do próprio Deus, que quando fez Adão, não o fez Conde, Frade, ou Marquês. Quem diz "Povo" por desprezo é desprezível aristocrata [...] o governo deve emanar de todos, e pender de todos em massa; [...] e as Leis devem ser iguais para todos, e feitas por todos mediante seus Deputados, e só para o bem geral: donde também se conclui que só o merecimento e serviços à benefício do país, podem dar distinção aos cidadãos enquanto vivem. Tudo o

1830. Por isso, a *Nova Luz Brasileira* e todos os demais jornais *exaltados* favoráveis ao regime republicano (como *O Tribuno do Povo* e *O Republico*) utilizavam vários recursos para driblar a repressão governamental, denotando diversas formas de defender a república. Uma das mais recorrentes era aproveitar a própria ambigüidade da palavra para jogar com sua dupla acepção, aplicando-a ora no sentido clássico do direito romano – como *coisa pública* (*res publica*), como organização política de um Estado, sob qualquer forma de governo, pautado pelo interesse público, pelo bem comum –, ora no sentido estrito de um regime específico de governo – no qual o mandatário é eleito e governa por tempo delimitado. No início da Regência, todavia, a *Nova Luz Brasileira* e os demais jornais congêneres da Corte passaram a defender abertamente o regime republicano. Ver a respeito, Basile, 2004, p. 201-211.

mais é violência despótica d'aristocratas velhacos, enquanto acham Povo tolo, e sem vergonha, que os não força a entrarem no caminho da justiça, e da Constituição (Nova Luz Brasileira, n. 11 - 15/1/1830).

Nota-se uma completa inversão semântica em relação à noção corrente de povo[4], compartilhada pelas demais facções políticas[5], a qual restringia tal categoria apenas à *boa sociedade*, ao conjunto de *homens bons* organizados nos limites da ordem e dotados de liberdade, propriedade e educação, ao passo que (des)qualificava como *plebe* a massa desorganizada, propensa à desordem, pobre, ignorante e em condições de dependência (Mattos, 1990, p. 125 e 259). Já a *Nova Luz Brasileira*, embora também partisse da dicotomia *povo* e *plebe*, excluía do *povo* e inseria na *plebe*, não a população subalterna, mas sim os aristocratas e ricos ociosos (grandes senhores de escravos e terras), que viviam da exploração do trabalho alheio. Todos os demais indivíduos livres adultos, independentemente de qualquer critério de instrução, renda, sexo ou cor, formariam o *povo* e, logo, seriam *cidadãos*, com plenos e iguais direitos civis e políticos.

Tais direitos eram explicados em verbetes específicos. Os *Direitos do Homem* abrangiam "os Direitos naturais; e os políticos, e civis que procedem dos naturais", sem os quais "o homem é escravo e não pode ser chamado homem". Já os *Direitos Naturais* eram "efeitos da reunião das Leis, pelas quais Deus criou o homem tal qual ele é", compreendendo os direitos de "conservar e defender a vida, a liberdade, a igualdade, a propriedade, viver em sociedade, o exercício da indústria do corpo e do espírito, o esforço para adquirir instrução e luzes, a diligência para ser feliz, a escolha do governo e Religião, o estabelecimento do contrato social, a fatura e reforma das leis, a propagação da espécie, a resistência à opressão". Refletindo preceitos do jusnaturalismo de matriz aristotélico-tomista, apropriado pelo pensamento humanista (Hespanha, 1998, cap. 7), acreditava o jornal que o direito positivo, instituído quando da organização da sociedade, procedia e essencialmente reproduzia os direitos naturais imutáveis e eternos estabelecidos por Deus (ou, em visão mais laicizada, derivados da auto-regulação da natureza) quando o

4 O mais famoso dicionário da época, o de Moraes Silva, após definir *Povo* como "os moradores da Cidade, Vila, ou lugar", "nação, gente", "no fig. o que tem os costumes, usos, e credulidade do povo", completava: "*Povo miúdo*: a plebe, gentalha". (Silva, 1922, t. 2º, p. 481).

5 "Quando dizemos – *povo* – claro está que não falamos da massa ignorante, ou destituída de interesse na ordem social, que os demagogos adulam, e de que fazem o objeto de suas especulações; mas sim dos homens pensantes, honestos, e que nada tendo a ganhar na anarquia, olham todavia com justo receio para qualquer ensaio de despotismo". (*Aurora Fluminense*, n. 553 - 7/11/1831).

homem ainda vivia no estado de natureza. Assim, ressaltava nas definições de *Direitos Civis* e de *Direitos Políticos* que ambos "nascem dos Direitos Naturais, porque estes são a base de toda a legislação". Os primeiros afiançavam "andar o Cidadão seguro pelas ruas; não entrar ninguém em sua casa sem consentimento de seu dono; casar e viver seguro com sua mulher e seus filhos; gozar livremente de seus bens, e por morte reparti-los; fazer testamento; servir de tutor". Já os últimos permitiam "votar, e ser votado para Deputado, Senador, e quaisquer outros cargos da Sociedade tendo merecimentos e virtudes, reconhecer a necessidade dos tributos, em que se gastam, e o tempo que duram" (*Nova Luz Brasileira*, n. 57 - 6/7/1830 e 58 - 9/7/1830).

Esta inovadora concepção de cidadania é reiterada na definição de *Cidadão*, que designava "toda a pessoa livre, homem ou mulher, que é parte de uma Nação livre, e que entra no seu contrato social, e participa de todos os atos e direitos políticos; e que por isso é uma porção da Soberania Nacional; em conseqüência do que tem voto em todas as eleições para as Assembléias, e pode ser eleito se tiver *virtudes e talentos*". O estatuto pleno da cidadania seria assim determinado e conferido basicamente em função da condição livre do indivíduo, tendo este direito de votar e de ser votado, se dotado de *virtudes e talentos*; algo bem distinto dos critérios excludentes da Constituição imperial. Note-se que tais *virtudes e talentos* nada tinham a ver aqui com situação econômica ou nível de instrução do indivíduo, mas com suas qualidades pessoais e valores patrióticos; era a *virtude cívica* ou *republicana*, oriunda da tradição do *humanismo cívico* (Bignotto, 2000 e 2001, cap. I), como fica claro na definição de *Virtude*, apropriada de Montesquieu: "Falando em geral, é toda a ação, ou qualquer coisa praticada em benefício e utilidade do Gênero Humano", e, "em particular, é qualquer ação praticada em proveito da Pátria" (*Nova Luz Brasileira*, n^os^ 16 - 3/2/1830 e 22 - 23/2/1830).

Esta idéia aparece também na definição de *Patriotismo ou Amor da Pátria*, "sentimento elevado e sublime, que impele o Cidadão a procurar e promover o bem de sua Pátria" e a "preferir esse bem a todos os seus interesses particulares; ainda mesmo que seja sacrificando a vida" (*Nova Luz Brasileira*, n. 16 - 3/2/1830). Neste sentido, é ainda mais revelador o conceito de *Pátria*, que apresenta, a princípio, duas idéias, uma *física* e outra *moral*. A primeira continha duas acepções, a *geral* e a *particular*, que apontam para a ambigüidade que aquela noção carregava na época: "a geral é a idéia de nação, ou província, a que o homem pertence; a particular é a idéia da terra, cidade, vila, ou lugar, em que a natureza lhe deu o ser, e a vida". Já a *idéia moral* remete à "obrigação, que tem a Pátria, de nos conservar os nossos direitos naturais, e civis, a respeito da vida, da liberdade, da igualdade, propriedade & c.; de nos dar parte na administração do nosso governo; e de nos franquear os meios de perfeição pelas luzes". Neste sentido, o jornal ressaltava que "extinta esta idéia moral, morrem as idéias físicas, e desaparece a idéia de Pátria". Daí a conclusão de que nos governos absolutos "não há Pátria, porque falta a idéia moral, e por isso o homem torna-se escravo". Verifica-se, assim, na *idéia física*, a combinação de uma noção nacional, regional e local de pátria muito comum na época, parecendo indicar a falta de uma concepção de identidade nacional. Todavia, o que prevalece é a *idéia moral*, que sublinha a noção nacional de pátria, concebida como a entidade com a qual se irmanavam os cidadãos na garantia de seus direitos. Esta entidade era a *Nação*, entendida pelo jornal (n. 13 - 22/1/1830) não como o país, mas como "o Povo reunido debaixo de um instituto, ou governo, conforme o seu gosto, e circunstâncias". Ou seja, nos termos da tríade povo soberano, Estado e nação, que Hobsbawm (1990, p. 34-35) atribui ao conceito revolucionário-democrático de nação na *Era das revoluções*. Um conceito *moderno*, portanto, baseado na idéia de nação una e indivisível, constituída por novo pacto social, firmado pela livre associação de um povo homogêneo e soberano; diferente, assim, da idéia plural de reino composto por corpos e estamentos heterogêneos, mantidos sob a tutela do monarca, como no registro tradicional do Antigo Regime (Guerra, 1992, p. 235, 319-327 e 351-355).

Para a *Nova Luz Brasileira*, todavia, a cidadania era apanágio dos governos liberais. Nestes, o *Súdito* também era cidadão, entendido como "o nacional de um país que tem Constituição, ou governo misto liberal, isto é, governo com boas e bem mantidas garantias". Já onde imperava a tirania e inexistiam direitos constitucionais, o povo era reduzido a *Vassalo* ou, pior ainda, a *Vassalo-Escravo*. O primeiro seria "o nacional de um país que tem governo absoluto", no qual "a propriedade, a liberdade são superficiais e ilusórias, pois é um favor do senhor, e não um Direito". Já o segundo seria "o pretendido vassalo em um governo puramente despótico; cuja ferocidade arbitrária anda mais descoberta, e pronta, e mais disposta a se desenfrear do que em o governo absoluto". Advertia o jornal que a diferença entre os governos despótico e absoluto era apenas de grau, chegando a se confundirem (*Nova Luz Brasileira*, n. 56 - 2/7/1830).

A concepção *exaltada* de cidadania, expressa no *dicionário* da *Nova Luz Brasileira*, perpassa, assim, as três vertentes clássicas da tradição democrática ocidental, cuja combinação é marca do liberalismo radical. Em primeiro lugar, está fortemente impregnada do humanismo cívico, enfatizando a preocupação com o bem coletivo, com o interesse público, valorizando, portanto, a virtude cívica e o envolvimento direto dos cidadãos no governo da sociedade. Igualmente está imbuída da visão comunitária, ressaltando o sentimento de pertencimento a uma comunidade (a nação), estimulando, assim, a identidade nacional. E incorpora também o conceito liberal de cidadania como titularidade de direitos, centrado na conquista das garantias individuais, em reação ao poder do Estado e às limitações legais e institucionais (Carvalho, 2000, p. 105-106). Se não aparece a nomenclatura dos *direitos sociais*, que, segundo Marshall, (p. 63-74), não integravam o conceito de cidadania no século XIX, nota-se, como visto adiante, uma preocupação sistemática com os problemas sociais, com a justiça social, que era característica central do pensamento *exaltado*, ausente nas demais facções da época.

Ao admitir a mulher na cidadania política, com direito a votar e ser eleita, os *exaltados* iam além das práticas políticas até então vigentes em todo o mundo, mesmo durante a Revolução Francesa. Malgrado o discurso igualitário dos revolucionários, manifesto na *Declaração dos direitos do homem e do cidadão*, e da intensa participação feminina nos clubes patrióticos, nas tribunas da Assembléia, na imprensa, nas manifestações de rua e nas revoltas, as francesas permaneceram situadas, conforme a célebre classificação de Sieyès, entre os *cidadãos passivos*, com direitos apenas civis, não políticos; e sua ação no espaço público ainda foi cerceada sistematicamente. A grande maioria dos revolucionários (como Robespierre, Danton e Mirabeau) sequer discutiu o assunto e os poucos que o fizeram quase sempre atacaram os anseios políticos femininos, entendendo, como Rousseau, que à mulher reservava-se a família e o lar, pois seria biológica, intelectual e moralmente incapaz de atuar na vida pública, além de dependente do marido. Aceitavam, no máximo, que a mulher empregasse seus dotes educativos para auxiliar na formação cívica dos filhos, os futuros cidadãos. Entre os homens, apenas Condorcet, Lequinio, Romme e Guyomar ergueram a voz para defender a igualdade de direitos entre os sexos, mas foram ignorados ou combatidos com rigor. Olympe de Gouges até produziu, em 1791, uma *Declaração dos direitos da mulher e da cidadã*, lembrando que, se a mulher poderia subir ao patíbulo, também deveria gozar dos direitos políticos; mas, ironicamente, acabou morta na guilhotina, como outras mulheres, durante o Terror. Como observou Mary del Priori (1989), no século das *luzes*, as mulheres permaneceram à sombra. Somente em 1944 as francesas obteriam direito de voto, depois das inglesas (1918), norte-americanas (1920) e brasileiras (1934). No Brasil, os *exaltados* foram pioneiros na defesa sistemática da participação feminina na esfera pública e da igualdade de direitos entre os sexos, tema que a *Nova Luz Brasileira* abordou em diversas matérias (Basile, 2001, p. 54-56; e 2004, p. 167-171).

A cidadania plena preconizada pelos *exaltados* sublinhava a condição soberana do povo. Para estes, a soberania residiria não no monarca (a *soberania do rei*, na teoria absolutista), nem no Parlamento (a *soberania da nação*, na doutrina liberal clássica), e sim (conforme Rousseau) no *povo*, entendido aqui como a totalidade dos membros adultos (livres) da sociedade. Como tal, e enquanto expressão da *vontade geral*, seria inalienável e indivisível: o povo não abriria mão da soberania ao escolher, via eleições universais, seus representantes (que detinham apenas mandato formal da soberania), podendo manifestá-la livre e diretamente sempre que desejasse. Conforme explicava a *Nova Luz Brasileira* na definição de *Poder Soberano, Potência Soberana ou Soberania*

> [...] significa o poder que se acha unido, e é inseparável do Povo, que compõe a massa da Nação; o qual Poder é uma entidade moral composta dos entendimentos, vontades, e forças particulares, e por conseqüência produzida pelos poderes de todos os Cidadãos; e esta entidade é que exprime a vida política da mesma Nação: por isso este Poder Soberano não se pode dividir, nem repartir, nem emprestar, nem dar, nem alienar por qualquer via, modo, ou maneira que seja. A Soberania, ou Poder Soberano, significa Poder que está acima de tudo; Poder sem igual. Este poder nasce da essência, ou substância inteira da Sociedade; [...] por isso a Soberania pertence unicamente à Nação inteira; isto é ao Povo: nenhum indivíduo, nenhuma família, pode ter o Poder Soberano como coisa sua própria. A palavra – Soberano – não se pode confundir com a palavra – Monarca (Nova Luz Brasileira, n. 58 – 9/7/1830).

A noção de *soberania do povo* vincula-se a outro aspecto central do pensamento e da prática *exaltados*: a pregação revolucionária. Diante de governos despóticos, que desrespeitam as leis e os direitos dos cidadãos, implicando em quebra do contrato social, a revolução tornava-se não só um direito, mas até um dever de todo cidadão. Este sentido é dado no verbete *Insurreição*, "justo levantamento do Povo contra os que atacam o contrato Social, e usurpam os direitos do mesmo Povo, ou da Nação"; o revolucionário, portanto, longe de qualquer qualidade negativa, seria aquele que "peleja a bem da ordem, e do bem comum da sua Pátria, e por isso é um Cidadão virtuoso" (*Nova Luz Brasileira*, n. 52 – 11/6/1830)[6]. A defesa da revolução – apregoada primeiro contra o governo de Pedro I e depois contra a Regência – não tinha, assim, qualquer cunho ou fim separatista, como foram acusados os *exaltados*; era, antes, um meio de salvar a nação e manter sua integridade. Esta visão positiva e necessária da revolução baseava-se não só na crença nos poderes supremos do povo, mas, sobretudo, na idéia do *direito de resistência dos povos à tirania e à opressão*, apropriada de Locke e Rousseau.

---

6 *Rebelião*, por outro lado, seria "a desobediência de qualquer pessoa ao Contrato Social, fazendo-se senhor do governo; é o ataque que os tiranos fazem às Leis fundamentais, abusando da força e confiança do Povo, para usurparem os *poderes* da Sociedade Civil" (Nova Luz Brasileira n. 51 - 8/6/1830).

Outro traço marcante do projeto *exaltado* ressaltado no *dicionário* é a idéia de igualdade. Achavam que a sociedade imperial era profundamente desigual e excludente, dividindo-se entre *ricos* e *pobres*, *privilegiados* e *oprimidos*. Colocavam-se, então, ao lado dos *pobres* e *oprimidos*, pleiteando uma sociedade mais justa e igualitária, melhor distribuição de renda e a incorporação desses segmentos à cidadania plena. Acreditavam que a liberdade só estaria assegurada se acompanhada de uma igualdade não apenas jurídica, como para seus oponentes, mas também social, à maneira de Rousseau. Não se tratava de igualdade absoluta, e sim de reduzir as diferenças sociais. Nesta perspectiva situa-se uma série de definições do *dicionário* relativas àquela dicotomia social.

De um lado estavam categorias como o *Mendigo ou Mendicante*, que "pede esmolas, porque não pode trabalhar"; o *Miserável*, que "não pode bem suprir suas despesas e precisões com o que ganha"; e o *Pobre*, que "lucra com que manter com parcimônia a si, e à sua família; mas a quem não ficam restos para guardar". Todos estes, frisava a *Nova Luz Brasileira* (n. 45 – 14/5/1830), eram cidadãos como outros quaisquer, merecendo a atenção da sociedade. Tais categorias não eram vistas, portanto, sob a ótica da vadiagem e da criminalidade, típica do pensamento dominante sobre as *classes perigosas*; antes, atribuía-se às desigualdades e injustiças sociais o estado a que estavam reduzidas. E mais do que dispensar a elas a piedade da filantropia iluminista, buscava-se elevá-las ao rol da cidadania, dignificando sua condição de povo.

Por outro lado, várias definições estão associadas às categorias sociais, doutrinas e instituições tidas como portadoras de privilégios e defensoras do despotismo, alvos do discurso antiaristocrático do jornal. É o caso da *Aristocracia*, "classe da gente privilegiada, pela maior parte sem merecimentos nem virtudes: gente perigosa porque luta continuamente para sustentar o espírito de corporação e faz esforços para dominar a sociedade civil por meio de títulos vaidosos; e apossar-se de todas as terras, cargos, postos, dignidades, e honras, insultando e pisando o Povo" A definição de *Nobre ou Fidalgo* salientava que "Toda a *nobreza* hereditária é peste da sociedade por ser sequaz do governo *absoluto*, e do *despotismo*; é inimiga da liberdade, da igualdade, da justiça, e das boas leis sociais: toda ela é desprezadora do Povo" As críticas estendiam-se ao *Rico* – "aquele que ganha abundantemente para se tratar com muitas larguezas, ficando-lhe ainda restos para guardar, e amontoar" – e ao *Opulento* – "aquele que além do que gasta, tem riquezas amontoadas, que reluzem e transbordam em todas as coisas" (*Nova Luz Brasileira*, n. 30 – 23/3/1830, 31 – 26/3/1830, 45 – 14/5/1830 e 47 – 21/5/1830).

Ainda na linha de crítica aos sustentáculos políticos e sociais do absolutismo e aos segmentos privilegiados da sociedade estão diversos conceitos que expressam o anticlericalismo *exaltado*. A união entre Igreja e Estado e a adoção do catolicismo como religião oficial do Império, estabelecidas pela Constituição de 1824, não eram vistas com bons olhos pela *Nova Luz Brasileira*. Chamava os *Frades* de "homens astutos, e fanáticos", que "pelejam com todas as armas visíveis; e invisíveis para usurpar a autoridade dos Reis, e os direitos das Nações; e conquistar este mundo". Piores ainda seriam os jesuítas que segundo a definição de *Sociedade de Jesus, Companhia de Jesus, Padres da Companhia ou Jesuítas*, integravam uma "sociedade de Frades abomináveis, eminentemente inimigos do sistema Constitucional", que além de acumular "grandes bens da fortuna por meio de pios enganos, e astuciosos furtos", também "plantam a árvore da estupidez, e apregoam com vários artifícios a pestífera *obediência cega*". O jornal preconizava, assim, uma "reforma religiosa", que pleiteava plena liberdade de consciência e de culto, a separação entre Igreja e Estado e até a organização de uma Igreja Católica brasileira, independente do Vaticano, com párocos e bispos sendo escolhidos em eleições populares. Em sua definição de *Bula ou Breve do Papa*, afirmava que tal documento "não tem nada de Santo, nem de divino; nem bento; e só pode recair sobre coisas, meramente da Igreja, e com aprovação do Povo, isto é, de sua Assembléia; e nunca sobre os poderes da Nação, e direitos dos Povos". Em reação ao ultramontanismo, dizia que *Concordata*, "espécie de tratado, ajuste, ou convenção feita entre qualquer Governo e o Papa", "não tem veneração particular, nem é coisa santa, ou benta" (*Nova Luz Brasileira*, n. 27 – 12/3/1830 e 28 – 16/3/1830).

Outro grupo de definições aborda o tema obscuro das sociedades secretas. Algumas eram apontadas como organizações internacionais que tramavam a favor do despotismo, como os *Apostólicos de Espanha*, "sociedade secreta perversa, a qual hoje está bem conhecida pelos seus manejos atrozes contra o sistema liberal"; ou a sociedade do *Apostolado*, "própria do Brasil, criada em 1822 para auxiliar os danados projetos dos absolutistas". Contudo, a avaliação do jornal sobre as sociedades secretas era, em geral, positiva, vendo-as como importante instrumento de luta contra governos despóticos. Afirma, assim, que *Sociedades Secretas em Geral* são "corporações bem fazejas, e virtuosas, que os Filósofos têm inventado para bem da humanidade; melhorando em particular, e ocultamente a triste sorte dos oprimidos mortais". O melhor exemplo desse tipo de sociedade, formada por "Cidadãos filósofos", era a *Maçonaria ou Pedreiro Livre*, que trabalha "espalhando luzes, e fazendo criar um certo espírito de união, amor e fraternidade" (*Nova Luz Brasileira*, n. 34 – 6/4/1830, 35 – 9/4/1830 e 41 – 30/4/1830).

Mas as sociedades secretas seriam pertinentes apenas sob governos despóticos, nos quais o desrespeito aos direitos dos cidadãos impediria a sustentação de entidades livres. Onde imperava o Estado liberal, a melhor forma de organização seriam as *Sociedades Patrióticas*, que "trabalham a portas abertas" e "servem para socorrer os oprimidos, e desvalidos de toda a casta, contra a injustiça particular e pública, e para dar apoio às autoridades, e aos Escritores; e para animar a agricultura, comércio, artes, ciências, e navegação; e para vigiar dia e noite por toda a parte em benefício da Pátria". As mesmas finalidades são destacadas em várias outras definições, que sublinham a importância adquirida pela esfera pública. Uma delas é a de *Espírito Público*, "opinião geral, formada pelo conhecimento que o Povo tem de seus direitos, e dos princípios gerais, que estabelecem e conservam esses mesmos direitos". Sua expressão manifesta é a sempre enaltecida *Opinião Pública*, concebida como "o modo de pensar expresso, e uniforme de mais da metade de um Povo sobre qualquer objeto: daqui vem a influência, poder, e direção que dá a todos os negócios". Mas para que a opinião pública pudesse efetivamente atuar, precisava contar com a *Salva-Guarda ou Escudo contra o Despotismo*, isto é, a "liberdade da imprensa, publicando, censurando, e criticando os atos arbitrários do Governo, iluminando o Povo em seus direitos, e excitando a sua coragem" (*Nova Luz Brasileira*, n. 20 – 16/2/1830, 21 – 19/2/1830 e 34 – 6/4/1830).

O *dicionário* da *Nova Luz Brasileira* é evidência singular do desenvolvimento de um novo vocabulário político e das transformações semânticas em curso (como indicam os significados peculiares atribuídos a vários termos), e, logo, da importância adquirida por essa linguagem no contexto de definição identitária das facções políticas e de gestação da esfera pública. Revela, além disso, o empenho dos *exaltados* em difundir essa linguagem e instruir a opinião pública nos novos princípios[7].

## O curso de direito constitucional *moderado*

Outro empreendimento inovador de pedagogia política, destinado a educar e preparar os cidadãos para a vida cívica, pautado nos princípios do constitucionalismo, foi a criação da cadeira de Direito Público Constitucional. A iniciativa, desta vez, era dos *moderados*, por meio da associação que os representava: a Sociedade Defensora da Liberdade e Independência Nacional do Rio de Janeiro. A proposta partiu de Evaristo da Veiga (1º secretário da agremiação e redator da *Aurora Fluminense*), na sessão de 25 de abril de 1832; a 2 de maio foi aprovada, sendo então solicitado – e obtido – o empréstimo de uma sala para realização do curso na Academia de Marinha e guerra, visando "espalhar tão

7 Outras iniciativas semelhantes, posto que de dimensões mais reduzidas, foram efetuadas na mesma época, como o *dicionário* produzido em 1831 pelo jornal *O Exaltado*, contendo vinte e três conceitos relativos aos fundamentos e tipos de governo e de soberania (Basile, 2000, p. 160-166).

úteis conhecimentos pela massa da Nação, e ensinar-lhe assim a melhor extremar os seus direitos dos seus deveres" (*O Homem e a America*, n. 27 – 5/5/1832 e 28 – 12/5/1832). Em seu jornal, Evaristo explicou melhor que o intento era

> derramar por entre todas as classes da população o conhecimento das idéias primárias em que se funda a organização política de todos os povos livres, e com especialidade a do Brasil. A necessidade de tal instituição, numa cidade populosa como a nossa, onde as coisas políticas ocupam geralmente os espíritos, é por si mesmo demonstrada. Não é menos sensível a carência de instrução sólida, ou bem dirigida, que nesta parte se nota, até em pessoas a quem aliás não falta cabedal em outros ramos de ilustração científica. No tempo do governo absoluto, a grande maioria da população não se entregava ao estudo, ou mesmo a qualquer rápida consideração sobre os elementos constitutivos da sociedade e de seu regime. [...] Com a revolução de 1821 as circunstâncias mudaram, e todos, ou mais ou menos se deram à lição dos livros, ou dos jornais políticos. Quanto aos primeiros, de mais longo alento, e obrigando a sérias combinações, o seu uso ficou reservado a um estreito círculo de pessoas: foram os últimos que adquiriram mais ampla influência, e que se vulgarizaram. Mas não só muitos jornais, ditados ou pelo rancor, ou pela lisonja, contribuíram a depravar ainda mais as disposições, e crença política da população, como também, os mesmos que se destinavam a fim mais nobre, desviados de seu objeto a cada momento, pela necessidade de repelir a agressão e de combater inimigos [...] pouco aproveitaram para o melhoramento do povo, ou para o derramamento de idéias genuínas acerca da ciência social. A luta em que existimos por espaço de 10 anos, com um governo que abusava das melhores instituições, e que parecia por sistema querer aviltar a nação, concorreu também para que o espírito de declamação vaga ganhasse [...].
>
> [...] Há-se mister mostrar bem claramente ao povo, e por meio de reiteradas lições fazer-lhe apalpar a necessidade de certos sacrifícios individuais [...]. Tal é por exemplo o serviço das G. Nacionais, o pagamento exato das contribuições, o concurso dos esforços de cada um para o bem de todos. Cumpre fazer ver em que consiste o amor da pátria. [...] Descrever o que é a liberdade, cuja imagem aparece tão desfigurada [...] a falta de noções justas sobre o que seja liberdade, igualdade, direitos, deveres, e organização social nos tem arrastado a muitos desatinos (*Aurora Fluminense*, n. 624 – 4/5/1832).

Assim como os *exaltados* buscavam difundir na imprensa sua interpretação peculiar do vocabulário liberal, mediante os *dicionários cívico-doutrinários*, os *moderados* da Defensora apostavam na criação da cadeira de Direito Público Constitucional como meio de ensinar o significado devido de noções tão propagadas e tão diversamente compreendidas. Esta seria a forma mais adequada para alcançar tal finalidade, visto que os jornais, mesmo os mais *nobres*, desviavam-se de seus propósitos *iluministas* e se perdiam em declamações vazias e trocas de acusações[8]. Além disso, diante da premência de operacionalizar a construção do Estado nacional, a iniciativa patenteava a tendência – observada ao longo de todo o Império e consubstanciada em seu ordenamento jurídico – de valorização e primazia do Direito Público nacional, o qual vinha, assim, a se sobrepor aos direitos privados ou individuais[9].

Na sessão de 20 de maio foi apresentado e aprovado o programa do curso, a cargo de Francisco de Salles Torres Homem, apadrinhado de Evaristo. A duração seria de um ano, totalizando setenta e duas lições, ministradas três vezes por semana (terças e quintas-feiras e sábados), em aulas de uma hora. As primeiras lições introduziriam princípios de moral universal e filosofia do Direito, vindo depois o estudo de todas as parte do Direito Público, ficando para as doze finais a história do sistema representativo, a análise da Constituição do Estado e um paralelo desta com as Constituições das principais nações. As aulas consistiriam em uma dissertação do professor sobre tema previamente indicado do programa (*O Homem e a America*, n. 29 – 9/6/1832).

Embora ainda não fosse advogado ou jurista (era médico-cirurgião, licenciando-se em Direito apenas por volta de 1836-1837), Torres Homem foi encarregado de ministrar as aulas. Então redator de outro importante jornal *moderado*, *O independente*, conhecido pela profundidade de suas matérias doutrinárias, nele ressaltava a importância do curso para a *causa pública*:

> Hoje que a política é o gosto do dia, que todos os espíritos se acham dirigidos para os negócios do estado, hoje que se agita a questão das reformas nas instituições fundamentais do Estado, é da mais alta conveniência a propagação de bons princípios de

8 É conhecida a lúcida análise autocrítica de Evaristo sobre este *desvirtuamento* da imprensa regencial: "a mor parte dos jornais que possuímos (e nesta parte também nos confessamos culpado, ou arrastado pela força da torrente) mais invectivam do que argumentam; os nomes próprios e não as doutrinas enchem quase de todo as suas páginas. Conhecemos que este vício é ainda mais notável nas folhas que pertencem à comunhão exaltada; porém não são isentos de tal censura os periódicos da moderação. A razão é clara: a polêmica enceta-se, as personalidades aparecem, o amor próprio se interessa na luta, julga-se fraqueza o deixar de reagir" (*Aurora Fluminense*, n. 600 – 2/3/1832).

9 Sobre esta questão, ver o artigo de Andréa Slemian encontrado neste livro e também sua Tese de Doutorado, intitulada *Sob o império das leis: Constituição e unidade nacional na formação do Brasil (1822-1834)*.

direito público, a fim de se destruírem funestos erros, os princípios desorganizadores filhos da profunda ignorância (O Independente, n. 77 – 28/4/1832).

Não há informações acerca do funcionamento do curso, nem sobre o número ou o perfil dos freqüentadores. O que se sabe é que, apesar de todo o interesse despertado pela política na época, o curso – ainda por cima gratuito, custeado pela Defensora – não fez o sucesso esperado. Menos de um ano depois, Evaristo já lamentava, em seu jornal, a baixa freqüência, imputando-a à herança colonial. "Custou-nos a crer esta aflitiva indiferença da nossa mocidade, e não poderíamos explicá-la, senão atribuindo-a à apatia hereditária por tudo o que não está ligado ao interesse do momento, [...] especialmente deriva-se das tradições do regime colonial". Fazia, assim, um apelo aos *jovens brasileiros*: "buscai só nas vossas fileiras o sopro de ciências e de energia que há de regenerar a vossa pátria. Vossos Pais (salvas poucas exceções) nada podem ensinar-vos. Honrai-os, mas não sigais seus erros: eles pertencem à época de decadência" (*Aurora Fluminense*, n. 741 – 4/3/1833). O curso parece não ter passado do primeiro ou segundo ano, pois esta foi a última notícia encontrada. Mais do que os motivos alegados, para seu fracasso devem ter contribuído decisivamente as prevenções políticas contra os *moderados*, as quais também atrapalharam a captação de recursos para outro importante empreendimento capitaneado pela Defensora: a construção da Casa de Correção[10].

De todo modo, a experiência do curso de Direito Público Constitucional pode ter sido embrião de outras iniciativas – posto que mais amplas e de características diversas – posteriormente levadas a cabo na Corte, como as conferências liberais de 1849, as radicais de 1869, as republicanas de 1870 e (as mais exitosas, talvez por não conterem temáticas de cunho político) as da Glória, realizadas de 1873 até o fim do Império. À exceção destas últimas, as demais (especialmente as promovidas pelo Clube Radical) tratavam de temas direta ou indiretamente relativos ao Direito Constitucional e à defesa de práticas autên-

10 O apoio precário dos *moderados* na Corte, ao menos entre os cidadãos *votantes* e *eleitores*, é então evidenciado pelas três fragorosas derrotas eleitorais que sofreram para a oposição na Capital: primeiro, em fevereiro de 1833, no pleito para novos juízes de paz; depois, em março do mesmo ano, por ocasião da escolha dos deputados para a legislatura de 1834-1837; e, por fim, em abril de 1835, quando da eleição para regente uno. Nos dois últimos casos, os *moderados* fluminenses só conseguiram reverter a situação a seu favor graças à votação maciça que tiveram no interior da província. Parte considerável dessa desconfiança em relação ao grupo deve-se à posição ambígua e dividida de seus expoentes a respeito da reforma constitucional em curso no Parlamento entre 1831 e 1834; e também, associado a isto, ao forte boato que então corria na cidade espalhado pelos *caramurus* – de que a reforma implicaria na queda da monarquia e que, portanto, seus defensores seriam republicanos (Basile, 2004, p. 438-439).

ticas do sistema representativo (Carvalho, 2007, p. 20, 21, 32-34). Denotavam a força e perenidade da ordem constitucional moderna instituída no Império.

**Considerações finais**

O *dicionário cívico-doutrinário* da *Nova Luz Brasileira* e o curso de Direito Público Constitucional da Sociedade Defensora constituem duas maneiras distintas de tentar dar conta de um mesmo fenômeno: o desenvolvimento de uma nova linguagem política e a importância por ela adquirida no contexto das lutas políticas que marcaram o final do Primeiro Reinado e o início do Período Regencial, e de emergência de uma esfera pública de sociabilidade política na Corte do Rio de Janeiro. Tais experiências revelam a preocupação das facções rivais em explicar e difundir didaticamente esse vocabulário, a fim de formar uma opinião pública afinada com suas idéias e interesses.

O que, no entanto, fazia dessas iniciativas um recurso primordial de ação política era a existência de diferentes concepções acerca da nação em construção, que distinguiam as facções concorrentes. De fato, *liberais moderados* e *exaltados*, além de digladiarem-se na disputa pelo poder (sobretudo após a Abdicação, quando os primeiros assumem o governo regencial), possuíam distintos projetos políticos. Os *moderados* apresentavam-se como seguidores dos postulados clássicos liberais, tendo Locke, Montesquieu, Guizot e Benjamin Constant como principais referências doutrinárias; almejavam (e conseguiram) promover reformas político-institucionais para reduzir os poderes do imperador, conferir maiores prerrogativas à Câmara dos Deputados e autonomia ao Judiciário, e garantir a observância dos direitos (civis, sobretudo) de cidadania previstos na Constituição, instaurando uma liberdade *moderna* que não ameaçasse a ordem imperial. Já os *exaltados* – adeptos de um liberalismo radical de feições jacobinistas, matizadas pelo modelo de governo norte-americano, e inspirados sobretudo em Rousseau, Montesquieu e Paine – buscavam conjugar princípios liberais clássicos com ideais democráticos; pleiteavam profundas reformas políticas e sociais, como a instauração de uma república federativa, a extensão da cidadania política e civil a todos os segmentos livres da sociedade, o fim gradual da escravidão, uma relativa igualdade social e até uma reforma agrária (Basile, 2004, cap. I, II, V, VI, VII e XI)[11].

---

11 Havia, ainda, um terceiro grupo, organizado logo no início da Regência, os *caramurus*. Alinhados à vertente conservadora do liberalismo, tributária de Burke, eram contrários a qualquer reforma na Constituição de 1824 e defendiam uma monarquia constitucional firmemente centralizada, nos moldes do Primeiro Reinado, chegando, em casos excepcionais, a nutrir anseios restauradores.

Em resumo, se o constitucionalismo era a base comum das linguagens políticas *moderada* e *exaltada*, a primeira mantinha-se dentro das premissas daquela tradição presente no liberalismo clássico, ao passo que a marca distintiva da segunda estava na apropriação de postulados herdados do pensamento jacobinista. O curso de Direito Constitucional *moderado* e o dicionário cívico *exaltado* expressavam essas tendências.

## Referências Bibliográficas

BAKER, Keith Michael. *Inventing the French Revolution: essays on french political culture in the eighteenth century.* 4ª ed. Cambridge / Nova York / Melborne: Cambridge University Press, 1999.

BASILE, Marcello Otávio Neri de Campos. *O Império em construção: projetos de Brasil e ação política na Corte regencial.* Tese de Doutorado. Rio de Janeiro: PPGHIS – U.F.R.J., 2004.

BASILE, Marcello Otávio Neri de Campos. *Anarquistas, rusguentos e demagogos: os liberais exaltados e a formação da esfera pública na Corte imperial (1829-1834).* Dissertação de Mestrado. Rio de Janeiro: PPGHIS – UFRJ, 2000.

BASILE, Marcello. "Luzes a quem está nas trevas: a linguagem política radical nos primórdios do Império." *Topoi: revista de História,* nº 3. Rio de Janeiro: 7 Letras, setembro de 2001a.

BASILE, Marcello Otávio. *Ezequiel Corrêa dos Santos: um jacobino na Corte imperial.* Rio de Janeiro: Fundação Getúlio Vargas, 2001b.

BASILE, Marcello. "Sociabilidade e ação políticas na Corte regencial: a Sociedade Defensora da Liberdade e Independência Nacional." *Dimensões: revista de História da UFES, nº 18 – Dossiê história, identidade e etnias.* Vitória: UFES – Centro de Ciências Humanas e Naturais, 2006.

BIGNOTTO, Newton. "Humanismo cívico hoje." bignotto, Newton (org.). *Pensar a república.* Belo Horizonte: Editora U.F.M.G., 2000.

BIGNOTTO, Newton. *Origens do republicanismo moderno.* Belo Horizonte: Editora U.F.M.G., 2001.

CARVALHO, José Murilo de. "Cidadania na encruzilhada." BIGNOTTO, Newton (org.). *Pensar a república.* Belo Horizonte: Editora U.F.M.G., 2000.

CARVALHO, José Murilo de. "As conferências radicais do Rio de Janeiro: novo espaço de debate". CARVALHO, José Murilo de (org.). *Nação e cidadania no Império: novos horizontes.* Rio de Janeiro: Civilização Brasileira, 2007.

DEL PRIORI, Mary. "No século das Luzes, mulheres à sombra... – a condição feminina e a Revolução Francesa." *Acervo,*vol. 4 - nº 1. Rio de Janeiro: Ministério da Justiça – Arquivo Nacional, janeiro-junho de 1989.

GUERRA, François-Xavier. *Modernidad y independencias – ensayos sobre las revoluciones hispánicas.* México: Fondo de Cultura Económica, 1992.

HESPANHA, António Manuel. *Panorama histórico da cultura jurídica européia.* 2ª ed. Lisboa: Europa-América, 1998.

HOBSBAWN, Eric J. *Nações e nacionalismo desde 1780: programa, mito e realidade.* Rio de Janeiro: Paz e Terra, 1990.

MARSHALL, T. H. *Cidadania, classe social e status.* Rio de Janeiro: Zahar, 1967.

MATTOS, Ilmar Rohloff de. *O Tempo Saquarema: a formação do Estado imperial.* 2ª ed. São Paulo: HUCIT, 1990.

MOREL, Marco. *As transformações dos espaços públicos: imprensa, atores políticos e sociabilidades na cidade imperial (1820-1840)* São Paulo: HUCITEC, 2005.

NEVES, Lúcia Maria Bastos Pereira das. *Corcundas e constitucionais: a cultura política da Independência (1820-1822).* Rio de Janeiro: Revan / FAPERJ, 2003.

RIBEIRO, Gladys Sabina. *A liberdade em construção: identidade nacional e conflitos antilusitanos no Primeiro Reinado.* Rio de Janeiro: Relume Dumará / FAPERJ, 2002.

SILVA, Antonio de Moraes. *Diccionario da Lingua Portugueza Recopilado dos Vocabularios Impressos até Agora, e Nesta Segunda Edição Novamente Emendado, e Muito Accrescentado.* 2 vs. Fac-símile da 2ª ed., de 1813. Rio de Janeiro: Oficinas da S. A. Litho-Typographia Fluminense, 1922.

SLEMIAN, Andréa. *Sob o império das leis: Constituição e unidade nacional na formação do Brasil (1822-1834).* São Paulo: Programa de Pós-Graduação em História Social da USP, 2006.

# Parte II

## Direitos, leis e cidadania na passagem para a modernidade republicana

# Capítulo 1 Júri no Brasil Império: polêmicas e desafios

*Adriana Pereira Campos*[1]
*Viviani Dal Piero Betzel*[2]

## Introdução

Pretende-se, neste artigo, discutir a composição e o papel do Júri na construção de um consenso a respeito dos comportamentos que deveriam ser objeto de criminalização e punição por parte do Estado. Esse objetivo circunscreve-se à atuação do Tribunal do Júri na província do Espírito Santo na segunda metade do Oitocentos. Como no restante do Império, o Tribunal do Júri no Espírito Santo enfrentou inúmeras dificuldades para se organizar. Muitos dos jurados sorteados não compareciam às sessões, contando seguidamente com a conivência de autoridades que usavam sua influência para pedir a dispensa dos escolhidos nas referidas sessões. Nem todos, porém, logravam êxito em afastar-se dessa obrigação, já que constavam indivíduos de renome político e social dentre alguns jurados. Além disso, poucas pessoas somavam as qualidades exigidas para ocupar o posto de jurado, como a de ser eleitor (Carvalho, 2003, p. 29-30).

Uma característica do Tribunal do Júri capixaba, partilhada pelas demais províncias brasileiras, consistia na freqüente absolvição dos réus pelo Tribunal do Juri. Observou-se que, entre os anos de 1850 e 1871, as absolvições perfaziam quase o dobro das condenações[3] (Betzel, 2006). Tal proporção, como visto, redundou em duras críticas ao sistema de jurados em todo o Império, encontrando eco no Espírito Santo. Em razão dos ataques a suas deficiências, o Tribunal do Júri sofreu, ao longo do Oitocentos, modifica-

---

1 Professora Adjunta do Departamento de História e do Programa de Mestrado em História Social das Relações Políticas, da Universidade Federal do Espírito Santo. Pesquisadora Colaboradora do Centro de Estudos dos Oitocentos (CEO) /PRONEX "Dimensões da cidadania no século XIX", FAPERJ-CNPq. Pesquisadora do Núcleo de Digitalização de Documentação da Escravidão – Fundo de Apoio a Ciência e Tecnologia do Espírito Santo.

2 Mestre pelo Programa de Pós-Graduação em História Social das Relações Políticas da UFES. Autora do capítulo "O Júri no Brasil" da obra "História e Direito: velhos temas, novas abordagens", organizado por Adriana Pereira Campos e publicado pelo PPGHIS/UFES em 2005.

3 Ver Betzel, Vivian Dal Piero. *Tribual do Júri no Espírito Santo: papel,* ação e reação. Dissertação de Mestrado apresentada no Programa de Pós-Graduação *Stricto-Sensu* em História Social das Relações Políticas (PPGHIS - UFES). 149 p. Vitória, 2006.

ções que viriam a lhe diminuir o poder e a influência. Esse processo pode ser claramente identificado a partir dos autos criminais guardados no Arquivo Público do Estado do Espírito Santo, lançando importantes luzes a respeito da história do funcionamento da Justiça brasileira.

## O Espírito Santo no Império

Distinguindo-se da Corte, onde logo com a chegada da Família Real organizaram-se algumas instituições judiciais, em outras partes do Império a Justiça foi instituída com grandes dificuldades. O imenso território e o número rarefeito de pessoas preparadas para atuar na esfera judicial de forma equilibrada entre as províncias eram problemas a serem resolvidos. Na província do Espírito Santo havia sérios empecilhos na composição dos quadros profissionais para o necessário aparelhamento não só da Justiça, mas também da Polícia.

Ainda no alvorecer do século XIX, em 1800, Antônio Pires da Silva Pontes assumiu o governo da capitania capixaba, em um momento em que a administração local nas vilas cabia às Câmaras, cujos oficiais eram eleitos pelos próprios moradores. (Oliveira, 1975, p. 233). A Justiça estava entregue a um Ouvidor, a mais alta autoridade judiciária local. Os cargos da administração civil já eram bastante reduzidos desde o fim do período colonial e, após a Independência e a transformação da Capitania em Província, não houve grandes mudanças. Faltava pessoal capacitado para ocupar cargos de extrema importância não só nas Freguesias e Vilas, mas também na província como um todo. Devido a essa precariedade, muitas vezes uma mesma pessoa acumulava dois ou mais cargos.

A população da província crescia lentamente no início do Oitocentos. Em 1811 havia 24 mil habitantes na Capitania, sendo 11.900 indivíduos livres e 12.100 escravos. A partir da Independência do Brasil, o censo de 1824 acusava a existência de 35.353 almas no Espírito Santo, sendo que 13.038 estavam na Freguesia de Victoria, onde havia 5.274 fogos. Novo levantamento, em 1827, demonstrou um crescimento mínimo, pois algumas vezes se verificava um aumento da população dividido entre as várias freguesias, outras vezes, um decréscimo em relação ao ano de 1824, conforme a Tabela 1:

TABELA 1 - POPULAÇÃO DO ESPÍRITO SANTO

| | 1824 | | 1827 | |
|---|---|---|---|---|
| Cor / Condição | Homens | Mulheres | Homens | Mulheres |
| Brancos | 3.916 | 4.178 | 4.011 | 4.325 |
| Índios | 2.721 | 3.067 | 2.647 | 2.714 |
| Pardos Livres | 2.651 | 2.950 | 3.507 | 4.110 |
| Pardos Cativos | 1.710 | 1.577 | 1.318 | 1.417 |
| Pretos Livres | 1.240 | 1.442 | 753 | 864 |
| Pretos Cativos | 5.306 | 4.595 | 5.432 | 4.781 |

Fonte: Oliveira, 1875, p. 285 e 294.

Entre 1824 e 1827 registrou-se significativo decréscimo no número de índios, pardos cativos e de pretos livres, em contrapartida a um aumento no número de brancos, pardos livres e pretos cativos. A soma em 1824 era de 35.353 habitantes e, em 1827, 35.879. Em 1856 a população da província formava-se de 49.092 almas e 7.674 fogos. No ano de 1862, já eram 60.702 habitantes e, em 1890, 209.783 (Vasconcellos, 1858, p. 215, e Oliveira, 1975, p. 285,335). O crescimento a partir de meados do Oitocentos pode ser atribuído à imigração, expressa principalmente nos números do último censo referido.

Com a formação do Estado brasileiro independente, as Capitanias tornaram-se províncias governadas por presidentes nomeados pelo Imperador D. Pedro I. Instalou-se na província do Espírito Santo, nos anos de 1822 e 1823, uma Junta Provisória para garantir a adesão à causa da separação entre Brasil e Portugal. Nesse período, a província não passou por qualquer alteração fundamental na estrutura administrativa vigente[4], até porque houve apoio das elites locais ao processo de autonomia, quando se comemorou entusiasticamente o fim do período colonial. A Junta instalou-se no dia 2 de março de

4 Pesquisas recentes feitas por Campos (2004) demonstram que no mesmo dia em que D. Pedro I proclamou a independência do Brasil, a Câmara Municipal de Victoria, desconhecendo o fato, realizou uma reunião de adesão à causa separatista, jurando fidelidade a um governo independente.

1822[5] e, à época da Independência, somente São Mateus e Guarapari pareciam não concordar com a idéia de se proclamá-la (Cf. Daemon, 1978, p. 261). Apesar disso, não houve tumulto ou alarde quando do desligamento de Portugal. Ao contrário, muitos foram os vivas e festejos realizados pelos capixabas. Nesse mesmo período, Victoria foi elevada à condição de cidade, obedecendo ao decreto imperial de 24 de fevereiro de 1823, extensivo a todas as sedes de governos provinciais.

Ainda no ano de 1823, criou-se o lugar de Presidente da província e também o Conselho Provincial, composto por seis membros para apoiar o governante. Para o cargo de presidente foi nomeado, no dia 20 de outubro do mesmo ano, o bacharel Ignácio Accioli de Vasconcelos, que já havia sido juiz de fora e ouvidor da Capitania do Espírito Santo. O primeiro presidente da província do Espírito Santo, no entanto, somente tomou posse em 23 de fevereiro de 1824 (Daemon, 1978, p. 267). Dentre seus diversos feitos, destaca-se a convocação das eleições para deputados à Assembléia Geral, ao Conselho Provincial e ao Senado.

Até a constituição das Assembléias Legislativas Provinciais vigoravam os Conselhos Provinciais, formados por seis cidadãos. Nos primeiros anos da independência brasileira, a composição do Poder Executivo e do Poder Legislativo realizou-se de forma lenta e gradual entre os capixabas. A Polícia e a Justiça constituíam-se numa obrigação que precisava ser atendida em todo o país. Ainda que o tempo fosse de mudanças, persistiam antigos problemas estruturais como a falta de recursos da província para prover com melhores condições os hospitais, as estradas e as cadeias públicas. Há registros diversos de magistrados que reclamavam da pequena força policial, incapaz de enfrentar levantes de escravos e ataques indígenas que espocavam em vários pontos da província. Incidentes dessa natureza justificavam, inclusive, a premência das autoridades em organizar as novas instituições políticas, administrativas e judiciais.

Apesar de todas as carências apontadas, os relatórios e correspondências das autoridades são prenhes de insistentes elogios e admiração pela docilidade dos capixabas. O primeiro presidente da província do Espírito Santo, Ignacio Accioli, em suas memórias, chegou a afirmar que os habitantes da província eram "joviais, dóceis, muito amigos de festividades e divertimentos, pouco aplicados às primeiras letras, e tão pacíficos que é raro haver crime de morte, furto, arrombamentos ou incêndio, sendo freqüentes as demandas por palmos de terra (Oliveira, 1975, p. 321).

5 Contradizendo Daemon, Vasconcellos (1858, p. 59) afirma que a instalação da Junta Provisória deu-se a 1 de março de 1822, e não no dia 2.

Mesmo assim, os governantes encontravam motivo para a estruturação de guarnições policiais e tribunais de justiça aptos a colaborar com a manutenção da ordem e do sossego públicos. Tratava-se, na verdade, da aclamação de uma estrutura de Estado adequada ao controle dos poderes privados, mesmo em se tratando de uma sociedade reconhecidamente pacífica e ordeira.

O Corpo de Pedestres, criado ainda no governo de Silva Pontes, em 4 de abril de 1800, com trezentos praças, não gozava da simpatia popular, que se recusavam a servir nessa guarnição. Os habitantes evadiam-se de sua convocação porque os soldados pedestres serviam para os mais diversos trabalhos, como o de carregadores de mercadorias e de água. Oliveira (1975, p. 265) faz menção aos soldados pedestres empregados no transporte de sal para Minas Gerais:

> Pensando em oferecer uma atividade aos desocupados, Silva Pontes criou um Corpo de Pedestres para empregar os indivíduos que nada de produtivo fizessem na cidade. Sua opção foi a criação de divisões daquela força policial segundo o conceito de cor ou raça. Foram distinguidos quatro comandos. Uma divisão compunha-se da "raça cruzada do mestiço", uma outra de pretos, outra de índios e, finalmente, uma de brancos (Campos, 2003, p. 101).

Em 1º de dezembro de 1824, o Corpo de Pedestres foi extinto, porém novamente regulado pela Lei nº 341 de 06 de março de 1845, pelo Decreto de 30 de setembro de 1845, e Leis de 23/08/1851 e de 19/09/1856, contendo, dessa vez, 82 praças (Vasconcellos, 1858, p. 95-96). No ano de 1828, a força militar capixaba era exígua e compunha-se do comandante das Armas e seu ajudante de ordens, sendo que os efetivos da 1ª e 2ª Linha totalizavam 1.849 homens (Oliveira, 1975, p. 295). A Guarda Nacional, criada em 1831, não conseguia ser organizada no Espírito Santo. Nas correspondências administrativas constam reclamações quanto à falta de verba para ser empregada, problemas em se recrutar pessoas probas para os cargos da Guarda Nacional e pagar o saldo devido para a patente obter validade.

Em 1851, consta dos relatórios de governo apresentados à Assembléia Provincial[6] que os trabalhos de qualificação da Guarda Nacional não se encontravam concluídos. Em várias localidades essa força ainda não existia, em outras, ainda se aguardava a liberação das patentes já pagas pelos indivíduos que dela fariam parte, além da espera por

6 APEES, Fundo de Governadoria, Série 751, Correspondências do Presidente de província com o Ministério da Justiça - livro 82.

armamentos e figurinos para os guardas sem fardas. Segundo José Bonifácio Nascentes d'Azambuja, presidente da província do Espírito Santo em 1852, a força da Guarda Nacional qualificada na Comarca de Victoria era composta pelos seguintes números (onde Espírito Santo indica o atual município de Vila Velha):

TABELA 2 - CORPO DA GUARDA NACIONAL - 1852

| Municípios | Paróquias | Servidor ativo | Servidor de reserva | Total |
|---|---|---|---|---|
| Vitória | Vitória | 400 | 129 | |
| | Carapina | 116 | 43 | |
| | Cariacica | 215 | 65 | |
| | Viana | 215 | 52 | |
| | Queimado | 290 | 42 | 1.567 |
| Espírito Santo | Esp. Santo | 199 | 47 | 246 |
| Serra | Serra | 315 | 95 | 410 |
| Nova Almeida | Nova Almeida | 145 | 41 | 186 |
| Santa Cruz | Santa Cruz | 228 | 61 | 289 |
| Linhares | Linhares | 95 | 43 | 138 |

Se a força policial possuía contingente insuficiente, como o alegado por Bonifácio D'Azambuja, antes desse período pode-se considerá-la muito menor, restando à Guarda Nacional a responsabilidade de cuidar de toda a segurança local. Pensando nesse problema, o Regente Feijó enviou à Assembléia Nacional, ainda em 1831, proposta de criação de uma força policial no Brasil, de caráter profissional e que pudesse cuidar da segurança dos brasileiros. Conforme Holloway:

> A instituição aprovada por lei em 10 de outubro de 1831 denominou-se inicialmente corpo de Guardas Municipais Permanentes. (Até 1858, 'permanentes' continuou fazendo parte de sua denominação formal, e seus soldados eram informalmente chamados de 'permanentes'. Em 1866, passou a chamar-se Corpo Militar de Polícia da Corte e, a partir de 1920, recebeu a designação formal de Polícia Militar) (Holloway 1997, p. 92-93):

Na província do Espírito Santo somente em junho de 1833 um projeto previu a criação não só da Guarda Nacional, mas também do Corpo de Guardas Permanentes. Alguns anos depois, pela Lei nº 85 de 26 de setembro de 1839, criou-se uma Companhia de Linha denominada Caçadores de Montanha, passando depois a se chamar Companhia Provisória de Linha, em 24 de maio de 1843 e, finalmente, recebendo a denominação de Companhia Fixa de Caçadores por disposição do Ministério da guerra, de 9 de outubro de 1847, devendo ser composta por 98 praças. Em 1858, a companhia de polícia compunha-se de 40 guardas, além do comandante, sargentos e cabos. Já a Guarda Nacional, um ano antes, possuía 4.681 praças, estando fardados e armados mais de mil (Vasconcellos, 1858, p. 97).

Em relação à Justiça, em 1824, ano de outorga da Constituição por D. Pedro I, o presidente Ignácio Accioli despachou a ordem imperial de realização de eleição de Vereadores e Juízes de Paz, na forma de Projeto de Lei de outubro de 1823. A eleição, contudo, foi suspensa e só veio a ocorrer, em conformidade com a Lei de 1º de outubro de 1828, no dia 1º de fevereiro de 1829, dessa vez sem impedimentos.

Ainda em 1827, a Câmara de Victoria enviou ao Imperador um pedido para que se criasse um lugar de juiz de fora na capital da província e, também, nas vilas adjacentes. A proposta era justificada com a finalidade "de evitar a continuação das injustiças e prejuízos que efetivamente se estão causando, pelo parentesco, amizade e outros motivos que concorrem entre os juízes ordinários e as partes". (Oliveira, 1975, p. 297) Reclamava-se da morosidade das autoridades e do poder pessoal que, muitas vezes, dava origem a vinganças atrozes entre inimigos políticos ou desafetos. As autoridades requeriam solução rápida, imparcial e legítima para o dilema.

A partir de 1831, quando foi extinta a Lei do Comando das Armas, os Juízes de paz e os juízes ordinários passaram a dirigir seus comunicados de prisões diretamente ao presidente da província, assim como lhe repassavam seus pedidos e exigências. Esses magistrados eleitos, muitas vezes possuíam ação autoritária e até ilegal, como narra Flory:

> Os juízes de paz não se davam bem com a Guarda Nacional, isentando seus amigos de participar dela, e indicando bons homens, que ali poderiam servir, para serem inspetores de quarteirão, além de realizar o recrutamento obrigatório. Ao mesmo tempo em que a milícia se negava a proporcionar forças armadas, poderia também cooperar com o juiz, quando o interesse era o mesmo, como evitar uma rebelião escrava (Flory 1986, p. 150).

Há, de fato, na documentação consultada reclamações diversas contra esses abusos. Não se verifica, contudo, registros de maiores conflitos. Apesar dos atritos e confusões, pode-se supor a predominância da conveniência dos interesses da elite local, reduzida e pouco abastada, mas ainda assim, com certo poder. Veja-se, por exemplo, o relato apresentado pelo Presidente da província do Espírito Santo, João Lopes da Silva Coito, em 1º de abril de 1840:

> os Juízes de Paz, a quem foi incumbido este recrutamento, ou não respondem, e quando são instados pelo cumprimento das ordens, dizem que as não receberão de seus antecessores, ou apresentam pretextos para justificar sua omissão, alegando que os indivíduos recrutáveis se acham ocultos no mato, onde é dificílimo prendê-los; [...] por estas faltas ainda nenhum Juiz de Paz foi chamado à responsabilidade, porque quando a Presidência quisesse lançar mão desta arma, teria de responsabilizar a todos, com exceção somente de três ou quatro: nem de tal procedimento se tirava utilidade alguma, porquanto reputando alguns Juízes a suspensão como uma graça, convinha-lhes seguir a mesma vereda trilhada pelos seus antecessores, e o resultado final era uma série de Juízes de Paz suspensos (Relatório de 1840, p. 9).

As reclamações acerca da Polícia e da Justiça, assim como os elogios endereçados à população pela ordem e o sossego público, abarrotam os relatórios e correspondências oficiais redigidas por autoridades capixabas. Tratava-se, pode-se dizer, de uma contradição inerente a um lugar que não oferecera maiores resistências à nova ordem imperial, mas cuja elite permanecia sedenta de cargos e emolumentos, exigindo a implementação dos ofícios em proveito próprio.

**O Júri no Espírito Santo**

Na província do Espírito Santo deu-se início às mudanças necessárias à instalação do Júri um ano após a aprovação do Código de Processo Criminal (1832). Houve um significativo aumento de poder das autoridades locais que, graças ao Ato Adicional, passavam agora a serem eleitos por um colégio dos cidadãos do lugar. Já os juízes municipais e o de órfãos, assim como os promotores públicos, deviam ser nomeados pelo presidente de província. A organização do Judiciário nas Províncias distribuía-se em Comarcas, Termos e Paróquias. A Comarca de Victoria, por exemplo, compreendia os Termos de Victoria, Espírito Santo (atual Vila Velha), Serra, Nova Almeida, Santa Cruz e Linhares. O Termo de Victoria, por sua vez, em 1852, possuía cinco paróquias, a saber, Victoria,

No início do século dezenove, a província do Espírito Santo possuía uma única Comarca e era sediada em Victoria. Em 23 de março de 1835, as Comarcas passaram a ser em número de três: Victoria, São Mateus e Itapemirim. De acordo com a organização judiciária, nas Paróquias a autoridade responsável e eleita pelos cidadãos locais era o juiz de paz. Elegiam-se quatro juízes, um para cada ano de um quatriênio, ao final do qual se realizavam novas eleições. O Juizado de Paz contava com o auxílio dos inspetores de quarteirão para realizar as suas funções de polícia que, segundo a Lei de 15 de outubro de 1827, iam desde a simples conciliação até a formação de culpa e o julgamento de delitos menores. Assim, cabiam a essa autoridade as funções administrativas, judiciárias e policiais locais. Já nos Termos, o Poder Judiciário compunha-se de um juiz municipal e um promotor público indicados pela Câmara Municipal por meio de listas tríplices. De acordo com o artigo 13 da Lei de 03/12/1841, os juízes municipais seriam indicados pelo Imperador, e os promotores públicos, consoante artigo 22 da mesma Lei, poderiam ser nomeados pelo Imperador, pelo presidente de Província ou, ainda, pelo juiz de direito, quando as outras duas autoridades estivessem impedidas de fazê-lo.

O Termo constituía-se no local em que haveria a qualificação dos jurados. As Comarcas constituíam-se em instâncias judiciárias máximas da província e sua direção cabia aos juízes de direito, únicas autoridades nomeadas pelo Imperador até, pelo menos, 1841. Embora ocupassem também o cargo de chefes de Polícia, na prática, a importância dos juízes de direito era muito reduzida em comparação aos juízes de paz e aos jurados[7]. Como disse o Visconde do Uruguai (*apud* Ferreira, 1999, p. 28): "A autoridade de eleição popular era tudo, a única de nomeação do governo nada".

As Comarcas da província do Espírito Santo, a partir de 23 de março de 1835, passaram a ser em número de três: Victoria, São Mateus e Itapemirim. A Comarca de Victoria compreendia os municípios de Victoria, Espírito Santo (atual Vila Velha), Serra, Nova Almeida, Santa Cruz e Linhares e os inúmeros distritos que desses Termos faziam parte[8]. A de Itapemirim, formada por Itapemirim, Benevente e Guarapari, e a de São Mateus, formada pelos municípios de São Mateus e da Barra de São Mateus. Em março de 1860, a população da província contava com mais ou menos 40 mil habitantes e as três comarcas funcionavam como colégios eleitorais (Oliveira, 1975, p. 372).

O Júri no Espírito Santo deve, obrigatoriamente, ter se organizado após o Código de Processo Criminal de 1832, e antes da reforma deste em 1841. Não se sabe ao certo quando isso ocorreu, pois as fontes que o poderiam confirmar, no caso as atas das sessões, não existiam

7 A afirmação é fruto do papel do juiz de direito em somente comunicar as decisões dos jurados que já vêm definidas.

8 Os distritos de Carapina, Cariacica, Queimado, Santa Leopoldina, entre outros, faziam parte da Comarca de Victória.

antes de 1840. Consta, no entanto, que no ano de 1837 já havia ocorrido uma sessão do Juri, pois numa correspondência entre autoridades a respeito das atas dessas sessões, um juiz de direito pedia a ata de um processo em que o réu Manoel Joaquim fora condenado pelo Júri da cidade de Victoria a 20 anos de prisão, mencionando ter o julgamento ocorrido em 1837. Como não se encontraram atas antes de 1840[9] com as sessões e nem listas de jurados qualificados, não foi possível levantar a situação anterior àquele ano. Outra fonte faz referência ao Júri ainda em 1834, mas não há qualquer auto criminal desse período no Arquivo Público do Estado do Espírito Santo. O réu preso seria Joaquim Manoel da Silva, ex-soldado que havia participado da revolta do Batalhão[10], mas absolvido pelo Juri.

A organização da lista de jurados era feita nos Termos pertencentes à determinada Comarca, desde que tivessem eles um mínimo de 50 pessoas capazes de servir como jurados. Pela Lei de 03 de dezembro de 1841, em seu artigo 107, os jurados habilitados, em número de 48, deviam comparecer no início de cada sessão para que o julgamento começasse. Raramente, contudo, uma sessão obtinha o número exigido, aceitando-se o mínimo de 36 jurados para que a sessão se iniciasse. Assim, a composição do Júri constituía-se em um verdadeiro desafio ao juiz de direito, cujos expedientes voltavam-se à viabilização do comparecimento de indivíduos habilitados nos Termos.

Após o Golpe da Maioridade em 1840, que culminou com a posse de D. Pedro II e a existência de uma maioria conservadora e regressista na Câmara, a elite política da província do Espírito Santo parecia divergir quanto à implementação da Lei de reforma de 1841. No período, houve uma disputa entre o Vice-Presidente e o Presidente da província, pois o primeiro receava a perda de poderes com a reforma, enquanto o segundo acelerou todo o processo de adequação à nova legislação. O motivo da querela residia no fato de o vice-presidente, escolhido pela Assembléia Provincial, e o presidente, nomeado pelo Imperador, encarnarem, naquele momento, forças antagônicas, representando o primeiro a autonomia local – sendo ele beneficiário direto da reforma – e o segundo o poder central.

Apesar do cuidado que o Poder Público demonstrava ter com a segurança da sociedade capixaba, a análise das correspondências entre as autoridades permite inferir que a dissolução da força policial no Espírito Santo a partir de 1844 não deve ter provocado inquietação. (Campos, 2003, p. 152). Tanto que os presidentes de província comunicavam regularmente ao Ministério da Justiça, em todo o período compreendido entre 1850 e 1870, que a província gozava de ordem pública e plena tranqüilidade. Os ofícios expedidos pelo chefe de Polícia também faziam referência ao sossego das comunidades, percebendo-se em tais documentos ser

9 APE, Fundo de Governadoria, série 383, livro 369, p. 177.

10 Supõe-se ter ocorrido tal revolta em 1831, como relata Vasconcellos (1858, p. 99).

comum, no começo de cada mês, o envio de uma comunicação a respeito da calma geral e da inexistência de fatos notáveis relativos à desordem pública no mês findo.

Mesmo ressaltando a estabilidade da ordem pública, as autoridades provinciais apresentavam relatórios à Assembléia Provincial em que insistiam na falta de segurança individual. Os presidentes da província, anualmente, apresentavam suas preocupações para com uma força policial que se achava precariamente organizada e incapaz de conter os delitos registrados. Trata-se, portanto, de documentos ambíguos, pois se, por um lado, a população capixaba era descrita como dotada de índole pacífica e de moralidade, por outro, apresentava-se um quadro alarmante de perigos relacionados aos escravos, indígenas e criminosos. Algumas autoridades[11] chegavam a afirmar que as qualidades dos espírito-santenses advinham da Providência, já que não se tratava de povo afeito às luzes da educação ou da cultura. No entanto, as reclamações constantes dos relatórios das autoridades pareciam desmentir tal tranqüilidade e paz.

A ambigüidade das autoridades da província do Espírito Santo em enunciar a tranqüilidade social reinante e, ao mesmo tempo, em requerer o reforço dos instrumentos de repressão policial suscita maior investigação acerca do ambiente político da época. Escolheu-se, em vista disso, confrontar os Relatórios de Presidentes de província e as prisões e autuações levadas a cabo pelo corpo policial, com o objetivo de verificar contradições do discurso político voltado para a segurança provincial. O conjunto das informações de prisões e livramentos acabou por apontar que a ação policial concentrava-se principalmente na contenção de crimes menores como vadiagem, embriaguez e desordem (Campos, 2003). Tal constatação confirma a informação de paz e sossego na província e coloca em questão o perigo e o medo alardeados pelas autoridades como justificativa no aparelhamento das milícias locais.

No decorrer do Oitocentos, os problemas relativos a administração judicial no Espírito Santo permaneceram basicamente os mesmos, apesar das modificações institucionais. Em 1844, todavia, o então presidente provincial Manoel Assis de Mascarenhas resolveu dissolver a força policial. Justificou ele a decisão alegando dificuldades financeiras, reclamação comum entre seus antecessores. A situação de penúria de fundos do governo provincial parece ter ecoado na capital do Império, tanto que o próprio Visconde do Uruguai chegou a citar a província do Espírito Santo como necessitada de auxílio financeiro do governo central (Ferreira, 1999, pág. 138).

A força policial só seria reconstituída de forma regular em 1856, quando a Guarda Permanente, contando com 31 praças, passou a ocupar-se da vigilância e da disciplina social. A Guarda Nacional, que até 1855 não se encontrava formada em toda a província

11 Relatório apresentado à Assembléia Legislativa em 1º de abril de 1840, pelo presidente da província do Espírito Santo, Sr. José Joaquim Machado d'Oliveira.

devido a inúmeros empecilhos, viria a ser organizada, finalmente, em 2 de fevereiro de 1856, com 502 praças (Oliveira, 1975, p. 360).

Embora predominasse a paz e o sossego públicos e a Polícia estivesse mal aparelhada, existiam demandas para o funcionamento regular da Justiça na província do Espírito Santo. Predominavam delitos menores, cuja resolução cabia majoritariamente à Polícia. Restavam aos tribunais os poucos crimes graves praticados na província.

TABELA 3 - QUALIFICAÇÃO DOS AUTOS CRIMINAIS 1833-1871

| | |
|---|---|
| Apelação | 18 |
| Auto de Perguntas | 17 |
| Delegacia de Polícia | 10 |
| Execução de Sentença | 3 |
| Hábeas Corpus | 1 |
| Juízo Municipal | 56 |
| Recurso | 4 |
| Sumário de Culpa | 66 |
| Sumário de Queixa | 15 |
| Traslado | 15 |
| Tribunal do Júri | 145 |
| Total | 350 |

Fonte: Fundo Polícia, Série 22, 1833- 1871 (CAMPOS, 2003, p. 184).

Mesmo que de pequena monta, o andamento dos processos judiciais preocupava as autoridades. O Tribunal do Juri, responsável pelo julgamento dos crimes maiores, devido às distâncias entre os termos de uma mesma comarca[12], via-se, por vezes, im-

12 A organização do Judiciário nas Províncias distribuía-se em Comarcas, Termos e Paróquias. A Comarca de Victoria, por exemplo, compreendia os Termos de Victoria, Espírito Santo (atual Vila Velha), Serra, Nova Almeida, Santa Cruz e Linhares. O Termo de Victoria, por sua vez, em 1852, possuía cinco paróquias, a saber, Victoria, Carapina, Cariacica, Viana e Queimado (Betzel, 2006, p. 75).

possibilitado de reunir-se como prescrevia a lei. Não raramente, faltava o número legal de jurados por dificuldades de deslocamento, porque os cidadãos simplesmente não compareciam ou, ainda, por não estarem os processos devidamente preparados para o início das sessões. Em muitas situações, no período em exame na Comarca de Victoria, verificou-se a suspensão do 1º dia de sessão por não haver o mínimo de 36 pessoas capazes de participar do Juri. A mesma situação repetia-se nos três termos da Comarca onde ocorriam as sessões: Victoria, Vila da Serra e a Vila de Santa Cruz.

Além do funcionamento precário, as correspondências e avisos das autoridades capixabas fornecem informações interessantes acerca das reclamações das autoridades relativas à atuação do Juri. No relatório de 1850, com o qual o Sr. Filippe José Pereira Leal, presidente da província do Espírito Santo, abriu a sessão ordinária da Assembléia Legislativa no dia 25 de julho do mesmo ano (p. 8), consta a seguinte referência:

> os crimes são devidos a causas por todos conhecidas. [...] Estou intimamente convencido que se há um ou outro município, em que alguns crimes se cometem, afastando deste espírito de moralidade pública, provém isto da falta de meios, que tem a polícia para estender suas ação a todos os lugares, em que for mister, e de força suficiente, de que o governo lance mão para dar alma às autoridades dos locais, fazê-las respeitar, e habilitá-las já para prevenir os crimes, já para promover a captura dos criminosos. *É proveniente também da quase certeza da impunidade pela pouca segurança que oferecem as prisões, donde muitas vezes se escapam os criminosos, e da facilidade, com que o Júri os absolve*, porque o Júri nesta província é, como em todo o Império, inclinado pelo menos à mal entendida piedade (grifo nosso).

Embora o dito presidente reconhecesse a incipiente criminalidade da província, encontrava ele nos esparsos delitos cometidos justificativa suficiente para o aparelhamento policial. É fato evidente que as práticas cotidianas sofriam condenação social e apelava-se para os órgãos do Estado no controle da criminalidade. Isso não denotava, no entanto, qualquer onda de medo provocada pelas camadas subalternas. No montante das prisões analisadas para os anos de 1857 a 1888, 30% compreendia os crimes de vadiagem, desordem e embriaguez. Somando-se as prisões sem motivações, as indagações policiais e à requisição do senhor, ultrapassa-se facilmente a cifra dos 50%. A Tabela 4 demonstra as prisões que ocorreram nesse período, motivadas por vadiagem, desordem e embriaguez.

TABELA 4 - PRISÕES ENTRE 1857 E 1888

| Condição civil | Vadiagem | Desordem | Embriaguez | Total |
|---|---|---|---|---|
| Escravos | 16 | 17 | 5 | 38 |
| Livres | 11 | 167 | 161 | 339 |
| Total | 27 | 184 | 166 | 377 |
| Total das prisões | | | | 1.221 |

Fonte: Ofícios do Chefe de Polícia, 1857-1888.

A discrepância entre as informações oficiais, os relatos presidenciais e as participações policiais pode ser esclarecida pela classificação entre crimes menores e maiores (Bueno, 1858, p. 18). Como menores, pode-se englobar os crimes de vadiagem e embriaguez, ocorridos quase diariamente, nos quais se atentava contra a ordem pública e cuja punição cabia à Polícia. Dessa forma, as detenções policiais com punição de algumas noites na cadeia, multas e assinatura de termos de bem viver serviam para intimidar os infratores a não repetirem tais erros. Aos crimes maiores, como os de assassinato, agressões físicas, furtos e inJurias, cabia um castigo de porte, capaz de induzir os indivíduos a banir de suas vidas a idéia de praticar qualquer um desses delitos. Para interditos desse segundo tipo recorria-se aos processos formais, que poderiam chegar até o Júri ou serem resolvidos por outras autoridades, como o juiz municipal ou os delegados e subdelegados de Polícia[13]. Assim, compreende-se a exigüidade de processos formalizados, apesar do grande número de prisões voltadas unicamente à aplicação de pequenas correções por meio de indagações, averiguações etc.

A Polícia convertia em processo somente os crimes prescritos pelo Código e considerados mais graves. Aqueles que cabiam ao Tribunal Policial a condenação ocorria com freqüência. No entanto, os crimes levados ao Tribunal do Júri recebiam, quase sempre, a absolvição. Revoltadas, diversas autoridades alegavam que o Júri não cumpria seu papel de impor punição exemplar aos crimes ditos maiores, estimulando a criminalidade e indisciplina social. Para outros, porém, a culpa não estaria só na ineficácia do Juri, mas também no início de todo o processo, ou seja, no juiz de paz, responsável pela formação da culpa. Segundo o presidente da província do Espírito

13 Entenda-se que esse direito dado aos chefes de Polícia, delegados e subdelegados de julgar crimes só ocorre a partir da Lei 261 de 3 de dezembro de 1841.

Santo, Ildefonso Joaquim Barbosa de Oliveira, dirigindo-se à Assembléia Legislativa em 1º de abril de 1840, os juízes de paz,

> [...] sem conhecimento algum de Direito, e sem prática de Foro, ou por ignorância, ou por má fé de quem os dirige, organizam mal os processos, que são submetidos ao Júri cheios de erros, e de nulidades: disto aproveitam-se os defensores dos acusados, e por suas palavras e sofismas conseguem que sejam absolvidos criminosos, os quais animados com este feliz resultado vão de novo lançar-se na estrada dos crimes [...] A impunidade que nasce não só da absolvição, que com mão pródiga em geral os Jurados tem dado a alguns crimes, como também da falta de prosseguimento Judicial por parte dos ofendidos, que ou não tem meios de perseguir até última instância os agressores, ou temem que estes se evadam das prisões, atenta a fraqueza delas, e a pouca confiança, que merecem os carcereiros [...] A certeza que tem o criminoso de que não aparecerão testemunhas [...]. Muitos réus há que sendo presos mandam ameaçar as pessoas que sabem do fato, e deste modo conseguem seu fim, porque elas com medo nada depõem (Relatório de 1840, p. 22).

Assim, no Espírito Santo, como no restante do Império, o Júri tornou-se objeto de severas críticas por promover recorrentemente a absolvição dos réus, a exemplo do juiz de paz, por suposta ineficácia em desempenhar suas funções. Para algumas autoridades capixabas, tratava-se de instituições imperfeitas e inadequadas à realidade da província. Uma ilustração desse conceito encontra-se no ensaio que o deputado da Assembléia Provincial, José Marcellino Pereira de Vasconcellos, escreveu em 1858 (p. 76) sobre a atuação desses órgãos antes da reforma do Código Processual em 1841:

> [...] a formação dos processos tanto nos crimes comuns, como nos de responsabilidade, ficou cometida aos Juízes de Paz criados pela Lei de 15 de outubro de 1827; e o seu julgamento dependia de um juízo de jurados, composto de todos os cidadãos do distrito, ainda mesmo não sabendo ler, nem escrever, e até, em alguns lugares, sem meios para um decente vestuário. Se hoje ainda é defeituosa esta parte do serviço público, [...] que diremos daquele tempo, [...] em que finalmente o presidente do Júri mal sabia escrever a sentença, que lhe era ditada pelo escrivão, ou pelo esperto da aldeia!

É o mesmo Vasconcellos quem afirma que, com a Lei de 3 de dezembro de 1841 e seus regulamentos, esse estado de coisas começou a melhorar. O Ato, segundo ele, veio a proporcionar "a necessária garantia para a segurança quer individual, quer de propriedade, já no uso razoável e esclarecido das apelações ex-ofício, com que os presidentes do

Júri vão impondo o veto suspensivo às injustas absolvições" (Vasconcellos, 1858, p. 77). A reforma lançou também a faculdade de o chefe de Polícia poder prender indivíduos indiciados antes da culpa formada e das correições[14], fazendo com que a reforma fosse bem vista por aqueles que tanto criticavam o Juri. Essa sensação de controle e centralização existente após 1841 e também após o Regulamento nº 120 de 31 de janeiro de 1842 talvez explique a permanência do Juri, já que o órgão fora colocado sob a tutela dos juízes de direito, limitando os poderes dos Jurados que tinham suas decisões colocadas em dúvida por uma única autoridade. Na prática, a reforma tornou os juízes de direito responsáveis pelo controle do Tribunal do Juri.

Cumpre salientar que, de acordo com Flory, a participação no Júri não agradava principalmente a elite, "[...] que se evadia do dever de jurados porque era uma carga que lhes tomava muito tempo, mas sua ausência se devia também porque ao selecionar os jurados, mesclavam-se as classes sociais". (1986, p. 193) Explica ele, inclusive, que em razão da evasão dos membros da elite em participar do Juri, em seu lugar permaneciam homens sem condições de discernimento devido à sua ignorância e pouco conhecimento. As autoridades capixabas da época pareciam partilhar de igual opinião:

> o temor, o receio de comprometimentos às vezes ilusórios, e mesmo a ignorância fazem com que a maior parte dos Juízes deixem de tomar conhecimento dos crimes, ou de causas que os possam envolver em embaraços, ou dissidências; e é por isso que comumente destes cargos se recusam os cidadãos timoratos, que não querem comprometer suas relações pessoais, e que não enxergam garantias no exercício desta respeitável Autoridade pública. (fala com que o ex presidente da província do Espírito Santo, José Joaquim Machado de Oliveira, abriu a assembléia legislativa provincial no dia 1º de Abril de 1841).

Realmente, muitos homens relacionados na lista de jurados não compareciam às sessões para cumprirem seu dever. Quanto ao perfil educacional dos mesmos, há indicações de que a província do Espírito Santo contrariava essa tradição. Entre os autos analisados após 1850, levantou-se o nome de pessoas bastante influentes atuando como jurados. Um deles foi Dionísio Álvaro Rozendo, várias vezes deputado provincial e que até assumiu a Presidência da província como 1º vice, em 1864. Figuravam também como jurados José de Mello e Carvalho, bacharel em Direito que chegou a ocupar o lugar de juiz municipal na Comarca de Victória, assim como o Sr. Luiz da Silva Alves Azambuja Susano, que dirigiu, no ano de

14 As correições eram feitas para solucionar denúncias contra as autoridades da administração capixaba, devendo ser presididas pelos juízes de direito das Comarcas.

1864, uma repartição da tesouraria provincial. Além disso, no próprio auto criminal, no momento do juramento, constavam os nomes dos jurados e também suas assinaturas, o que não poderia ocorrer com uma maioria analfabeta compondo o Conselho de Jurados. Tratava-se de pessoas que, no mínimo, sabiam ler e escrever.

Em um Império de iletrados e analfabetos, parece que o Júri da província do Espírito Santo não se compunha de homens tão ignorantes como alardeado pelas autoridades. Assim, não procede a crítica de que a simplicidade do Júri o debilitava, fazendo-o cair nas armadilhas dos defensores, com seu teatro e dramaticidade sentimental. Também não procede a afirmação de Flory (1986, p. 186) de que um só jurado assinaria pelos outros doze necessários ao conselho de sentença, reforçando a idéia de que os demais não saberiam ler e escrever ou que qualquer pessoa poderia atuar como jurado. Na verdade, o Código de 1832 exigia que somente eleitores com boa reputação participassem do Juri, de modo a condenar efetivamente os criminosos, retirando-lhe assim a certeza da liberdade e da não punição. Da mesma forma, a Lei de 3 de dezembro de 1841 prescrevia a necessidade de o candidato a jurado saber ler e escrever.

Esses jurados precisavam estar presentes às sessões que, na província capixaba, deviam ser em número de três em cada Termo durante o ano. Caso não houvesse necessidade, duas vezes bastavam, assim como poderia haver sessão extraordinária, caso se fizesse imperativo. Muitas vezes, os juízes de direito que deviam presidir as sessões não estavam em seus lugares e inúmeras são as correspondências avisando dos meses e mais meses de licença concedidos às autoridades judiciárias, o que demandava a atuação de suplentes[15], como os juízes municipais dos Termos em questão. Outra causa para a ausência dos juízes de direito estava no longo tempo entre a nomeação e a posse em suas respectivas Comarcas, podendo eles serem transferidos para lugares distantes da província do Espírito Santo, o que acarretava demora maior. Tal fator contribuía para a fragilidade da administração da Justiça[16], talvez até mais do que

15 Em 7 de fevereiro de 1855 comunica-se que os três juízes de direito existentes na província estavam de licença na corte, o que indica a atuação de outras autoridades realizando funções que não seriam suas atribuições originais (APEES, Fundo de Governadoria, série 751, livro 83).

16 Correspondência do presidente da província do Espírito Santo para o Ministro dos Negócios da Justiça de 4 de abril de 1855: "[...] à exceção do Bacharel Antonio Joaquim Rodrigues, Juiz Municipal do termo da Serra e anexos, todos os outros magistrados formados da província estão ausentes dos seus empregos, uns por não terem comparecido a tomarem posse deles; e outros por se acharem com licença. É inútil ponderar a V.Exª quanto este estado de coisas é inconveniente para a boa administração da justiça, principalmente a esta província tão balda de pessoas ilustradas que possam servir convenientemente os importantes cargos

a recusa dos eleitores em compor o Juri. Além disso, outro problema dizia respeito aos bacharéis formados que compunham número irrisório frente às necessidades da província, o que resultava em uma mesma pessoa ocupando diversos cargos. Numa correspondência de 2 de julho de 1850, por exemplo, informava-se só haver um bacharel ocupando ao mesmo tempo os cargos de juiz de direito, chefe de Polícia e juiz municipal (APEES, Fundo de Governadoria, série 751, livro 82)[17].

A escassez de pessoas habilitadas para os importantes cargos da Justiça e da Polícia era uma reclamação constante diante da atuação dos jurados que absolviam em demasia. Em várias situações encontraram-se, na documentação levantada, queixas contra a falta de pessoas na ocupação de vários cargos ou, ainda, pedidos de dispensa dos cargos já ocupados. No ano de 1852, para ilustrar, o Júri julgou 53 réus em 45 processos. Desse total, 50 eram homens e 3 mulheres. Entre as sentenças resultaram 30 condenações e 24 absolvições. À primeira vista condenava-se mais que se absolvia, em contraposição à teoria de excessiva complacência do Juri. Cumpre notar, contudo, que das condenações listadas, 18 foram proferidas por outras autoridades que não o Tribunal. O Júri condenou somente 12 réus e, entre as absolvições, 20 foram proferidas pelo Júri e 4 pelas autoridades policiais. O quadro abaixo demonstra, entre os autos criminais analisados no Arquivo Público Estadual, para o período de 1850 a 1870, a diferença entre absolvições e condenações ditadas pelos diferentes tribunais. Entre os processos não julgados pelo Juri, estão aqueles que chegaram às mãos de juízes municipais, delegados de Polícia e outros.

---

de Juiz de Direito e Juiz Municipal. Devo porém fazer ciente à V.Exª que a falta desses magistrados se faz extremamente sensível na Comarca de São Mateus; e na de Itapemirim; na 1ª por se achar à grande distância desta Capital, e na 2ª pela circunstância de haver aí dois partidos locais que se debatem fortemente; os quais na ausência dos juízes de Direito e Municipal, ficam entregues a si mesmos [...]".

17 Para fins de abreviação adota-se, doravante, a seguinte notação para as referências de fontes primárias: APEES= Arquivo Público do Estado do Espírito Santo; FG -Fundo de Governadoria; FP= Fundo de Polícia; SA= Série Accioly; HJ= História Judiciária; s.= série; l.= livro; c.= caixa.

TABELA 5 - PROCESSOS JULGADOS NA COMARCA DE VITÓRIA - 1850-1870

| Sentença | Tribunal do Júri | Outras Autoridades |
|---|---|---|
| Absolvições | 125 | 19 |
| Condenações | 55 | 47 |
| Total | 180 | 66 |

Fonte: APEES, FP, Autos Criminais, 1850-1870.

Com esses números, no período estudado, comprova-se que o Juri, com efeito, mais absolvia do que condenava. Nos relatórios dos Presidentes da província havia quase sempre referência à ação do Juri, tal como abaixo transcrito:

> Além disso o Júri continua, desapiedado, a absolver réus convencidos de seus crimes; desapiedado digo, porque Srs., proteger o criminoso, inocentá-lo e fazê-lo vitorioso sobre a sua vítima, é obrar sem piedade para com os cidadãos pacíficos, e a sociedade em geral. Este desagradável resultado provém da mal entendida compaixão de muitos para com o criminoso, que aliás, a não teve para com sua vítima, e do desejo inconsiderado de alguns de adquirirem aderentes por esse meio iníquo e danoso... O remédio, porém, a este mal só pode vir dos poderes gerais, e sobretudo do tempo, e da maior ilustração daqueles, a quem a lei chama a exercerem o importante cargo de jurado (Relatório com que o exmo. Sr. Dr. Sebastião Machado Nunes, Presidente da província do Espírito Santo, abriu a sessão ordinária da respectiva assembléia legislativa no dia 25 de Maio de 1854, p. 8-9).

Essas críticas abrangentes chegavam a afirmar que o Júri atrapalhava e inutilizava os esforços da Polícia em tentar corrigir os criminosos. Até mesmo as cadeias, quando existentes, também geravam duras reclamações, especialmente pela fuga dos presos devido à superlotação e à falta de verbas para o cuidado dos encarcerados pobres.

## A composição do Júri no Espírito Santo

A qualificação dos jurados devia ser feita nos Termos pertencentes às comarcas, onde se fazia uma lista de pessoas presumivelmente idôneas, que soubessem ler e escrever e que tivessem boa reputação na sociedade. No começo de cada ano, o delegado de Polícia anotava em um livro os nomes dos cidadãos que poderiam atuar como jurados em determinado termo, formando uma lista geral que, segundo a Lei de 03 de dezembro de 1841, deveria excluir

> [...] todos aqueles indivíduos que notoriamente forem conceituados de faltos de bom senso, integridade, e bons costumes, os que estiverem pronunciados, e os que tiverem sofrido alguma condenação passada em julgado por crime de homicídio, furto, roubo, bancarrota, estelionato, falsidade ou moeda falsa (Coleção leis do império, 1841, p. 108).

Como muitas vezes não se alcançava o número mínimo de 50 pessoas habilitadas a formarem o contingente de reserva para a composição do Juri, eram elas buscadas em lugares diferentes para atingir a marca legal, reunindo os Termos mais próximos. Na Vila de Serra, por exemplo, adotava-se tal procedimento, ao agrupar em seu foro cível e criminal as localidades de São José de Queimado, Nova Almeida, Santa Cruz e Linhares[18]. No Termo de Victoria somavam-se os jurados qualificados de todos os distritos que lhe pertenciam, como os de Carapina, Cariacica, Mangarahy, Viana, São José de Queimado e outros.

Em 1851 existiam, na província do Espírito Santo, Conselhos de Jurados na cidade de Victoria e nas vilas de Serra, Benevente, São Mateus e Itapemirim (APEES, FG, s. 383, l. 369, p. 6). A Comarca de Victoria, objeto do presente estudo, era formada por dois termos, o da Cidade de Victoria e o da vila de Serra, pelo menos até outubro de 1857, quando se criou o Termo judiciário na vila de Santa Cruz. Antes dessa modificação o distrito de Santa Cruz fazia parte do Termo de Serra quando da apuração dos jurados.

Algumas críticas se faziam à qualificação dos jurados, como em um aviso do Ministério da Justiça ao presidente da província, do dia 23 de julho de 1850, mas só recebido em 20 de agosto do mesmo ano[19], onde se comunica que:

---

18 O distrito de Santa Cruz deixou de fazer parte da vila de Serra a partir de 19 de outubro de 1852 quando se suprimiu o foro cível em Nova Almeida, criando um foro civil e criminal na dita localidade. No entanto, essa decisão foi anulada e só veio realmente a efetivar-se em outubro de 1857. (Apees, FG, s. 383, l. 369, p. 49)

19 Um dado marcante no levantamento dos Avisos do Ministério dos Negócios da Justiça para o presidente da província do Espírito Santo é que muito tempo se levava entre a data do aviso e o momento em que chegava à localidade, e quase sempre a demora era de mais de 15 dias, podendo ultrapassar trinta dias após o envio.

> Sua Majestade o Imperador, atendendo que em muitos Termos se fazem qualificações abusivas para se conseguir a apuração de 50 Juízes de Fato, e assim evitarem esses Termos a reunião a outros, conforme ordena o art. 31 da Lei de 3 de dezembro de 1848[20] [1841], e terem foro cível segundo o que determina o art. 2º do Decreto nº 275 de 24 de março de 1843, e querendo obviar aos muitos e graves inconvenientes que dessa fraudulenta execução da Lei resultam para a boa administração da justiça, manda recomendar a V. ª que examine com o mais atento cuidado como se fazem as qualificações dos Juízes de Fato, empregando os meios convenientes para que tais abusos não continuem, e reparando os que houverem cometido (APEES, FG, s. 751, l. 60).

Apesar das impropriedades acima mencionadas, o Tribunal do Júri sempre funcionava, aceitando-se o mínimo de 36 jurados para o julgamento ter lugar. Como o réu possuía o direito de recorrer, mais sessões eram necessárias, logo, quanto mais jurados qualificados houvesse, melhor funcionaria o Tribunal, principalmente quando se efetivavam novos julgamentos oriundos de apelação.

O direito de apelar poderia tornar o processo demorado, prolongando o intervalo entre a data em que se cometeu o delito e a prisão do suspeito e a data do julgamento. Ao que parece administração judicial não se tornava mais lenta somente pelo direito que se tinha de exigir novo processo, mas também pelo próprio caráter da Justiça, que precisava de mais provas que a simples confissão de determinado delito. Um aviso do Ministério da Justiça de 14 de fevereiro de 1851 denota tal exigência ao relatar que um escravo havia sido condenado à pena de morte pelo Tribunal do Júri por ter matado seu senhor. Para que a pena fosse executada, porém, seria preciso haver uma prova adicional além da confissão dada pelo réu (Apees, FG, s. 751, l. 60).

Outra crítica que se fazia à organização do Júri residia no fato de que muitos jurados não compareceiam às sessões, mesmo que isso lhes acarretasse multa[21], haja visto os inúmeros pedidos de dispensa dirigidos ao juiz de direito por autoridades como o próprio

20 O documento traz a data de 1848, mas não se tem notícia de ter havido uma Lei com o mesmo dia e mês da Lei de 3 de dezembro de 1841. Além do mais, até o artigo seria o de mesmo número, 31. Sendo assim, o ano parece estar datado erroneamente, de modo que onde consta 1848, certamente refere-se o autor ao ano de 1841.

21 De acordo com o Código Processual de 1832, a multa seria de vinte a quarenta mil réis. A Lei nº 261, em seu artigo 103 afirmava: "Os jurados que faltarem às sessões, ou que, tendo comparecido, se retirarem antes de ultimada, serão multados pelo juiz de direito com a multa de dez a vinte mil réis por cada dia de sessão" (Coleção leis do Império, 1832, p. 233; 1841, p. 103).

presidente de província, chefes de repartição pública ou mesmo por motivos de moléstia. Diante do número insuficiente de pessoas no Termo para servirem como jurados, o juiz negava freqüentemente tais pedidos. Em correspondência de 14 de março de 1855, o presidente da província capixaba expediu ofício ao juiz de direito em que exigia a dispensa para dois jurados, o alferes Ignácio João d'Andrade e Almeida Monjardim e Antônio Joaquim Falcão, pois o Comandante da Companhia Fixa teria declarado que sem ambos os requerentes muito sofreria o serviço da guarnição da Capital. O juiz de direito, como já havia concedido várias dispensas, não pôde acatar a exigência do Sr. presidente e, assim, dispensou somente um deles. No entanto, a autoridade judicial, receptiva aos pedidos do governante, declarava no mesmo documento que, se no dia seguinte houvesse número disponível de jurados, dispensaria ambos (APEES, FG, s. 383, l. 369, p. 163).

É interessante notar que a partir de 1850 verificam-se várias correspondências a respeito da diminuição de crimes e problemas relacionados à segurança pública e individual. Tal redução, segundo o presidente da província Evaristo Ladislau e Silva, devia-se principalmente à atuação do doutor Antônio Thomaz de Godoy que há três anos dirigia a Polícia da província do Espírito Santo. (APEES, FG, s. 751, l. 83, 9 de setembro de 1853) Mesmo diante de uma chefia de Polícia considerada eficiente no combate aos crimes da província, o presidente voltou a dirigir suas críticas ao Júri por conta de um crime grave[22] ocorrido naquele tempo e que resultara, segundo sua interpretação, da impunidade advinda dos malfeitores do Tribunal dos Jurados, que sempre se mostravam compadecidos para inocentar malvados e assassinos, garantindo assim a continuação e perpetração de crimes dessa ordem (APEES, FG, s. 751, l. 83, 13 de dezembro de 1853).

A base dos julgamentos de delitos na sociedade moderna baseia-se no amplo direito de defesa individual, de modo a evitar as arbitrariedades do Estado. O Brasil adotou diversos mecanismos processuais que pudessem oferecer ao cidadão o devido processo legal, o que implicava em procedimentos como recursos e embargos. No caso dos escravos, inclusive, eram necessários dois Juris e dois terços dos votos para que a sentença de pena capital fosse validada, mesmo que os cativos constituíssem apenas 10% dos réus arrolados em processos na Comarca de Victoria entre 1850 e 1870 (Campos, 2003, p. 117). De todo modo, as apelações e recursos resultavam em novos julgamentos. Há casos em que existiu um terceiro Júri em razão de mais de uma apelação. Esse recurso poderia ocorrer após o julgamento feito pelo Juri, sendo pedido pelo juiz de direito, pelo promotor público ou, ainda, pelo réu ou seu defensor. Além disso, poderia ser uma apelação ao próprio

22 Tratava-se de uma morte a cacetadas ocorrida em Benevente no ano de 1853. (APEES, FG, s. 751, l. 83)

juiz de direito advinda de um descontentamento ocasionado pelos julgamentos realizados por outros Juizados que não o Juri. Entre os autos analisados tem-se um número próximo a 22 apelações realizadas para outras instâncias que não o Juri, em que o juiz de direito apelava da sentença do Conselho de Jurados. Toda essa sorte de caminhos processuais resultava em maior tempo para o desfecho da ação, o que era muitas vezes classificado como morosidade.

Um recurso comum aos réus e presente nos documentos levantados era a petição de Graça à Sua Majestade, o Imperador D. Pedro II. Após a averiguação por parte do Imperador, algumas penas eram modificadas, tornando-se mais amenas. Há casos, no entanto, em que o Imperador indeferia o pedido, não achando que o réu fosse digno de mercê, mantendo a condenação e também a execução, quando fosse o caso. Tal prática pressupunha alguma proximidade do Imperador com a realidade criminal da província do Espírito Santo, aproveitando ele alguns indivíduos para suprir necessidades ocasionais do contingente do governo central, como quando o condenado era perdoado sob a condição de auxiliar o país na guerra do Paraguai. Mesmo em caso contrário, quando a sentença era mantida, utilizavam-se os presos sentenciados às galés para que atuassem como força de trabalho nas obras públicas.

Apesar dos entraves à formação das sessões do Tribunal, os Jurados desempenhavam seu papel na Justiça capixaba, mesmo diante das reclamações das autoridades. O levantamento das correspondências administrativas entre autoridades como o presidente de província e o ministro da Justiça, ou entre aquele e os juízes de direito, além dos autos criminais, mostra que indivíduos de renome na política espírito-santense compunham o corpo de jurados e seus nomes aparecem registrados nos processos, provando que os jurados capixabas sabiam ler e escrever. Logo, não se tratava de Júri ignorante e propenso a confusões e erros no momento de sentenciar um réu. A idéia de que os *juízes de fato* deixavam-se levar pelas encenações de alguns advogados de defesa, ou até mesmo pelo próprio réu, não se ajusta à atuação do Júri na província do Espírito Santo. A absolvição, então, não pode ser avaliada simplesmente como oriunda da ignorância dos jurados. A resposta parece residir nos laços sociais entre os envolvidos no julgamento das causas, pois se tratava, quase sempre, de vizinhos, habitantes de lugares pequenos onde todos praticamente se conheciam e mantinham relações de proximidade.

A literatura aponta a absolvição como a regra da Justiça brasileira no Oitocentos, reclamando dos prejuízos advindos de tal prática (conferir Aragão, 1824; Rocha, 1835 e 1956; Uruguai, 2002). Muitas vezes, apontavam-se diversas razões, como a benevolência dos jurados, a inexatidão dos procedimentos para o início da sessão, a morosidade na captura dos acusados, a negligência policial na aplicação das penas, entre outras explicações. A percepção desses obstáculos na administração da Justiça não ocorria somente em âmbito regional, ou seja, em terras espírito-santenses, mas, também, em nível nacional. Leia-se, a esse propósito, o Aviso do Ministério da Justiça de 13 de setembro de 1851, de Eusébio de Queirós Coitinho Mattoso Câmara, com ressalvas do próprio Imperador D. Pedro II:

> Notando-se que em algumas províncias as Autoridades Policiais entendem que, em quanto não á capturado um réu, não devem formar-lhe processo nem pronunciá-lo, do que resulta que, conservando-se o réu por algum tempo oculto, aparece quando julgar estar esquecido o crime, e assim conta como segura a impunidade. Sua Majestade o Imperador ha por bem que V.ª faça sentir ás referidas Autoridades dessa província, que é do seu rigoroso dever, imediatamente que chegar á sua notícia que se perpetrou um delito, embora o delinqüente consiga evadir-se, formar logo o competente processo e pronunciá-lo, se houver matéria para isso, para que d'esta sorte não escape a ação da Justiça e seja punido o criminoso a todo tempo que for descoberto o preso (APEES, FG, s. 751, l. 60).

A qualificação dos jurados dava-se no início de cada ano na Comarca de Victoria, ou melhor, existia uma Junta revisora responsável pela avaliação dos jurados do ano anterior, acrescentando ou excluindo alguns nomes. Até o momento da apresentação de uma lista atualizada, funcionava a lista do ano precedente na qual posteriormente se acrescentariam novos nomes. O acréscimo ou exclusão poderia vir de pedidos das próprias pessoas ou por parte da Junta. Esta averiguava os indivíduos em condições de permanecer no corpo de jurados ou que, por motivos escusos, haviam perdido tais qualificativos. Um exemplo dessa prática pode ser inferido por meio do ofício de 25 de janeiro de 1859, no qual se relata que Antonio Coutinho da Rocha Mello pediu para ser eliminado da lista de jurados. Não foi ele atendido, todavia, por não haver tempo para a Junta Revisora ou o juiz de direito indicar outra pessoa ou, ainda, por seu motivo não parecer suficiente para o desligamento (APEES, FG, s. 383, l. 369, p. 501).

O jurado que não comparecesse às sessões era multado e caso tivesse bons motivos para não se apresentar, deveria ele prová-los para receber a absolvição das multas. A ocorrência de multa foi verificada no caso de Manoel Rodrigues de Freitas, pois estando ele em Rio de Janeiro, cuidando da saúde, foi sorteado para o Conselho de Jurados da Comarca de Victoria. Após tomar conhecimento da multa, solicitou o perdão da taxa. Um médico de Rio de Janeiro atestou que Freitas de fato estava com elefantíase dos gregos e o juiz de direito Antonio Thomaz de Godoy o desonerou dos encargos pecuniários.

Todo esse procedimento dava-se com alguma atraso, haja vista que desde novembro de 1850 tentava o dito Manoel tal benefício, e somente em 27 de fevereiro do ano ulterior foi contemplado com a extinção da multa (APEES, SA, HJ, l. 93, 1850).

Admite-se que algumas dificuldades impunham-se à reunião do Juri, ocasionando o não comparecimento das pessoas sorteadas no início do julgamento. Ao que parece elas não preferiam pagar a multa a ter que se apresentar, visto que a primeira sessão podia ser postergada por falta de número legal de jurados (36), adiamento que nunca ultrapassava mais que um dia, e então o tribunal prosseguia seu trabalho normalmente. De acordo com os autos criminais avaliados não houve uma sessão sequer entre 1850 e 1870 que tenha começado com 48 jurados[23].

Na província do Espírito Santo o número de jurados perfazia 1% do total de todo o Império brasileiro, o que pode ser considerado um sucesso no âmbito local, já que a população capixaba se encontrava próxima a essa porcentagem em relação ao Brasil. Como salientou Carvalho (2004, p. 37), o contingente de jurados no Brasil em 1870 era de 80 mil pessoas, ao passo que no Espírito Santo, em 1858, o total de jurados era de 810, sendo que desses, 162 estavam na localidade de Itapemirim, 106 em São Mateus e 100 no Termo da Capital. Na Comarca de Victoria, os jurados qualificados nesse mesmo ano somavam 389 nomes, resultado do levantamento em todos os distritos e vilas pertencentes a ela.

Ao coligir sobre a composição do corpo do Júri da província tem-se em mente que todo eleitor estava habilitado para compor a lista de jurados[24], se poderia imaginar que o número de eleitores deveria ser significativo ou, pelo menos, equivalente ao de jurados. Surpreendentemente, descobriu-se que a quantidade de eleitores era muitas vezes inferior à dos jurados existentes. Nota-se, portanto, que a qualificação dos jurados ocorria de forma abusiva, como algumas autoridades afirmavam, pois identifica-se a partir dos dados a seguir, a impossibilidade de todo jurado ser eleitor. A Tabela 6 relaciona o número de eleitores qualificados no Espírito Santo em alguns intervalos analisados:

23 É importante lembrar que nada do que afirmamos em termos quantitativos pode ser considerado definitivo, pois nem todas as fontes a respeito dessa história foram consultadas. Ou porque não estavam disponíveis, ou porque não faziam parte da idéia inicial do projeto.

24 Conforme o Artigo 27 da Lei nº 261, de 3 de dezembro de 1841.

TABELA 6 - ELEITORES NA PROVÍNCIA DO ESPÍRITO SANTO - 1833-1856

| ANO | NÚMERO DE ELEITORES |
|---|---|
| 1833 | 65 |
| 1836 | 81 |
| 1840 | 96 |
| 1842 | 76 |
| 1843 | 75 |
| 1844 | 88 |
| 1847 | 90 |
| 1849 | 92 |
| 1852 | 109 |
| 1856 | 107 |

Fonte: Coleção Maria Stella de Novaes, nº 35, 1858, p.218.

De posse desses indicadores vale demonstrar a quantidade de jurados que, segundo Vasconcellos (1858), existiam na Comarca de Victoria e não em toda a província, como evidencia a tabela anterior, ressaltando a existência de uma diferença significativa entre os que realmente eram jurados e aqueles que, segundo as qualidades necessárias ao cargo, eram eleitores da província. Percebe-se que o número de eleitores era expressivamente menor que o de jurados qualificados e com seus nomes registrados nas relações disponíveis da Comarca em questão. Levantando as listas existentes nos três Termos pertencentes à comarca da capital, chega-se aos números arrolados na Tabela 7[25]:

25 A tabela foi montada com os dados encontrados durante a pesquisa. Os índices ausentes devem-se à ausência de informação pertinente nas fontes abrigadas no Arquivo Público do Estado do Espírito Santo.

TABELA 7 - JURADOS NA COMARCA DE VITÓRIA - 1854-1859

| Termos | 1854 | 1855 | 1856 | 1857 | 1858 | 1859 |
|---|---|---|---|---|---|---|
| Cidade da | 190- UG*** | 200- UG | 192- UG | 211- UG | 207- UG | 205- UG |
| Vitória | 93- UE*** | 99- UE | 95- UE | 115- UE | 114-Sup** | 107- Sup |
| | Total: 283 | Total:299 | Total: 287 | Total:326 | Total:321 | Total:312 |
| Villa da | 159- UG | 150- UG | 187- UG | 107- UG | 98- UG | 106- UG |
| Serra | 51- UE | 38- UE | 71- UE | 71- UE | 55-Sup | 71- Sup |
| | Total:210 | Total:188 | Total:258 | Total:178 | Total:153 | Total:177 |
| Villa de | | | | | 84- UG | 95- UG |
| Santa Cruz | | | | | 29- Sup. | 24- Sup |
| | | | | | Total:113 | Total:119 |
| TOTAL | 493 | 487 | 545 | 504 | 587 | 608 |

Fonte: APEES, Fundo de Governadoria, série 383, Ofícios do Juiz de Direito.

* A vila de Santa Cruz tornou-se termo judiciário em outubro de 1857, portanto, antes disso não há referência à qualificação de jurados nesse termo.

** A partir de 1858 não se fala em urna especial, mas em nomes suplementares que viriam a ser os jurados suplentes de cada termo.

*** UG - significa Urna geral e UE - significa Urna especial.

Analisando-se somente o ano de 1856, pode-se averiguar a diferença existente entre o total de eleitores e o número de jurados. Enquanto a província como um todo possuía 107 eleitores, somente a Comarca de Victoria oferecia uma lista com 545 pessoas habilitadas para o Juri. Ainda nesse ano, Victoria contava com 11 eleitores somente. É possível explicar essa ocorrência se pensarmos que muitas vezes utilizaram os votantes como jurados, ao invés da lista de eleitores. Como se sabe, havia uma diferença entre os que poderiam ser votantes e aqueles a quem era facultado o cargo de eleitores, pois os primeiros escolhiam os segundos, e esses, por sua vez, os representantes dos cargos públicos em disputa. No entanto, as fontes escolhidas para essa investigação, assim como a Lei nº 261 de 3 de dezembro de 1841 (artigo 23), utiliza a palavra eleitores. Na província capixaba, os votantes em 1858 perfaziam 5.628 pessoas. Embora em 1856[26], ano de análise, esse número fosse menor, com certeza seria superior ao de 107 eleitores. Admitindo-se, então, a palavra votante no lugar de eleitor, pode-se supor ter havido entre os capixabas preocupação em se arregimentar pessoas que, mesmo desprovidas da qualificação necessária, encontravam-se aptas a atuar como jurados sem colocar em risco tal posição.

26 Não foi possível localizar nas fontes o número de votantes existentes na província do Espírito Santo para o ano de 1856.

Independentemente desse impasse, os jurados qualificados, como já se colocou, nunca compareciam em sua totalidade às sessões. Houve ocasiões em que o primeiro dia foi adiado por falta de número legal. Além da multa, o juiz de direito chamava os jurados sorteados faltosos para que comparecessem no dia seguinte. Essa atitude demonstra que, por vezes, os convocados não conseguiam escapar ao exercício da prática judicial. Na sessão de 17 de março de 1862, por exemplo, o juiz de direito mandou chamar urgentemente os jurados sorteados e que não compareceram na data previamente estabelecida. Nove eram os faltosos, entre eles o major Antônio Ferreira Rufino, o empregado da Alfândega Emílio João Valdetaro[27], dois empregados das Rendas Provinciais, um inspetor da Tesouraria, entre outros. A inclusão desses cidadãos, que ocupavam funções de destaque na pequena cidade de Victoria, poderia ser explicada por não desejarem eles se indispor com seus vizinhos ou conhecidos.

## Conclusão

O Júri foi instalado no Espírito Santo após o ano de 1833 e passou a ter melhor aceitação após a reforma do Código do Processo Criminal, realizada pela Lei de 3 de dezembro de 1841, como atestavam pessoas influentes na política à época. Privilegiando a análise da atuação do Júri na Comarca de Victoria entre 1850 e 1870 verificou-se que os jurados eram qualificados nos termos pertencentes a essa Comarca e que, apesar de alguns percalços, o Júri funcionava bem entre os capixabas.

Apesar das ausências, das multas[28], dos pedidos de autoridades para que dispensassem pessoas que lhes eram próximas, o Júri chegou a julgar quase 50% dos processos instaurados na Comarca de Victoria. Tal desempenho atesta que a província trabalhava para o órgão do Poder Público ser legitimado pela sociedade, atuando sempre que necessário.

A composição do Tribunal, com efeito, contava inúmeros problemas, o que poderia ter causado a sua anulação, mas a realidade apresentava-se diversa, já que havia por

---

27 Esse empregado da Alfândega aparece anteriormente, em 1851, num processo em que foi vítima do réu José Antônio Pereira Leal (APEES, FG, c. 646, 1851).

28 O Artigo 103 da Lei nº 261 de 3 de dezembro de 1841 estipulava: "Os jurados que faltarem às sessões, ou que, tendo comparecido, se retirarem antes de ultimada, serão multados pelo Juiz de Direito com a multa de dez mil réis a vinte mil réis por cada dia de sessão" (Textos políticos da história do Brasil, 2002, p. 103).

parte da Justiça preocupação em viabilizar a atuação dos jurados. O Conselho de Jurados, é fato, nunca se apresentou com seu número máximo, mas nem por isso os julgamentos acumulavam-se de modo a caracterizar a ineficácia irremediável do Juri.

Em meio a uma sociedade em que as relações sociais pessoalizadas deviam ser significativas, pois quase todos se conheciam na condição de vizinhos, compadres etc., não seria fácil integrar Juris nos quais os envolvidos nos processo faziam parte de determinado grupo. Numa localidade em que o provincianismo resultante da circulação dos moradores restrita quase sempre aos limites das vilas e comarcas facultava uma convivência diária entre os indivíduos cingida por um alto grau de intimidade, é válido sugerir que a pessoalidade marcasse as diversas esferas da vida em sociedade, como a política, a economia, a justiça e a religiosidade, de modo que fatores não-jurídicos pudessem interferir no julgamento promovido pelo corpo de jurados. Nesse contexto é importante destacar que as sociabilidades estabelecidas entre as partes arroladas nos processos e os indivíduos que figuravam como jurados possam ter contribuído efetivamente para a construção das sentenças dos casos encaminhados às instâncias de julgamento. Talvez existissem na província, e, particularmente em Victoria, normas de convívio partilhadas pelos residentes da cidade que regulamentavam a vida de cada um em paralelo às disposições dos Códigos legais.

## Referências bibliográficas

### Fontes Primárias

ARQUIVO PÚBLICO DO ESPÍRITO SANTO. Avisos recebidos e expedidos do Presidente da província do Espírito Santo para o Ministério da Justiça. Fundo de Governadoria. Série 751.

__________. Correspondências recebidas e expedidas do Chefe de Polícia. Fundo de Polícia. Série 2 e Série 383.

__________. Autos Criminais (1850-1870). Fundo Polícia. Série 22.

__________. Ofícios recebidos do Juiz de Direito de Victoria. Fundo Polícia. Série 383.

__________. Relatórios governamentais (1833-1870).

COLEÇÃO LEIS DO IMPÉRIO. 1827, 1830, 1832, 1841, 1842, 1871.

## Fontes Secundárias

ARAGÃO, Francisco Alberto Teixeira de. *A instituição do Jury criminal.* Rio de Janeiro: Typografia de Silva Porto 1824.

DAEMON, Bazílio Carvalho. *História da província do Espírito Santo: sua descoberta, história cronológica, synopsis e estatística.* Victoria: Typografia Espírito-santense 1886.

ROCHA, Justiniano José da. "Ação, Reação e Transação". In: MAGALHÃES JÚNIOR, Raimundo. *Três panfletários do segundo reinado.* São Paulo: Ed. Nacional 1956.

ROCHA *Considerações sobre a administração da Justiça criminal no Brazil e especialmente sobre Jury;* onde se mostrão os defeitos radicais dessa gabada instituição seguidas de hum appendice contendo a analyse circunstanciada do processo de La Ronciére, accusado de estupro e tentativa de assassinato, julgado no tribunal dos Assises de Paris em julho de 1835; Rio de Janeiro.

VASCONCELLOS, José Marcellino Pereira de. *Ensaio sobre a história e estatística da província do Espírito Santo.* Coleção Maria Stella de Novaes- nº 35. Victoria: Typographia de P. A. D'Azevedo, 1858.

## Bibliografia citada

BETZEL, Viviani Dal Piero. *Tribunal do Júri no Espírito Santo: papel, ação e reação.* Dissertação de Mestrado apresentada no Programa de Pós-Graduação Stricto-Sensu em História Social das Relações Políticas (PPGHIS – UFES). 149 p. Vitória 2006.

CAMPOS, Adriana Pereira. *Nas barras dos tribunais*: Direito e escravidão no Espírito Santo do século XIX. Tese de Doutorado apresentada no Programa de Pós-Graduação *Stricto-Sensu* em História Social (UFRJ/IFCS). 296 p. Rio de Janeiro 2003.

CARVALHO, José Murilo de. *Visconde do Uruguai.* São Paulo: Ed. 34. 2002.

CARVALHO *A construção da ordem*: *a elite política imperial.* 3ª ed. Rio de Janeiro: Civilização Brasileira. 2003.

CARVALHO *Cidadania no Brasil*: *o longo caminho.* 5ed. Rio de Janeiro: Civilização Brasileira. 2004.

FERREIRA, Gabriela Nunes. *Centralização e descentralização no Império*: *o debate entre Tavares Bastos e visconde de Uruguai.* São Paulo: Departamento de Ciência Política da USP; Ed.34. 1999.

FLORY, Thomas. *El juez de paz y el jurado em el Brasil imperial, 1808-1871*: *control social y estabilidad política el nuevo Estado.* Fondo de Cultura Económica: México. 1986.

OLIVEIRA, José Teixeira de. *História do Estado do Espírito Santo.* Vitória- ES. 1975.

# Capítulo 2 Cidadania e trabalhadores: a greve dos cocheiros e carroceiros no Rio de Janeiro em 1900.

*Paulo Cruz Terra*[1]

Na manhã do dia 15 de janeiro de 1900, a maioria dos jornais cariocas noticiava que havia começado a greve dos condutores de veículos, tendo se concretizado os boatos dos dias anteriores. Todos os periódicos expuseram que o motivo residia em divergências em torno do regulamento expedido pelo departamento de Polícia, em dezembro do ano anterior. A própria data em que estourou a greve estava relacionada com esse regulamento, já que o dia 15 era o último prazo para que os trabalhadores cumprissem as determinações.

Segundo a *Gazeta de Notícia*, os cocheiros da Cia. Vila Isabel estavam reunidos, desde às 22 horas do dia 14, em diversos pontos, como Largo do Matadouro e rua Mariz e Barros. A eles se juntaram cocheiros de outras companhias, que alertavam os companheiros que a partir de uma hora da madrugada não trabalhariam mais (*Gazeta de Notícia*, 16/01/1900, p. 1). O *Jornal do Brasil* expôs que às duas horas da madrugada o trânsito de veículos estava completamente paralisado na cidade do Rio de Janeiro, sendo visto raramente um tilbury ou uma carroça. Naquela mesma madrugada, a greve havia se estendido aos trabalhadores de todas as companhias de transporte, tais como a Cia. de Carris Urbanos e Cia. do Jardim Botânico (*Jornal do Brasil*, 16/01/1900, p. 1). Porém, na paralisação estavam presentes também os cocheiros e carroceiros que trabalhavam por conta própria. O jornal *A Notícia* calculou que a paralisação contava com 20.000 membros, o que implicaria em quase a totalidade de trabalhadores da categoria, já que essa era estimada no mesmo número (*A Notícia*, 15/01/1900, p. 2).

Ao longo do dia foram registradas diversas ocorrências em vários pontos da cidade. Segundo o *Jornal do Brasil*: "As ruas habitualmente, de minuto a minuto, percorridas por bondes e outros veículos, agora desertas tinham o aspecto sombrio dos dias anormais, transitadas pelos grevistas em grupos e por tropas de cavalaria e infantaria da Polícia e do exército" (*Jornal do Brasil*, 16/01/1900, p. 1)[2].

---

1 Doutorando em História Social pela Universidade Federal Fluminense

2 A grafia desta e de todas as outras citações foi atualizada, embora tenhamos mantido a pontuação e as palavras escritas com letra maiúscula no original.

Conflitos ocorreram entre a Polícia e os trabalhadores, e entre os próprios grevistas. O cocheiro Figueiredo e um condutor passavam no Largo do Matadouro com o bonde de chapa n. 78 quando foram surpreendidos por um grande grupo de grevistas que os tiraram do veículo. Os dois refugiaram-se na casa n. 32 da rua de S. Cristóvão. Uma outra ocorrência se deu com o carroceiro Joaquim Linhares, que resistiu à prisão e foi agredido por quatro praças. Linhares acabou ferido na cabeça e em diversas partes do corpo. O fato atraiu outros carroceiros que começaram a gritar: "Não pode! Não pode!" Chegaram alguns guardas do 9º regimento e "com muito custo conseguiram levar o preso para a delegacia da 14ª circunscrição urbana" (*Gazeta de Notícia,* 16/01/1900, p. 1).

A repressão ao movimento ganhou cores mais fortes ao longo do dia. Não só a Polícia da capital estava envolvida, mas também o ministro de guerra, Marechal Mallet, e o ministro da justiça, Epitácio Pessoa. Este último teria dado a ordem, segundo o *Jornal do Brasil,* de atirar sobre qualquer grupo que tivesse atitude hostil ou desobedecesse às forças (*Jornal do Brasil,* 16/01/1900, p. 1). Apesar de as investidas contra os grevistas, a paralisação continuou no dia seguinte, tendo terminado somente no dia 17 de janeiro. Suas conseqüências, no entanto, continuariam a estampar a primeira página dos jornais até pelo menos o dia 23 do mesmo mês.

Na greve relatada brevemente acima é possível perceber as ações do governo, e dos próprios patrões em relação aos trabalhadores, tanto nas determinações do regulamento da Polícia, quanto na própria repressão enérgica ao movimento que o contestava. Além disso, ela deixa entrever como os trabalhadores agiam diante dessas investidas e quais eram as suas reivindicações. Como afirmou Michelle Perrot, a greve, enquanto espaço de conflito, multiplica as relações entre grupos sociais e classes que costumam serem vistos confinados em compartimentos separados (Perrot, 1987, p. 4).

A relação entre os cidadãos e o governo e as instituições de Estado é um dos aspectos de análise da cidadania, apontada por José Murilo de Carvalho (Carvalho, 2007, p. 11). Alguns estudos têm levantado que a cidadania não ocorre somente de cima para baixo – no caso do Estado, ou das chamadas classes dominantes – para o resto da sociedade. O que tem sido proposto é que ela é desenvolvida nos conflitos entre os diferentes grupos sociais em um contexto histórico específico (Nigro, 2000, p. 48). Além disso, as pesquisas têm indicado que a cidadania não se limita aos processos formais de participação política, como as eleições. Ricardo de Aguiar Pacheco, por exemplo, ao analisar a relação entre participação popular e cidadania em Porto Alegre nos primeiros anos da República, expôs que:

> A cidadania, portanto, também comporta um feixe de manifestações e pressões sociais exercidas pelos indivíduos, associações, coletividades ou grupos sociais na defesa de seus interesses. Essas manifestações são anteriores ou mesmo exteriores à legitimidade jurídica, e se manifestam em diferentes práticas sociais desvinculadas do aparelho de Estado (Pacheco, 2001, p. 23).

Diante dessa perspectiva, a greve, enquanto manifestação social, torna-se um espaço privilegiado para a análise da cidadania, já que nela é possível encontrar de forma contundente a relação entre o Estado e a população. O objetivo deste artigo é justamente analisar a relação entre cidadania e trabalhadores na Primeira República presente na greve dos condutores de veículos no Rio de Janeiro, em janeiro de 1900. As características e demandas dessa paralisação, no entanto, são vistas em uma perspectiva histórica mais ampla, e para isso retrocedo ao século XIX.

## Organização e controle do transporte

O regulamento da Polícia sobre o setor de transporte de veículos e seus trabalhadores, expedido em dezembro de 1899, foi considerado pelos jornais cariocas como o estopim da paralisação realizada em janeiro de 1900. Essa, porém, foi apenas uma entre várias medidas por parte do governo de tentar intervir no setor.

No século XIX, conforme se transformava o transporte de pessoas e mercadorias pelo Rio de Janeiro – com uma introdução cada vez maior de veículos –, cresciam as tentativas de tentar organizá-lo e regulamentá-lo por parte da Câmara Municipal e da Polícia. As posturas da Câmara incidiam sobre os mais diversos aspectos do transporte de veículos, como, por exemplo, as ruas em que poderiam transitar. A postura de 27 de setembro de 1831 impedia que os carros circulassem sobre as lajes que cobriam as valas na rua do Aljube (AGCRJ, Códice 57-4-1). Determinavam-se também os locais em que poderiam ser ensinados os animais usados nos carros, como na postura de outubro de 1830 que proibia o ensino de tais animais dentro da cidade, sem excetuar as praias (AGCRJ, Códice 57-4-1).

Até as dimensões de alguns veículos estavam previstas nas posturas, como no caso em que foi ordenado que todas as carroças e carros de qualquer tamanho, e qualidade, tivessem no trilho pelo menos quatro polegadas de largura, com o objetivo de danificar menos o calçamento das ruas (AGCRJ, Códice 57-4-1. Seção 2ª, Título 10 do Código de Posturas de 1840). Além disso, as posturas determinavam ainda os locais em que poderiam ficar estacionados os carros de aluguel.

As posturas de 1853 foram as primeiras a trazerem regulamentações específicas sobre os trabalhadores envolvidos no transporte:

> 1º Nenhum cocheiro será admitido ao governo de carros seges, cabos, ônibus, gôndolas, tilburys, ou outro qualquer veículo de condução sem que se ache competentemente matriculado na Repartição da Polícia.
>
> § 1º Para que possam ser matriculados lhes será mister não só provar sua perícia e idoneidade por título conferido por uma Comissão de Peritos, que para que esse fim será nomeada pelo Chefe de Polícia, mas ainda em virtude desse título obtiverão também licença da Câmara Municipal (AGCRJ, Códice 57-4-1).

Na Primeira República, assim como no Império, não havia uma legislação trabalhista e a intermediação entre empregados e patrões se dava através da Polícia (Carvalho, 2001, p. 62). Foi exatamente a Polícia, mais especificamente o setor de inspeção de veículos, a responsável pelo regulamento sobre o transporte de dezembro de 1899.

O dito regulamento tocava em diferentes questões, como nas relações entre patrões e empregados. O artigo 19º, por exemplo, expunha que:

> Art. 19º Nenhum cocheiro, carroceiro e motorneiro poderá despedir-se do patrão ou empresa em que estiver servindo, sem prévio aviso de oito dias, salvo o caso de falta de pagamento, do que dará imediato conhecimento à Inspetoria" (*Relatório do Ministro da Justiça e Negócios Interiores*, 1900-1901, p.159).

Os patrões, por sua vez, não poderiam demitir seus empregados sem o aviso prévio de oito dias. Exceto se eles fossem indenizados pelo que deveriam receber em tal prazo ou "tendo cometido alguma falta no cumprimento de seus deveres".

O regulamento determinava também que aquele que desejasse exercer a profissão de cocheiro, carroceiro e motorneiro deveria apresentar, entre outras coisas, uma petição acompanhada de "declaração de identidade do requerente por duas pessoas idôneas". (*Relatório do Ministro da Justiça e Negócios Interiores*, 1900-1901, p. 160). Estava previsto ainda que o veículo de praça que estivesse de serviço mas parado, aguardando carga ou passageiro, deveria colocar uma tabuleta com a palavra "impedido".

Quando ocorresse alguma violação das determinações, os delegados das circunscrições urbanas e suburbanas deveriam levar o ocorrido ao conhecimento do 1º delegado auxiliar, a quem cabia impor a multa e remeter o veículo ao depósito público. No caso dos cocheiros, carroceiros e motorneiros seria apreendida a carteira.

No que diz respeito à confecção do regulamento, o *Jornal do Commercio* expôs que foi formada em 1899 uma comissão que incluía Zeferino de Faria, advogado da Sociedade União Beneficente e Protetora dos Cocheiros, Felix Pacheco, como representante da imprensa, e Pestana de Aguiar, inspetor de veículos. Contudo, esta comissão acabou dissolvida devido a saída do inspetor. O relatório final, assinado unicamente pelo representante dos cocheiros, discutia a tabela de tarifas cobrada pelos serviços de transporte. Caso as opiniões dos cocheiros tenham sido ouvidas sobre outros pontos do regulamento, tudo indica que várias delas não foram levadas em conta, haja vista que essa própria associação redigiu, após a greve de janeiro de 1900, um documento criticando vários dos seus elementos.

A execução do regulamento, no entanto, demonstra claramente como os cocheiros foram relegados nas determinações que incidiam diretamente sobre seu trabalho. Em carta enviada ao *Jornal do Commercio*, no dia 18 de janeiro de 1900, o Dr. Rego de Barros, 1º delegado auxiliar, frisou que não teve nenhuma participação na elaboração do regulamento sobre o transporte:

> Apenas tomei conhecimento de suas disposições, convidei os Diretores de diversas companhias de bondes para se reunirem em minha sala de trabalho e aí, depois de fazer-lhes a leitura de seus artigos, perguntei-lhes se tinham alguma observação a fazer ou algum alvitre a sugerir contra os mesmos.
>
> Depois de algum tempo de conferência com os Diretores, chegamos a acordo quanto ao modo de executar o Regulamento (*Jornal do Commercio*, 19/01/1900, p. 1).

## Cidadania: diferentes leituras

Muitas vezes alijados do processo de construção das medidas que tentavam regular e controlar o seu trabalho, os cocheiros e carroceiros ainda assim possuíam suas próprias leituras destas medidas. Isto por que as tentativas de regulamentação por parte das instituições de Estado não devem ser vistas como simples instrumentos de dominação de classe, mas "como recursos que poderiam ser apropriados por diferentes sujeitos históricos que lhes atribuíam significados sociais distintos" (Lara, Mendonça, 2006, p. 13).

Durante o século XIX, foi possível encontrar as leituras que a população fazia das posturas municipais através dos requerimentos entregues a Câmara. A grande maioria desses requerimentos era enviada por uma só pessoa, embora houvesse casos de alguns coletivos, e os assuntos eram bem diversificados. Exponho como exemplo um requerimento, de três de outubro de 1832, que expôs o seguinte, em relação à postura, citada anteriormente, que proibia o trânsito na rua do Aljube:

> Diz Rodrigo Antonio Soares Lima, proprietário da casa n. 42 [...] rua do Aljube, que tendo embaixo da dita uma cocheira, a qual se acha fechada por não haver quem a alugue, em conseqüência de não poder transitar por aquela rua sege, carruagem, ou carroça, e não podendo igualmente o dono da mesma casa sair, nem receber visitas de sege, por isso vem pedir a esta Câmara haja de lhe conceder licença para poder chegar a sua porta seges, carruagens, e mesmo carroça, pois até desta maneira o suplicante poderá alugar sua cocheira, o que é em benefício das rendas nacionais, por que só assim poderá pagar a décima da dita cocheira, cujo pagamento não tem lugar não estando ela alugada ( AGCRJ, Códice 57-4-1).

O requerente reclamou que a postura estaria atrapalhando os seus negócios assim como a circulação de seus veículos, e os de suas visitas. É interessante acompanhar a sua argumentação: se a Câmara lhe concedesse a licença para o trânsito dos carros, ele poderia reabrir sua cocheira de aluguel e dessa forma pagar o imposto da mesma. Sendo assim, a licença seria proveitosa não apenas para ele, mas também para a própria Câmara.

Já em relação à greve dos cocheiros de janeiro de 1900, o jornal *Gazeta de Notícias* apontou que ela ocorreu em conseqüência da falta de esclarecimentos, por parte da Polícia, de detalhes do novo regulamento. Segundo o periódico, não era possível compreender por que a Polícia não se pronunciava a respeito do boato que corria de que os cocheiros seriam fotografados por esta instituição (*Gazeta de Notícias*, 16/01/1900, p. 1).

Apesar de o governo ter tratado a obrigação da fotografia como boato, o *Jornal do Brasil* expôs que para os trabalhadores essa era uma exigência real. Embora não estivesse presente no regulamento, os cocheiros alegaram que algumas empresas, como a São Christovão, afixaram boletins exigindo a fotografia, para identidade do trabalhador, e que a inspetoria de veículo também a exigia.

A obrigatoriedade da fotografia foi de fato uma questão no período da greve, o que levou, por exemplo, o chefe de Polícia a lançar, logo no primeiro dia da greve, um boletim deixando claro que o novo regulamento de inspeção de veículos não "determina que os cocheiros sejam fotografados" (*Gazeta de Notícias*, 16/01/1900, p. 1)[3]. Um estúdio fotográfico da cidade aproveitou a situação e propagou que a solução do governo ante a

---

3 O ministro da justiça, Epitácio Pessoa, considerou a greve injusta, entre outros motivos, por que o regulamento não mencionava a fotografia (*Jornal do Brasil*, 16/01/1900, p.1).

greve, na parte que obriga os cocheiros a tirarem retratos na Polícia, "é dar-lhes plena a liberdade de escolha de seus fotógrafos" (*Gazeta de Notícias*, 16/01/1900, p. 3).

Mas por que deixar-se fotografar na Polícia era considerado pelos trabalhadores como algo ruim? Todos os jornais indicaram que esse era um procedimento dispensado, até então, aos gatunos. O *Jornal do Brasil* expôs que um funcionário do serviço de antropometria da Polícia escreveu que a foto servia justamente para identificação, para que o sujeito não aparecesse com qualquer nome que lhe ocorresse (*Jornal do Brasil*, 16/01/1900, p. 1). Desta forma, ao serem obrigados a tirarem retratos, os cocheiros seriam comparados aos larápios.

A demanda dos cocheiros pelo fim da exigência da fotografia estava ligada, portanto, ao aspecto simbólico que essa representava. Se para as autoridades ela era apenas uma proposta infundada – já que a fotografia não constava no texto do regulamento –, os trabalhadores alegaram que ela era exigida pelas companhias, e até mesmo pela inspetoria de veículos.

Como forma de analisar as leituras feitas pelos trabalhadores do regulamento emitido pela Polícia, utilizo uma petição enviada ao governo pela Sociedade União Beneficente e Protetora dos Cocheiros, no dia 18 de janeiro de 1900. Embora essa associação não fosse composta "de todos os cocheiros e carroceiros desta cidade", o documento expressa uma determinada visão dos trabalhadores.

Um dos pontos discutidos na petição é o aviso prévio de oito dias, tanto para os empregados que pedissem demissão quanto para os patrões que demitissem. Segundo a petição, apesar de essa medida ter sido adotada em outras nações, ela não poderia permanecer no Brasil. Foi alegado que os envolvidos estavam "habituados ao império da liberdade", e a prova era que, mesmo estando em vigor, ela nunca fora executada. A eliminação dessa disposição viria "melhor servir a ambas as partes interessadas" (*Jornal do Commercio*, 19/01/1900, p. 1). Embora o governo desejasse nesse caso intervir na relação patrão-empregado, os próprios trabalhadores mostraram que a medida nunca fora cumprida, e que seria melhor, portanto, extingui-la.

Reclamou-se também que aos carroceiros e cocheiros já matriculados eram feitas as mesmas exigências que aos que se iniciariam na profissão. Quanto a tabuleta de impedido, o documento alegou que essa não deveria ser utilizada para os veículos de carga, pois, ao contrário dos de passageiros, "não podem ser obrigados ao serviço de quem os chama – e só o fretam mediante prévio ajuste". Caso a reclamação fosse atendida, evitar-se-ia um motivo de contenda, que podia "ser explorado como infração de regulamento a fim de fazer extorsões àqueles que tímidos se mostrarem" (*Jornal do Commercio*, 19/01/1900, p. 1).

A petição trazia ainda a denúncia de extorsões por parte da inspetoria de veículos na cobrança dos emolumentos previstos. Segundo o documento, era feita uma cobrança de 20$ a mais do que aquilo que eram obrigados, já que o artigo 13 previa o pagamento de 5$ de matrícula para os condutores de carros de quatro rodas, e 3$ para os demais. Contra essa exigência ilegal, alguns interessados reclamaram o cumprimento da lei junto ao 1º Delegado Auxiliar. Este, por sua vez, teria reduzido a taxa a 12$500, o que ainda excedia ao estabelecido.

Tanto os requerimentos enviados a Câmara, quanto a petição enviada ao governo, e até mesmo a greve, indicam que os trabalhadores possuíam suas próprias leituras das tentativas de controlar e regulamentar o seu serviço. As linguagens utilizadas para expressar essas visões, no entanto, eram diferentes. Nos requerimentos, a forma encontrada pela população para se fazer ouvir sobre as posturas relativas ao transporte foi, em sua maioria, a reelaboração do próprio discurso da Câmara Municipal, e não o confronto direto com essa instituição. A greve, por sua vez, é uma via de pressão mais direta, e representa uma forma de luta instrumental dos trabalhadores que "rompe a relação funcional habitual entre patrão e empregado, com o objetivo de terem atendidas as reivindicações não satisfeitas"[4].

## Greves e organizações

A greve de janeiro de 1900 não foi a primeira a ser realizada pela categoria dos cocheiros e carroceiros. Chama a atenção justamente o grande número de paralisações realizado por essa categoria no período de 1870 a 1906[5]. Os cocheiros e carroceiros estavam, por exemplo, entre as três categorias que mais realizaram greves na cidade do Rio de Janeiro no período de 1890 a 1906 (Goldmacher, 2004, p. 130)[6]. As paralisações podiam ter os mais diversos motivos e envolver a categoria como um todo, ou apenas funcionários de empresas específicas. Como a de 1873, feita pelos empregados da Botanical Garden e que objetivava a readmissão de companheiros demitidos (Lobo, 1992, p. 32). A greve de 1876, por sua vez, foi realizada pelos carroceiros que recolhiam o lixo das ruas[7]. Já a de janeiro de 1900 envolveu toda a categoria.

---

4 Essa é uma definição de greve considerada um consenso entre a bibliografia (Cf Blass, 1985, p. 9).

5 Tenho indicações de que ocorreram treze manifestações.

6 Já em relação as greves do período de 1890 a 1917, os cocheiros e carroceiros ficariam na segunda posição. (Goldmacher, 2005, p. 49)

7 Em 1876, a Câmara Municipal da cidade do Rio de Janeiro instaurou uma postura que obrigava que o lixo fosse retirado das ruas pelos carroceiros até as nove horas da manhã. Os carroceiros, envolvidos nesse

Segundo Marcelo Badaró Mattos, o setor de transportes urbanos foi um dos maiores pólos de mobilizações e conflitos, nas décadas de 1880 a 1900, na capital. Além das paralisações organizadas pelos trabalhadores envolvidos diretamente no setor, havia ainda as feitas pelos usuários desse serviço (Mattos, 2005, p. 139)[8]. A mais conhecida delas é, com certeza, a Revolta do Vintém, ocorrida no Rio em janeiro de 1880. O estopim foi uma lei aprovada pelo Parlamento que instituía um novo imposto sobre as passagens dos bondes que deveria se cobrado diretamente dos passageiros. Para Sandra L. Graham, o motim inaugurava uma nova etapa da mobilização política popular na cidade, estando o evento e as associações que surgiram nos meses seguintes na Corte num ponto inicial da fase de grandes agitações republicanas e abolicionistas. (Graham,1991, p. 222).

A realização de uma greve dependia de uma organização prévia e não era, segundo Charles Tilly e Edward Shorter, uma erupção espontânea. Seria necessário que as demandas individuais fossem canalizadas para fins coletivos através das funções coordenativas e diretivas de uma organização, fosse ela formal ou informal. Os autores apontaram que essa organização poderia ser tanto as interações habituais de parceiros de trabalho, quanto estruturas mais elaboradas como sociedades mutualistas e sindicatos (Shorter; Tilly, 1978, p. 338).

Na greve dos cocheiros e carroceiros, de janeiro de 1900, pode-se perceber uma organização prévia. Os jornais expuseram que os cocheiros da Cia. Vila Izabel estavam reunidos desde a noite anterior à paralisação. A eles teriam se juntado cocheiros de outras companhias, que passaram a alertar os companheiros que não trabalhariam mais a partir de uma hora da madrugada. Nesse momento, possivelmente foram acionadas as redes de contato entre os trabalhadores que extrapolavam os seus locais de trabalho. A própria experiência acumulada nas paralisações anteriores pode ter sido fundamental.

No século XIX, por sua vez, foi possível encontrar grupos de carroceiros e cocheiros que habitavam o mesmo endereço. Isso ocorria com os imigrantes, principalmente os portugueses. José Luis Machado e Antonio Silveira dos Santos, por exemplo, moravam, em

serviço específico, ficaram inconformados e fizeram uma paralisação que durou mais de uma semana, na qual eles pararam de recolher o lixo das ruas. Diversos artigos foram escritos nos jornais, enquanto a rua se enchia de cisco, o que, segundo a *Revista Illustrada*, teria aumentado o número de casos de febre amarela na época. Esse periódico escrevia, em 19/02/1876, "afinal a Câmara Municipal, a polícia e o ministério do Império tiveram de dar mãos à palmatória da nobre classe carroceiral". A postura acabou sendo revogada (*Revista Illustrada*), 19/02/1876.

8 Teresa A. Meade citou a paralisação dos cocheiros ocorrida em 1904, em que os passageiros se jun¬taram aos grevistas num violento embate contra a polícia, tendo 300 pessoas sido detidas. (Meade, ano, p. 60). Ver também: Carvalho, 1987, p. 134.

1848, na rua da Ajuda n. 205, freguesia de São José (AGCRJ- Códice 57.4.13). No dia 27 de novembro de 1860, os carroceiros João Jacintho, Francisco Ignacio Morgado, Joaquim Mendes Godinho, Manoel Botelho e Manoel Pereira foram presos pelo subdelegado de Santana por serem suspeitos. Apesar dos sobrenomes não indicarem um grau de parentesco, todos os cinco moravam na rua de São Pedro n. 4 (APERJ, Casa de Detenção, 4).

Não pude identificar se os endereços indicados eram uma só residência, ou se tratavam de cortiços ou casa de cômodos. De qualquer forma, esse dado permite vislumbrar imigrantes que desempenhavam uma mesma função coabitando num mesmo endereço. Isto possibilitava um estreitamento dos laços de solidariedade que auxiliavam a superar as dificuldades do dia-a-dia. Laços que possivelmente foram acionados nas paralisações ocorridas.

Quanto à participação de associações, na greve de janeiro de 1900 não apareceu nos jornais o nome de nenhuma delas na organização prévia do movimento. A Sociedade União Beneficente e Protetora dos Cocheiros, no entanto, foi a responsável por entregar ao ministro da justiça um documento contendo as demandas da categoria, como visto acima. O próprio texto da petição apresentou que essa defesa de interesses ia além "dos limitados fins definidos em seus estatutos". Essa associação foi criada em 17 de abril de 1881, e constava no seu estatuto a função de "socorrer os associados e suas famílias" (Estatuto da Sociedade União Beneficente e Protetora dos Cocheiros. Diário Oficial, novembro 1906).

Assim como outras sociedades mutualistas do período, ela também pretendia responder a uma demanda de direitos como seguros em caso de acidentes, invalidez, desemprego, de assistência médica, então negligenciados pelo Estado. A atuação da Sociedade União Beneficente e Protetora dos Cocheiros na greve de janeiro de 1900 mostrou, como apontou Claudio H. M. Batalha, que era possível que associações mutualistas adotassem funções das sociedades de resistência, essas sim mais diretamente relacionadas com articulações de movimentos e mobilizações coletivas com objetivo de defender interesses profissionais e/ou de classe (Batalha, 1999, p. 47)[9].

A Sociedade União Beneficente e Protetora dos Cocheiros passou a conviver a partir de 1906 com a Sociedade de Resistência dos Cocheiros, Carroceiros e Classes Anexas, fundada em 23 de setembro do mesmo ano. Esta segunda tinha como um dos seus fins procurar obter, por meios legais, "o aumento do salário e a diminuição de trabalho, de acordo com as necessidades econômicas e higiênicas dos trabalhadores" (Estatuto da So-

9 Sobre os papéis das associações ver também: Mattos, 2005, p. 116.

ciedade União Beneficente e Protetora dos Cocheiros. Diário Oficial, outubro 1906). Foi esta mesma associação que esteve à frente da greve de 1906, e, segundo o *Jornal do Brasil*, contava nesse período com sete mil sócios (*Jornal do Brasil*, 18/12/1906. p. 1).

Segundo Michelle Perrot, a greve é um instrumento de pressão – no sentido de ser um instrumento de luta –, mas também uma forma de expressão, já que revela atitudes e personagens sepultadas pelo cotidiano do trabalho e da cidade. Sendo assim:

> Figuras até então desconhecidas, emergem momentaneamente, tomam o palco por um instante apenas para serem submergidas novamente segundos depois. Essas são preciosas formas passageiras, o esqueleto de um movimento no qual muito freqüentemente nós conhecemos apenas os atores principais. Sofrimentos silenciosos, desejos enterrados embaixo da monotonia da vida diária, vêm a tona e ganham expressão (Perrot, 1987, p. 4).

Por isso a autora indica que é preciso conhecer as diferentes linguagens pelas quais os grevistas expressam suas reivindicações.

Ao analisar os acontecimentos da paralisação de janeiro de 1900, foi possível encontrar que grevistas retiraram trilhos de bondes em locais variados, inclusive em frente à casa de Epitácio Pessoa, ministro da justiça na época, situada na praia de Botafogo. Eles ainda viraram alguns bondes e atacaram outros. No dia 15 de janeiro de 1900, por exemplo, às 9 horas da manhã, um bonde que passava pela rua do Visconde de Itaúna foi atacado por um grupo armado de cacetes e pedras. Todos os passageiros e os policiais que guardavam o bonde fugiram e os grevistas "tombaram o carro inutilizando-o" (*Gazeta de Notícias*, 16/01/1900, p. 1).

Ataques aos trilhos e aos bondes das companhias foi algo comum em outras revoltas populares dos primeiros anos da República. Essas revoltas foram usuais, por exemplo, no governo Campos Sales (1898-1904), já que medidas para aumentar taxas e tarifas, e o corte de despesas com programas sociais e serviços públicos irritaram os trabalhadores e a classe média urbana. Vários desses protestos ocorreram justamente por causa do descontentamento com a administração de serviços essenciais, como o transporte (Meade, 1989, p. 243).

A irritação com as companhias de transporte foi, segundo Teresa A. Meade, uma tradição de longa data no Rio. Meade apontou que apesar de os trabalhadores do transporte e os passageiros nem sempre reclamarem as mesmas queixas, nem mesmo darem apoio à demonstração de cada um, eles freqüentemente partilhavam a antipatia contra as poderosas firmas de transporte (Meade, 1989, p. 251). Essa irritação era demonstrada justamente, na destruição de trilhos e veículos.

## Greve como expressão de cidadania

No primeiro dia da greve, 15 de janeiro de 1900, o ministro da justiça, Epitácio Pessoa, percorreu, acompanhado do coronel Hermes da Fonseca, os principais pontos da cidade em que existiam grevistas. Eles teriam ainda passado no escritório da Cia. Jardim Botânico.

Um forte esquema repressivo foi colocado nas ruas, contando com as forças da Polícia, do Exército, e do Corpo de Bombeiros[10]. Enquanto vários policiais foram destacados para acompanhar, alguns praças dos bombeiros conduziram os veículos, na falta de cocheiros. Essa medida, aliada à forte violência contra os grevistas, teve êxito. Às 19 horas, do mesmo dia 15, "estabeleceu-se muito incompletamente o tráfego da Cia Carris Urbanos". O *Jornal do Brasil* expôs que no dia 16 "alguns cocheiros de bondes tem voltado ao trabalho, mas continuam os carroceiros e cocheiros de carros e tilburys que se mostram firmes na resolução de não cederem" (*Jornal do Brasil*, 17/01/1900, p. 1). Contudo, no dia seguinte, a greve chegou finalmente ao fim.

Se, por um lado, no período de 1892 a 1904 o movimento de organização da classe trabalhadora ganhou visibilidade, por outro, passou a ser visto com desconfiança e começou a ser francamente reprimido pelas autoridades públicas (Gomes, 2005, p. 57). Segundo o relatório do chefe de Polícia Cardoso e Castro, referente a 1903/1904, nas greves de setores públicos, como o transporte, o direito individual "entra logo em conflito com o interesse da coletividade". Nesses casos, "a ação da polícia deve corresponder à violência desse recurso quase sempre intempestivo e subitâneo, que já em si representa uma coação intolerável" (Mattos, 2005, p. 150).

Mesmo tendo terminado no dia 17, o movimento dos cocheiros permaneceu sendo destaque nos periódicos nos dias seguintes. Estava presente, por exemplo, a eminência de uma nova greve. No dia 22 de janeiro, o jornal *O Paiz* anunciava que corriam "desde alguns dias alarmantes boatos de que a greve tende a repetir-se em condições muito mais atentatórias da ordem do que a primeira" (*O Paiz*, 22/01/1900, p. 1). A Polícia também ficou em alerta, e no

---

10 Segundo Claudio H. M. Batalha, na Primeira República, "os ramos de transporte de mercadorias, assim como os dirigentes de grandes fábricas, podiam contar com a ajuda da polícia e mesmo do Exército e da Marinha". (Batalha, 2006, p. 105)

mesmo dia o delegado da 3º circunscrição urbana escrevia ao chefe de Polícia que, "devido aos insistentes boatos sobre a projetada nova greve dos cocheiros", ele visitou às 3 horas da manhã a estação da Cia de Carris Urbanos e verificou que eram infundados tais rumores (AN, GIFI, 6C53, 22/01/1900. Delegado de Polícia da 3º Circunscrição urbana).

Após a denúncia feita pelo documento da associação dos cocheiros de cobranças indevidas por parte da inspetoria de veículos, os jornais noticiaram amplamente o escândalo. No dia 19 de janeiro, o *Jornal do Commercio* publicou na íntegra o requerimento dos cocheiros. Na edição do dia 23 de janeiro, a *Gazeta de Notícia*, sob o título "sindicato das carteiras", apontou que alguns dos funcionários desta repartição "perseguem aqueles que estão sob sua alçada, extorquindo-lhes dinheiro e cometendo toda a sorte de desatinos, tais como venda de exames de habilitação, cobrança de corretagens sobre as novas carteiras, etc" (*Gazeta de Notícias*, 23/01/1900, p. 1).

As denúncias tiveram efeito. No próprio dia 19 de janeiro, o chefe de Polícia enviou um ofício ao 1º delegado auxiliar determinando que respondesse "com toda brevidade possível, as referências que lhe são feitas na representação pública hoje pelo Jornal do Commercio" (AN, GIFI- 6C46. 19/01/1900- Gabinete do Chefe de Polícia). Um inquérito foi aberto para apurar as reclamações. Ao que tudo indica, esse escândalo, juntamente com as críticas que sofreu pela postura da Polícia de não ter evitado a greve, fez com que João Brasil Silvado, chefe de Polícia, pedisse sua demissão no dia 25 de janeiro.

Além de terem sido ouvidos sobre os abusos que vinham sendo cometidos pela inspetoria de veículos, os cocheiros e carroceiros tiveram outra vitória. No dia 20 de janeiro, o ministro da justiça, Epitácio Pessoa, fez um despacho em que acatava todos os pedidos de mudança indicados na representação enviada pela Sociedade União Beneficente e Protetora dos Cocheiros. Entre as modificações estavam incluídas a extinção da tabuleta de "impedido" nos carros que estivessem parados, o término do aviso prévio de oito dias no caso da saída do cocheiro da companhia, e passaria a se fazer exigências diferentes entre os cocheiros novos e aqueles que já estavam matriculados.

A greve, segundo Charles Tilly e Edward Shorter, era um instrumento de ação política da classe trabalhadora. Ela era ainda uma simbólica demonstração de força, ao incutir na consciência pública o vigor por trás das demandas da classe trabalhadora (Shorter; Tilly, 1978, p. 343).

Ângela de Castro Gomes apontou que no Brasil e na América Latina, o acesso à cidadania por parte dos setores populares "não passou pelas lutas pela ampliação do direito de voto, segundo o modelo clássico de incorporação em regime de representação política liberal". Esse acesso estava relacionado a "todo um processo de constituição da identidade da classe trabalhadora conduzido pelos próprios membros desta classe através de numerosas lutas políticas" (Gomes, 2005, p.23). Dessa forma, as propostas de organização das classes trabalhadoras, nos primeiros anos da República brasileira, tinham por objetivo "torná-la visível para a sociedade e, paralelamente, legitimar suas demandas de participação política" (Gomes, 2005, p. 58).

A greve representava, portanto, a vontade do trabalhador de se fazer ouvir como sujeito político, ou seja, como cidadão. Essa perspectiva torna-se altamente relevante tendo em vista que na Primeira República não havia sido consolidada, entre outras esferas da cidadania, a cidadania do trabalhador – essa estaria fundada no reconhecimento das associações e no gozo dos direitos sociais do trabalho (Gomes, 2005, p. 27).

No caso da greve dos cocheiros e carroceiros no Rio de Janeiro, em janeiro de 1900, os trabalhadores conseguiram que suas demandas fossem ouvidas e atendidas pelo governo. Isto, no entanto, não significou o fim das lutas da categoria. Muitas outras batalhas pela cidadania ainda foram travadas.

## Referências bibliográficas

Arquivos

AGCRJ - Arquivo Geral da Cidade do Rio de Janeiro

AN - Arquivo Naiconal

APERJ - Arquivo Público do Estado do Rio de Janeiro

BATALHA, Claudio H. M. "Sociedades de trabalhadores no Rio de Janeiro do século XIX: algumas reflexões em torno da formação da classe operária". *Cadernos AEL,v*ol.6, n.10/11, 1999.

BATALHA "Limites da liberdade: trabalhadores, relações de trabalho e cidadania durante a Primeira República" *in:* Douglas Cole Libby; Júnia Ferreira Furtado (orgs.). *Trabalho livre, trabalho escravo: Brasil e Europa. Séculos XVII e XIX.* São Paulo: Annablume, 2006.

BLASS, Leila Maria da Silva. *Estamos em greve! Imagens, gestos e palavras do movimento dos bancários, 1985.* São Paulo: Hucitec, 1992, p.9.

CARVALHO, José Murilo de. *Cidadania no Brasil: O longo caminho.* Rio de Janeiro: Editora Civilização Brasileira, 2001.

CARVALHO José Murilo de. *Os bestializados: O Rio de Janeiro e a República que não foi.* São Paulo: Cia. das Letras, 1987. p.134.

CARVALHO "Introdução". *In:* José Murilo de Carvalho (org.). *Nação e cidadania no Império: novos horizontes.* Rio de Janeiro: Editora Civilização Brasileira, 2007.

GOLDMACHER, Marcela. "Movimento operário: aspirações e lutas. Rio de Janeiro (1890-1906)". *in:* Marcelo Badaró Mattos (org.). *Trabalhadores em greve, polícia em guarda: greves e repressão policial na formação da classe trabalhadora carioca.* Rio de Janeiro: Bom Texto/ Faperj, 2004.

GOLDMACHER *Movimento operário: aspirações e lutas. Rio de Janeiro, 1890-1813.* Niterói: UFF, dissertação de mestrado, 2005.

GOMES, Ângela de Castro. *A invenção do trabalhismo.* Rio de Janeiro: FGV, 2005.

GRAHAM, Sandra L. "O motim do Vintém e a cultura política do Rio de Janeiro. 1880". *Revista Brasileira de História.*vol. 10, n.20, 1991,

LARA, Silvia Hunold e MENDONÇA, Joseli (org.). *Direitos e Justiça no Brasil: ensaios de história social.* Campinas: Ed. da Unicamp, 2006.

MATTOS, Marcelo Badaró. *Experiências comuns. Escravizados e livres na formação da classe trabalhadora carioca.* Niterói: Mimeo, Tese apresentada ao Concurso para Professor Titular de História do Brasil da Universidade Federal Fluminense, 2005.

MEADE, Teresa A. *"Civilizing" Rio. Reform and resistence in a Brazilian City, 1889-1930.* Pennsylvania: The Pennsylvania State University Press. 1989.

NIGRO, Raquel Barros. *Cidadania e Identidade Nacional. Considerações multidisciplinares sobre a construção do Estado Nacional Brasileiro no século XIX.* Dissertação de mestrado. Rio de Janeiro: PUC-Rio, 2000.

PACHECO, Ricardo de Aguiar. *O cidadão está nas ruas: representações e práticas acerca da cidadania republicana em Porto Alegre (1889-1991).* Porto Alegre: Editora da UFRGS, 2001.

PERROT, Michelle. *Workers on strike – France, 1871-1890.* New Haven and London, Yale University, 1987.

SHORTER, Edward e TILLY, Charles. *Strikes in France: 1830-1968.* Cambridge: Cambridge Univ. Press, 1978.

# Capítulo 3 Código Comercial e direitos civis na formação da legislação brasileira

*Edson Alvisi Neves*[1]

## O processo de elaboração do Código Comercial

Na Europa os séculos XVI e XVII foram caracterizados pela época clássica do "absolutismo"[2] e do moderno direito romano – o Direito dos professores[3] –, de difícil acesso, impossibilitando o seu contato com o povo destinatário de sua aplicação. Mostrava-se tal Direito um tanto obscuro, desordenado e contraditório. Contrariamente na Península Ibérica, a diversidade de tribunais – municipais, eclesiásticos e corporativos – foi sendo reduzida paulatinamente de suas jurisdições e competências (cf. Hespanha, 1997). A partir da segunda metade do século XVIII, marca-se o fim da velha ordem jurídica na Europa, orientada pelo desejo de tornar acessível o mundo do direito e da justiça aos interessados pela recusa de submissão às autoridades antigas notadamente ao antiquado direito romano, pela busca de uma nova ordem fundada na *razão* ou na natureza do homem

1 Professor Adjunto do Departamento de Direito Privado da Faculdade de Direiro da Universidade Federal Fluminense e pesquisador do Grupo de Pesquisa Efetividade da Jurisdição.

2 Absolutismo é entendido como forma de governo e não como o poder absoluto do Rei. Segundo Luiz Fernando de Almeida: "[...] absolutismo não significava necessariamente despotismo ou arbitrariedade, como defendiam desde há muito os teorizadores da política. Para a definição e enquadramento do poder real contribuíram duas noções que passaram do período medieval à época moderna: a de vicariado divino e a de cargo ou ofício. Mas se o Monarca era vigário de Deus e desempenhava uma função cujo fim consistia em realizar a justiça e promover o bem comum, daí resultavam forçosamente limitações." (Almeida, 1995, p. 194).

3 Por Direito dos professores está sendo considerada a contribuição dada pela Faculdade na formação do Direito estatal, saltando do Direito empírico indutivo para um sistema racionalmente lógico. Conforme Weber: "A recepção do direito romano criou – e nisso fundamenta-se, do ponto de vista sociológico, sua posição de poder – uma nova camada de *honoratiores* jurídicos: os juristas doutos, que receberam das Universidades o diploma de doutor na base de sua formação literária. [...] Mas a situação mudou completamente no momento da recepção do direito romano. Primeiro intensificou-se, naturalmente, o processo de abstração das próprias instituições jurídicas romanas, que se iniciara com o direito civil romano rumo a um direito imperial. Para possibilitar a recepção, as instituições jurídicas romanas – como com razão ressalta Ehrlich – tinham que ser despidas de todos os restos de uma vinculação nacional e elevadas à esfera do logicamente abstrato, e o direito romano tinha que ser absolutamente como o direito 'logicamente correto' por excelência. [...] Laudos emitidos por faculdades constituíam no continente a autoridade última em casos jurídicos duvidosos..." (Weber, 1999, p. 128-129).

ou da sociedade em contraposição ao direito natural divino, levando ao fortalecimento da idéia de codificação: um sistema forense de caráter nacional sob o controle de um poder central (Weber, 1999, p. 128-129). O Direito Comercial desenvolveu-se *vis-a-vis* do Direito Romano e do Direito Canônico e, deste último, até em oposição por tutelar os empréstimos e seus rendimentos. Ao lado do *ius comune,* o direito comercial assumiu as características de internacionalidade e de multidimensionalidade, mas cada um no seu caminho: aquele nas altas cortes e/ou universidades e este na prática diária dos mercados e das jurisdições próprias.

O Direito Comercial representou a perenização dos usos e costumes mercantis criados, incorporados e praticados pelos comerciantes e negociantes[4], que buscaram estratégias para a sua positivação a fim de garantir a segurança jurídica para as suas transações, surgindo assim um Direito corporativo. O interesse estatizante dos governantes e o dos negociantes em ter assegurado parâmetros capazes de se prevenir da ação interventiva do Estado levou aos Códigos Comerciais na Europa, cuja trajetória acompanhou o poder da categoria. Francesco Galgano precisamente relata que o Direito Comercial apresenta uma forma particular de criar direito, diretamente pela categoria e imposto a todos sem a intermediação política. A literatura positivista do século XIX ressalta o particularismo do Direito Comercial e o separa do Estado. Com a nacionalização, o particularismo converte-se em autonomia científica, mas com o Mercado Comum Europeu ressurgiu a idéia do *particularismo*: o Direito Comercial como um direito *despolitizado*, com uniformidade ultranacional, independente da unidade política, porém com unidade de mercado (Galgano, 1976, p. 10-13).

No Brasil, o início da luta pelo estatuto profissional imposto de forma estatal marca-se a partir do movimento de abertura dos portos, criação do Tribunal da Real Junta do Comércio, Agricultura, Fábricas e Navegação, autorização para a constituição das fábricas nacionais (1808), possibilitados pela chegada da família real. Com atuação marcante do Visconde de Cayru[5], não só houve a tentativa frustrada de instrumentalizar um Código via Tribunal da Real Junta, do qual era deputado, mas também pelas obras publicadas que

---

4 Os termos comerciante e negociante não se referem unicamente a uma questão semântica, indicam uma hierarquia social no campo. O negociante representa o atacadista, que se caracteriza por um empreendedorismo diversificado, que especula no mercado financeiro (Lisboa, 1874, p. 510-511; Weber, 2006; Bradel,1985, p. 332).

5 Visconde de Cayru atribui o sucesso da gestão de D. Manoel, em Portugal, à dedicação ao comercio, para ele o responsável pela riqueza e prosperidade do mundo, motriz da universalização entre povos, atrás apenas da religião. Ainda, atribuiu ao Código o papel catalizador do tratamento igualitário entre os homens, permitindo o acesso de todas as origens ao Brasil e a verdadeira função de *Contrato Social.*

foram os manuais dos tribunais de todo o Império luso, balizar a atuação dessas Praças. Em 1831 o Corpo de Comércio do Rio de Janeiro oficiou ao Senado requerendo legislação especifica e tribunal próprio para o comércio, que resultou na constituição de uma comissão extraparlamentar mista, onde predominaram os comerciantes. A dita comissão apresentou trabalho que entrou em discussão, sem conseguir aprovação e foi sucedido por diversos outros, redigidos por diferentes comissões até 1850, quando as circunstâncias políticas levaram ao poder o Gabinete da Conciliação. Nesse, o Código Comercial apresentou-se na pauta das reformas como marco legal para a virada da modernidade.

Havendo interesse dos elementos dirigentes no Código Comercial, foi constituída uma comissão peculiar composta por cinco juristas, sendo dois representantes da antiga tradição coimbrense: Ministro Euzébio de Queiroz e o senador José Clemente Pereira (também por diversas vezes ministro), três representantes da nova geração: o então deputado Nabuco de Araújo e os advogados Francisco Inácio de Carvalho Moreira (depois Barão de Penedo)[6] e Caetano Alberto Soares[7]. Completando a Comissão, o comércio faz-se representar por Irineu Evangelista (futuro Visconde de Mauá), que à época já era conhecido e respeitado na Praça e a quem competiu trazer a legitimidade da categoria para a empreitada. Das comissões anteriores, o único ponto em comum foi a presença do senador José Clemente, que havia presidido todas as anteriores e feito a defesa dos projetos no Parlamento. Dos projetos anteriores muitos institutos permaneceram, pois, como já se afirmou, a legislação comercial em todo o Ocidente terminou sendo a positivação das práticas consagradas e o atendimento dos pleitos dos agentes do comércio.

## A efetivação prática do Código Comercial

As regras impostas pelo novo Código importaram na ordenação da Praça, que passou a ter todas as atividades, inclusive as auxiliares, reguladas e dependentes de matrículas ou autorizações a cargo do Tribunal do Comércio. Este tinha composição colegiada e contava com a participação majoritária de negociantes, com os seus pleitos e a sua

---

6 Segundo presidente do IAB e conhecido combatente do tráfico, como era a tradição do instituto, a quem é atribuído a queda do Gabinete Paula e Souza na Câmara se opondo a revogação da Lei de 7 de novembro. Foi colega de turma de Nabuco de Araújo na escola de Olinda e vai pautar a sua vida como jurisconsulto do Império, ajudando na redação e revisão de diversas leis e regulamentos, depois, entrando para a diplomacia e se destacando no episódio em que foi recebido carinhosamente pelo Papa. (Nabuco, Joaquim, *Op. Cit.*, p. 697)

7 Advogado da Casa Imperial e 3º Presidente do IAB, também empenhado na campanha da abolição. (*Ib*)

tradição mercantil. O Código Comercial foi publicado em momento que as leis civis presentes originavam-se das Ordenações e apresentavam-se incompatíveis com o momento político-ideológico da passagem à modernidade, mas com uma dogmática aprisionadora das decisões judiciais em um positivismo exegético. A segurança jurídica foi a tônica do novo Código, que cuidou de garantir as relações contratuais de acordo com as transações usuais e orientadas pela boa fé.

Dogmaticamente foi estabelecido pelos juristas professores que o Direito Civil resultava do *ius civilis* romano, que sobreviveu à contemporaneidade com a incorporação das diversas culturas na Europa e que foi inserido nas Américas via transposição pelas metrópoles ibéricas. Esse caminho, percorrido sob a tutela da igreja permitiu a manutenção de seus princípios e uniformidade fiéis à metodologia, dinâmica e forma sacralizadas, condizente com a sua própria origem de rigidez formal e solenidade sacerdotal. De onde se atribui a denominação de *ius comune*, por ter a uniformidade garantida na imposição das universidades, em contradição aos direitos locais (Weber, 1999).

Razão de significativa parcela das doutrinas pregarem o Direito Comercial como especial ou excepcional em face do Direito Civil, que se fixa como o comum, uma vez, que além de sua trajetória de formação como direito corporativo, o Direito Comercial volta-se para as relações profissionais atinentes as atividades urbanas. Contudo, parte da doutrina italiana[8] atribui esta excepcionalidade mais às circunstâncias históricas do que cientificas, pois sempre se entendeu que as regras comerciais impostas pelos usos e costumes se bastassem. Indica-se que essa contenta tenha surgido em função do Código Civil francês anteceder o Código Comercial e, posteriormente, já em 1804 e 1807 os documentos legislativos emitidos orientarem que em função da excepcionalidade do direito comercial, naquelas partes em ele que fosse omisso, dever-se-ia recorrer-se ao direito civil como um direito geral.

Verificando-se o conteúdo dos Códigos Civis, basicamente encontramos as seguintes partes: uma parte geral contendo as normas relativas às pessoas, os bens e as relações jurídicas; uma parte especial contendo quatro livros: família, sucessão, propriedades e obrigações. Desses, as duas primeiras eram competência exclusiva do direito canônico e a sua previsibilidade nesta esfera é conseqüência de um Estado laico. A terceira parte era pertinente às propriedades e correspondia à própria origem do direito civil e o seu intuito

---

8 Por todos, veja-se: Bonnegase, Julien. "Le Droit Commerciale dans ses rapports avec la Technique du Droit Civil", *Studi di Diritto Commerciale in Cesare Vivante*. Roma: 1931,vol. 1, p. 157.

de proteger o cidadão frente ao Estado e às demais pessoas constituído o direito de propriedade (imóvel) como o centro do sistema jurídico e classificado como *erga homines*.

Considerando que normalmente a primeira parte funciona como geral para os demais livros da parte especial daquilo que se convencionou chamar de direito civil, mas, que estes conceitos legais também são utilizados em todos os ramos do Direito, de forma que pessoas, bens e relação jurídica são institutos uniformes em ramos como os Direitos constitucional, administrativo, tributário, econômico, penal dentre outros,esta parte geral deve ser compreendida, como parte geral de todo o Direito.

A análise que leva a conclusão que tal parte geral é comum não apenas em relação ao direito comercial e desautoriza a classificação do direito comercial como excepcional ou especial em relação ao direito civil, se assim o fosse, também valeria para os demais ramos mencionados. Ainda, "ninguém nasce, mas torna-se comerciante. Este, antes de o ser, não passa de simples cidadão" (Ferreira, 1954, p. 68). Constatação que não afasta a admissão de uma aproximação maior entre os dois ramos do Direito Privado, inclusive, mantendo uma base comum no que diz respeito às obrigações, por existir regra expressa do Código de mercancias nesse aspecto: "as regras e disposições do direito civil para os contratos em geral são aplicáveis aos contratos comerciais" (C. Com., art. 121). Situação que não infirma a proposição de independência, pois o diploma também possuía regra impeditiva de se recorrer "ao direito civil para decisão de qualquer dúvida que se ofereça, senão na falta de lei ou uso comercial" (C. Com., art. 291).

Todavia, o caminho do Código Comercial brasileiro foi inverso pela publicação que antecedeu em mais de meio século a do Código Civil. Embora não houvesse a sua previsão constitucional, os negociantes souberam encaminhar seus pleitos de forma eficiente junto à elite dirigente. Esta seqüência explica algumas regras de maior abrangência no caso do código brasileiro, embora algumas outras adentrassem em esferas tradicionalmente afetas ao direito civil, tais como: inventário e procuração com fé pública.

A estrutura judicial desde a época da Colônia contava com os juízes de órfãos, bacharéis nomeados pela Coroa e, depois, pelo ministro da Justiça, em cuja competência encontravam-se os inventários e a administração dos bens de órfãos, recebendo os emolumentos e as vantagens com tal administração. De maneira que ao atribuir tal competência ao Tribunal do Comércio, nos falecimentos de comerciantes ou seus devedores, não só uma matéria tradicional do Direito Civil deslizava para o Código Comercial, como um campo de trabalho de alta remuneração deixava de ser monopólio de juristas, devendo ser considerado que no âmbito urbano concentrava a maior circulação de riquezas e as maiores fortunas. Entretanto, tal dispositivo nunca chegou a se efetivar na prática; em relatório, o Ministro Euzébio de Queiroz afirmava que tal dispositivo dependia de regulamentação[9].

A procuração com fé pública sempre foi, e continua sendo atualmente, ato privativo de estabelecimento oficial cartorário, cuja investidura dava-se por doação do cargo com propriedade e admitia o arrendamento mediante o pagamento de direitos. O mesmo poder atribuído aos comerciantes correspondia a dá-los o mesmo *estatus* dos oficiais de Estado e uma sangria no rendimento dos escolhidos para essas funções. Outra autorização dada pelo código foi a de contrair obrigações de qualquer valor por documento particular (C. Com., art. 22), prática que também representa uma descentralização e um afastamento da intervenção estatal nos negócios particulares. Alinhamento à ideologia liberal.

O estado da técnica na dogmática do Direito na metade do século XIX ainda não criara mecanismo de proteção dos direitos dos negociantes ou comerciantes frente aos credores da atividade profissional, de modo que o mal resultado da atividade correspondia ao comprometimento dos bens particulares e familiares do investidor. Esta configuração foi superada na virada para o século XX, com a criação da teoria da pessoa jurídica, onde através de uma ficção jurídica atribui-se os efeitos de uma personalidade para uma reunião de pessoas ou patrimônio, que passa a ser titular de direitos e obrigações, exercidos por meio de representação do seu órgão de direção [10]. Contudo, neste aspecto o Código foi considerado bastante avançado por introduzir o princípio pelo qual os bens particulares dos sócios só poderiam ser atingidos com o esgotamento daqueles destinados a atividade profissional e contabilizados no patrimônio da própria sociedade (C. Com., art. 350), o chamado "beneficio de ordem", que coloca a solidariedade existente na obrigação dos sócios como subsidiária.

O exercício das atividades do comércio sempre foram desenvolvidas em caráter de monopólio, ou sobre autorização real, ou, pelo menos autorizada a partir da matrícula na Secretária da Real Junta, que se apresentava como o instrumento de caracterização da qualidade profissional de comerciante de grosso ou a retalho. Como os requisitos para a matrícula constitutiva de direito fossem difíceis de se conseguir em razão das exigências

---

9 Relatório do Ministério da Justiça, 1851

10 Atualmente a técnica jurídica adota a teoria dos órgãos com relação à realização de atos jurídicos pelas associações e sociedades, na qual a ficção da pessoa jurídica se espelha em tudo na pessoa física e, portanto, possui diversos órgãos: de produção, de controle de qualidade, de aquisições, financeiro e de direção. Este determina toda a atividade interna e externamente quando realiza ato jurídico, a pessoa jurídica não está representada, sim presente através de um de seus órgãos.

impostas, notadamente para o comerciante de grosso, o sistema era excludente. Como um todo, o direito medieval caracterizou-se por reconhecer a desigualdade social e tratar com desigualdade e proteção os privilégios, por meio de um modo de proteção injusto e que tinha seus efeitos amenizados pelo próprio reconhecimento da desigualdade, tônica a qual o Direito Comercial não escapava. Por outro lado, a fase iniciada com o Código Comercial nacional pode ser interpretado como pertencente ao direito moderno, de característica liberal-individualista e que se assenta na abstração que oculta as condições sociais concretas. Afirma a pretensão de ser um direito igual, pressupondo a igualdade dos homens a partir da desconsideração das condicionantes sociais concretas e produzindo leis gerais, abstratas e impessoais (Wieacker, 2002; Caenegem, 2000).

Como todos os demais Códigos da época, a legislação francesa-originada dos movimentos reformadores liberais, com orientação constritiva dos poderes estatais, a fim de impedir a intervenção estatal nos interesses privado, optou por fulminar com o uso da matricula no intuito de evitar qualquer forma de associação entre o perigoso instrumento de caracterização da classe que patrocinou a revolução – as Corporações de Ofício - e a *Lei de Le Chapelier*, que também já cuidara do mesmo assunto. O Código brasileiro seguiu a orientação franca no sentido de abolir a matrícula como requisito de caracterização do comerciante, adotando para tal a habitualidade e o fito lucrativo. A matricula era exigida, mas a sua ausência não descaracterizava a condição de comerciante que se centrava na prática, com o próprio Código admitindo a existência do comerciante de fato ou irregular. Permitia inclusive que a existência de sociedade mercantil pudesse ser comprovada por qualquer meio de prova, havendo mesmo certa presunção de sua existência mediante prática de atos pertinentes (C. Com., art. 305). A falta de matrícula impedia que o comerciante "*goze dos benefícios da lei*"[11], situação confirmada pelo Aviso de 8 de julho de 1851, que autorizava a concordata apenas para os matriculados, pois, "a moratória constitui um favor e a proteção que o Código liberaliza ao Comércio não aproveita aos que se não tem matriculado em algum dos Tribunais do Comércio" (APB, 1857, p. 361). Não sendo a situação profissional determinada pela matricula cuidou o Código das condições para o exercício do mister e centrou-se na questão da capacidade para o exercício válido do ato de comércio, preocupando-se com a questão da capacidade e do impedimento para a mercancia.

11 Código Comercial, art. 4º. Ninguém é reputado comerciante para efeito de gozar da proteção que este Código liberaliza em favor do comércio, sem que se tenha matriculado em algum dos Tribunais do Comércio do Império, e faça da mercancia profissão habitual.

A pertinência de tais assuntos encontrava-se na falta de um Código Civil, que tem a função de estabelecer as regras básicas no âmbito privado, funcionando como uma legislação geral, para as específicas como a comercial, a do consumidor, a propriedade industrial, a Lei de terras, etc. Preocupando-se com a proteção ao terceiro de boa-fé exigiu a capacidade, a Emancipação ou a autorização para os relativamente incapazes e para as mulheres casadas pediu-se também a autorização do marido. No primeiro caso porque quem autoriza responde pela autorização; no segundo, pelo fato de pertencer ao cônjuge varão a administração do patrimônio do casal. Por capacidade, o Código entendia a livre administração de sua pessoa e de seus bens, requisito para garantir a validade do negócio jurídico realizado. Além de preocupar-se com a capacidade que se baseou na maturidade, especificaram-se os impedidos para o exercício de tal ato, utilizando-se da técnica de enumeração das pessoas proibidas de praticar o comércio, em regra, pelo desempenho de função pública (C. Com., art. 2º.) ou por alguma pena acessória a situações específicas como a falência ou crime contra a ordem econômica, de modo que o impedimento ao exercício da atividade de forma estava em parâmetros outros e não em impedimento do próprio código em comento.

**A jurisdição comercial**

Em atendimento ao pleito dos negociantes, o Código Comercial estipulou a competência para a jurisdição comercial a um Tribunal específico, para cuja consecução foi necessário o estabelecimento de duas regulações específicas, redigidos pela mesma Comissão encarregada por elaborar o projeto do Código, e publicados como o Regulamento 738, que cuidou de criar as normas para implantação e funcionamento dos Tribunais do Comércio – uma Lei de Organização Judiciária –, e o Regulamento 737, que foi responsável por todo o procedimento relativo ao Tribunal.

A estruturação dos Tribunais do Comércio seguiu a tradicional lógica dos Tribunais Régios de mesclara sua composição com leigos e letrados, o que pode ser interpretado como um estágio intermediário na evolução da lógica patrimonialista e clientelista para a burocracia profissional e racional, ou, de outro lado, como uma forma de inclusão de elementos externos à lógica burocrática no aparelho estatal, permitindo a participação de representantes da coletividade interessada. Essa perspectiva apresenta uma legitimação ao funcionamento estatal e pode ser vista como um instrumento de democratização e participação, viés também percebido pelos bacharéis que deflagaram a campanha contra a presença dos negociantes na rotina dos Tribunais próprios (Fausto, 1867, tomo IV, p. 7-22 e tomo V, p. 223-253).

A competência dos Tribunais do Comércio foi determinada pela matéria comercial e importava na identificação do ato de comércio a cujo respeito o Regulamento 737 adotou uma enumeração exemplificativa no seu artigo 19[12]. De maneira que o acesso ao Tribunal não se dava pela qualidade pessoal, distingüindo-se dos Tribunais Régios que os antecederam, expandindo as atividades aos interessados. Entretanto, maior destaque a ser dado ao diploma legal diz respeito ao procedimento processual que esse implantou, rompeu com os modelos patrimoniais da Real Junta e com o cerimonial arcaico do Tribunal da Relação. Praticamente, retirou o país da barbárie que representava os procedimentos das Ordenações, datados do século XV. A inércia em matéria de legislação civil também atingiu a sua legislação processual. O primeiro Código de Processo Civil nacional é datado de 1939, o que permitiu a extensão de aplicação do Código de Processo Comercial (Regulamento 737) também nas causas cíveis e por outros tribunais.

O Regulamento 737 teve o mérito de iniciar uma fase processual pátria e de apresentar diversas soluções inovadoras. Buscando um melhor atendimento para os cidadãos, a lei processual estabeleceu um procedimento de arbitragem sem possibilidades de recursos para um determinado limite de valor, a arbitragem com possibilidade de recurso para um patamar superior e a possibilidade do procedimento de arbitragem voluntário com ou sem possibilidade de recurso. A arbitragem é um procedimento cuja decisão é imposta por um particular, de forma imparcial e em substituição ao Estado-juiz. O procedimento é similar ao jurisdicional, mas apresenta as vantagens do árbitro ser escolhido pelas partes, estas escolherem o Direito a ser aplicado ou mesmo o bom senso, a limitação de recursos e de custos, a limitação do tempo – muito inferior ao do procedimento jurisdicional – e a grande facilidade de poder ser operado em silencio, o quê protege a imagem dos litigantes. Recentemente, ao iniciar o movimento de reforma do atual Código de Processo Civil, buscando uma maior celeridade e efetividade na solução dos litígios, o legislador retomou o incentivo ao uso da arbitragem por meio da

---

12 Art. 19. Considera-se mercancia: § 1º. A compra e venda ou troca de efeitos móveis ou semoventes, para os vender por grosso ou a retalho, na mesma espécie ou manufaturados, ou para alugar o seu uso; § 2º. As operações de câmbio, banco e corretagem; § 3º. As empresas de fábricas, banco e corretagem; § 4º. Os seguros, fretamentos, riscos, e quaisquer contratos relativos ao comércio marítimo; § 5ª. A armação e expedição de navios.

Lei 9307/1996. Um processo de solução de conflitos sem a intervenção estatal. Portanto, apresenta-se como um procedimento de índole liberal.

Outro procedimento implantado pelo Código de Processo Comercial foi o relativo à ação monitória, que apresentava um transcurso reduzido para o processo de cobrança quando fundado em documento capaz de gerar uma presunção do direito de crédito alegado pelo autor, mas sem o reconhecimento legal de sua força executiva, de forma que carente de uma declaração estatal da existência do direito que habilitasse o procedimento executivo. A ação executiva funcionou como um atalho para esta execução através de procedimentos abreviatórios da fase cognitiva. Novamente, este procedimento foi um dos caminhos utilizados pelo legislador, recentemente, em busca de atendimento aos reclames de acesso à justiça, através da Lei 9.079/1995, que deu nova redação aos artigos 1.102A - 1.102C do Código de Processo Civil.

Outra grande alteração inserida pelo Código de Processo Comercial foi a instituição de um procedimento judicial sumaríssimo para demandas de pequenos valores onde predominava um procedimento oral e simplificado, contrastando com o procedimento escrito, formal e teatral da justiça civil tradicional. Essa alteração permitiu uma eficiência inédita do Poder Judicial, conforme relatório do Presidente do Tribunal do Comércio da Corte no ano de 1851, encerrando 85% dos procedimentos propostos naquele ano (VIEIRA, 1856, p. 289-291). Procedimento que atualmente corresponde aos Juizados Especiais apresentado como uma jurisdição alternativa.

## Código civil x código comercial

Sendo o Direito Civil o Direito Comercial ramos do Direito Privado existem temas que circulam neles com muito mais freqüência que em outros ramos, aliado ao fato que o Código Comercial brasileiro realmente normatizou matérias tradicionalmente afetas ao Direito Civil; iniciou-se com o advogado Augusto Teixeira de Freitas o movimento unificador do Direito Privado que atingiu a Europa. Para a sua inglória tarefa oficial de redigir o projeto de Código Civil, uma certa historiografia tem se prendido a justificativa das questões de incompatibilidade do diploma com o sistema escravista instalado. Entretanto outros historiadores outros a remetem para a questão do casamento civil e a sua incompatibilidade à forte ideologia católica do autor. Contudo, analisando a carta de Teixeira de Freitas submetida à deliberação da Seção de Justiça do Conselho de Estado, onde o mesmo indica a impossibilidade sistêmica, sob a sua perspectiva, de um Código Civil conviver em harmonia com um Código Comercial, conclui-se pela proposta de um código geral na esfera do Direito Privado.

A inovadora proposta do jurista codificador foi apresentada ao Conselho de Estado para deliberação, onde em reunião da Seção de Justiça (da qual participaram Nabuco de Araújo, Francisco de Salles Torres Homem e o Visconde de Jequetinhonha), a proposta foi aceita no respectivo parecer. Todavia, após o transcurso de três anos e com um novo Ministro da Justiça e também professor da Faculdade de Direito de São Paulo, Manoel Antônio Duarte de Azevedo, publicou-se a portaria de 18 de novembro de 1872 com a dispensa da empreitada contratada, motivada pela discordância da proposta de um Código geral.

> Não podendo o Governo Imperial aceitar o plano proposto por V. S., em sua representação de 20 de setembro de 1867, para a organização de dois códigos, um geral e outro especial, tem considerado rescindido, como também a V. S. em sua declaração de 8 do corrente, o contrato de 10 de janeiro de 1859, que com V. S. celebrara para a redação de um código civil do Império, já pelo tempo de corrido, já porque V. S. declarou, na sua mencionada representação, que, pela desarmonia profunda entre o seu pensamento e as vistas do Governo Imperial, julga-se inabilitado para redigir aquele projeto.
>
> Isto posto, para que fique exonerado das obrigações de seu contrato, queira V. S. entregar a esta Secretária de Estado os manuscritos, que tiver, para complemento do Esboço de Código Civil, aos quais V. S. se refere em suas comunicações de 20 de novembro de 1866 e 20 de setembro de 1867.
>
> Cabe-nos a satisfação de agradecer e louvar a V. S., em nome do Governo Imperial, pelo serviço prestado com o Esboço do Código Civil, que, se não é ainda projeto de código, é trabalho de incontestável utilidade e merecimento (Ferreira, 1976, P. 80-81).

Teixeira de Freitas foi o pioneiro da idéia unificadora do Direito Privado, que embora recusada no primeiro momento, começou a fazer escola. A primeira unificação a ser colocada em prática ocorreu na Suíça, motivada pela constituição de 1874, e se efetivou pela lei federal de 1881, cuja materialização deu-se com a criação de um Código regulando as obrigações e as relações contratuais, comerciais e não comerciais, e um Código Civil, mas praticamente tratando da maioria das matérias relativas ao comércio, e uma ou outra especificidades do comércio tratado em lei específica, aos moldes da proposta de Teixeira de Freitas. Este Código de Obrigações da Suíça, que sofreu uma revisão em 1911, foi a sensação jurídica na Europa e foi tomado como modelo para a atualização legislativa de diversos países, tais como: Túnis, Marrocos, Líbano (9/3/1932), Polônia (27/10/1933), Turquia (3/4/1926).

Basílio Machado (1897), em aula inaugural do seu curso de Direito Comercial, na Faculdade de Direito de São Paulo, ministrou preleção que se afamou por resgatar as lições de Teixeira de Freitas acerca da unificação. O tema voltou a ser retomado por Alfredo Valladão (Valladão, 1902), em tese de concurso de Cátedra daquela instituição, obra muita citada e destacada através do Tratado de Direito Civil brasileiro de Eduardo Espínola e Filho. Através do projeto de reforma do Código Comercial conduzido por Herculano Marcos Inglês de Souza, voltou à voga a matéria, que saia da teoria para a prática, tendo optado por realizar a tarefa por meio de ementas. Essa proposta tramitou por diversas instâncias e recebeu sugestões das Faculdades, do IAB, dos tribunais, das Associações Comerciais, o que levou a uma dilação do prazo e ao fracasso do projeto. A iniciativa foi retomada com o comercialista Otávio Mendes, professor catedrático da Faculdade de São Paulo. Entretanto, também não houve êxito pela entrada em vigor Código Civil, cujo projeto de Clóvis Bevilácqua foi aprovado em 1º. de janeiro de 1916, pela Lei n. 3.071.

Não se esgotou com Inglês de Souza as iniciativas modernizadoras da legislação mercantil, mas os projetos e comissões sucederam-se até a chegada do projeto vitorioso, apresentado em 1975. Aprovado, entrou em vigor em 2002. No novo diploma houve a unificação sob a denominação de Código Civil. O relator geral indicou as funções de um código dessa monta na atualidade:

> Um Código Civil, na condição de lei geral, deve apresentar de forma suficientemente aberta, de maneira a permitir a função criadora do intérprete. Tem de sair do positivismo exagerado que engessa o direito e atrasa as transformações, para alcançar o que chamo a fase pós-positivista do direito.
>
> O excesso de positivismo, que vê no sistema legal inexauríveis soluções para todas as hipóteses da vida legal, onde a lei tudo prevê e tudo dispõe, é a maior fonte de instabilidade e precariedade das normas do direito legislado, propagando e contaminando de forma igualmente corrosiva a ordem jurídica do País de que todos temos sido testemunhas, nas últimas décadas.
>
> O animus desse novo Código reside justamente no combate a essa instabilidade. Não que esteja a defender a chamada "escola do direito livre", encabeçada por Kantorowicz, nem mesmo o movimento muito em moda na atualidade do chamado "direito alternativo". Mas a flexibilidade na interpretação das normas permitirá que o direito se modernize, sem que haja necessidade de estar, a cada instante, alterando os textos legais[13] (Fiuza, 2004 p. XV).

13 Fiuza, Ricardo. *Novo Codigo Cicil comentado.* São Paulo: Saraiva, 2004, Introdução, p. XV.

Dessa forma, a lei em epigrafe chegou a contento na empreitada de unificação do direito privado em um único Código, mesmo quando o próprio relator geral da comissão revisora reconhece a transposição da fase de codificação. Entendimento dos doutrinadores atuais, como se observa no autor de um dos anteprojetos, o prof. Caio Mário: "com efeito, é mais racional, mais lógico e mais prático fragmentar o direito civil em atenção à maior proximidade das matérias [...]"[14] (Pereira, 1998, p. 60). O professor Antunes Varela defendeu a tese neste sentido em trabalho publicado em 1984[15](Varela, 1984), propondo um movimento de decodificação do direito civil. Contudo, não barrou o movimento civilista de envolver toda a matéria relativa às relações privadas sob a sua rubrica e formar um contraponto com o direito público, ainda que tal dicotomia encontre-se na dogmaticamente superada.

## Conclusão

O conselheiro de Estado e autor do projeto de Código Criminal Bernardo Pereira de Vasconcelos, em sessão do Senado, quando da efetivação do Código Comercial o classificou de exorbitante por tratar de assuntos da órbita civil, mercantilizando tudo. De certa forma, antecipou o resultado, embora este fosse lógico, pois, com as atividades urbanas em ascendência, com as riquezas concentrando-se em bens móveis, a matéria é mercantilizada pela importância de tais transações na atualidade. Embora, o nome do atual Código seja Código Civil, a própria posição topológica das matérias demonstra a mencionada relevância.

Ainda, podemos destacar as seguintes observações:

Ao abandonar o sistema de matrícula como caracterizadora da condição de comerciante, o novo Código abandonava a impessoalidade para adentrar sistematicamente em um sistema jurídico de racionalidade;

A autorização para os negociantes emitirem procurações e outros documentos com fé pública representou uma descentralização de atividades concentradas em representantes. O sistema processual implantado com o Código Comercial e seus regulamentos passaram a atender os jurisdicionados com procedimentos mais próximos às condições de respeito à dignidade humana.

---

14 Pereira, Caio Mário da Silva. "Visão topográfica do Código Civil" *Cit.* p. 60.

15 Varela, João de Matos Antunes. "O movimento de decodificação de Direito", *in Estudos em homenagem ao professor Caio Mário da Silva Pereira.* Rio de Janeiro: Forense, 1984.

A extensão das regras processuais comerciais para outros tribunais representou a ruptura com as práticas judiciárias das Ordenações do Século XVI. O Direito Comercial e a sua particularidade voltada para o atendimento dos interesses da categoria, terminou por universalizar diversas formas de proteção à liberdade e cidadania, uma vez que a sua incidência era determinada pela matéria.

## Referências bibliográficas

ALMEIDA, Luiz Fernando. "O Absolutismo de D. João V" *In: Páginas Dispersas. Estudos de História Moderna de Portugal.* Coimbra: IHES/FLC, 1995.

Anais do Parlamento Brasileiro, 1857.

BONNEGASE, Julien. "Le Droit Commerciale dans ses rapports avec la Technique du Droit Civil", *Studi di Diritto Commerciale in Cesare Vivante.* Roma: 1931,vol. 1, p. 157.

CAENEGEM, R. C. *Uma introdução histórica ao direito privado.* Tradução de Carlos Eduardo Lima Machado. São Paulo: Martins Fontes, 2000.

BRADEL, Fernand. Os jogos de Troca. *In: Civilização material, economia e capitalismo, séculos XV- XVIII.* Tradução de Telma Costa. São Paulo: Teorema, 1985.

FAUSTO, Manoel de Oliveira. "Legitimidade dos tribunaes do commercio, como tribunaes da segunda instancia". *In: Revista do Instituto da Ordem dos Advogados Brasileiros,* Rio de Janeiro: Typographia Perseverança, ano VI, tomo IV, 1867.

__________. "Inconvenientes da jurisdição especial dos tribunaes do commercio como tribunaes de segunda instancia". *In: Revista do Instituto da Ordem dos Advogados Brasileiros,* ano VI, tomo V, Rio de Janeiro: Typographia Perseverança, 1867.

FERREIRA, Waldemar. *Instituições de Comercial.* São Paulo: Max Limonad, 1954.

FIUZA, Ricardo. *Novo Código Civil comentado.* São Paulo: Saraiva, 2004.

GALGANO, Francesco. *Storia del diritto commerciale.* Bologna: Il Mulino, 1976.

LISBOA, José da Silva. *Princípios de Direito Mercantil e Leis de Marinha.* Rio de Janeiro: Typ. Acadêmica, 1874.

NABUCO, Joaquim. *Um estadista do Império,* 5. ed. Rio de Janeiro: Topbooks, 1997.

PEREIRA, Caio Mário da Silva. "Visão topográfica do Código Civil". *In: Instituições de Direito civil,* 19. ed. Rio de Janeiro: Forense, 1998.

Relatório do Ministério da Justiça, 1851.

WEBER, Max. *A gênese do capitalismo moderno.* Organização e comentário de Jessé Souza. Tradução Rainer Domschke. São Paulo: Ática, 2006.

__________. *Economia e sociedade.* Tradução de Regis Barbosa e Karen Elsabe Barbosa. Brasília: UnB, 1999.

WIEACKER, Franz. *História do direito privado moderno*, 3. ed. Tradução de Antonio Manuel Botelho Hespanha. Lisboa: Fundação Calouste Gulbenkian, 2002.

VARELA, João de Matos Antunes. "O movimento de decodificação de Direito", *in Estudos em homenagem ao professor Caio Mário da Silva Pereira*. Rio de Janeiro: Forense, 1984.

VALLADÃO, Alfredo. *O Direito Comercial em face do projeto do Código Civil.* São Paulo: Salesiana, 1902.

VIEIRA, José Inácio Vaz. IHGB. *Pecúlio Comercial.* Lata 379, Livro 1.